U0017119

一分為二

現代中國政治思想的哲學考掘學

劉紀蕙

序

　　一分為二，這是一個迷人的概念。

　　事物的變化，是如同蘋果、蛋糕甚至地理區塊的一分為二？還是如同生物最小單位的細胞持續分裂、變形與死亡？或是甚至如同顆粒體遭遇撞擊，偶然發生力場的凝聚或是轉向？

　　中文中的「分」，如同甲骨文中的圖像所顯示，⿰，由刀與八構成一字，意指以刀劃分為二物。「刀」意指分割，「八」則意指分別相背之形。例如，「貧」是由「分」與「貝」構成，意指財因分而減少。相反的，「公」，同樣有「八」，但是與己相背，意指平分。「分」同時意味著劃分、分割、分界、分離、區分，也意味著劃分之時的分配，以及劃分之後的部分、分位、名分、職責。

　　黑格爾（G. W. Friedrich Hegel）以簡單事物持續「一分為二」，離開自身，經過否定而回返異於原初的自身，來說明思想維持動態創造性的辯證運動。馬克思以商品如同整體經濟形式的細胞，「一分為二」，既是勞動產品，又是價值形式，來分析生產關係中，資本邏輯如何以市場規範了勞動產品與勞動力的計算模式，而反向導致人的勞動力被剝削以及生命被異化。毛澤東參考列寧「統一物分裂為二」的辯證法，發展出他在〈矛盾論〉、〈論十大關係〉、〈關於正確處理人民內部矛盾的問題〉等一系列文章的論點，分析事物內部矛盾的複雜系統。在這個脈絡下，「一分為二」是個具有嚴格的辯證分析以及思想持續創造的動態概念。

　　毛澤東的「一分為二」與矛盾論的思想，影響了法國1968學運前後的思想家，包括阿圖塞（Louis Althusser）、洪席耶（Jacques Rancière）、巴里巴爾（Étienne Balibar）、巴迪烏（Alain Badiou）等人，也開啟了一個時代的解放政治哲學。但是，這個具有分析性與革命性的辯證運動概念，在現代中國的政治語境之下，卻出現了敵我對立「一分為二」的僵化立場。

　　這個悖論，是本書的探索起點。

　　我在2012年分別在上海華東師範大學、南京大學馬克思主義社會理論研究中心、台北中央研究院文哲所，以及交通大學「馬克思主義在東亞」國際學術會議中，初次發表了〈「一分為二」，或是冷戰結構內部化：重探矛盾論以及歷史發生學的問題〉、〈巴迪烏閱讀張世英（閱讀黑格爾）：辯證法的迴路〉，以及〈「計算為一」與「一分為二」：論洪席耶與巴迪烏關於政治主體性的歧義〉等論文。2014年，我繼續在重慶大學「重返『儒法鬥爭』：當代文學研究工作坊」中，初次提出了〈儒法鬥爭與合理內核的轉移：從儒法辯證到章太炎的法家史觀〉的論文。這幾篇文章約略勾勒出了這本書的部分雛形。

　　這些探索路徑的背後，有更早的問題意識起點。我從2006年開始，就陸續開設一系列關於政治性重探的課程，包括了主體拓樸學、「無」的政治與美學、唯物辯證與交換邏輯、法與勢、共產主義理念、拉岡（Jacques Lacan）與巴迪烏、巴迪烏與洪席耶、洪席耶與阿岡本（Giorgio Agamben）、佛洛伊德與阿圖塞等。這些歐陸思想家吸引我的原因，以及這些課程的根本問題，就是關於如何思考政治性的問題。我和歷屆的學生共同閱讀相關思想家的著作，在課堂中反覆討論共同體的難題，為何共同體出現了排除性的法律與社會心態，以及人們如何可以平等地參與社

會等問題。

然而，在這個過程中，我同時也開始對於中國政治思想的解放性性與批判性發生了強大的興趣，尤其是章太炎的思想。早在2006年討論譚嗣同基進思想的〈丰其蔀，日中見斗：重探譚嗣同的心力觀〉一文中，以及2011年出版的《心之拓樸：1895事件後的倫理重構》中扼要論及譚嗣同與章太炎關於「無」的政治基進性，我就已經開始了這個脈絡的探索。2010年到2013年間，我參加了中研院文哲所何乏筆（Fabian Heubel）所舉辦的法語莊子工作坊，和幾位朋友一起討論西方漢學家的作品，也先後發表了〈莊子與「無」的基進政治性：從畢來德的「機制」（régime）概念開始談起〉與〈勢與法的政治性悖論：朱利安（François Jullien）的問題〉等文章。2012年，我在北京人民大學「章太炎思想世界的新開掘」學術會議中，提出了〈法與生命的悖論：論章太炎的政治性與批判史觀〉的論文。這個重新探討中國思想政治性的脈絡，對我來說，是更為重要的思考方向。

這個超過十年的漫長探索，形成了眼前的這本書。我必須承認，這不是一個簡單的工作。我面對了自己的各種局限，也在每一次的探索與拓展中，感受到了思想上巨大的樂趣。我很高興能夠在這個過程中，發展出了我自己的系統性思想，更高興我能夠在章太炎的思想中，發掘出了一些令我興奮的空間。

思考的工作何時能夠算是結束呢？

事實上，任何作品，都沒有完全令作者滿意的階段，只能夠說是到了一個可以暫時收攏的時刻。但是，正如我過去的幾本書，總有一個章節是下一本書的種子。《孤兒·女神·負面書寫》的核心章節〈文化整體組織與現代主義的推離〉，導向了《心之變異》。《心之變異》的核心章節〈心的翻譯：自我擴張與自身陌

生性的推離〉，導向了《心之拓樸》。《心之拓樸》中關於譚嗣同與章太炎的「無」的基進政治性，則預設了《一分為二》這本書的基調。

這本書自然也有其未竟之工作，還要等待下一個階段的探索。

我要謝謝這個過程中，交大社文所以及亞際文化研究學程的前後屆博碩士學生參與課堂討論，以及在各個研討會與工作坊中和我討論或是辯論的國內外朋友。我無法逐一向這些朋友與學生致謝，但是，這些討論總是激發我繼續書寫的動力，而當時的情景與面容也仍舊時時浮現在我腦海中。我也要謝謝交大社文所以及文化研究國際中心同仁的支持，研究過程中先後替我我蒐集資料的研究助理陳克倫、唐慧宇、陳怡文、蔡岳璋，兩位匿名外審者的意見，聯經出版社專業的編輯群，針對書稿和我仔細討論的黃詠光，以及在最後階段協助校對書目資料的蔡岳璋。

最後，我也要謝謝我的家人。除了家中貓狗之外，先生文里與兒子書珩是我生活中最重要的支柱。

2019 年冬於山湖村

目次

第二部分
儒法鬥爭
對立政治範式的復返

第三部分
繞道西方
探討「空／無」以及「一分為二」的政治性詮釋

第四部分
重返中國政治思想
以章太炎的緣起本體論
思考「譏上變古易常」的解放性批判政治

第一部分

一分為二

唯物辯證與哲學考掘學

第一章

導論
唯物辯證與政治範式

第一節　「一分為二」

「一分為二」，是1957年毛澤東關於辯證法的著名演講所帶出來的說法，在當時中國社會成為普遍流傳使用的辯論語彙。毛澤東提出來的「一分為二」概念，也廣泛影響了1960到1970年代的法國左翼思想，成為幾位法國當代思想家的論述中重要的思想標誌。

1968學運前後的法國思想界多人受到毛澤東思想的吸引，尤其是沙特以及前衛文學雜誌《原樣》（Tel Quel）的多位作家，包括菲利浦・索萊爾（Philippe Sollers）、貝爾納―昂希・李維（Bernard-Henri Levy）、羅蘭巴特（Roland Barthes）、克莉絲蒂娃（Julia Kristeva）等人。《原樣》作者群於1971年宣布脫離法國共產黨，轉向支持毛主義。編輯群中羅蘭巴特、克莉絲蒂娃、菲利浦・索萊爾、馬塞林・普萊內特（Marcelin Pleynet）、弗朗索瓦・瓦爾（François Wahl）等人於1974年訪問中國，也陸續發表相關著作[1]。一些研究者指出，1968年前後法國思想界對於毛主義的積極接受，反映出當時法國政治局勢沉悶，亟欲尋求出口的氣氛。「中國」的社會主義狀況以及當時的文化大革命，提供了法國革命傳統的新面貌，甚至是一種充滿烏托邦的夢想[2]。

比較引起我注意的現象，是阿圖塞（Louis Althusser）和

---

[1] 1976年10月6日，毛澤東逝世後一個月，中共中央政治局逮捕四人幫，王洪文、張春橋、江青與姚文元等人。《原樣》開始與毛主義保持距離。

[2] 可參考Camille Robcis, "'China in Our Heads': Althusser, Maoism, and Struturalism," *Social Text*, 30:1（110）（Spring 2012）, pp. 51-69.; Richard Wolin, *The Wind from the East: French Intellectuals, the Cultural Revolution, and the Legacy of the 1960s*（New Jersey: Princeton University Press, 2010）.

他的學生群對於毛澤東「一分為二」的興趣。阿圖塞對於毛澤
東思想的研究，促使他在《捍衛馬克思》以及《讀《資本論》》
（*Reading Capital*）之後，撰寫了一系列關於毛澤東「矛盾論」、
「實踐論」、「十大關係」，以及「一分為二」的概念[3]。阿圖塞
的學生，包括洪席耶（Jacques Rancière）、巴里巴爾（Étienne
Balibar）、巴迪烏（Alain Badiou）等人，也都深受「一分為二」
概念的吸引，而在他們的論述中成為了重要的哲學問題[4]。巴迪烏
在2011年回顧他自己哲學發展路徑時仍舊表示，「一分為二」是
黑格爾辯證法的核心問題，也是他自己從早期到晚期哲學發展的
關鍵問題[5]。

---

3 Camille Robcis, "'China in Our Heads': Althusser, Maoism, and Struturalism," pp.
60-61.

4 巴迪烏在2005年一個為洪席耶舉辦的研討會中，說明了他與洪席耶共同經歷
的知識與文化背景，以及他們二人的毛主義背景。見Alain Badiou, "The Lessons
of Jacques Rancière: Knowledge and Power after the Storm," Gabriel Rockhill, Philip
Watts, eds., *Jacques Ranciere: History, Politics, Aesthetics*（Durham and London: Duke
University Press, 2009), pp. 40-41. 波斯提爾斯（Bruno Bosteels）也指出洪席耶
早期受到毛派的深刻影響。見Bruno Bosteels,. "Rancière's Leftism," in Gabriel
Rockhill and Philip Watts, eds., *Jacques Rancière: History, Politics, Aesthetics*
（Durham and London: Duke University Press, 2009), pp. 170-171。「一分為二」
的概念，也出現在巴里巴爾、馬歇黑（Pierre Macherey）等人的著作中。

5 《黑格爾辯證法的合理內核》的英文譯本由涂子謙翻譯，2011年出版，由涂
子謙進行訪談。在訪談中，巴迪烏指出「一分為二」辯證法對他思想的重要
性。《黑格爾辯證法的合理內核》的法文版於1978年出版，該書是巴迪烏與
白樂桑和路易士‧莫索將張世英1972年的《黑格爾的哲學》中的一章〈論
黑格爾哲學的「合理內核」〉翻譯成法文，並且加上了13條評注。巴迪烏等
人說明，張世英在這本書之前，已經於1956年寫成了《論黑格爾的哲學》，
1959年寫成了《論黑格爾的邏輯學》。這些關於黑格爾辯證法的著作回應了
1956至1959年以及1972至1974年兩個階段的哲學鬥爭，前者涉及思想與存

　　本書以「一分為二」作為探討一系列議題的基本問題，原因
在於這個具有思想張力的概念，除了說明了辯證思維的方法論，
也說明了在中國20世紀的政治脈絡與歷史過程中，這個思想的辯
證運動如何發展出與自身悖離的路徑，更帶領我們觀察到了中國
政治思想的對立範式。此外，本書也透過毛澤東的「一分為二」
概念對於法國當代幾個重要思想家的啟發，觀察這些思想家如何
以「一分為二」的思想路徑回應當代問題，藉以反思現代中國哲
學思想語境的困境。

　　「一分為二」的辯證思維，一直存在於毛澤東的思想中。
1937年的〈矛盾論〉便已經具體展現了毛澤東如何根據形勢變
化，說明當時中日戰爭時刻的不同分析位置。毛澤東正式使用
「一分為二」的概念，是在1957年11月18日〈在莫斯科共產黨
和工人黨代表會議上的講話〉中，分析國際形勢主要矛盾與次要
矛盾所發表的言論。毛澤東說：「無論什麼世界，當然特別是階
級社會，都是充滿矛盾的。對立面的統一是無往不在的。一分為
二，這是個普遍的現象，這就是辯證法。」[6]

　　其實，這種變動不居的辯證觀點，早已出現於中國傳統思想
中。先不回到老莊的脈絡，僅就1963至1964年楊獻珍案所牽連
的「一分為二」與「合二而一」的哲學論爭事件中，楊獻珍引述
方以智《東西均》（1652）的說法，「二而一、一而二，分合、合

　　有的同一，後者涉及關於天才的問題。這個翻譯以及評注是巴迪烏與拉撒
　　路（Sylvain Lazarus）組織的「延安選集」系列出版之一。見Tzuchien Tho,,
　　"Introduction," Alain Badiou, *The Rational Kernel of Hegelian Dialectic*, Tzuchien
　　Tho, ed. & trans.（Melbourne: re.press, 2011）, pp. 3-19.

6　毛澤東，〈在莫斯科共產黨和工人黨代表會議上的講話〉，收入中共中央文獻
　　研究室編，《毛澤東文集》（北京：人民出版社，1999），卷7，頁332。

分，可交、可輪」，也足以說明了17世紀中國思想所闡釋的「一分為二」以及「合二而一」的持續辯證運動與動態關係[7]。

當我開始進一步針對毛澤東所說的「一分為二」進行研究時，我發現，在中國大陸的脈絡下，「一分為二」已經是1960年代文革時期習以為常的慣用語。小學生都會使用這個術語來彼此辯論，展開問題的雙面性。工廠工人與普通老百姓也會用這個術語來發揮議論，說明「一分為二」是無產階級革命的過程[8]。但是，當「一分為二」成為教條化的術語，作為要將無產階級專政內部的資產階級「挖出來」的口號，以及要將混在無產階級隊伍內的「一小撮敵人」不斷地「分出去」的基本動力，「一分為二」的辯證思維就轉變為行動化與具體化的立場選擇，而失去了原本持續變動的思想活力[9]。

在這個脈絡之下，「一分為二」最引發我思考的，並不僅是在20世紀中期新中國全民哲學化與全民政治化的運動中，一個複雜的哲學概念如何被簡化為常識性而不須反思的日常口號的問題，也不僅是毛澤東的「一分為二」概念如何吸引了同時期西方思想家。對我來說，「一分為二」這個描述持續辯證運動與相互轉化的概念，在中國現代歷史過程中發生的概念演變與體制化，

---

7 楊獻珍借用方以智「合二而一」與「一分為二」的說法，解釋毛澤東的辯證法，卻在1963至1964年間共產黨全面批判蘇修的風潮中被嚴厲批鬥，牽連甚廣。「綜合經濟基礎」與「單一經濟基礎」，「存在與思維的同一」，以及「一分為二」與「合二而一」，是楊獻珍參與的三大哲學論爭事件。詳見第二章。

8 這是過去多年來我與大陸同仁討論這個問題時他們所表達的看法。尤其是在1960年代成長的人，更清楚這種話語模式。

9 參考天津市第二毛紡織廠老工人李長茂所著，〈用「一分為二」的武器向反動的「合二而一」論猛烈開火〉，收入浙江人民出版社編，《徹底批判劉少奇、楊獻珍的反動哲學》（杭州：浙江人民出版社，1971），頁29-33。

帶出了從「思想革命」到「思想僵化」的悖論現象背後幾個更為根本的問題：

第一，「一分為二」是一個描述思維與物質社會辯證運動的概念，為什麼在這個特殊的歷史過程中，會被觀念結構所綁束，而成為意識形態下劃分立場的宣稱，深刻地主導了老百姓日常生活的主觀經驗？

第二，單純的官方政治宣導或是物質條件的「內因」，顯然不足以促成「一分為二」的僵化立場。1950年代冷戰結構開始形成之際，全球脈絡與在地社會的多重政治經濟因素交錯，如何相互牽動，而塑造了「一分為二」對立立場的必要性？多重對立的邊界，如何又以體制、機構、法律、教育等話語形式與心態結構出現，而影響了幾個世代人民的感受結構？

第三，為什麼在馬克思《資本論》中所展現的無產階級與資產階級的分析，在中國的脈絡下，不再是馬克思所分析的經濟形式範疇以及其內在衝突，也不再作為社會矛盾關係「一分為二」的變動性分析模式，而成為勞動形式實體化之下所強調的階級對立？「無產階級專政」的路線如何建立了「工人」＝「人民」＝「國家」的同一性關係，而遮蔽了「國家」作為統治階級權力機構的問題性，使得「國家」成為無法被反思與挑戰的概念？當官僚體系成為合理化秩序中的新階級，實質上被剝削的其他階級或是其他經濟形式範疇，為什麼也成為無法被思考與質問的問題？

第四，在歷史過程中，我們觀察到無產階級與資產階級「一分為二」的矛盾之下，不平衡發展的綜合經濟形式，以及經營不同經濟形式的老百姓，都成為社會中不被容忍的部分。這些不被計算為一分子或是被視為壞分子的老百姓，在形式主義與平均主義的概念化操作之下，以各種方式被壓迫與排除。換句話說，在

「一分為二」的實體化與絕對化操作之下，具有不同性質的勞動形式以及個人能力的人民，都被劃分出內部敵我關係的邊界，也作為主體自我「純潔化」的自動檢查機制。這種人民的內部邊界政治，以及納入式排除的運作，是在什麼脈絡以及什麼機制之下被構成的？

　　第五，冷戰結構下的「一分為二」，不僅是中國大陸在 1960 年代的主體構成機制，也是台灣在 1960 年代以降的主體構成機制。我在 1996 年開始撰寫《孤兒女神負面書寫：文化符號的症狀式閱讀》時，當時面對的是在台灣從戒嚴到解嚴的劇烈轉變，以及冷戰結構對於台灣幾個世代心態結構的影響。在《心的變異：現代性的精神形式》所處理的問題，是造成國家主義統合性心態的時代脈絡，《心之拓樸：1895 事件後的倫理重構》則是回溯構成這些心態背後的知識範式轉移。進行本書研究的漫長過程中，我更注意到這些歷史過程中，在地社會的政治局勢與主體狀況所鑲嵌的複雜結構，如何受到全球脈絡動態變化的牽動，以及如何深刻地衝擊了個別社會內部的主觀處境。此處主體化模式以及主觀感受結構的悖論，更是我覺得值得深入思考的問題。

　　本書以「一分為二」作為起點以及持續關注的問題軸心，並針對這個「思想革命／思想僵化」的悖論現象，以唯物辯證與哲學考掘學的方法，探討中國 20 世紀政治思想「一分為二」的歧出軌跡。本書分析 20 世紀由思想革命導向鬥爭行動的過程，如何涉及了中國內部社會矛盾與權力結構的轉變，也受到了全球冷戰結構的影響，而牽動了後續的社會變遷與文化轉型。黑格爾與馬克思的唯物辯證法原本具有否定單一源頭的革命性，在冷戰時期的物質條件之下，卻被「民族一國家」的優先性所固定，階段性地決定了階級與人民的劃分，進而透過內部邊界治理，製造了人民

的敵人以及思想的對立。本書更進一步指出，透過「一分為二」概念以及幾個哲學辯論事件的分析，這個「思想革命／思想僵化」的歷史過程，替我們揭示了中國思想的兩種對立政治範式：「規範性治理範式」以及「解放性批判政治」。

唯物辯證的概念並不是指物質條件的單面優先決定，而是指無論是感受、思想或是心態結構，都源於身體所處的特定歷史時空、政治狀況、文化機制、社會習性等物質環境。身體的感受與思維受到物質環境的促發，從而展開相互回應、配合或是對抗的心態結構，並且自發地籌劃觀念、法令、制度，進而構成更為全面的物質環境。簡言之，「唯物辯證」所說明的是，心靈意念以及感受結構在這個全面的生存環境之物質條件下，以複雜的方式往復循環，持續以相互依存或是悖離的辯證方式發生，而構成了後續的主觀狀況與主體位置。

哲學考掘學則是指透過中國20世紀出現的政治哲學論爭事件的話語標記，探討可見事件背後不可見的政治經濟動力與錯綜脈絡，以及支撐這些脈絡的機構體制與政治範式。對於話語標記進行哲學考掘學，意味著不要將思想史脫離於物質社會與歷史脈絡，而要從各種思想的話語標記出發，探究時代脈絡的物質條件如何激發了主體的思維與感受，如何進一步促成教育體制與司法文化機構的形成，以及如何透過各種話語標記展現出書寫者的主體拓樸位置。

因此，本書的工作便是針對「一分為二」作為哲學概念以及歷史事件，分析哲學思想回應時代物質條件的運動過程。本書將描繪思想形式化的軌跡，說明在辯證關係中，思想辯證運動的革命性轉變為絕對化對立立場的複雜因素，以及深入探討中國思想史中兩種政治範式的對立與復返。

全書分四部分：

第一部分首先以「一分為二」所揭示的唯物辯證切入，分析楊獻珍「一分為二」的哲學事件引發的一系列問題，梳理1950、1960年代冷戰時期多重決定的對抗性結構，以及思想革命轉化為思想鬥爭的悖論過程。

第二部分透過1973至1974年的「儒法鬥爭」哲學事件，作為思想分歧「一分為二」的典型範例，並以哲學考掘學與拓樸式分析的角度切入，將「儒法鬥爭」思想運動作為標記與索引，討論整個世紀甚至是中國歷史中「規範性治理範式」與「解放性批判政治」的對立模式，以及「規範性治理範式」以儒教復興的修辭不斷復返的複雜時代因素。

第三部分繞道西方，分析當代漢學家針對中國思想所提出的「空」與「無」的論述，並且重新思考「一分為二」所帶出的政治性。西方漢學家如朱利安與畢來德（Jean-François Billeter）等人，試圖從「空」與「無」的角度，詮釋中國法家與道家的政治位置。本書將指出，他們實際上無法掌握法家與道家最為激進的批判政治力量。「虛空」只是一個可轉換的代詞。從某一個角度來說，西方政治哲學家阿岡本（Giorgio Agamben）、阿圖塞、洪席耶、巴里巴爾以及巴迪烏，反而更可以協助我們從「空」與「無」的角度，以及「一分為二」的政治性，重新思考中國政治範式的悖論。

第四部分以儒法鬥爭事件作為反向索引，重返中國政治思想，以晚清章太炎的政治理念，作為「解放性批判政治」的代表。本書指出，章太炎融會經史子集，結合老莊以及佛家華嚴宗與唯識宗的思想，指出認識論的主觀局限與名相障隔，而提出萬物皆種，以不同形相禪的緣起本體論。本書認為，章太炎強調萬

物各有時分、與時差異、文之轉化代無定型，以及法不過三代，而提出春秋的「譏上變古易常」原理，具有嚴格意義上的唯物辯證與批判政治史觀。

　　以下，我將分別說明儒法鬥爭、政治範式、哲學考掘學以及拓樸式分析的方法論問題。

第二節　儒法鬥爭與政治範式的哲學考掘學

　　從歷史脈絡來看，在1973至1974年間出現的儒法鬥爭哲學論爭事件，是四人幫集團為了批判林彪以及周恩來而發動的文字工作。評法批儒的文字在幾年之內大量出現，李悝、吳起、商鞅、荀子、韓非等「法家」的地位被抬高，而「孔老二」以及「周公」被粗魯地貶抑，並且開始影射劉少奇、周恩來等人。這是官方與民間，包括工人、農民，都參與的全國性思想運動。全國學校單位、工廠、各地工作小組以及工會，展開大規模的法家著作選編、注釋、出版與研究，延續數年。

　　表面上，1970年代爆發的儒法鬥爭事件起因於共產黨內部的派系鬥爭與政治奪權，藉由儒家與法家的對立立場，施行政治清洗；實際上，這場評法批儒運動，卻以十分弔詭的方式，如同索引一般，揭露了20世紀中國政治思想甚至中國歷史中兩種對立的政治思想範式。

　　這個對立的思想範式，並不是這場哲學論爭中表面上所攻訐的儒家與法家的不同立場，也不是共產黨黨內派系鬥爭的對立政治立場。對我而言，這場辯論所揭示的，是中國歷史中規範性治理範式與解放性批判政治的線索。

　　「規範性治理範式」是指不同歷史時期，以權力資本集中而

核心邊緣位階分梳的威權模式，結合官僚體系、君臣倫理以及書院教育，進行全面擴散的意識形態治理。在中國歷史改朝換代之間，這種規範性治理模式被不同氏族與不同民族奪取政體而挪用，藉由儒家意識形態以及官僚體制，結合法家操作模式，代代延續。這個儒表法裡或是外儒內法的規範性治理範式，在漫長的歷史過程以及政權交替的轉折中，不斷以論述的演繹闡釋與體制的修改補充，構成了複雜的儒教政治意識形態叢結。這個意識形態叢結並不是儒家思想的抽象概念組合，而是在不同的政治經濟脈絡以及物質條件之下，發展出時代性的重新闡釋與轉化變形。儒法鬥爭事件的史料中所標舉並且批判的，就是這個隨著不同歷史以及物質條件轉變的儒教論述及其「規範性治理範式」。

相反地，這個事件所標舉並且宣揚的法家思想，則是歷代針對權力集中以及土地集中，而提出各種變法改制的政治實驗。這些變法改制的實驗例子，總是在特殊歷史脈絡與物質條件之下冒出的短暫抵制行動或是思想芻議。這個實驗性的政治思想範式，我稱之為「解放性批判政治」。

1970年代的儒法鬥爭事件，最為矛盾的面向，便是在大量史料與論述生產的同時，宣稱占據解放性位置的共產黨，實際上內部卻分裂為二，而以批判孔老二與周公的修辭，鞏固派系權力，執行權力集中，排擠林彪與劉少奇，並且牽連周恩來。

本書所進行的工作，並不在於進入思想鬥爭的政治路線或是歷史細節的全面描述，而要在歷史運動過程的幾個關鍵環節處，將代表性文本作為複雜脈絡的標記與索引，從而描繪出一條表面或延續或斷裂的軌跡，以便分析思想運動的辯證歷史過程，以及內外交錯共構的複雜力量。

透過「儒法鬥爭」這個事件以及相關論述的梳理，我們可以

重新理解中國政治思想的「規範性治理範式」如何在20世紀透過儒教復興而出現，從晚清康有為以孔教為國教的倡議，民國初年北洋政府袁世凱以及各地擁兵自重的軍閥，從1930年代南京政府到1949之後在台灣進行戒嚴治理的國民黨政府，甚至包括日本在滿洲國、東三省以及台灣的殖民政府，這些不同政體都利用儒教作為政治治理的修辭，藉由祭孔、尊孔、讀經，制訂教科書，而重申其治理的正統與合法性。

　　大陸自從1990年代開始興起並且持續到21世紀的儒學復興運動，表面上是對於文革時期評法批儒運動的否定，而重新擁抱傳統儒家價值，實際上卻重拾20世紀幾波尊孔崇儒讀經的復古之風，並且召喚春秋公羊學張三世、通三統的政治神學論述。這股儒教復興熱潮，從官方到學界或是民間，廣泛擴散。除了興建國學院，重整傳統書院，執行孔廟祭孔，以及民間各地興盛的漢服社、《論語》知識比賽、幼童讀經等等，還有大量的出版物。但是，仔細觀察，這一波方興未艾的風潮，配合著孔子學院的擴張，在新自由主義時期一帶一路的全球政治經濟布局之下，以十分奇特的方式，呼應了權力集中與資本集中的規範性治理範式。

　　本書藉由不同文本的標記與索引所拉出的複雜軌跡，分析歷史拓樸空間內部以及整體相互扣連的不同因素，檢視思想辯證運動如何受到了內外多重交錯的政治經濟等物質條件的牽動而轉向，以及如何引發意識形態觀念範疇的僵化立場。對我而言，更重要的問題是，相對於這些不同歷史脈絡所浮出而主導時局的規範性治理範式以及其修辭模式，我們如何思考中國歷史中的「解放性批判政治」存在於何處的問題。

　　當代漢學家朱利安曾經斷言，中國法家的政治威權主義承襲於道家，結合了法家的治理術，更內在於儒家體系。中國思想的

服從性以及順應時勢的智慧，使得中國思想不質疑現實，不會發生衝突與抵抗，也不會有批判性的思想或是悲劇英雄出現[10]。同樣是當代漢學家的畢來德，從不同的角度揭櫫中國道家思想的主體性機制，尤其是莊子的思想，最後卻強調「忘」與「遊」的「活性的虛空」（un vide fécund）以及反歸虛空的「退隱」，甚至如同齋戒的靜觀，而使身體回歸「催眠狀態」[11]。本書要指出，儒法鬥爭事件不僅標示出中國儒表法裡的規範性治理範式，也如同索引，同時反向指出了歷代法家思想家倡議改制的實驗性，以及從老莊到章太炎具有「解放性批判政治」的思想傳統。此外，老莊與章太炎所提出的「空」的政治性，並不是消極退隱的「無我」，而是理解「彼」與「我」之間不斷互為因果的動態辯證關係，並且置疑任何執箸為實的僵化名相與以私為公的律法[12]。

　　關於「範式」的研究取徑，部分參考了阿岡本的範式本體論（paradigmatic ontology）的方法論。阿岡本利用傅柯（Michel Foucault）的話語機制（discursive regimes）、歷史先驗（historical apriori）以及歷史本體論（historical ontology）的概念，說明了任何歷史時期中多重構成而具有運作效果與變動能量的「範式本體論」。阿岡本的範式概念並不是一套法則，而是根據類同原則，而使得事物得以自動發生的整套關係結構或是知識裝置。這是在現實機制與多重決定因素背後，一整套促使事物自行運作與生產效果的話語邏輯[13]。

10　見本書第七章的討論。

11　見本書第八章的討論。

12　見本書第六、十、十一章。

13　Giorgio Agamben, *The Signature of All Things: On Method*, Luca D'Isanto & Kevin Attell, trans.（New York: Zone Books, 2009）, pp. 9-32.

　　阿岡本所提出的哲學考掘學（philosophical archeology），則是以範式的概念出發，探討在話語關係模式的運作中，原初異質性發生的痕跡如何被單一歷史敘事替代，不同歷史階段的思想範式如何出現，與其內在權力結構如何轉化的機制。哲學考掘學並不是要進行歷史溯源或是史料編撰，而是要檢視曾經發生的逆向思考模式如何被遮蔽或是抹除[14]。

　　本書所探討的儒表法裡「規範性治理範式」，在中國歷代政體操作中居主流位置，以不同的權力結構代代轉化。相對於此的「解放性批判政治」，只是短暫出現的抵制行動，或是具有實驗性的思想芻議，無法構成時代性的主流範式。雖然如此，這個「解放性批判政治」卻仍舊存在，也值得我們重新檢視。

　　上述問題的思考工作，對於當前台灣與中國大陸的學者而言，都相當重要。20世紀迄今的政治狀況，無論就歷史過程或是兩岸思想而言，諸多知識環節都出現了斷裂。台灣的學術界並不正面對待這些斷裂的環節，大陸的學術界亦然。在時而鬆弛時而緊繃的政治局勢之下，兩地的學界都各自停留在特定的思想空間之內。以儒法鬥爭這個症狀式的事件作為錨定點，正好能夠讓我們探討中文脈絡關於尊孔與批孔所扣連的悖反論述，以及這個悖反環節如何反映出更大的政治範式，如何同時以思想辯論、社會鬥爭、文化體制甚至日常生活的感覺結構等物質性面向，延展其效果，進而反襯出中國政治思想持續糾纏的兩種對立範式。

14　Giorgio Agamben, *The Signature of All Things: On Method*, pp. 9-32.

第三節　標記與索引

　　若要分析儒法鬥爭的思想辯論事件所指向的論述脈絡與不同政治思想範式，我認為可以利用「標記」（signature）與「索引」（index）的概念，作為捕捉範式特徵以及描繪概念譜系的參照軸線。

　　在阿岡本的哲學考掘學方法論中，「標記」是一個可以呈現一整套詮釋關係範式網絡的記號。阿岡本藉由中世紀醫生兼煉金術士帕拉塞爾蘇斯（Paracelsus, ca. 1493-1531）的論點，展開了他自己關於「標記」的討論。帕拉塞爾蘇斯指出，萬物皆有一個顯露自身不可見特質的標記。任何事物之外部，都揭示了其內部的性質。外表所呈現的標記，成為理解事物內部的唯一路徑[15]。然而，這個內部隱藏的性質，卻非常複雜。任何「標記」都會以能指（signifier, *signans*）的位置出現，也會立即滑向所指（signified, *signatum*），以及「所指」也會立即轉換為「能指」：這種交換關係會繼續指向層層的複雜意義脈絡。因此，標記不再是能指與所指的固定關係，而恰恰是以一個範式與詮釋關係的網絡，取代了其指涉關係，並且會將這個指涉關係轉移到另一個場域，而牽連了一整套關係以及符碼體系。這些標記會隨著不同的標記者／署名者（signator），而被賦予新的生命與效力[16]。

　　從阿岡本的論點來看，傅柯的知識考掘學是針對這一個複雜

15　"De signatura rerum naturalium"（"Concerning the Signature of Natural Things"），Book 9 of Paracelsus's treatise *De natura rerum*（Of the Nature of Things），引自 Giorgio Agamben, *The Signature of All Things: On Method*, Luca D'Isanto & Kevin Attell, trans.（New York: Zone Books, 2009）, p. 33.

16　Giorgio Agamben, *The Signature of All Things: On Method*, pp. 37, 43.

的表義功能展開探討，而「標記」的理論則進一步說明關於陳述功能（statement）的生產邏輯。沒有簡單透明的能指與所指之間的關係；任何標記或是陳述的出現，都已經攜帶著預先被決定而使其遵循的法則與實踐。更值得注意的是，標記者／署名者標記事物的文字，一則如同印記或是封印，固定了意義，再則也由於語言中所保留非物質性的相似性，而像是收藏所有遺物的貯藏箱，返身指向了標記者／署名者，也指向了更為複雜的意義脈絡。要探索標記的符碼系統，就要進行考掘學（archeology）的工作。

對於阿岡本而言，考掘學就是研究「標記」的科學。阿岡本認為哲學考掘學的工作，在於探索思想的範式以及其內在轉化的機制：事物如何發生、為何在這個語言中發生，以及何時發生的問題，包括其價值、道德、禁慾、知識等，以及其被構成的原因。當傳統成為準則，便會遮蔽了原初事物發生的痕跡，而哲學考掘學的工作就是要推翻任何概念固定不變的起源說法，探討原初過程的痕跡，以便抵制超越歷史的唯心理念或是目的論。阿岡本所提出的哲學考掘學，不在於找回被壓抑的事物，也不在於書寫被排除者的歷史，更不在於以分裂之邏輯來回溯未分裂之前假設存在的完美狀態，或是預設必然重複的分裂衝動。哲學考掘學是面對歷史構成的異質性，探索分裂時刻的模式與情境，以及此時刻如何構成了某種歷史起源論述。換句話說，考掘學回到歷史，探討歷史可以被思考的一個時間點的目的，正是要面對當代，超越記憶與遺忘之上，以便探討當代被構成之範式結構[17]。

---

17 Giorgio Agamben, *The Signature of All Things: On Method*, pp. 82-83, 88-89, 109-121.阿岡本曾經以哲學考掘學的方法探討的兩種政治範式，其一是現代

　　如果我們要思考中文脈絡的政治範式，就必須在中文的語境下，重新思考在不同歷史脈絡以及詞語標記中，反覆出現的政治修辭與治理模式如何發生效果，以及如何以索引方式指向了特定模式的政治範式。

　　我認為我們可以將儒法鬥爭事件，視為在唯物辯證「一分為二」的過程中，揭露中文脈絡下高度發揮效果的政治範式，是同時代橫向座標典型範式的標記，也是歷時性縱向座標反覆出現之話語機制的痕跡與索引。從這個視角出發，我們可以更為敏銳地觀察同樣的詞語標記，例如「天人合一」、「天下」、「勢」、「法」、「空」、「無」，如何在不同的物質條件與政治經濟脈絡之

國家治理模式的「營」（camp），其二是神學經濟三位一體的「寶座空位」（hetoimasia tou thronou — empty throne）。阿岡本在不同的著作中，分別指出這些不同的範式，背後在不同歷史時期有其運作的認識論機制。阿岡本說明，「營」是例外狀態作為常態的法政範式，是作現代國家生命治理的典型政治空間結構。現代國家將人民以生物性生命進行全面治理，以納入式排除的方式，徹底剝奪其法律保護的權利，甚至成為任人誅殺而不犯法的犧牲者（homo sacer）。「寶座空位」的概念，則分析了西方政治經濟操作的治理範式。在阿岡本的分析中，寶座空位的最高權威連接著內在三位一體的神聖經濟三位一體的兩種視角之間的矛盾：一端是宇宙的無窮展現與自我經營，另一端則是治理的全面操作。經濟治理的機制，恰恰銜接了儀式性王權以及實際管理之間的雙重結構，並且在治理機器內部保存了至高無上而不被置疑的神祕神意，作為治理機制運作的內部動力。事實上，「寶座空位」是可被不同權力主宰者賦予不同合理性的「空位」，構成了一整套話語機制，在經濟治理以及日常生活不同面向的運作，也使同樣的範式在不同歷史概念與詞語符號中運作。Giorgio Agamben, *Homo Sacer: Sovereign Power and Bare Life* （Stanford, California: Stanford University Press, 1998），pp. 20, 170-174; Giorgio Agamben, *The Kingdom and the Glory: For a Theological Genealogy of Economy and Government*（Stanford, California: Stanford University Press, 2011），pp. 22-23, 245.

下，指向了不同的意義脈絡，展開了不同的詮釋架構。

　　探討不同時期的詞語標記，我們也可以分析使用標記的署名者如何賦予這些標記新的生命與效力，更可以分析這些使用詞語標記者背後所牽動的不同權力結構與體制操作。這種研究取徑，可以避免將思想史視為非歷史性且一以貫之的概念史，而更注重概念背後的物質脈絡與歷史動力。

第四節　轉換詞「以名為代」的拓樸式分析

　　我在本書中針對中國政治思想範式以及其反向操作的複雜軌跡，進行哲學考掘學研究，分析意識形態叢結之標記與其詮釋網絡。這個取徑也參考了長期以來我所採取的拓樸式分析方法。我在上一本書《心之拓樸：1895事件後的倫理重構》中，已經提出了拓樸式分析的詮釋模式，此處可以扼要重述，以便進一步說明拓樸分析的方法論[18]。

　　拓樸的概念，揭示了多維度的動態空間，而脫離歐幾里得以點、線、面或是立體三維座標的固定空間概念。拓樸學最早來自於萊布尼茲對於位置的幾何學分析，而在現代幾何學、代數學、集合論、量子力學等思想的影響下，成為20世紀中期開始的思想主流。無論是數學、物理、生物、計算機、哲學或是精神分析，都普遍使用這個複雜空間概念。拉岡（Jacques Lacan）從主體拓樸學的角度，解釋佛洛伊德的三層心靈系統，指出佛洛依德所提出的心靈系統並非地誌學的固定地層結構，而是在一個能指的一

18　可參考《心之拓樸：1895事件後的倫理重構》（台北：行人文化實驗室，2011），第一章以及第七章、第八章的部分討論。

點之上，以動態經濟交換關係，牽連無限變化的拓樸空間。德勒茲（Gilles Deleuze）使用拓樸空間的概念，提出他關於差異與重複、特異性（singularity）、思想的襯裡（lining），以及由域內而域外的思想褶曲（fold）與多維度，來進行他對於傅柯的詮釋。巴迪烏使用拓樸學，來解釋任何集合之內的空集合，都可能使得幾何空間發生重組與改變，以便說明他的主體理論以及他對於思想革命的詮釋。這些概念都指出了緊密相連之點，接合了域內與域外的複雜拓樸空間。所謂的域內，是指認識論的真理機制主導之下的可見與可思之事；域外，則是指視野地平線（horizon）之外未思之領域。任何表面可見的一個點，都與並不可見的複雜動態空間相連。如何分析這個可見場域之外的另外一個場域以及不可見因素，便是拓樸式分析所採取的方法論。從佛洛伊德《夢的解析》所分析的「另外一個場景」，到巴里巴爾的《政治與其另外一個場景》（*Politics and the Other Scene*），都揭示了這種拓樸分析模式。

若要說明拓樸詮釋模式如何解釋話語的主體位置，首先就要進一步討論一下拉岡的主體拓樸學（topology of the subject）。拉岡將主體所處的位置視為一個點狀空間，是發言動作（enunciation）與發言內容（statement）兩種主體位置之落差卻又疊合於一處的拓樸空間。重疊交接處的標記，看起來是個表面，其實卻以分離又接合的方式，連結了一個不可見的複雜空間。這個標記本身，也是一個「空」（void）[19]。無論是主體藉以標示自身的記號，或是主體述及關係網絡與社會脈絡的替代性詞語，所謂轉換詞

---

19 Jacque Lacan, *Seminar XI: The Four Fundamental Concepts of Psycho-Analysis*, Alan Sheridan, trans.（New York & London: W.W. Norton & Company, 1978), p. 156.

（shifter），這些記號反身指向了主體的無意識位置，本身都是可被填充的「空」的標記。思想史以及哲學辯論的任何書寫者或是發言主體，都會援用不同的替代性轉換詞，卻也標示了自身的位置。

拉岡以「表記」（signifier）的概念，來說明這個複雜的主體環節（knot）：主體環節銜接了以「我思主體」作為思考與欲望的「我」的位置而出現。這個位置的無意識作用，可以引發不同的替代形象；透過表記的選擇，主體成為了主體，也放棄了自己[20]。主體的位置，處於承受著從內到外又從外到內持續流動壓力的場域。在話語中無法全然出現的主體，便在語言結構中，不斷以表記進行交換與替代出現[21]。拉岡用兩串相互扣連的項鍊比喻，以及「黏扣點」（points de capiton）或是錨定點（anchoring point）的概念，來說明透過表記鏈暫時固定卻又被轉移替代的表義系統，以及其所揭露的拓樸空間底層（topological substratum）[22]。

拉岡所解釋的「黏扣點」或是「錨定點」，解釋了表記永遠不僅僅是朝向某個被指涉物的表面意義：表記透過特定的時代性關連模式與置換經濟，轉而透露自身位置的拓樸底層，才是我們要探討的問題。從拉岡的主體拓樸學來看，主體的標記環節，也

---

20 Jacques Lacan, "On the Subject Who Is Finally in Question," in *Écrits: The First Complete Edition in English*, Bruce Fink, trans.（New York & London: W.W. Norton & Company, 2006）, p. 195.

21 Jacques Lacan, "Positions of the Unconscious," *Écrits: The First Complete Edition In English*, Bruce Fink, trans.（New York & London: W.W. Norton & Company, 2006）, p. 718.

22 Jacques Lacan, "The Instance of the Letter in the Unconscious or Reason since Freud," *Écrits: The First Complete Edition In English*, Bruce Fink, trans.（New York & London: W.W. Norton & Company, 2006）, pp. 418-419.

就是不同歷史脈絡下替代性出現的符號轉換詞，已經是一分為二
的扣連點，一端銜接著主體承受時代多重因素的驅迫力而勞動，
另一端則透過轉換詞的替代，選擇性地回應了時代符號體系的要
求。我們需要透過唯物辯證的分析模式，才能夠清楚揭露這個拓
樸空間持續一分為二的動力結構，也才能夠說明阿岡本所建議的
哲學考掘學所試圖探究的時代範式以及被遮蔽的異質歷史過程。

　　阿圖塞結合了拉岡的分析模式以及馬克思《資本論》的唯物
辯證法，說明知識型與意識形態如何以機械式的裝置（apparatus）
運作，使得主體如同被「引擎」（engine）所驅動，調整自己的姿
勢，而朝向時代性的知識裝置扣合[23]。時代性的知識裝置提供主體
可以被選擇的「客體」作為表記來代表自身，而這個表記也正是
阿圖塞所說的「極限形式」（limit form），讓我們可以反向操作，
分析其時代性的知識生產。這種雙重閱讀（double reading）的程
序，以可見性結構分析其並存的不可見與不可計算的真實歷史，
可以讓我們看到想像（意識形態）的對象「物」，已經如同鏡
像，反映出一整套決定性因素之結構，並且藉以進一步探討整套
的知識結構、感性機制、司法制度、教育政策、文化操作、政治
經濟之現實條件等等，以及這一套現實條件如何以共構的方式，
促成了使主體如此出現的生產機制[24]。阿圖塞的雙重閱讀，說明了

---

23 Louis Althusser, "Philosophy and the Spontaneous Philosophy of the Scientists," in *Philosophy and the Spontaneous Philosophy of the Scientists and other essays*, Gregory Elliott, ed., Ben Brewster, James H. Kavanagh, Thomas E. Lewis, Grahame Lock, Warren Montag, trans.（London & New York: Verso, 1990）, p. 94.

24 Louis Althusser, *Reading Capital*, Ben Brewster, trans.（London & New York: Verso, 2009）, p. 126；Louis Althusser, "On Marx and Freud," *Rethinking Marzism*, 4:1（Spring 1991）, pp. 16, 24-29.

認識論的斷裂以及意識形態觀點的差距，具體地提供了拉岡主體拓樸學持續一分為二的分析操作方法。在主體的符號行動中，我們可以觀察不同地平線視角的轉換範疇，也就是認知與誤識之間所暴露的時代性結構，以及支撐這些話語結構的生產機制。

　　巴迪烏以拓樸集合概念的「點」（point），可以進一步解釋拉岡所討論的黏扣點以及造成主體分裂的切割機制（the regime of the cut）背後的拓樸空間，也可以解釋阿圖塞的極限形式所接合的不可見機制。根據巴迪烏的論點，事件之後出現的主體以及其印記（trace），是這個場域中所有元素已存在的整體所挹注的印記，標示著可以被計算的「身體」之出現。這個被劃了「割痕效果」（effet de cisaille, shearing effect）的身體，如同一個標記，也如同一個刻痕，更如同一個可以進行雙重閱讀的極限點，可以讓我們衡量事件出現之「力度」（force）[25]。根據巴迪烏的闡釋，我們可以得知，事件的力度以及事件帶來的影響，只能夠透過主體身上所刻劃的割痕而得知，我們也只能夠透過這些痕跡，以回溯的方式，進行理解。任何思想史或是論述叢結，都是時代性過程所生產的印記，也揭露了時代範式切割機制的割痕。

　　從拉岡、阿圖塞到巴迪烏，我們可以獲得一個書寫拓樸空間的複雜觀點，以及一套唯物辯證的拓樸式分析方法。這個拓樸式的主體空間，更可以補充從傅柯到阿岡本的話語機制與範式本體論。主體的出現，並不只是一個命名的動作。主體的出現，還牽涉了話語裝置以及物件部署，甚至進行體制化以及法制化，而穩固這個主體空間。這個主體空間的權力機制，牽連了知識、感

25　Alain Badiou, *Logics of Worlds: Being and Event II*, Alberto Toscano, trans. （London: Continuum, 2009）, pp. 467-468, 479-480.

性、教育、司法、文化、政治與經濟等等現實面向的物質條件。
這些物質條件促成了主體如此出現，限定了主體的出現模式，更
預設了悖離的可能性。從主體布置自身的話語裝置以及體制化行
動，我們獲得了這個時代性話語邏輯的標記，也可以從而分析其
中的權力結構與權力部署。

本書分析現代中國政治思想的詮釋位置，便是檢視這些使用
標記或是轉換詞的話語策略。除了陳述意見之外，這些標記如何
一則指向發言者自身的位置，再則如何同時揭露背後複雜歷史語
境的權力關係與物質條件，以及解放性批判力量負向逸離的可能
性空間。

然而，回到中文脈絡，我們更應該參考莊子所提出的「日夜
相代乎前」而「二者交加則順遞無窮」的迭代機制，以及章太炎
所提出的文與言「以名為代」，如同事過境遷的「鳥跡」與「彀
音」，來思考轉換詞以及其背後的時代性問題。

章太炎重估中國思想中法、道、易、史的概念，以及他結合
佛家華嚴宗與唯識宗，重新詮釋莊子的〈齊物論〉，而提出關於
名相迭代的問題。章太炎認為所有經典文獻，都只是時代性的
「是非印記」，更不要說聲色械用「不過三代」。章太炎以萬物各
有其差別之理，物物皆種，相互緣起，以不同形相禪的諸法平等
前提，質疑「神聖不可干」的舊章常道。根據章太炎的說法，若
要探討這些幾經轉注假借而隔代固化的印跡與法則，更必須採取
《春秋》「譏上變古易常」的原理。章太炎所提出的是非印記、以
名為代、譏上變古易常的原理，說明了本書所要強調的唯物辯證
方法論與與解放性批判史觀，以及其中所揭示的緣起本體論[26]。

---

26 見本書第十章與第十一章的討論。

　　以唯物辯證與哲學考掘學的方法論，檢視中國20世紀哲學事件背後的複雜脈絡，我刻意與當代西方思想對話，包括從黑格爾、馬克思、列寧到毛澤東的「一分為二」的論述轉型，當代漢學家朱利安與畢來德對於中國法家與道家的評斷，以及探討「空」、「無」、一分為二的西方政治哲學家阿岡本、阿圖塞、洪席耶、巴里巴爾、巴迪烏。我的理由正如同本書所討論的萬物皆種，以不同形相禪的相互緣起概念：從漫長的歷史過程一直到當代，所謂的西方思想與中國思想從來都不處於各自單獨發展的獨立歷史過程，而不斷有相互啟發、移植與挪用的軌跡。思想的相互緣起，相互依存，讓我不願意以斷裂的方式對待思想史問題，而要採取唯物辯證方法以及拓樸詮釋學，檢視相互緣起與以名為代的痕跡，進行更大脈絡之下的哲學考掘學。

第二章

一分為二的轉化

從唯物辯證運動到毛澤東的〈矛盾論〉

第一節 傳統中國思想脈絡中的「一分為二」概念

古希臘哲學中存在著結合自然科學的素樸辯證思想，例如亞里士多德（Aristotle）《形而上學》所闡釋的自然界基本原理的辯證意義，以及自然界必然與偶然、現象與本質、因與果、開端與轉化中的相互關連。亞里士多德指出，所有事物都是由相反狀態組成的，動靜、冷熱、奇偶、有限無限、愛恨。「同一事物在同一時間能夠潛在地是兩個對立物」（1009a35）。「正在失去一種性質的東西，具有某種它正在失去的性質，而那生成的東西，一定有某種東西已經存在。如果一個事物正在消亡，那麼某個東西將會生成；如果一個東西正在生成，那麼一定有某個它所從出以及由之生成的東西。」（1010a19-24）。換句話說，當我們說「是」的時候，必然便包含「不是」；當我們研究「一」，我們同時研究多、對立、否定、相反、差別、差異、相關。

在中國思想中，同樣也自古便存在著對於大自然變化以及人世間事物相依相存的觀察而發展的素樸辯證法。無論是老子（？-533BC）的「有無相生，難易相成，長短相形，高下相傾，音聲相和，前後相隨」，《易經·繫辭傳》中的「生生之謂易」，「夫易，廣矣，大矣。以言乎遠則不禦，以言乎邇則靜而正，以言乎天地之間則備矣」，都說明了事物變化的持續以及相對性。至於莊子（370BC-287BC）〈齊物論〉中的「其分也，成也；其成也，毀也。凡物無成與毀，復通為一」，「天地與我並生，而萬物與我為一。既已為一矣，且得有言乎？既已謂之一矣，且得無言乎？一與言為二，二與一為三。自此以往，巧歷不能得，而況其凡乎」，則更說明了「言」所成的畛域界分，以及自此以往繁複過程的分辨與競爭。

　　張立文在《中國哲學範疇發展史（天道篇）》中，將「一分為二」與「合二而一」作為中國哲學基本範疇「一二論」的核心觀念。他指出，從先秦的自然辯證思維，到漢唐時期天文、醫藥、物理、數學、農業等知識的發展，這個發展過程強化了哲學思維。宋明時期的數學、物理、化學、天文等自然科學的發展，則以更為細密的論證方式，分析了「一分為二」與「合二而一」的辯證統合過程。張立文認為，一二範疇可以說是作為無與有及理與氣之間的中介作用：「一分為二的過程便是理統一體包含著陰陽對待雙方。對待雙方又結合、統一，陰陽二氣結合為太極（一），便是合二而一。」[1]

　　張立文所以標舉出「一分為二」與「合二而一」的議題，自然也是因為這個議題是1963至1964年楊獻珍案牽連無數的重大哲學事件。然而，從他將這一組在這場哲學事件中被對立的概念納入思想史基本範疇，我們也可以看到，在中國思想史不同的典籍中，的確不斷出現了對於自然變化運動之中一分為二，二而三，三生萬物的概念。

　　《黃帝內經》所描述人體氣血經絡動靜陰陽的流通，說明了古典醫學對於人體氣血符應於自然界的認知：「從道生一，謂之樸也；一分為二，謂天地也；從二生三，謂陰陽和氣也；從三以生萬物，分為九野、四時、日月乃至萬物。」[2]明代醫家張介賓（1563-1642）在《類經・陰陽類》中，針對《黃帝內經》中「陰陽者，天地之道也」，也清楚地注解說明：「道者，陰陽之理也。

1　張立文，《中國哲學範疇發展史（天道篇）》（台北：五南圖書，1996），頁541。

2　7世紀隋唐之際醫學家楊上善注《黃帝內經・太素・卷19・知鍼石篇》語。引自朱謙之，《老子校釋》（北京：中華書局，1984），頁174。

陰陽者，一分為二也。太極動而生陽，靜而生陰，天生於動，地生於靜，故陰陽為天地之道。」[3]

　　至於天象物理等自然界變化內在邏輯的觀察，也出現於不同時代的思想史中。邵雍（1011-1077）觀察先天象數而具體分析：「太極既分，兩儀立矣。……是故一分為二，二分為四，……合之斯為一，衍之斯為萬。」、「本一氣也，生則為陽，消則為陰，故二者一而已矣」[4]王安石（1021-1086）則更明確地指出陰陽動靜剛柔的對偶關係：「道立於兩。……蓋五行之為物、其時、其位、其材、其氣……皆各有耦。推而散之，無所不通，一柔一剛，一晦一明……耦之中又有耦焉，而萬物之變遂至於無窮。其相生也，所以相繼也；其相克也，所以相治也。」[5]朱熹（1130-1200）的「一分為二，節節如此，以至於無窮」，也是同樣道理[6]。

　　13世紀到14世紀的元代，是中西思想交流最為頻繁的時期。民間除了推崇伊斯蘭教以及藏傳佛教之外，也重視6世紀便已經從敘利亞傳入北魏洛陽而7世紀引入唐朝的景教（基督教）。元代從中亞、西亞與歐洲來到中國的「色目人」，有大量的基督徒，也引入了各種西域文學。明代萬曆7年開始（公元1579），西方傳教士先後來到中國，著名者如艾儒略（Jules Aleni, 1582-

---

3　〔明〕張介賓，〈陰陽類〉，《類經》（北京：中醫古籍出版社，2016），冊上，卷2，頁13。

4　〔宋〕邵雍，《皇極經世卷第12．觀物外篇上》，收入郭彧、于天寶點校，《邵雍全集》（上海：上海古籍出版社，2016），冊3，頁1196；〈宋元學案卷九．百源學案上．觀物外篇〉，同前引書，冊5，頁495。

5　〔宋〕王安石，〈洪範傳〉，收入中華書局上海編輯所編，《臨川先生文集．卷第65．論議》（北京：中華書局，1959），頁686。

6　〔宋〕朱熹，〈程子易傳〉，收入黎靖德編，王星賢點校，《朱子語類．卷第67．易三．綱領下》（北京：中華書局，1986），冊5，頁1651。

1649）、湯若望（Johann Adam Schall von Bell, 1591-1666）、利瑪竇
（Matteo Ricci, 1552-1610），引入了各種科學知識，影響了當時的
知識分子。在這些交流過程中，大量來自西方的思想融合於中國
歷代思想家的著作中，而出現了更為複雜的知識譜系。

　　明末清初學者方以智（1611-1677）知識淵博，縱覽中西典
籍，綜攝天文、物理「質測」、醫藥、動物學、植物學、音韻學
等知識，提出融合儒釋道之說，並在《東西均》中說明，「一而
二、二而一，分合、合分，可交、可輪」之間變化無窮。方以智
所反映具有辯證張力持續轉化的概念，已經不能單純地指認就
只是東方或是西方的思想傳統[7]。深受方以智影響的王夫之（1616-
1692），其文字中更處處呈現了「一分為二」與「合二而一」的概
念：「盈天地之間皆器矣。器有其表者，有其裡者，成表裡之各
用，以合用而底於成……故合二以一者，既分一為二之所固有
矣。……分為陰，分為陽，表裡相待而二，二導致而一」[8]王夫之
進而說明，從實體來看，大小虛實清濁殊異，「固為二」，但是，
「從其氣之冲微而未凝，則連陰陽也不可見；從其形象而言，則
各有成質而不相紊；從其合同而化的角度來看，則一切都在太極
之中而為一。」[9]

　　這種素樸的物質辯證運動的概念擴散於中國傳統思想之中，

7　詳見〔明〕方以智，〈三徵〉，收入龐樸注釋，《東西均注釋》（北京：中華書
　　局，2001），頁57-58。

8　〔明〕王夫之，〈繫辭上傳第12章〉，王夫之撰，李一忻點校，《周易外傳》
　　（北京：九州出版社，2004），卷5，頁249。

9　〔明〕王夫之，《發例》，《周易內傳》。以上的討論，可以參考張立文在《中
　　國哲學範疇發展史（天道篇）》中對於第14章「一二論」的討論。見該書頁
　　503-542。

除了醫學領域與天文物理等自然哲學以及其展開的理氣哲學之外，也可見於於書畫、文學、兵法等等領域所援用的「勢」的概念。法國漢學家朱利安（François Jullien，又譯于連，余蓮）便以「勢」的概念，分析了中國歷代美學所重視的辯證張力。無論是畫面布局的參差之勢，或是書法強調的逐勢瞻顏高低有趣或是勢和體均，文章中氣勢跌宕或是循體而成勢，都在強調藝術形式與萬物循環流轉的生命氣息之間，有平行對應的關係。至於孫子兵法中所提出的兵無定法，因勢而成，「勢者乘其變者也」，隨著兩極之間的互動而變化：這些「勢」的概念，更清楚呈現局勢之下對應位置之間的辯證張力[10]。

　　上述思想史中出現的辯證概念，顯然必須逐一進入個別文本的脈絡，分別討論，才能夠理解在不同思想家的體系內這些概念扮演了什麼樣的功能。此處，我只打算透過上述脈絡簡略勾勒出的幾個代表性時刻，說明「一分為二」與「合二而一」早已出現於不同歷史時期中的不同文本，同樣的概念如何日後發生轉移，以及這些意義轉移的模式。

　　事實上，除了「一分為二」與「合二而一」這一組具有辯證概念的詞彙之外，在漫長思想史中與這一組詞彙相關而共同出現的概念，例如太一、太極、氣、理、道、無，也一直處於變動的意義軸線之上。這些語彙在不同的脈絡下，並不是意義對等的延續。書寫者對應於歷史時期的物質條件以及言說語境，承襲前人的天文地理醫學文藝等知識傳統，並且吸收外地引入的知識，也面對當時從地方書院到中央科舉考試以及官僚體系的層層結構。在個別的書寫中，展開了不同程度的意義位移。在書寫者使用這

---

10 詳見第五章〈勢・法・虛空：朱利安的法家論點〉的討論。

些語彙進行思想交涉的過程中，不同詞彙的相對關係成為了不同環節的關鍵詮釋概念。

　　「一分為二」與「合二而一」這一組具有辯證張力的概念，從人體醫學以及自然哲學展開變動不居與相生相剋的關係，衍生而指涉甚至規範人倫社會階序關係的道德哲學，例如漢儒董仲舒以神祕化的陰陽五行來詮釋自然界的運行與儒家倫常關係，則會固定了相對的位置，更形成了尊卑上下內外位階的格局。20世紀中國政治思想的脈絡下，思考「一分為二」這個詞語的意義轉換，可以讓我們從另一個不同的角度，重新理解思想史的問題。

第二節　黑格爾的「一分為二」與青年黑格爾學派施蒂納（Max Stirner）對於固定觀念的除魅

　　在現代中國的語境中，「一分為二」這個古籍中出現的概念，在毛澤東使用之前，並不被注意。毛澤東在1957年11月18日〈在莫斯科共產黨和工人黨代表會議上的講話〉中用「一分為二」來解釋列寧的辯證法之後，才開始普遍被使用，甚至成為社會主義中國的日常用語。不過，要討論列寧或是毛澤東的辯證法，還是必須先回到黑格爾與馬克思的辯證概念。

1. 黑格爾的「純粹否定性」與心靈的「持續運動」

　　黑格爾（G. W. Friedrich Hegel, 1770-1831）在《精神現象學》（*Phenomenology of Spirit*）（1807）的序言中，清楚說明了關於「簡單事物一分為二」（the bifurcation of the simple）的辯證運動以及純粹否定性（pure negativity）的問題。辯證運動中的純粹否定性，同時是簡單之物持續的「一分為二」，也是透過自身的雙

重化（doubling）與他異化（self-othering），在持續運動中設定自身（the movement of positing itself），否定開端，透過朝向不同於自身的他物轉化，經由異於自身的中介（the mediation of its self-othering with itself），而回到自身（das Selfst）[11]。

> 只有此自我恢復的同一性，或是自身之內反映出的他異性，才是真理，而不是與原初的同一，也不是眼前此時此地的同一。真理是自身形成的過程，是以終點為其所預設目的，以其終點作為其開端，而只有當其終點被完成，才是實在。[12]

這個納入陌生性而回到自身的純粹否定性，使得任何正向的設定（posit），都會被作為潛力的否定性之持續辯證運動所改變。設定自身，異化自身，以及回向自身轉化，成為自身：這一系列「自發地成為自身」（the spontaneous becoming of itself）的運動，並不是與原初同一，而是包含了「成為他者」（becoming-other）的持續轉化[13]。

從黑格爾的辯證法出發來理解，主體、本質與實體並不是僵化而固定不動的概念，而是與運動過程相互同一的，也是具有創造性與革命性的運動。

黑格爾著名的「主體即實體」的論點，必須在運動的過程中理解。心靈是持續的運動，運動便是主體，也是本質，也就是實

11　G. W. Friedrich Hegel, "Preface," *Phenomenology of Spirit.* （1807）trans. A. V. Miller.（Oxford: Oxford University Press, 1977）, p. 10.

12　G. W. Friedrich Hegel, *Phenomenology of Spirit*, p. 10.

13　G. W. Friedrich Hegel, *Phenomenology of Spirit*, pp. 10-14.

體。任何終點都是開端（beginning, archi），開端即是運動，也是對於片面性開端與基礎（grund）的否定。此處，黑格爾所說的終點就是開端，開端含有目的，甚至理性是具有目的性的行動——這些概念必須以他對於亞里士多德的「開端」之詮釋來理解。黑格爾援引亞里士多德在《形上學》第5卷第1章對於「開端」（αρχή, archi）的界定，說明「開端／基礎」的意義：αρχή意指事物的存在、生成或是促成認識的開始之點。「開端」（αρχή, archi）既指事物從此處出發、運動而變化的開端部分或是那一點（beginning, starting-point），亦指事物從此處變為存在的內在開端，例如船的龍骨、房屋的基石或是動物的心臟或是頭腦，或是促使事物發生的外在本原（origin），例如嬰兒來自於父親與母親，或使東西發生變化的意志，例如城邦的君主與治理者，或是技術，同時也指事物運動與變化的原理（principle）。開端（αρχή, archi）具有本原，思想、意圖、元素、實體、目的等意義。自然是開端，原因也是開端[14]。

　　因此，黑格爾說，終點所以就是開端，因為存在著的實在（actual），就是運動。運動是開端之目的，也就是自身。這個不安定的自身之目的，就是不斷展開而形成的運動：「自然是有目的之活動，目的是直接而靜止的，同時不動，也是自我啟動，因此是主體。這個能動的力量，抽象地說，便是為自身而存有，或是純粹否定性。」[15]透過「純粹否定性」，開端即是運動，是自身

---

14 〔古希臘〕亞里士多德著，苗力田譯，《形而上學》（北京：中國人民大學出版社，2003），頁84-85。亞里士多德也說，任何終點都是一個起點，任何實體都包含其對立面，有其相反方向發展的可能性，而朝向發展的推動泉源則是其潛能。我們可在黑格爾的《精神現象學》中看到這些動態的自然發生運動。

15 G. W. Friedrich Hegel, *Phenomenology of Spirit*, p. 12.

運動（self-moving），而自我則是運動中的同一。

根據黑格爾的解釋，對於開端與基礎的持續知性反駁，可促使思想運動和變化不斷開始。所謂本質（essence），意味著存活（esse, to be）：只要是「活著的實體」（living substance），就必然會持續辯證的運動與演化。因此，主體（Subject）就是運動、實體（Substance）、本質（essence），也意味著自身運動（self-moving）在運動中的「同一」。此處，黑格爾將對於自身的理解拉到了一個拓樸環節：一個不動卻又自動的環節，一切運動自此環節發生、開展、形成、變化。自身的內在分裂，一分為二，藉由中介物朝向他異化，是自身不被封閉的原因；此運動不能停留於此映照的鏡像，需要再次回到自身，而回到之自身已經發生變化。

黑格爾從這個脈絡展開，說明思維運動的否定性本身便具有肯定性，具有納入自身之他性，而包含運動整體的能力，甚至具有延展可塑（plasticity）的特質，而不被固定於單一位置。

當黑格爾將此運動帶到主體、意識與自我意識的討論，問題就更為複雜，卻也更為清楚。主體被假設為一個定點（fixed point），此主體的覺知者（knower）以運動方式將描述此主體的述語（predicates）聯繫到這個定點。主體作為支撐各種述語的基座，僅能透過這些聯繫述語的運動被表象為主體。然而，這個主體只是被預期的（anticipated）主體，而這個預期卻使得自身運動的實在（actuality）成為不可能，因為這個預期將主體設定為內在的一點，實在卻正是運動本身，也就是連結、否定、回返的辯證運動，而不是實體化的固定一點[16]。

黑格爾強調，關於知識的任何科學或是系統，也必須以這種

16　G. W. Friedrich Hegel, *Phenomenology of Spirit*, p. 13.

動態的辯證運動模式思考。知識本身是實在的（actual），任何基本設定都只是一個原則，一個開端，必須被反駁（refute）。從這個開端出發的徹底反駁過程，就是持續的辯證性運動性，也必然牽動了此開端或是原則的發展。因此，黑格爾說，開端（archi）真正的正向展示（genuinely *positive* exposition），同樣也會是對此開端否定的負向姿態（negative attitude）；也就是說，朝向開端最初的直接中介或是目的之單面形式的否定，會開啟持續的運動。對於任何構成系統基礎（basis, grund）與原則的否定性反駁，便是證明基礎只是一個開端而已[17]。

　　黑格爾辯證法所提出的持續運動，終點就是開端，開端含有目的，也是運動本身，已經可以說明毛澤東矛盾論以及一分為二的核心概念，也可以說明他對於持續革命的想法。按照這個思維展開，任何關於知識的科學或是系統，也必然是開放而不斷辯證發展的。思想革命，也應該可以持續發生。

　　黑格爾也提出了表象（vostellung, representation, idea）的問題。從自在（being in itself）的狀態經過他者，經過對象而反映自身，再經過揚棄形式而回返自身，回到黑格爾所說的自為之存在（being-for-self）。此處的問題涉及了表象結構的問題，以及可能的異化。存在通常是透過熟悉的形式而被再現，可是正因其熟悉，所以並不被認識而理解。分析表象，也就是揚棄其形式，回到其自身之直接屬性（immediate property）。黑格爾說明，這個分析與解散的力量，正是理解的力量，而否定性的力量，便是思想的力量，也正是純粹的「我」（the pure "I"）。黑格爾說，肯定性的目光迴避否定面。然而，精神是正面直視否定的力量，並且

17　G. W. Friedrich Hegel, *Phenomenology of Spirit*, pp. 13-14.

逗留於其中：「逗留於否定面」（tarrying with the negative）的精神力量，便是將事物轉化為存在的魔力[18]。自身透過其所面對的對象之形式，「逗留於否定面」，而再現自身。如果不透過形式化的否定過程，則精神無法存在，自身也無法出現。然而，此形式仍舊必須被揚棄，以免終止於異化的階段。因此，這個思想的過程必然應該是流動性的：「此流動性（fluid）取決於純粹思想認知自身作為一個環節時刻（moment），以及自身對自身之確認，而放棄自我斷定之僵化（giving up the fixity of its self-positing）。」[19]

　　黑格爾的精神現象學，具體說明了我們的意識是精神的直接存在本身，包含了「知」（knowing）以及對此「知」的否定而建立的客體性（objectivity）之兩個環節時刻。意識在這些環節的不同時刻穿越，而構成我們的經驗。意識只知道與理解作為精神實體的自身對象（object），也就是經驗中的事物；如果沒有對象，沒有客體化的形式，其實就沒有意識，也沒有自身的出現。意識的運動在感性經驗以及成為自身之他者（becoming another to itself）並且成為自身的對象（object to itself）的兩個時刻之間往復，而只有在此實現之真實中，經驗才成為意識的所有物（property）。

　　黑格爾以古典哲學家所說的「空」（void），來說明這種運動狀態：在「我」（I）的直接經驗之意識與作為其對象（object）之意識之間的運動，就是他所說的否定性原則，也是促使運動之「空」。黑格爾說：「存有便是思想」（Being is Thought）。「思」，亦即是「心靈」（voῦς, mind），也被解釋為「型」或是「理念」

18　G. W. Friedrich Hegel, *Phenomenology of Spirit*, p. 19.

19　G. W. Friedrich Hegel, *Phenomenology of Spirit*, p. 20.

（Eidos, Idea）。正因為存有即「思」與「心靈」，因此必然處於否
定性之運動中，而「被固定之存在也會朝向自身之分裂解散。」[20]
主體首先會被認作為一個固定的自我，是一個客觀存在的基礎；
在後續各種述詞的展開過程中，主體則被認知的「我」所替代。
這個執行認知功能的「我」，進行作為基座之主體與各種述詞之
間的連結運動。第一個主體是決定此過程之靈魂，而作為我思主
體的第二個主體，則在不同述語之間轉移。主體與述語之間的來
回往復，正是主體可塑性之延展本性[21]。

　　但是，當這個純粹否定型的思想運動停止，當形式無法被揚
棄，甚至被固定為自我斷定的立場，那麼僵化的思想便會與自身
異化，甚至衍生出各種表象結構以及體制化的機構。這就是囚禁
思想的固定觀念以及時代性的意識形態範式。

2. 施蒂納的「創造性的無」與針對「固定觀念」的除魅

　　黑格爾所提出的否定性辯證運動以及對於固定觀念的批判，
影響了一批青年黑格爾學派，包括施蒂納（Max Stirner, 1806-
1856）。施蒂納是早期無政府主義思想家[22]。他在《唯一者及其所有
物》（*The Ego and Its Own*）中對於「固定觀念」（fixed idea）的
批判，便是建立於黑格爾所強調的純粹否定性。施蒂納將否定性
視為自身的知性運動，是「我」（I）的直接經驗之意識與作為其
對象（object）之意識之間的運動，並提出以「空」（void）為運

20　G. W. Friedrich Hegel, *Phenomenology of Spirit*, pp. 33-34.

21　G. W. Friedrich Hegel, *Phenomenology of Spirit*, pp. 38-39.

22　青年黑格爾學派代表性人物包括施特勞斯（David Strauss, 1808-1874）、鮑威爾
（Bruno Bauer, 1809-1882）、盧格（Arnold Ruge, 1802-1880）、赫斯（Mosses
Hess, 1812-1875）、費爾巴哈（Ludwig Feuerbach, 1804-1872）、施蒂納等。

動之辯證原則：「無」（nothing）是一切的基礎。「無」並非「空洞無物」，而是「創造性的無」（creative nothing），是我自己「作為創造者並從這裡面創造一切的那種無」[23]。「我」不應該是真理的從屬者；真理本身就是空洞的。「對於它自身來說，真理是沒有價值的。真理是創造物。」[24]

　　以「無」作為辯證運動的基礎，施蒂納檢視各種社會性的固定觀念，並且進行批判。他指出，社會（gesellschaft）一詞的詞源有「大廳」（sal）的意義，社會如同大廳，也如同「監獄」，構成了一個集體，一個共同體，例如勞動的共同體。人們主動地尋找群體，從家庭、親族、宗教或是社會，構成了不同型態的共同體，進而擴展為國家[25]。「國家教我如何不受懲罰，我要為『神聖性』（任何東西都可能是神聖的，例如財產、生命）『犧牲』我的獨自性。國家所能給與我的文明與教養的形式就在於：國家把我教育成一種『有用的工具』，『社會的一個有用的成員』」。甚至，國家被賦予了「道德的、神祕的或國家的人格」。人們被教導要將國家、國家的人民、人類以及所有我所知的置入自身之中，以便「成為一個真正的自我，一個自由的市民，一個國家的公民，一個自由的或真正的人，他們也在假設的外來的自我之中，看到我的真理和真實以及對其所作的獻身」[26]。施蒂納指出，對應於國家的「自我」，只是一個「幻想的自我」，一個「幽靈」

---

23 Max Stirner, *The Ego and Its Own*（Cambridge: Cambridge University Press, 1995）；〔德〕施蒂納著，金海民譯，《唯一者及其所有物》（北京：商務印書館，1997）。中譯本，頁5；英譯本，頁7。

24 同前注，中譯本，頁394；英譯本，頁324。

25 同前注，中譯本，頁236-237；英譯本，頁193-194。

26 同前注，中譯本，頁241-243；英譯本，頁198-200。

（ghostly apparition）。自我設定從自身分裂的「替身」（semblance [Schein], seeming-body [Scheinleib] of a spirit），是囚禁我們的各種「固定觀念」。這個幻想的自我，呼應著其他自我設定的精神假象，包括宗教、國家、社會，或是自由主義、社會主義、共產主義、人道主義等，反向箝制我們，主宰我們的思想與行動的抽象觀念。因此，施蒂納在這本書中倡議無政府主義真正「為己者的聯合體」（union of egoist）。

　　施蒂納以黑格爾式的辯證思考進行對於任何固定化的抽象觀念的批判，要求徹底除魅，也包括對於共產主義的批判，而引發了同樣是青年黑格爾學派的馬克思與恩格斯（Friedrich Engels, 1820-1895）的駁斥。他們在《德意志意識形態》（*Die deutsche Ideologie*）中對施蒂納激烈地批判，指施蒂納正如同鮑威爾（Bruno Bauer, 1809-1882）與費爾巴哈（Ludwig Feuerbach, 1804-1872），只是唯心主義與空想主義。但是，正如洛布科維茨（Nicholas Lobkowitz）所指出的，馬克思成熟期的歷史唯物主義，是在他面對施蒂納的挑戰之下展開的。因為要面對施蒂納的批評，馬克思才開始拋棄了費爾巴哈式的人道主義。此外，對於施蒂納的批判，也引發了馬克思展開對於資本主義邏輯反向控制人們的哲學思維[27]。洛布科維茨指出，馬克思在《德意志意識形

---

27 韓國學者鄭文吉透過1960年代到1970年代日本學界對《德意志意識形態》以及歷史考證版（MEGA）手稿的研究指出，森川喜美雄的研究說明了馬克思雖然與恩格斯在《德意志意識形態》一書中對於施蒂納進行批判，但是，從馬克思的手稿可以看出，馬克思真正批判的對象其實是普魯東。馬克思延續了施蒂納的分析架構，但是指出施蒂納的批判模式沒有遵循辯證法，斷然否定了資本主義社會的「普遍的交易」，從而提出關於共產主義社會的構想。森川喜美雄也說明馬克思與恩格斯的論點並沒有完全一致，然而，置身於當時

態》中所說，「要改變人們的意識狀態，需要針對現有秩序提出不一樣的詮釋，以便透過不同的詮釋而獲得不同的認知」。這種論點已經意味著他開始對於哲學的召喚[28]。

第三節　馬克思的「一分為二」與政治經濟學批判

青年馬克思同樣是左傾的青年黑格爾學派。他宣稱要將黑格爾的辯證法翻轉過來，但是，這並不意味著他否定黑格爾。恰恰相反，他正是為了要抵制當時將黑格爾神祕化的時尚，而重新啟動黑格爾辯證法嚴格的科學方法。馬克思說：

> 我公開承認我是這位大思想家的學生，並且在關於價值理論的一章中，我甚至賣弄起黑格爾特有的表達方式。辯證法在黑格爾手中神祕化了，但這絕沒有妨礙他第一個全面的有意識地敘述了辯證法的一般運動形式。在他那裡，辯證法是倒立著的。必須把它倒過來，以便發現神祕外殼中的合理內核。
>
> 辯證法，在其合理型態上，引起資產階級及其空論主義代言人的惱怒與恐怖，因為辯證法在對現存事物的肯定的理解中同時包含對現存事物的否定的理解，即對現存事物的必然

社會主義運動的轉變中，馬克思逐漸發展並且形成他的論點。見〔韓〕鄭文吉著，趙莉等譯，《《德意志意識形態》與MEGA文獻研究》（南京：南京大學出版社，2010），頁167-217。

28 Nicholas Lobkowicz, "*Karl Marx and Max Stirner*," in Frederick J. Adelmann (edited), *Demythologising Marxism* (The Hague: Martinus Nijhoff, 1969), pp. 71, 89-90.

> 滅亡的理解；辯證法對每一種既成的形式都是從不斷的運動
> 中，因而也是從它的暫時性方面去理解；辯證法不崇拜任何
> 東西，按其本質來說，它是批判的和革命的。[29]

馬克思的這兩段文字，已經充分說明辯證法對於任何事物不斷變動的暫時性之理解，以及辯證思想對於任何固定狀態的批判性與革命性。

馬克思在《資本論》（1867）中，以辯證法的方式，將既是勞動產品又是價值形式的「商品」，作為經濟形式整體之「細胞」（cell），來檢視如同細胞「一分為二」的「分裂」，如何在「商品」處發生。「商品」作為價值形式，在已經決定的價值衡量尺度下被交換與累積，以「如鐵一般必然」的資本擴張邏輯，反向規範了生產勞動產品的勞動力計算模式，以致勞動力在利益與效率的考量下被計算與剝削，人的生命也同時被剝削與異化[30]。

我們可以先參考馬克思在《政治經濟學批判》（1859）對於基本矛盾的討論，來掌握馬克思方法論中的唯物辯證法。馬克思在序言中指出，最簡單的經濟範疇，也必然存在於預先被決定的複雜結構整體的抽象關係之中，而社會生活的矛盾，也存在於生產力與既定的生產關係之間。所謂生產關係，意指被法律、政治以及知性生活等社會意識形態所決定的經濟結構下的生產模式與社會關係；這些生產模式與社會關係卻又反過來決定了人們的意識形態以及生活狀態，成為束縛人們的枷鎖。馬克思指出，正是

---

29 馬克思，〈跋〉，《資本論》（北京：人民出版社，2004二版），卷1，頁22。

　　Marx, "Afterword to the Second German Edition" (1873), p. 15.

30 Marx, Preface to the First German Edition (Marx, 1867), pp. 6-7.

在法律、政治、宗教、美學或是哲學等等意識形態所呈現的內在矛盾處，針對矛盾進行分析，我們才能夠檢視現存的社會生產力以及生產關係之間的衝突[31]。

馬克思的「自由人共同體」或是「自由人聯合體」（a community of free individuals）概念，是個體以公共的生產資料進行勞動，自覺地把眾人的勞動力當作社會勞動力來使用。聯合體的總產品是社會產品，一部分歸於社會，重新用作生產資料，另一部分作為聯合體成員消費的生活資料，在他們之間進行分配[32]。相對於這個自由人共同體或是自由生產者的聯合，則是不同型態被物化以及商品化的勞動，被市場價值衡量，而脫離了個體能力的自由展現，甚至被其所生產之物以及被物化的體制所役使，被國家與社會所組織，被機構以及官僚體系所支撐，而使自己喪失價值創造的能力。這個系統化的結構，有內在的自我驅動力量而自行增殖，如同馬克思所說的「活的怪獸」（living monster）[33]。

若要對上述現象進行根本分析，便要檢視馬克思所說的「活的勞動」（living labor）以及「被物化的勞動」（objectified labor）的分裂。二者之間的銜接點，則是「商品」。「活的勞動」是不被

---

31 Karl Marx, "Preface" to *A Contribution to the Critique of Political Economic* (1859). Progress Publishers, Moscow, 1859. Translated by S. W. Ryazanskaya. On-Line Version: Marx.org 1993（Preface, 1993）, Marxists.org 1999. Transcribed: Tim Delaney, Zodiac. HTML Markup: Tim Delaney 1999. http://www.marxists.org/archive/marx/works/1850/pol-econ/preface.htm（3 of 3）[23/08/2000 17:06:58]. Accessed 2012.4.3.

32 Karl Marx, *Capital: A Critique of Political Economic*（Moscow, USSR: Progress Publishers, 1887）, Volume I, p. 50；馬克思，《資本論》（北京：人民出版社，2004二版），卷1，頁96。

33 Karl Marx, *Capital: A Critique of Political Economic*, Volume I, p. 134.

物化的勞動（non-objectified labor），是個體的能力（capacity），活在當下，而能夠創造價值；被物化的勞動，則是被計算為使用價值與交換價值，納入資本，成為可變資本。活的勞動被轉化為使用價值與交換價值的過程，透過貨幣計算而成為不同型態的資本，便是資本實現自身的過程[34]。

《資本論》展現了馬克思如何以研究自然史的科學方式，回溯式地分析了16世紀以降橫跨幾百年的資本主義歷史過程。在這個過程中，經濟生活從一個形式過渡到另一個形式，從一種聯繫秩序發展到另一種聯繫秩序，而這些形式與聯繫秩序的轉變與發展法則，也在社會生活中造成了特定的效果。馬克思指出：從物質現象出發，研究現存事物的否定與變化的緩慢運動，並且揭露自然史的演化，正是具有批判性以及革命性的辯證法。商品作為分析的對象，除了可以揭露社會關係的內在矛盾，檢視制度與理論如何從屬於社會關係的主導價值體系，也能夠有效地暴露政治經濟學者理論建構背後的利益考量與內在局限。馬克思強調：「意念只是物質世界在人的心靈之反映，而翻譯為思想形式；只要能夠發現神祕表面之下的合理內核，就可以將被黑格爾神祕化的辯證法翻轉過來。」[35]

分析意念背後的合理內核，或是被翻譯為思想形式的心靈，就是要挑戰被當成既定價值的邏輯，甚至揭露被過度抬高的價值的非合理性。馬克思說，資本的自我實現，具有拜物教性質（fetish）。商品如同社會經濟的細胞，如同社會密碼（cypher）或是象形文字（hieroglyph），既說明了價值，也說明了社會關係。

---

34 Karl Marx, *Capital: A Critique of Political Economic*, Volume I, pp. 119, 371.

35 Marx, "Afterword to the Second German Edition" (1873), p. 13.

商品是馬克思要進行分析的起點。從商品內部「一分為二」的結構，我們可以看到，勞動或是個體的能力一旦脫離了生產與創造的過程，物化而成為商品，便成為配合社會需求而提供價值的拜物式「兌換幣」[36]。

馬克思所描述的資本主義邏輯，勞動生產產品，勞動產品轉為商品，商品轉化為貨幣，貨幣轉化為資本，資本產生多餘價值，多餘價值產生更多資本──這個過程必然經過符號化的價值形式轉換，以及符號透過體制以及法律而鞏固的再生產系統。可供剝削的勞動力數量的增加，也意味著不同形式的無產階級的增加。這個符號化與體制化的再生產系統，就是我們要針對思想史以及物質條件進行分析的工作。

根據馬克思的說法，資本之所以積累與擴張，首先是透過占取土地以及勞動力的原始積累，也就是馬克思所說的，從小政府到大政府，繼而透過國家，來進行「集中而有組織的社會暴力」[37]。圈地，占取國有地，剝奪耕地，而使得土地私有化，土地成為商品與資本，使得更多的人流離失所，成為居無定所的人，或是必須以薪資將自身的勞動商品化，並且進行交換。資本驅使人類為生產而生產，並且儘可能索取資源，支配自然。在這一連串透過資本進行集中，進而不斷累積多餘價值的過程中，人類也同時自我增值，擴張資本，以便更為穩定地鞏固其勢力範圍。這種資本累積與擴張，從個人到工廠，從國家到跨國資本，從區域經濟結盟到全球壟斷，我們可以觀察到不同歷史時期資本運作的不同型態。

36　Karl Marx, *Capital: A Critique of Political Economic*, Volume I, pp. 47-48.

37　Karl Marx, *Capital: A Critique of Political Economic*, Volume I, chap. 24.

　　馬克思認為，從古典經濟理論到18、19世紀的政治經濟學者，無論是重商主義或是重農主義，都已經接受了資產階級的思考模式，而展開他們的理論，藉以進行各種利益與效率的計算。在馬克思的分析中，物質、制度、理念、政策，也都是時代性合理性內核的外部演繹。所謂自由主義經濟強調的自由貿易，或是重農學派的關稅保護法，都早已經在資本主義邏輯之中操作。馬克思一則深刻地演繹了從亞當斯密（Adam Smith, 1723-1790）、佛格森（Adam Ferguson, 1723-1816）、李嘉圖（David Ricardo, 1772-1823）、穆勒（James Miller, 1773-1836）等人的政治經濟學理論，再則同時尖銳地批判他們的理論已經接受了資本主義邏輯，而服務於既定政治利益以及價值衡量標準，展開各種計算工時、工作日、工資、地租、利潤等論述。勞動力不僅成為可以計算利益的商品，多餘的勞動更成為可以增強與累積資本的剩餘價值。在效率利益以及價值增值積累的追求之下，「資本家」作為資本人格化的代稱，而可以進行直接或是間接地統治[38]。

---

38 馬克思對於古典政治經濟學的批判非常犀利，他指出無論是重農主義，或是重商主義，在古典政治經濟學的架構下，都進入了同樣的錯誤計算，也就是以現象之表象來分析，而不討論表象背後被反轉的本質。這些政治經濟學者以勞動力來代替勞動，混淆於勞動的市場價格與勞動價值，價值與利潤率的關係，以及與商品價值的關係。他們的分析使得勞動的市場價格被其假想的價值所決定，也導致勞動價值被消解為勞動力價值。古典政治經濟學沒有意識到自己的分析所導致的後果，毫無批判地接受了勞動價值的範疇，勞動的自然價格等等，以致庸俗經濟學在此基礎上建立了只在表象進行分析的模式。馬克思以極為辛辣的批判口吻，一一檢視了古典政治經濟學者、重農學派以及重商學派的學者，包括亞當斯密、奎納（François Quesnay）、李嘉圖、穆勒、馬爾薩斯、邊沁（Jeremy Bentham），尤其在《資本論》第16章開始關於絕對剩餘價值與相對剩餘價值、勞動價值、計時或是計日工資的討論。馬克思指出，勞動力的價值與價格轉化為工資的形式，或是勞動本身的

　　在自行運作的龐大機器以及附隨於這個運動的各種論述與立法之下，人們逐漸進入了自動化的生產行列，甚至成為附屬於機器的零件。勞動力成為可以計算的生產力資源，人口則是計算生產力的重要單位，是國家財富的基礎。因此，人口也成為市民社會、帝國擴張、殖民政策以及現代國家的治理對象[39]。馬克思對於古典政治經濟學以及馬爾薩斯（Thomas Robert Malthus）人口論的批判，對於薪資、利益以及價值的衡量，已經為傅柯所批判的現代國家「生命政治」的治理模式，預先鋪設了論述的基礎[40]。

價值與價格，具有決定性的重要意義。這種形式使得實際關係成為不可見，而且恰恰顯現了它的反面，而且構成了工人與資本家的法律觀念、資本主義生產方式的神祕性、自由的幻覺以及庸俗經濟學者的各種辯護。見 Karl Marx, *Capital: A Critique of Political Economic*（Moscow, USSR: Progress Publishers, 1887）.

39 見馬克思《資本論》第1卷第4部分第15章論及機械化工廠與現代工業中，人如何被組織進入工業的客觀有機體之中，如何終身服侍一台局部機器，成為局部機器的一部分。工人因此必須依賴工廠，以及資本家。過去，勞動是從工人出發；在工廠中，工人隨著勞動工具而運動。過去，工人是活機構的肢體；工廠中，死機器獨立而活，工人被當作活的附屬品而併入死機器中。Karl Marx, *Capital: A Critique of Political Economic*, Volume I, pp. 257-353。資本如同機械的自動化運作，持續擴張，從歐洲大陸到殖民地。見《資本論》第1卷第32章與33章所論資本累積的歷史傾向以及殖民地的現代理論。Karl Marx, *Capital: A Critique of Political Economic*, Volume I, pp. 535-541.

40 馬克思對於馬爾薩斯的人口論，有非常精彩的批評。見第1卷第25章「資本積累的一般法則」註腳6，頁430。傅柯在《生命政治的誕生》一書中，從重農學派以及重商學派的不同政治經濟學論點中爬梳，指出政治經濟學的不同論述替19世紀到20世紀殖民擴張與現代國家對於生命的治理，包括移民政策、出入境管理、國安法、人口調查、戶口制度、全球分工體制下的移工等等，預先鋪設了合理化的基礎，基本上是以不同方式延續了馬克思《資本論》的分析。見〔法〕福柯著，莫偉民、趙偉譯，《生命政治的誕生》（上海：上海人民出版社，2011）。

　　根據馬克思的說法，商品是交換價值的物質託管者（material depositories of exchange value）。商品反映出的，是生產者之外的社會關係，而商品本身則是經濟舞台上經濟關係人格化的不同角色之間兩個意志的協議。任何商品都是特定的等價形式。使商品具有價值，換得貨幣或是資本，就需要使商品具有社會性的有用性，構成社會勞力分工的一支。商品流通的過程並不終止，賣主以換得的貨幣購買其他所需物資，換得更高籌碼，以便購買或是交換更好或是更重要的物質。作為商品而具有拜物性質的任何物件或是概念，都可以透過這個模式進行分析。商品的交換項可以不斷後退，而反映出社會關係與文化結構。透過商品交換而獲得的資本，可以累積為權力。資本的擴張與併吞，也透過權力的穩定以及體制化的操作，而得以維繫。

　　馬克思這一整套從商品價值到剩餘價值的衡量，發展到歷史過程中經濟生活形式與生產關係秩序的轉變，與發展法則的複雜分析，便是建立於他所發展的物質辯證法。無論是勞動的物化與商品化，或是以不同的貨幣形式來交換商品，並且計算交換價值，都是符號程序，也是觀念化程序。從物質分裂出的觀念，發展為一個系統，反過來支配人們的生活。要分析社會生活中不均衡的權力關係與分配模式，就要分析物質條件如何促成了觀念結構與社會關係的固化。這個辯證法的分析角度，對於我們重新思考思想史如何被不同歷史時期的物質條件所牽動，提供了重要的啟發。

　　從黑格爾、施蒂納到馬克思對於辯證法的闡釋，我們可以得知，他們視「一分為二」為不斷發生的辯證運動過程，也是反轉過來進行思想僵化與體制異化的分析路徑。辯證運動本身的絕對性，意味著運動的持續進行。矛盾對立面的彼此聯繫互涉，以及

二者之間的相符或是均勢，總是暫時而相對的，也總是在力量消長之間發生本質性的關係變化。但是，一旦思想的固定觀念形成而衍生出異化的社會體制，那麼人便會在這套自己創造出來的體制之下被囚禁，人的生命也被這一套物質結構所支配。

第四節　從列寧1915年的《哲學筆記》到毛澤東1937年的〈矛盾論〉

1. 列寧1915年的《哲學筆記》

　　列寧在1915年的《哲學筆記》中指出，黑格爾辯證法是理解馬克思《資本論》的重要關鍵，而辯證法就是黑格爾與馬克思關於知識的理論。

　　列寧說，「統一物分裂為二」以及「對於其矛盾部分的認識」，是黑格爾辯證法的核心。一般人僅以具體事物之「總和」來理解對立面的統一，這是錯誤的認知。以辯證運動來認知各種對立面，無論是數學中的正與負，微分與積分，力學中的作用力與反作用力，物理學中的正極與負極，化學中原子的化合與分解，或是社會科學中的階級鬥爭，都會讓我們理解到這些對立面的統一是「有條件的、暫時的、易逝的、相對的」；對立面的鬥爭、發展與運動，則是「絕對的」。列寧說明，所謂對立面的「統一」，意指「相符、同一、均勢」：對立面是同一的，個別（individual）與一般（universality）對立，然而個別也一定與一般相聯而存在[41]。

---

41 列寧關於一般與個別的辯證關係說明如下：一般只能在個別中存在，只能通

　　列寧也說明，亞里士多德在《形而上學》中已經展開了自然界基本原理的辯證法意義，以及自然界的必然與偶然、現象與本質。列寧指出，任何一個命題，或是原子核（nucleus），或是馬克思《資本論》以商品作為分析資本主義過程的一個細胞（cell），都可以作為辯證過程的胚胎，從其中觀察並且揭示辯證過程的法則[42]。

2.〈矛盾論〉的生產

　　毛澤東1937年在延安政治大學講授的〈矛盾論〉，深入思考對立面相依相成的動態關係以及相互轉化的辯證運動，非常靠近列寧在《哲學筆記》所說明的辯證法。毛澤東1937年的〈矛盾論〉與〈實踐論〉的早期版本《辯證法唯物論（講授提綱）》，是他在1937年5月到8月之間在研安抗日軍事政治大學講授馬克思主義唯物辯證法的提綱。授課過程每週兩次，每次四小時[43]。大家都知道，毛澤東的思想以及不同階段的著作，顯然是時代性的集體產品。毛澤東所受到的啟發，多半來自於同時代人的著作與討論，主要是艾思奇的著作，另外也有李達與陳伯達等人的合作，

過個別而存在；任何個別都是一般，任何一般也都是個別的一個部分，一個方面，或是其本質；任何一般只是大致地包括一切個別事物，任何個別則不能完全地包括在一般之中；個別都是在經過千萬次的過渡轉移，而與另一類的個別事物、現象與過程相聯繫。Lenin, *Philosophical Notebooks*, op. cit., 357-360;〔蘇聯〕列寧（Vladimir Ilyich Ulyanov），〈談談辯證法問題〉，收入列寧著，中共中央馬克思恩格斯列寧斯大林著作編譯局編譯，《列寧全集：第55卷》（北京：人民出版社，2017二版），頁305-308。

42 同前注。

43 奚景鵬，〈關於毛澤東《辯證法唯物論（講授提綱）》早期版本〉，《黨的文獻》，2007：4（北京，2007），頁72-73。

以及他們所共同閱讀的大量蘇聯馬列思想翻譯與教科書。無論在英美學界或是在中國學界，近年來陸續出現了批評毛澤東的〈矛盾論〉抄襲艾思奇同時期的著作。目前的研究顯示，毛澤東的《辯證法唯物論講授提綱》主要參考了三本蘇聯著作：西洛可夫等人的《辯證法唯物論教程》，米丁（Mark Borisovich Mitin）、拉里察維基（Isaak Petrovich Razumovskii）等所著《新哲學大綱》（1936年6月），以及米丁等著《辯證唯物論與歷史唯物論》。〈矛盾論〉中的兩種宇宙觀，矛盾的普遍性，矛盾的特殊性，主要矛盾與矛盾的主要方面，矛盾諸方面的同一性和鬥爭性，對抗在矛盾中的地位，都反映於這些蘇聯哲學教科書，甚至使用同樣的文字作為標題[44]。陳伯達也說，毛澤東對於中國革命兼有反封建與反帝國性質的分析，無產階級領導農民反封建的革命運動，都是受到了斯大林的影響[45]。

不過，正如奈特（Nick Knight）所指出，毛澤東雖然的確閱讀過艾思奇的《大眾哲學》，也參考過各種蘇聯教科書，艾思奇

44　參見陳定學，〈〈矛盾論〉是毛澤東的原創嗎？〉，《炎黃春秋》，2011：12（北京，2011），頁71-73。另可參考Joshua A. Fogel, "Ai Siqi, Establishment Intellectual by Joshua A. Fogel," in Merle Goldman, Timothy Cheek, and Carol Lee Hamrin, eds., *China's Intellectuals and the State: In Search of a New Relationship* (Cambridge: Harvard University Asia Center, 1987)。〔蘇聯〕西洛可夫等著，李達、雷仲堅譯，《辯證法唯物論教程》（上海：筆耕堂書店，1935）；〔蘇聯〕米丁（Mark B. Mitin）等著，艾思奇、鄭易里譯，《新哲學大綱》（北京：生活・讀書・新知三聯書店，1949）；〔蘇聯〕米丁（Mark Borisovich Mitin）著，沈志遠譯述，《辯證唯物論與歷史唯物論》（長沙：商務印書館，1938）。

45　毛澤東對於中國革命不同階段的分析，例如民族資產階級革命以及無產階級革命，主要是參考斯大林於1927年寫的《中國革命與共產國際的任務》。見陳伯達，《斯大林與中國革命》（北京：人民出版社，1952），頁14-16。

在多大程度上影響了毛澤東，仍舊是無法被確認的。此外，重要的事實是，1931至1937年間艾思奇與毛澤東都受到了蘇聯新哲學的啟發。在這個過程中，艾思奇與毛澤東各自發展出了重要的馬克思主義哲學。艾思奇在1930年代先後完成了《抽象作用與辯證法》、《新哲學論叢》、《大眾哲學》，也翻譯了米丁的《新哲學大綱》。至於毛澤東，由於受到了1931年蘇聯興起的「新哲學」的影響，毛澤東特別注重矛盾統一的辯證邏輯，以及透過實踐檢驗任何知識的辯證法，而發展出了中國式的馬克思主義。蘇聯在1936-1937年間對於新哲學的批判，已經與中國的馬克思主義發展不再發生關係。這些發展也顯現於毛澤東對於國際與國內的政治局勢分析與對應策略。因此，奈特認為，毛澤東在1937年以後展開了獨立於蘇聯路線的「毛澤東的」馬克思主義哲學，並且被普遍推廣於全民社會，直到文革結束之後才開始被批判與否定，這個歷史過程必須被正面承認[46]。

此外，毛澤東長時期依照矛盾辯證法而展開的革命政策、局勢分析與軍事策略，以及馬克思主義中國化的不同階段，這才是值得我們注意與分析的問題。毛澤東在〈矛盾論〉這個辯證法的講話中，展開了豐富而複雜的動態辯證思維，以及幾個重要的原理性分析模式。我們可以先梳理這些具有關鍵意義的原理性模式，以便進一步了解毛澤東日後對於「一分為二」的論述發展，以及後續關於革命政策、局勢分析與軍事策略的辯證邏輯。

---

46 Nick Knight, "The Role of Philosopher to The Chinese Communist Movement: Ai Siqi, Mao Zedong and Marxist Philosophy in China," *Asian Studies Review*, 26:4（December 2002）, pp. 419-445. 可參考〔澳〕尼克・奈特著，王桂花譯，〈中國共產主義運動中的哲學家——艾思奇、毛澤東和中國馬克思主義哲學〉，《現代哲學》，2006：3（廣州，2006），頁31-37。

3.〈矛盾論〉的核心原理

　　首先，在1937年的〈矛盾論〉中，毛澤東指出唯物辯證法是由「事物的內部」來研究事物運動發展的必然性：「外因通過內因而起作用」[47]。變化的條件來自外在環境造成的衝撞，然而真正發生變化的促因，則來自內部的矛盾。事物的發展是「事物內部的必然的自己的運動，而每一事物的運動都和它的周圍其他事物互相聯繫著和互相影響著。事物發展的根本原因，不是在事物的外部而是在事物的內部，在於事物內部的矛盾性。」[48]十月革命促發了中國內部的變化，然而這些變化是「通過中國內部自己的規律性而發生的」。毛澤東也強調，中國國民黨與中國共產黨兩種力量之間的矛盾與消長，要看各別力量的內部矛盾以及不同歷史時期的不同條件，來進行具體分析[49]。毛澤東對於變化來自於「內因」以及矛盾是由現實中變化的條件而構成的論點，提醒我們必須針對歷史發生場所的動態變化過程與內部條件進行具體分析，而不能夠僅以外在條件以及外來影響論之。

　　其次，毛澤東指出事物發展自始至終都存在著的矛盾運動。思維層面的矛盾運動展現了人的「無限的認識能力」，但是認識能力必然因為「在外部被局限」，而發生種種矛盾，因此必須不

---

47 毛澤東，〈矛盾論〉，收入中共中央毛澤東選集出版委員會編，《毛澤東選集》（北京：人民出版社，1966），卷1，頁277。

48 同前注，頁276。

49 毛澤東指出：「1927年中國大資產階級戰敗了無產階級，是通過中國無產階級內部的（中國共產黨內部的）機會主義而起作用的。當著我們清算了這種機會主義的時候，中國革命就重新發展了。後來，中國革命又受到了敵人的嚴重的打擊，是因為我們黨內產生了冒險主義。」同前注，頁278。

斷針對「新冒出來的」事物進行具體分析。毛澤東也強調，任何運動皆有其形式，任何社會形式與思想形式皆有其特殊矛盾與特殊本質。正是因為人的概念差異都是「客觀矛盾的反映」，因此客觀矛盾呈現於主觀思想，構成了概念的矛盾運動，也推動了思想的發展。毛澤東強調，一切運動形式的每一個實在的發展過程「都是不同質」的；研究工作必須著重這一點，而且「必須從這一點開始」。毛澤東批評不針對「新冒出來的」具體事物進行研究的人，是「教條主義者」。毛澤東反覆強調，如果僅僅片面地、表面地、主觀地看事物，不去看事物發展過程的階段性以及事物內部的規律，就無法理解客觀事物之間相互聯繫的總體。研究工作首先就必須注意總體與相互聯結的特殊性：「為要暴露事物發展過程中的矛盾在其總體上、在其相互聯結上的特殊性，就是說暴露事物發展過程的本質，就必須暴露過程中矛盾各方面的特殊性，否則暴露過程的本質成為不可能。」[50] 如果僅以片面或是表面的主觀概念進行判斷或是採取對策，而不針對全面的各方面進行理解，便是陷入了形而上學的唯心主義與教條主義。毛澤東指出，區分不同階段與不同性質的主要矛盾與次要矛盾是重要的工作；不同質的矛盾，要用不同質的方法來解決。研究中國革命，更要在不同矛盾的總體以及其內部各個方面相互的聯結進行研究，分析其關係如何相互依存又相互矛盾，以何種方式進行具體鬥爭[51]。毛澤東這種關於事物發展過程持續變化的矛盾、不同性質發展過程的總體聯繫與特殊關係，以及事物不同階段的發展過程受到過程的根本矛盾所規定的這些動態過程認識論，是他提出

---

50 同前注，頁286。

51 同前注，頁295-298。

「不斷革命」論點的基礎。

　　第三，毛澤東強調，主要矛盾以及主要矛盾的諸方面，要根據中國不同階段的具體條件進行分析。毛澤東說明，從辛亥革命開始，便不斷有不同階段以及不同性質的矛盾：辛亥革命戰爭，中國的軍閥割據，1924至1927年的革命戰爭，1927以後的十年土地改革戰爭，都是外部的矛盾透過內部革命者與反動分子之間的矛盾而尖銳化的例子。不同性質的矛盾存在於不同關係之間，包括中國社會各個被壓迫階級與帝國主義的矛盾，人民大眾與封建制度的矛盾，無產階級與資產階級的矛盾，農民與城市小資產階級和資產階級的矛盾，以及各個反動的統治集團之間的矛盾。這些複雜而多面向的矛盾以及不同階段的變化過程，使得研究者必須針對現狀的變化與內部規律持續進行具體分析。毛澤東也說明，中國在20世紀經歷的新陳代謝與除舊布新的社會轉化，使得共產黨在1927、1934以及1935幾度肅清內部機會主義者過程中壯大，「農民由被統治者轉化為統治者，地主則作了相反的轉化。」[52]毛澤東並且說，不同階段的主要矛盾會透過不同形式的次要矛盾呈現，而在不同方面的次要矛盾又有不平衡的發展。這些矛盾的不同方面也會互相轉化，透過雙方力量的增減升降而改變位置，使得事物性質也隨著變化。毛澤東關於中國具體環境與特性的強調，使他在1938年10月的六中全會報告中主張抗日民族統一戰線時，提出了「馬克思主義中國化」的論點：不是抽象地應用馬克思主義，而是具體地「通過民族形式」的馬克思主義，將馬克思主義應用到「中國具體環境的具體鬥爭中」，使馬克思

52　同前注，頁299。

主義的「每一表現中帶著中國的特性」[53]。

這些充滿辯證思維的論點，在毛澤東的著作中比比皆是，也反映於他對於國際關係的分析與政治謀略的決策。

4.〈矛盾論〉的內在悖論

雖然毛澤東的矛盾論充分展現了複雜整體的多重矛盾關係，但是在〈矛盾論〉的演繹中，毛澤東的思想也透露出了時代所預先決定的內在悖論，以及其中朝向觀念絕對化與實體化的趨向。這是毛澤東思想在1937年面對時代難題所試圖處理卻沒有解決的內在難題，而在1950年代冷戰結構中更為清楚地逐漸呈現。我要在此處先整理這些內在悖論，以便下一章能夠更為具體地分析冷戰結構「一分為二」的對抗性結構與其物質條件。

〈矛盾論〉的第一個內在悖論，是關於資產階級與無產階級的劃分問題。〈矛盾論〉中指出，社會的變化是由於社會內部矛盾的發展，也就是「生產力和生產關係的矛盾，階級之間的矛盾，新舊之間的矛盾」。受到外部因素以及內部條件的影響而決定的矛盾與其發展，會推動社會的前進，也會推動新舊社會的更迭。在「剝削階級和被剝削階級」之間的矛盾，以及這些矛盾所產生的「經濟基礎和政治及思想等上層建築」之間的矛盾，會在各種不同的階級社會中，引出各種不同的社會革命。然而，隨著生產力的發展，階級會發生轉化。資產階級原本具有推翻貴族階級的進步作用，後來卻轉化為具有反動作用的階級，而被無產階

---

53 毛澤東，〈中國共產黨在民族戰爭中的地位——1938年10月在擴大的六中全會的報告（論新階段第7章）〉，收入〔日〕竹內實監修，毛澤東文獻資料研究會編集，《毛澤東集》（東京：北望社，1971），卷6延安期Ⅱ，頁261。

級所推翻。人數比資產階級多得多、但被資產階級統治著的無產
階級，是一個新的力量，「逐步地壯大起來，成為獨立的和在歷
史上起主導作用的階級，以至最後奪取政權成為統治階級」。這
種相互轉化，在中國歷史中，也不斷不斷發生。

　　不同歷史時期的不同矛盾形式，容易使我們忽略了這些不同
形式背後的主要矛盾，應該是不同社會形式的生產關係下掌權的
資產者與無權力的無產者之間的矛盾。以馬克思在《資本論》所
提出的論點來看，資產者與無產者只是擬人化的經濟範疇。資產
者與無產者的矛盾是：一端是價值與貨幣的擁有者，以及生產方
式與維持生計的擁有者；另一端則是創造價值實體者，實際上卻
也是除了勞動力之外一無所有的人。資本主義生產邏輯便是主觀
勞動力與客觀勞動條件的分離：勞動力成為商品，勞動者自己甚
至無法擁有，而只能夠透過薪資成為僱傭勞動者。一旦勞動者轉
化為薪資僱傭者，他們的勞動條件轉化為資本，則勞動會進一步
被社會化，土地和生產資料進一步轉化為社會的使用，亦即公共
的生產資料，從而對勞動者採取新形式的剝削[54]。在馬克思的分析
中，「資本家」、「資產階級」與「無產階級」都是抽象的經濟範
疇，而不是本質化的職業群體[55]。在不同歷史脈絡之下，有不同

54　馬克思，《資本論》，卷1，頁397、512、535-536。

55　馬克思反覆指出資本家只是經濟範疇的抽象化與人格化。在 "Preface to the
　　First German Edition"（Marx 1867），馬克思說："I paint the capitalist and the
　　landlord in no sense *couleur de rose* [i.e., seen through rose-tinted glasses]. But here
　　individuals are dealt with only in so far as they are the personifications of economic
　　categories, embodiments of particular class-relations and class-interests." 馬克思，
　　《資本論》，卷1，頁7。其餘在不同段落，馬克思亦指出資本家是資本的人
　　格化（personified capital），經濟舞台上的人物都是經濟關係的人格化範疇。
　　"the characters who appear on the economic stage are but the personifications of the

的矛盾關係，也有不同的替代形式。在歷史過程中資產者與無產者的矛盾會以不同的形式出現：古典時期是貴族與奴隸之間的矛盾，封建時期是地主與佃農的矛盾，工業革命之後是工廠主與勞工之間的矛盾。在不同的經濟生產形式之下，必然有新形式的無產者——除了勞動力之外一無所有的生產者[56]。

　　如果以「資產者」（bourgeois）的字根以及歷史源流而言，便可以理解為「城市居住者」（burgeis: town dweller）或是城市擁有者；資產階級（bourgeois）其實是捍衛城邦並且擁有財產的人（bürgertum）。在城邦之中，每一個人都必須成為市民或是公民（citizen），才能夠享有平等；所謂政治權利的平等，只是擁有權力者之間的平等。至於無產者，proletariat，在羅馬時期意指最底層而沒有任何財產者。然而，就其拉丁字根 *proletarius* 而言，*proles* 就是子嗣與後代（offspring, posterity）。就此意義而言，透過勞動而生產，proletariat 也意味著城邦之父[57]。但是，當勞動者所生產的物質進入了資本主義邏輯的價值系統，成為可交換的商品，勞動者便完全依賴於這個系統的薪資，同時薪資也反向箝制

---

economic relations that exist between them"，見《資本論》，卷 1，頁 59、76、105、112、411。

56 關於資產階級與無產階級的抽象範疇之討論，另可參考 Althusser, Rancière, Balibar 等人對此問題的分析：Louis Althusser, "On Marx and Freud," *Rethinking Marxism*, 4:1（Spring 1991）, pp. 17-30; Louis Althusser, *Reading Capital*, Ben Brewster, trans.（London & New York: Verso, 2009）; Étienne Balibar, "In Search of the Proletariat: The Notion of Class Politics in Marx,"& "Politics and Truth: The Vacillation of Ideology, II," *Masses, Classes, Ideas: Studies on Politics and Philosophy Before and After Marx*（New York & London: Rouledge, 1994）, pp. 125-174.

57 Max Stirner, *The Ego and Its Own*, pp. 35-37, 90-95, 104-105.

了勞動者的生產模式以及生活型態。Proletariat因此意指某人除了
自己的生產物之外，一無所有，甚至被剝削而無能力抵抗。

　　如果針對不同歷史時期支配階級所擁有的權力以及其所制定
的資產分配的法律進行分析，我們便會認識到，在封建、帝國、
國家或是跨國資本等等不同結構下，會出現不同形式的資產者與
無產者，或是支配者與被剝奪者。支配階級的權力與法律可以透
過各種體制，以法律、教育、政策、藝術等機構的運作，鞏固與
複製既定的社會關係。無產者則在不同歷史時期，以不同的相對
位置，成為被剝奪者，例如奴隸、佃農、勞工、移工、農民工、
派遣工。

　　洪席耶曾經以社會組成分子以及不被計算的「無分之分」
（part des sans-part）作為對照，說明國家與社會對於其成員的計
算方式，說明了計算背後的不同理性，也排除了不屬於理性範疇
的其他部分[58]。洪席耶的分析，相當有效地說明了資產者與無產
者的矛盾其實是被建立於時代性的話語理性與利益計算的框架之
內。所謂資產者與無產者的階級矛盾，其實是擁有權力者與無權
力者之間的矛盾。權力擁有者占據了資源分配的優勢位置，掌握
實質資源，制定分配法則，而造成無權力者被剝奪參與分配的資
格，也無法取得擁有資源的能力，甚至成為被剝奪財產、無法發
言、沒有生存權的人。如果將資產者與無產者之間的階級矛盾固
定於工廠主與勞工之間的矛盾，就會被一個歷史時期的實質工作
型態所局限，而無法思考不同歷史時期之不同形式的階級矛盾或

---

58 洪席耶將治理的話語理性之下不被計算為一分子而無法出現的人，界定
　　為「無分之分」（part des sans-part）。可參考Jacques Rancière, *La mésentente:*
　　Politique et philosophie（Paris: Galilee, 1995）, pp. 20-31, 52-53, 71-72.

是分類範疇。只有準確地在個別歷史脈絡與具體社會關係之中，辨識其經濟範疇所造成的階級矛盾以及不同形式的無產者，才是具有政治性的分析。

　　不過，〈矛盾論〉中所討論的在歷史過程中事物內部的規律以及各別力量的矛盾，不斷變化的現實條件，每一個有機部分彼此相互轉化的關係，到了1950年代處於冷戰時期的社會主義中國，已經不再是具有辯證關係的矛盾關係，而是被絕對化的對抗關係所固定。毛澤東依循斯大林的模式，以實體化的勞動工人來界定無產階級，並且建立了無產階級革命的新中國，展開「工人階級領導的以工農聯盟為基礎」的人民民主專政國家。在1940年提出的〈新民主主義論〉中，毛澤東將無產階級、農民、知識分子和其他小資產階級都視為構成國家和政權的基本部分，是各個革命階級的聯合專政[59]。但是，1949年所提出的〈論人民民主專政〉中，毛澤東卻轉向斯大林推動重工業以及國家資本主義的模式，強調以工人為領導階級。毛澤東說明，人民民主專政需要有工人階級的領導，因為「只有工人階級最有遠見，大公無私，最富於革命的徹底性。」[60]雖然毛澤東在〈關於正確處理人民內部矛盾的問題〉（1957）一文中說明，「專政」的目的是為了「保衛全體人民進行和平勞動」，將國家建設為具有現代工業、現代農業和現代科學文化的「社會主義國家」。行使專政的是工人階級以及其所領導的人民，他尤其強調，「人民自己不能向自己專政，不能由一部分人民去壓迫另一部分人民」。但是，人民的內部仍

---

59 毛澤東，〈新民主主義論〉，收入中共中央毛澤東選集出版委員會編，《毛澤東選集》（北京：人民出版社，1966），卷2，頁635-638。

60 毛澤東，〈論人民民主專政〉，收入中共中央毛澤東選集出版委員會編，《毛澤東選集》（北京：人民出版社，1966），卷4，頁1416。

舊有清楚的階級劃分：工人階級團結全體人民，向「反動階級、反動派和反抗社會主義改造和社會主義建設的分子實行專政」[61]。至於什麼人是反動階級、反動派或是反社會主義改造的分子，則似乎可以在不同的時刻任意指認。

上述階級論述的轉移，顯示出階級矛盾不是分析性的範疇，而是對立立場的區辨。無產階級專政也不是原理性的動態構想，而是建立統治權的劃分範疇。原本在馬克思《資本論》中分析資本主義邏輯之下勞動力被剝削的勞工，此處成為神聖化與實體化的標記。勞動型態的差異，則成為人民內部對抗性敵我對立以及階級鬥爭的依據。從一分為二的思想革命，轉向一分為二的思想僵化，此處已經出現了伏筆。

這種階級鬥爭在文革時期更為激烈。不同於工人與農民的勞動型態，或是不同性質的能力，便成為不被認可的勞動與能力。不同的歷史時期，有不同的勞動型態與生產關係，也有不同的社會階級；歷史過程所發展的複雜而綜合的經濟型態，必然會同時存在。但是，在實體化的無產階級與資產階級對立之下，不同階段的發展被強制同步實踐，而不同的經濟型態則被視為人民內部被辨識為敵對分子而必須消滅的類別。在這個架構之下，「無產階級專政」內被剝削與壓迫的其他形式的無產者，便無法被思考。至於當前後冷戰時期，全球資本跨國流動與橫向擴張之下，面對社會新形式的勞動、生產關係以及階級分化，其實更須重新思考所謂的無產者以及階級矛盾的問題。但是，在當前快速資本主義化的中國社會，「無產者」似乎早已是不被思考的概念。

---

61 毛澤東，〈關於正確處理人民內部矛盾的問題〉，收入中共中央文獻研究室編，《毛澤東文集》（北京：人民出版社，1999），卷7，頁207-208。

　　〈矛盾論〉的第二個內在悖論，是關於「人民」的問題。毛澤東在1949年〈論人民民主專政〉一文中，已經清楚表示「現階段」的「人民」是工人階級、農民階級、城市小資產階級以及民族資產階級；不屬於此範疇的階級，便是人民的「外部」：「我們僅施仁政於人民內部，而不施於人民外部的反動派與反動階級的反動行為」[62]。在〈關於正確處理人民內部矛盾的問題〉一文中，毛澤東也對「人民的範疇」以及「人民的敵人」的概念進行了界定：

　　　　在抗日戰爭時期，一切抗日的階級、階層和社會集團都屬於人民的範疇，日本帝國主義、漢奸、親日派都是人民的敵人。在解放戰爭時期，美帝國主義和它的走狗，即官僚資產階級、地主階級以及代表這些階級的國民黨反動派，都是人民的敵人；一切反對這些敵人的階級、階層和社會集團，都屬於人民的範疇。在現階段，在建設社會主義的時期，一切贊成、擁護和參加社會主義建設事業的階級、階層和社會集團，都屬於人民的範疇；一切反抗社會主義革命和敵視、破壞社會主義建設的社會勢力和社會集團，都是人民的敵人。[63]

「人民內部」與「人民外部」的劃分，是被時代性的意識形態所界定，以納入性的排除方式，規定了全體人民的內部對抗性矛盾，以致思想鬥爭成為具有階級劃分與敵我矛盾的對立位置。

---

[62] 毛澤東，〈論人民民主專政〉，收入中共中央毛澤東選集出版委員會編，《毛澤東選集》，卷4，頁1412。

[63] 毛澤東，〈關於正確處理人民內部矛盾的問題〉，收入中共中央文獻研究室編，《毛澤東文集》，卷7，頁205。

1950年代冷戰時期的反右鬥爭以及文革時期指認黑五類，便是人民內部進行劃分與分類所呈現的最為尖銳的問題。「人民」持續是掌權者為了建立政體合法性而命名的範疇。一旦「人民」被用來界定特定人群以及其外部，那麼雖然是同處一個社群，同樣在一個國家之內，卻會因為已經被排除於「人民」的外部，而成為法律所不保護而眾人可以公開攻擊卻不算犯罪的人民[64]。

〈矛盾論〉的第三個悖論，是關於「民族」與「國家」的問題。列寧在《國家與革命》中指出：「在馬克思看來，國家是階級統治的機關，是一個階級壓迫另一個階級的機關，是建立一種『秩序』來抑制階級衝突，使這種壓迫合法化、固定化。」[65]毛澤東在〈矛盾論〉中也提出消滅任何國家與任何專政的說法：「鞏固無產階級的專政或人民的專政，正是準備著取消這種專政，走到消滅任何國家制度的更高階段去的條件。」[66]毛澤東曾經清楚指出：「政府與人民之間」，「國家利益、集體利益同個人利益之間」，「民主同集中」，「領導同被領導之間」，國家機關的「官僚主義作風同群眾之間」，皆有其矛盾[67]。因此，必須持續檢視國家機關是否基於國家利益，而造成了對人民與群眾的利益的衝突與矛盾。

---

64 這正是阿岡本所討論的被剝奪法律保護的「裸命」狀態。見 Giorgio Agamben 的 *Homo Sacer: Sovereign Power and Bare Life*（Stanford, California: Stanford University Press, 1998）的討論。

65 列寧，《國家與革命》，收入列寧著，中共中央馬克思恩格斯列寧斯大林著作編譯局編譯，《列寧全集：第31卷》（北京：人民出版社，2017二版），頁6。

66 毛澤東，〈矛盾論〉，收入中共中央毛澤東選集出版委員會編，《毛澤東選集》，卷1，頁304。

67 毛澤東，〈關於正確處理人民內部矛盾的問題〉，收入中共中央文獻研究室編，《毛澤東文集》，卷7，頁205-206。

　　但是，戰爭時期所形成的「民族」與「國家」的絕對優先性，使得帶有壓迫性質並且被合法化的「國家」，成為無法被批判的對象。毛澤東於1938年10月的六中全會報告中提出抗日民族統一戰線的必要性，以及根據中國具體環境與特性，進行「馬克思主義中國化」：通過「民族形式」，使馬克思主義的「每一表現中帶著中國的特性」。國共內戰結束前夕，毛澤東也說明，當帝國主義還存在、國內反動派還存在、國內階級還存在的時候，「國家權力」就還必須被保持[68]。當這個特定時間條件之下，「中國」與「民族」、「國家」成為同一性的概念，並且具有絕對優先性，「國家」這個製造穩定秩序與階級壓迫的機關便無法被挑戰。當任何異議言論都會被視為「反革命」、「右派」、「修正主義」或是「人民外部」的反動行動，人民便失去了制衡政府與國家的力量。

　　這些受到歷史現實條件所決定的根本悖論，在時代的推移以及政治經濟等物質條件的轉變之後，隨著幾波中國特性的「馬克思主義中國化」，而更為明顯。「馬克思主義中國化」並不是在歷史過程中的分析結果，而成為具有宣示與導引的規定性訴求，使得具有唯物辯證的矛盾論，尤其在「階級—人民—民族國家」的固定與優先性前提之下的「馬克思主義中國化」，成為回應時代需求而政策轉向的合理化說詞。從毛澤東的抗日民族統一戰線，到後文革時期全面檢討並否定文化大革命，鄧小平開啟的一系列的五年計畫，例如1976至1980年的新躍進與大轉折，1981至1985年的改革開放，1986至1990年的改革闖關，1991至1995年

---

68 毛澤東，〈論人民民主專政〉，收入中共中央毛澤東選集出版委員會編，《毛澤東選集》，卷4，頁1412-1413。

的鄧小平南巡，1996至2000年的經濟軟著陸，2001至2005年的市場配置資源。這些經濟改革與全面開放，銜接了江澤民以黨為核心的「三個代表」，胡錦濤的樹立科學發展觀以及構建社會主義和諧社會的兩大戰略，21世紀全球拓展孔子學院與習近平的一帶一路。「馬克思主義中國化」經歷了幾波時代性的轉折，適應時代，而成為全球化的戰略部署。

原本毛澤東思想中相互轉化的辯證思維，以民眾參與以及民主生活為基礎的不斷革命，在階段性革命完成後，卻沒有相應的體制性重構，而使得黨內占據權力位置者所主宰的國家官僚機關以及僵化的教條主義無法被置疑。當今的馬克思主義「中國化」，更是應用於配合改革開放的各種實踐而提供理論化的論述依據。在全球化資本邏輯下，國家資本主義與自由主義資本邏輯結盟的雙重私有化，其過程是隱匿而難以察覺的。21世紀的「國家」，早已不同於19世紀到20世紀帝國侵略時期的「民族」，但是，民族主義情緒卻仍舊輕易被喚醒，而使得「國家」成為更難以思考的對象。

從黑格爾與施蒂納關於思維運動以否定性一分為二的持續辯證運動的分析，到馬克思、列寧與毛澤東關於社會關係一分為二而以價值形式符號化的代換機制，以及不斷運動與變化的階級鬥爭過程，讓我們看到，若要理解社會狀況中階級矛盾的型態與性質，以及其內在轉化與替代的形式，就必須持續進行具體分析。從這個思考路徑來看，毛澤東〈矛盾論〉的內在悖論早就鑲嵌於他自己所分析的多重決定因素以及內外相互作用的複雜結構之中。思想革命轉向思想僵化的歷史過程，已經在這個特殊的物質條件之下被多重決定。

對我而言，這個唯物辯證的過程，尤其是馬克思針對知識生

產與時代性政治因素與利益計算之間的分析，以及價值的抽象代
換形式，特別具有重要的啟發性，也是我研究時代性知識範式以
及體制性生產關係的重要參考角度。

　　以下的章節，我便要進一步以物質辯證的路徑，對於冷戰時
期「一分為二」對抗性結構的形成，分析其背後的複雜結構與多
重決定因素。

第三章

「一分為二」的固化與
冷戰時期的對抗性結構

第一節　毛澤東1950年代的「一分為二」論述

　　毛澤東在1957年11月18日莫斯科共產黨和工人黨代表會議上談論「一分為二」，也解釋了〈矛盾論〉中所說明的辯證法，：「一分為二，這是個普遍的現象，這就是辯證法。」毛澤東指出，任何世界，尤其是階級社會，都充滿著矛盾。對立面的統一無所不在。此外，沒有一個人是不可以加以分析的。如果承認一個人是不可以加以分析的，就是形而上學。毛澤東複述了列寧所說明的事物無限分裂的概念：「原子裡頭，就充滿矛盾的統一。有原子核和電子兩個對立面的統一。原子核裡頭又有質子和中子的對立統一。質子裡又有質子、反質子，中子裡又有中子、反中子。」[1]這些文字顯然重複了列寧的《哲學筆記》，也延續了〈矛盾論〉的辯證思維。

　　毛澤東在1950年代陸續發展的〈論十大關係〉（1956）、〈在省市自治區黨委書記會議上的講話〉（1957）以及〈關於正確處理人民內部矛盾問題〉（1957）等幾篇重要文章，以及1958年所提出「不斷革命」的論點，反映出了時代性多重決定的複雜整體結構。此處，我們先整理一下毛澤東在這段期間關於矛盾辯證關係的論點。

　　在〈論十大關係〉中，毛澤東指出，不同關係都是不同的矛盾形式。農業與輕工業的發展看來是與重工業有矛盾的，但是若要真的發展重工業，那就要先加重農業與輕工業的投資，以便保障人民生活的需要，也可以增加資金的累積，如此才能夠更好

1　毛澤東，〈在莫斯科共產黨和工人黨代表會議上的講話〉，收入中共中央文獻研究室編，《毛澤東文集》（北京：人民出版社，1999），卷7，頁332。

地發展重工業。關於沿海工業與內陸工業、經濟建設與國防建設、生產者個人與生產單位、工廠及合作社和國家，或是中央與地方、漢族與少數民族、黨與非黨、革命與反革命、是與非，或中國與外國等等，都是不同形式的矛盾關係，不是絕對的二元對立。要發展一端，一定也要同時先發展對立的另一端[2]。〈在省市自治區黨委書記會議上的講話〉中，毛澤東也強調，斯大林認為對立面是相互排斥的，但是他要強調對立面的統一與相互轉化：事物之間有矛盾關係，事物之內也有矛盾關係，對立的側面會在一定條件之下相互轉化。戰爭與和平、生命與死亡，無產階級與資產階級的鬥爭，也都是持續鬥爭而相互轉化的，甚至無產階級會變為統治者，而資產階級變為被統治者[3]。毛澤東說明，統一物的內部相互對立與鬥爭的側面，可以比作原子裡的原子核與電子的關係。原子分為兩個部分，一部分是原子核，一部分是電子。原子核與電子的關係，就是對立統一，有主有次。原子核較重，電子較輕，隨時有電子自由地離開或是加入[4]。

在〈關於正確處理人民內部矛盾的問題〉中，毛澤東則指出，沒有矛盾是不符合實際的想法。對於敵我矛盾以及人民內部的矛盾，都必須要進行區分。敵我之間的矛盾，是對抗性的矛盾，而人民內部的矛盾，基本上是非對抗性的。毛澤東也指出，在不同歷史時期與不同的國家，「人民」有不同的意義。在社會主義時期的中國，「一切贊成、擁護和參加社會主義建設事業的

---

2 毛澤東，〈論十大關係〉，收入中共中央文獻研究室編，《毛澤東文集》，卷7，頁23-49。

3 毛澤東，〈在省市自治區黨委書記會議上的講話〉，收入中共中央文獻研究室編，《毛澤東文集》（北京：人民出版社，1999），卷7，頁192-195。

4 同上，頁197。

階級、階層和社會集團」，都是屬於人民的範疇。相反地，「一切反抗社會主義革命和敵視、破壞社會主義建設的社會勢力和社會集團」，都是「人民的敵人」。「被剝削階級和剝削階級之間」，則既有對抗性的一面，也有非對抗性的一面。毛澤東釐清，人民之間有不同的矛盾關係，包括工人階級內部的矛盾，農民階級內部的矛盾，知識分子內部的矛盾，工農兩個階級之間的矛盾，工人、農民與知識分子之間的矛盾，工人階級和其他勞動人民與民族資產階級之間的矛盾，民族資產階級內部的矛盾，甚至包括政府與人民群眾之間也存在著矛盾。在政府與人民之間的矛盾涉及了「國家利益、集體利益同個人利益之間的矛盾，民主同集中的矛盾，領導同被領導之間的矛盾，國家機關某些工作人員的官僚主義作風同群眾之間的矛盾。」[5]這種複雜的矛盾關係分析，的確不同於一般二元對立的簡單二分。

毛澤東在1957年11月18日莫斯科共產黨和工人黨代表會議上的講話中，再次說明「一分為二」的普遍現象存在於任何事物中，世界中處處充滿著矛盾。對立面的統一，到處存在，而這個「一分為二」的對立統一，就是辯證法[6]。毛澤東反覆提醒黨員要多研究辯證法的分析方式。他指出，把握住矛盾的關係以及矛盾的複雜運動形式，是以辯證的方式「比較全面的看問題」，避免陷

5　毛澤東，〈關於正確處理人民內部矛盾的問題〉，收入中共中央文獻研究室編，《毛澤東文集》，卷7，頁205-206。

6　毛澤東重述了他在〈矛盾論〉中所引述列寧關於原子分裂的說法：「原子裡頭，就充滿矛盾的統一。有原子核和電子兩個對立面的統一。原子核裡頭又有質子和中子的對立統一。質子裡又有質子、反質子，中子裡又有中子、反中子。」見〈在莫斯科共產黨和工人黨代表會議上的講話〉，同前引書，頁332。

入片面性與絕對化的形而上學思想狀態：「分析的方法就是辯證的方法。所謂分析，就是分析事物的矛盾。不熟悉生活，對於所論的矛盾不真正了解，就不可能有中肯的分析。」[7]

這些先後發展的論點，雖然此處僅只是扼要概述，卻說明了1930年代毛澤東透過〈矛盾論〉展開的辯證思維，成為他後續面對不同局勢進行具體分析與對應策略的原理性模式，也持續展現了豐富而複雜的動態辯證思維。

不過，如果仔細對照毛澤東這些1950年代的講話與他在1937年〈矛盾論〉中關於辯證法的說法，我們會發現，這些文本表面上前後一致，實際上卻已經受到冷戰時期的歷史條件以及不同型態的矛盾結構所影響，而有了時代性的詮釋差異，反映出了馬克思主義中國化的特性。毛澤東在1937年的〈矛盾論〉以及1957年論及「一分為二」的辯證法時，在理論層面都強調了對立面的互相聯結、互相貫通、互相滲透以及互相依賴。「一分為二」的對立面並不是截然二分的對立立場，而是不斷相互轉化的動態關係。在分析1957年國際局勢而提出「一分為二」時，毛澤東雖然仍舊沿用辯證法的思維，但是，他的論點已經清楚反映出了日益強化的冷戰結構：任何人都可以採取辯證的方法，透過鬥爭，肅清他的錯誤思想，改正錯誤；但是，托洛茨基、陳獨秀、張國燾、高崗、饒漱石、蔣介石這些人「沒有兩重性，只有一重性。」[8]冷戰時期的「一分為二」，已經不再是持續辯證轉化的過程，而是社會內部邊界政治的對立立場，也反映出當時全球對立

7　毛澤東，〈在中國共產黨全國宣傳工作會議上的講話〉，收入中共中央文獻研究室編，《毛澤東文集》（北京：人民出版社，1999），卷7，頁277。

8　毛澤東，〈在莫斯科共產黨和工人黨代表會議上的講話〉，同前引書，頁331。

陣營的態勢。

　　從1937年的〈矛盾論〉到1957年的「一分為二」，到底發生了什麼轉變？原本毛澤東採取在事物發展過程中必須根據現實條件持續進行分析的辯證思維，認為不同性質事物的特殊關係與總體聯繫之間會持續發生變化以及相互轉化的矛盾關係，在1950年代以後，為何出現了對立性的「一分為二」僵化立場？顯然毛澤東在1950年代所面對的世界格局與歷史形勢，與1930年代的現實條件與總體形勢，已經有了巨大的變化。但是，這個變化的性質是什麼？發生了什麼根本性的改變？這些改變的效果如何顯現於後續幾個世代直到當前的日常生活感受模式以及思想判斷？「一分為二」從動態辯證運動到對抗性僵化立場，背後的運作機制是什麼？

第二節　　1950年代的全球整體脈絡與中國內部局勢

　　如果我們將觀察的對象放置於一個較大的脈絡，我們會發現，毛澤東在1950年代利用「一分為二」的矛盾辯證思維所展開的一系列論述，是冷戰結構在歷史的多重決定以及偶然機緣下所促成的特定發展方向。其言論是不同政治經濟關係的複雜替代與轉移，也因此造成了後續的效果與歷史過程。因此，我們必須將毛澤東在不同歷史時間點所發表的言論，放回到當時的全球政治脈絡以及國內局勢，以便理解牽引其言論的各種或顯或隱的多重決定因素。

　　1950年代有其支配性的複雜整體結構以及其中錯綜的多邊矛盾歷史條件：韓戰中美國的太平洋軍事布局，台灣與美國的關係，美國在亞洲布局而造成與中國對峙的圍堵效果，中國與蘇聯

的緊張關係，中東的變化所牽動的世界局勢，包括英法與美蘇的
勢力升降以及中國的入場：這些多邊關係的勢力消長與彼此牽制
轉移，以及整體結構之下局部化的內部矛盾，都以不同的方式，
影響了1950年代「一分為二」的兩岸關係，也影響了兩岸內部的
社會狀況。

1. 蔣介石政府與美國策略性立場

　　不少台灣學者根據美國史丹福大學胡佛研究所於2006至2009
年間陸續公開的《蔣介石日記》，重新討論1958年的823炮戰。
最具代表性的研究者張淑雅認為，早期研究多半忽略或是無法
取得國民政府的資料，而推斷蔣介石企圖利用美國捲入與中共的
衝突，擴大戰局，以便藉機反攻大陸，蔣介石實際上暗中操控局
勢，使得美國不得不被捲入這場瀕臨戰爭邊緣的窘境[9]。一些研究
指出，蔣介石「顯然是20世紀中國政治外交操控能力最強的人，
輕易地就超越了毛澤東」[10]；或是蔣介石擅於「迂迴戰術」，一開始

9　例如：Tang Tsou, *The Embroilment over Quemoy: Mao, Chiang, and Dulles*（Salt
　　Lake City: Institute of International Studies, 1959）; George C. Eliades, "Once
　　More unto the Breach: Eisenhower, Dulles, and Public Opinion during the Offshore
　　Islands Crisis of 1958," *Journal of American-East Asian Relations*, 2:4（Winter
　　1993）, pp. 343-367; Appu K. Soman, "'Who's Daddy' in the Taiwan Strait? The
　　Offshore Islands Crisis of 1958," *Journal of of American-East Asian Relations*,
　　3:4（Winter 1994）, pp. 373-398, esp. 374-376; Nancy Bernkopf Tucker, *Taiwan,
　　Hongkong, and the United States: Uncertain Friendships*（New York: Twayne
　　Publishers, 1994）.

10　Tang Tsou, *The Embroilment over Quemoy: Mao, Chiang, and Dulles*, pp. 14-18,
　　23-24, 46.

就替這場衝突定調[11]；甚至蔣介石在台海危機期間，操控美國的技巧「更臻完美」[12]。近日出版蔣介石傳記的陶涵（Jay Taylor）更認為蔣介石利用美國的恐戰心理，得到他所需要的軍事物資，還能要求中共停火，因此金門炮戰中蔣介石是贏家，中共得不償失，而美國則全盤皆輸[13]。

　　然而，張淑雅的研究強調，從《蔣介石日記》來研判，當時的情勢其實是超出蔣介石所能夠操控的[14]。1958年7月底赫魯曉夫與毛澤東發表了《聯合公報》之後，國際間已經推測毛澤東會在遠東地區採取攻擊行動。當時蔣介石的確曾經企圖藉由金門事件而誘使中共主動攻擊：「金門乃為引釣共匪的香餌，九年苦痛、四年忍耐，此次如不能誘其上鉤，再無此良機矣。應如何深切謀略，以達我反攻復國之目的也。」[15]但是，中共並不打算進攻，而僅封鎖金門的運補，使得蔣介石必須調整策略。美國甚至嚴禁蔣介石軍隊主動挑釁，以免擴大衝突。蔣介石在1950年代前後更屢次為了美國搖擺的立場而憂心忡忡，焦慮不已，而在日記中多次

---

11 George C. Eliades, "Once More unto the Breach: Eisenhower, Dulles, and Public Opinion during the Offshore Islands Crisis of 1958," pp. 345-346, 365.

12 Nancy Bernkopf Tucker, *Taiwan, Hongkong, and the United States: Uncertain Friendships*, pp. 51-52.

13 Jay Taylor, *The Generalissimo: Chiang Kai-shek and the Struggle for Modern China*（Cambridge, Mass.: Belknap Press of Harvard University Press, 2009）. 中譯本：〔美〕陶涵著，林添貴譯，《蔣介石與現代中國的奮鬥（上、下）》（台北：時報文化，2010）

14 張淑雅，〈擴大衝突、操控美國、放棄反攻？從《蔣介石日記》看八二三砲戰〉，收入呂芳上主編，《蔣中正日記與民國史研究》（台北：世界大同，2011），頁633-658。

15 《蔣介石日記》，1958年8月26日，引自張淑雅前引文，頁642。

記載對美國的憤痛與失望[16]。由於美國持續反對反攻，蔣介石甚至曾經動念辭職，以在野革命領袖領導「自動反攻」，以免有愧職守[17]。蔣介石也寫到：「今日第一思潮，大陸人民情景至此，如我不能自動興起解救同胞而惟以國際情勢與美國政策相依從，則今日政府之存在究有何意義？」[18]

　　張淑雅指出，雖然蔣介石政府的「存在的理由」立基於「反攻復國」，但是蔣介石並未一意孤行，擬定「故意擴大衝突以遂行反攻的具體軍事計畫」，而僅有「待時乘勢」，以「生存」作為實踐「存在的理由」之原則。其次，台海危機中美國政府多次抱怨這些外島所惹的麻煩，並將局勢的主導權怪罪於蔣介石，但是，張淑雅認為美國國務卿艾奇遜（Dean Gooderham Acheson）於1958年9月7日所作的評斷較為靠近實情：美國政府在蔣介石的協助下，「不智地把自己操弄到自己失去掌握的情勢中」。最後，蔣介石當時接受「放棄」武力反攻的公報，其實是符合他自己認為反攻不要憑藉武力的觀點，而並沒有被迫接受公報[19]。

　　不過，僅從美國政府的立場或是蔣介石政府的立場，是難以理解1958年台灣海峽危機的具體歷史意義的。我們必須將這個事

---

16 「對美最近感想千萬，受人輕侮，悲憤無已」，「殘忍」、「不平等」、「不人道」。《蔣介石日記》，1957年8月31日；1958年8月29-31日。參考張淑雅前引文，頁639、645。

17 「故反攻無期，實無法靦顏居位，否則將徒為個人權位計也。」《蔣介石日記》，1957年7月4日；引自張淑雅前引文，頁638。

18 此外，蔣介石也寫道：「如必須仰賴美國政策之轉變，則復國絕望。」「掌握自己國家的命運與自由，而不能坐待宰割與滅亡。」、「革命事業只有冒險，決不可以國際環境，尤其不能以外國政策為轉移。」《蔣介石日記》，1959年「本月大事預定表」，「民國四十八年大事表」；引自張淑雅前引文，頁655。

19 張淑雅前引文，頁656-657。

件拉長時間，放置於1950年代開始的全球國際局勢脈絡來分析，甚至應該視之為19世紀以降以至兩次大戰期間英法帝國勢力的逐漸消退，而轉移為美蘇對峙的全球結構之關鍵時刻。

冷戰時期美國與中共—蘇聯的對峙，或是所謂的自由主義陣營與共產主義陣營的對峙，實際上是兩大勢力板塊的軍事武力部署以及意識形態博弈。在這個對峙關係中，台灣海峽成為了重要的折衝點，或是博弈的籌碼[20]。1950年代正是美國建立西太平洋軍事地位的關鍵時刻，而杜魯門政府全球性軍事化外交政策更是明顯的部署手段[21]。國民黨政府所在地的台灣，是1950年代美國圍堵共產主義世界以及美國擴張對於東亞以及西太平洋地區軍事控

---

[20] 幾個關於台灣海峽危機以及中美關係的重要研究呈現了過去所沒有公開的資料，包括：Yitzhak Shichor, *The Middle East in China's Foreign Policy 1949-1977* (London, New York & Melbourne: Cambridge University Press, 1979); Graebner Norman, ed., *The National Security: Its Theory and Practice, 1945-1960* (New York: Oxford University Press, 1986); Gordon H. Chang（張少書）, *The United States, China, and the Soviet Union, Friends and Enemies* (Standford: Standford University Press, 1990)；中譯本見梅寅生譯，《中美蘇關係探微（1948-1972）——敵乎？友乎？——美國分化中蘇聯盟內幕》（台北：金禾出版社，1992）; John W. Garver, *The Sino-American Alliance: Nationalist China and American Cold War Strategy in Asia* (Armonk & London: M. E. Sharpe, 1997); Jian Chen, *Mao's China and the Cold War.* (Chapel Hill & London: The University of North Carolina Press, 2001); Nancy Bernkopf Tucker, "Strategic Ambiguity Or Strategic Clarity?," in *Dangerous Strait: The U.S.-Taiwan-China Crisis.* ed. Nancy Bernkopf Tucker (New York: Columbia University Press, 2005), pp. 186-211；張淑雅，〈擴大衝突、操控美國、放棄反攻？從《蔣介石日記》看八二三砲戰〉，收入呂芳上主編，《蔣中正日記與民國史研究》，頁633-658。

[21] 美國駐印度大使韓德森（Loy Henderson）當時曾說：「美國的外交政策，迫於形勢，其性格已變成全球性的。」引自張少書，《中美蘇關係探微（1948-1972）——敵乎？友乎？——美國分化中蘇聯盟內幕》，頁70。

制的一個重要棋子。約翰‧加弗（John W. Garver）清楚指出，中共與美國在1950年代到1970年代之間的衝突點，並不是台灣問題，而是關於亞洲地區的勢力控制，尤其是東北亞以及東南亞地區的政治經濟部署[22]。此外，南希‧塔克（Nancy Bernkopf Tucker）也指出，華盛頓與北京從1950年代的日內瓦會議以及華沙會議開始，便持續大使級的會談；從1950年代到1970年代尼克森訪問中國之前，總共進行了136次。在這個時而緊張時而密切對話的過程中，美國一直期待中共可以脫離蘇聯的合作關係[23]。

　　美國在1950年代對於台灣問題的態度，明顯地有其全球勢力布局的考量。早在1948年11月24日聯合軍事參謀長李梅上將致國家安全會議的信函中便已經指出：「中國情勢日惡，台灣、澎湖各島的形勢，關係日本與馬來半島間的航路，亦控制菲律賓與沖繩之間的交通，如果落在不友好國家之手，美國遠東地位將受損害。故美國無論如何宜用一切外交及經濟手法，使其常屬於對美友好之政權。」[24]國共內戰剛結束的1950年代，由於國民黨政府在大陸期間的金錢腐敗以及軍事無能，美國的杜魯門政府原本也並不看好在台灣的蔣介石政府，公開聲明美國「不會對台灣的中國軍隊提供軍援或是軍事顧問」[25]。根據《孫立人傳》的作者沈克

---

22 見John W. Garver, *The Sino-American Alliance: Nationalist China and American Cold War Strategy in Asia*, pp. 1-8, 112-147.

23 Nancy Bernkopf Tucker, "Strategic Ambiguity Or Strategic Clarity?," in *Dangerous Strait: The U.S.-Taiwan-China Crisis*, p. 190.

24 美國國家安全會議1949年機密紀錄第37號第9卷第21-262頁。引自蔡鍾雄，《剖視台獨》（台北：中央日報，1987），頁9。

25 杜魯門於1950年1月5日的公開宣言。Truman papers, PSD, box 173, Foreign File（China 1945-52）。引自張少書，《中美蘇關係探微（1948-1972）——敵乎？友乎？——美國分化中蘇聯盟內幕》，頁64。當時美國政策是企圖拉

勤的分析，當時關於美國政府對台灣的策略有三種說法：第一是
由聯合國託管，第二是讓台灣獨立，第三則是以軍事政變推翻蔣
介石的政權。美國政府甚至三度派遣要員遊說孫立人，希望他棄
蔣保台，卻被孫立人所拒絕[26]。

　　不過，1950年2月中共政府與蘇聯簽訂了「中蘇友好同盟互
助條約」之後，美國國務卿艾奇遜在「中國自處之道」的演講
中嚴厲地指責中共，而使美國與中共的關係陷入緊張局面[27]。同
時，美國麥卡錫主義開始瀰漫，掀起美國境內強大的反共聲浪與
恐共心態，因此對於中共的敵意防衛也逐漸強化，將中共視為共
產主義陣營在東亞地區擴張的基地，而台灣則是其跳板。美國國
務院開始調整對於台灣問題的立場，以至於杜勒斯（John Foster
Dulles）提出了美國要以軍事介入的修正意見：台灣應該在聯合
國庇護下保持中立，以便保證台灣不會被中共奪取。但是，美
國也同時聲明不會讓台灣被蔣介石政府「用作反攻大陸的作戰基
地」[28]。

攏中共，使其成為鐵托（Josip Broz Tito），而脫離蘇聯的勢力範圍。可參考
Nancy Bernkopf Tucker, "Strategic Ambiguity Or Strategic Clarity?," in *Dangerous
Strait: The U.S.-Taiwan-China Crisis*, pp. 186-211.

26　第一次是盟軍遠東統帥麥克阿瑟，第二次是美國助理國務卿魯斯克，第三次是
美國駐華大使館代辦史特朗和當時美國駐台總領事克倫茲（Kenneth Krentz），
但是都被孫立人拒絕。沈克勤，《孫立人傳》（台北：臺灣學生書局，1998），
頁693-703。

27　張少書，《中美蘇關係探微（1948-1972）──敵乎？友乎？──美國分化中
蘇聯盟內幕》，頁68。

28　杜勒斯致魯斯克（David Dean Rusk）、尼茲（Paul Nitze）及韋布（James
Watson Webb）備忘錄（1950年5月18日）。引自張少書，《中美蘇關係探微
（1948-1972）──敵乎？友乎？──美國分化中蘇聯盟內幕》，頁73。

　　美國對於太平洋地區的軍事控制局勢在韓戰開始後快速地被確立下來。美國第七艦隊於1950年7月26日進入台灣海峽巡防，以便防止中共藉機「解放」台灣。麥克阿瑟於9月15日登陸仁川，逼退北韓軍隊，甚至在獲得杜魯門同意後乘勝追擊，超過38度線，一路北進而直逼中韓邊界鴨綠江，毛澤東也下令反擊，導致中共與美軍直接開戰，形成無法挽回的敵對局勢。韓戰期間，美國的軍援開始投入蔣介石的政府，美國聯合參謀總長確認美國必須保有台灣作為「反攻大陸作戰」的基地，斷定台灣是日本延伸到菲律賓的「外島連鎖防禦戰略」中「不可或缺的」的一環[29]。為了圍堵共產世界的擴張，美國政府於1953年到1954年間，陸續在太平洋地區締結了一系列東南亞公約組織（SEATO）的共同安全保障條約。當時中華民國也積極爭取加入，中共則盡一切可能地阻撓[30]。

　　中共於1954年發動的第一次台灣海峽危機，正是針對美國在東亞地區逐漸擴張軍事勢力範圍，所進行的抵制性行動。1954年7月的日內瓦會議中，周恩來成功地結合了法國、英國、東南亞國家以及印度支那三國，使得中國開始被國際接受。會議結束後，毛澤東給周恩來的電報表示：為了解決美國和蔣介石的軍事

---

29 國家檔案局，「美國對台灣的一般政策」，紀錄檔59國務院中國事務辦公室，第18箱，台灣8/50-12/28/50, p. 13；引自張少書，《中美蘇關係探微（1948-1972）──敵乎？友乎？──美國分化中蘇聯盟內幕》，頁80。

30 由於中華民國最終無法加入東南亞公約組織，因此美國與中華民國在1954年底另外簽訂了「中美共同防禦條約」，協定共同維護締約國之領土的安全。美國國務卿杜勒斯在記者會發表聲明，指出台灣與澎湖不會被作為國際祕密協議中交換的籌碼，以及韓戰之後第七艦隊仍舊可基於中美防禦條約而作為長期使用的軍事安排。

與政治的結合，必須「向全國及全世界提出『解放台灣』的號召。」毛澤東強調不同制度的國家可以和平共處，但是美國在東南亞地區簽訂協防條約，第七艦隊介入台灣問題，武裝日本與西德等舉動，除了威脅到中共，也違反國際和平局勢，因此中共要對此威脅作出抗議。1954年9月3日解放軍對金門發射砲彈，9月5日美國的三艘航空母艦、一艘巡洋艦以及三艘驅逐艦便已經抵達金門外海備戰。艾森豪（Dwight David Eisenhower）以及杜斯勒清楚地表示了美國軍事計畫可能對中國大陸進行核子攻擊，以致1954至1955年間的第一次台海危機真實地引起了核戰危機，甚至可能會導致第三次世界大戰[31]。在這次危機中，蘇聯拒絕提供中共任何支援。這場台海危機在周恩來於萬隆會議中宣布中共不想和美國打仗，而被化解。1955年4月之後，中共與蘇聯之間的緊張關係，也逐漸開始轉趨明顯[32]。

雖然美國動用了第七艦隊防守台灣海峽，但是，南希·塔克指出，美國與台灣所簽訂的「中美共同防禦條約」實際上具有高

---

31 見張少書，《中美蘇關係探微（1948-1972）——敵乎？友乎？——美國分化中蘇聯盟內幕》，頁117-130。

32 中蘇之間的緊張關係起因包括了赫魯曉夫於1956年2月共黨第20屆大會「祕密講話」對於斯大林罪行的譴責，以及蘇聯可以與資本主義和平競爭的修正路線，莫斯科與華盛頓所展開的貿易與文化交流。毛澤東承認斯大林需要被批判，但是他的「功大於過」，「要有全面估價」，他的根本方針和路線是正確的，不能用對待敵人的辦法來對待自己的同志。見毛澤東，〈關於斯大林問題〉，收入鋼二師武漢大學總部、中南民院革委會宣傳部、武漢師院革委會宣傳部合編，《毛澤東思想萬歲（1949.10-1957.12）》（武漢：編者，1968），頁88。另外，1956年也是中共開始對於修正主義提出批判的時期。關於這段時間毛澤東的態度，可見〔美〕羅斯·特里爾（Ross Terrill）著，胡為雄、鄭玉臣譯，《毛澤東》（台北：博雅書屋，2007），頁353-377。

度的曖昧性，因為條約中的文字刻意不提及要如何處置台灣與澎湖之外的沿海列嶼。蔣介石要求美國協助抵禦台灣與金門，但是艾森豪與杜勒斯是否會對中共的軍事攻擊作出行動，一直是意向含糊而引發爭議的。塔克指出，艾森豪的策略是讓敵人狐疑，讓共產黨在不確定中打消念頭，而艾森豪的曖昧策略則為美國保留了很大的彈性空間[33]。張少書則指出，1955年的台海危機中美國方針的確被《紐約時報》記者詹姆斯・雷斯頓（James Reston）描述為「有意的含糊」。菲力普・傑賽普（Philip Jessup）當時曾經對他的助理說：「我們仍然尚未決定究竟是公開的反對中共，或是暗地裡反對中共並增加他們的困擾，或是試圖和他妥協並建立關係──以勸誘他們擺脫蘇聯」。雖然如此，艾森豪對於外島危機的處理方案其實心中自有定見。多種跡象顯示，艾森豪確實會出兵嚇阻中共的武力侵犯，甚至艾森豪與杜勒斯已經開始考慮「兩個中國」的方案：正像兩個德國，兩個韓國和兩個越南一樣。然而，雖然國共雙方彼此處於緊張關係，但是雙方都反對「兩個中國」的方案[34]。直到1970年代，「兩個中國」的方案仍被提出，以便作為中華人民共和國與中華民國都進入聯合國的模式，卻被中共否定，也被蔣介石否定[35]。

---

33 Nancy Bernkopf Tucker, "Strategic Ambiguity Or Strategic Clarity?" in *Dangerous Strait: The U.S.-Taiwan-China Crisis*, pp. 189-190；Jessup, *The Birth of Nations*. New York, 1974. 引自張少書，《中美蘇關係探微（1948-1972）──敵乎？友乎？──美國分化中蘇聯盟內幕》，頁53。

34 毛澤東在1959年10月5日關於台灣問題上的國際問題與國內問題的講話中表示反對「兩個中國」，蔣介石也反對「兩個中國」。

35 張少書，《中美蘇關係探微（1948-1972）──敵乎？友乎？──美國分化中蘇聯盟內幕》，頁121、136-145；亦可參考 John W. Garver, *The Sino-American Alliance: Nationalist China and American Cold War Strategy in Asia*, pp. 112-114.

　　第二次台灣海峽危機比第一次台灣海峽危機更是受到冷戰期間美國與中共兩大勢力博弈而牽動的事件。大量資料顯示：美蘇關係的緩和，美國於1957年在台灣台南以及台中清泉崗空軍基地安裝了可以設置核子彈頭的地對地巡弋型鬥牛士飛彈（MGM-1），杜勒斯於1957年6月28日在國際獅子會公開發言表示北京政權只是過眼雲煙而「不會持久」，美國與中共處於「實際的戰爭狀態」，8月11日美國國務院以備忘錄方式發表的「美國不承認中共政權的政策」[36]，以及1956到1957年間蔣介石持續加強外島的軍隊部署，幾乎三分之一的部隊都移駐金門馬祖等地——這些帶有挑釁意味的舉動，都讓中共作出此具有「懲罰性質」的戰略[37]。毛澤東在1958年透過彭懷德的〈中華人民共和國國防部告台灣同胞書〉表示：「金門戰鬥，屬於懲罰性質。」[38]代表中共出席華沙中美會談的王炳南在回憶錄中也表示，北京發動1958年的外島危

---

[36] "United States Policy Regarding Non-recognition of Chinese Communist Regime"。備忘錄大致內容包括：蘇俄集團意圖摧毀自由世界，中共是此集團的重要分子之一；東亞面對共產黨攻勢有實質的危險。美國不承認中共，因為合法的中國政府繼續存在於台灣，美國支持中華民國政府，有助於駁斥中共代表整個中國人民的說法，也能維持大陸人民抗暴與追求自由的希望。美國如果承認中國，將使遠東地區國家以為美國將從遠東撤退，與中共妥協，而危害整個自由世界。此外，美國如果承認中國，東南亞華僑亦將轉向中共，甚至導致中共進入聯合國，取得代表權，以及安理會的否決權，則更會嚴重影響國際和平與安全。見林正義，《一九五八年台海危機期間美國對華政策》（台北：臺灣商務印書館，1985），頁51-52。

[37] 見張少書，《中美蘇關係探微（1948-1972）——敵乎？友乎？——美國分化中蘇聯盟內幕》，頁156-157、176-187；John W. Garver, *The Sino-American Alliance: Nationalist China and American Cold War Strategy in Asia*, pp. 133-139。

[38] 彭德懷，〈中華人民共和國國防部告台灣同胞書〉，收入中共中央文獻研究室編，《毛澤東文集》，卷7，頁420-422。

機,既有懲罰蔣介石「不顧後果的活動」,抵制美國的「恐嚇」,亦有反擊赫魯曉夫對美國的「姑息政策」[39]。

2. 中東連結與中蘇關係緊張

從1958年的台海危機來看,台灣的確是毛澤東牽制美國軍事布局的「絞索政策」部署。毛澤東自己表示,炮打金門是為了支持阿拉伯弟兄的「絞索」政策,以便將美國的軍力牽制在遠東[40]。1958年7月14日伊拉克發生革命,親西方的哈希姆王朝(Hashemite Monarch)被具有社會主義背景的阿拉伯復興社會黨(Arab Socialist Ba'ath Party)推翻。美國與英國於15日先後進軍中東黎巴嫩與約旦,美國也下令遠東地區海空軍進入戒備狀態。中國各城市掀起了上百萬人街頭遊行示威抗議的熱潮。1958年8月17日開始的北戴河政治局擴大會議的第一天,毛澤東下了炮轟金門的決定。18日毛澤東在中央軍委緊急擴大會議中宣布:「世界上有一個地方叫做中東,最近那裡很熱鬧,搞得我們遠東也不太平。大家唱戲我們不能只作看客。政治局做出了一個決定,炮打金門!」[41]毛澤東事後在分析國際形勢問題時指出,台灣問題是個「絞索」:「美國的頸吊在我們中國的鐵的絞索上面。……凡是搞了軍事基地的,就被一條絞索絞住了。……是它自己造的索子,自己套住的,然後把絞索的一頭丟到中國大陸上,讓我們抓

---

39 王炳南,《中美會談九年回顧》,頁96;引自張少書,《中美蘇關係探微(1948-1972)——敵乎?友乎?——美國分化中蘇聯盟內幕》,頁180。

40 葉飛,《葉飛回憶錄》(北京:解放軍出版社,1988),頁649-656。

41 Jian Chen, *Mao's China and the Cold War*, pp. 185-186;沈衛平,《8/23金門大炮戰:1958年台海國共炮戰全解密》(濟南:黃河出版社,2008),頁27-37;葉飛,《葉飛回憶錄》,頁649-656。

到。」42

　　仔細觀察1958年的全球局勢，中東問題的確是台灣海峽危機的因素之一。埃及總統納賽爾（Gamal Abdel Nasser）於1956年將蘇伊士運河國有化的舉動，引起英法兩國的不滿43。英國、法國以及以色列三方在祕密協商之後，首先是以色列開始對西奈半島發動襲擊，英法兩國亦介入，並將軍隊進駐蘇伊士運河區，戰事逐漸擴大，導致美國與蘇俄也分別介入，使得中東情勢逐漸緊張。毛澤東曾經分析蘇伊士運河事件中英美法等國介入的目的：

> 　　帝國主義國家跟社會主義國家的矛盾是很厲害的矛盾，但是，他們現在是假借反共產主義之名來爭地盤。爭什麼地盤呢？爭亞洲非洲十億人口的地盤。目前他們的爭奪集中在中東這個具有重大戰略意義的地區，特別是埃及蘇伊士運河地區。
>
> 　　帝國主義之間鬧，互相爭奪殖民地，這個矛盾大些。他們是假借跟我們的矛盾來掩蓋他們之間的矛盾。44

---

42 毛澤東，〈關於國際形式問題〉（原〈在第十五次最高國務會議上談國際形式〉），收入中共中央文獻研究室編，《毛澤東文集》（北京：人民出版社，1999），卷7，頁407、413。

43 埃及總統納賽爾阻止以色列船隻使用蘇伊士運河，並且將通過運河的收入用作修建亞斯文水壩。由於蘇伊士運河是歐洲國家到東方貿易的重要航道，而原本殖民統治埃及的英國更擁有運河的高額股份，因此納賽爾的舉動引起英法高度反彈。Yitzhak Shichor, *The Middle East in China's Foreign Policy 1949-1977*, pp. 45-69.

44 毛澤東，〈在省市自治區黨委書記會議上的講話〉，收入中共中央文獻研究室編，《毛澤東文集》，頁188-189。

中東問題的確凸顯了英美等帝國勢力爭奪的緊張關係。不過，以色列海法大學伊扎克・施克（Yitzhak Shichor）指出，1956年蘇伊士運河的事件真正具有影響力的結果，是英法的帝國勢力開始瓦解，而美國與蘇俄正式成為主宰世界對峙力量的兩個超級大國[45]。

　　然而，根據伊扎克・施克的分析，中東問題並不是唯一更不是主要的台灣海峽危機的因素。中國與中東關係一直是不穩定的，中共對於中東地區國家的立場也一直是有距離而不介入的。中共的外交政策原本與普遍靠近英美的中東地區並無外交關係，也不被任何阿拉伯國家承認。萬隆會議之後，中共刻意發展第三世界的合作，包括與中東地區國家的貿易、文化以及外交關係，宣稱支持阿拉伯國家的民族獨立運動，也對埃及將蘇伊士運河國有化行動表示支持。中共從1950至1955年間原本完全孤立的狀態，到了1956至1959年間逐漸打開國際外交空間，先後獲得了埃及、敘利亞、葉門、伊拉克、摩洛哥、阿爾及利亞、蘇丹等七個中東地區國家的外交承認，也獲得了日後進入聯合國的支持力量。相對的，埃及也撤除了原本對台灣的承認[46]。

　　由於中東地區逐漸成為西方帝國勢力的焦點，中共也開始強調必須連結阿拉伯力量，包括阿拉伯地區的共產黨員。在1957至1958年間，中國與聯合阿拉伯共和國（United Arab Republic）的

---

45 Yitzhak Shichor, *The Middle East in China's Foreign Policy 1949-1977*, pp. 70-71.

46 伊扎克・施克指出，在具有關鍵轉折意義的萬隆會議中，周恩來所堅持的立場並不是支持阿拉伯世界而反對以色列。中共反對西方帝國主義的外力介入，並且認為中東地區國家應該以和平方式自行解決內部矛盾。Yitzhak Shichor, *The Middle East in China's Foreign Policy 1949-1977*, pp. 40-55；劉中民，〈中國中東外交三十年（上）〉，《寧夏社會科學》，2008：5（銀川，2008），頁8-9。

關係表面上維持了友好關係，但是由於納賽爾這段期間在埃及的
國內政策、阿拉伯世界政策以及國際政策，使得實際上雙方關係
漸趨緊張。納賽爾對於埃及以及敘利亞共產黨員的迫害，更使得
中共對他十分不滿。周恩來與劉少奇在1958年2月以及5月先後
表達了對於埃及與敘利亞所建立的阿拉伯聯盟表示支持，但是也
指出阿拉伯聯盟不能夠任資產階級打壓人民（共產黨員）反帝的
力量[47]。此外，納賽爾對於西方保持中立態度，對於狄托（Josip
Broz Tito）的友誼，對於社會主義國家的敵意，都讓中共無法接
受[48]。上述種種因素，都讓中共對於中東地區阿拉伯國家保持了相
當的距離。

　　毛澤東於1957年11月6日在莫斯科參加蘇維埃慶祝十月革命
40週年會議中的言論，清楚地表達了他的立場：

　　　　我們堅決主張，社會主義國家和資本主義國家實行和平競
　　　　賽，各國內部的事務由本國人民按照自己的意願解決。我們
　　　　堅決主張，一切國家實行互相尊重主權和領土完整、互不侵

---

47 Chou En-lai, "The Present International Situation and China's Foreign Policy",
　　NCNA, 11 February 1958, in *CB*, no. 492（14 February）, p. 3; "Report on the Work
　　of the Central Committee of the Communist Party of China to the Second Session
　　of the Eighth National Congress," delivered by Liu Shao-ch'l on 5 May 1958, in
　　PR, no. 14（# June 1958）, p. 7. Qtd. In Yitzhak Shichor, *The Middle East in China's
　　Foreign Policy 1949-1977*, p. 78.

48 當1958年春天黎巴嫩與約旦內部局勢緊張，伊拉克發生革命，美國與英國的
　　軍隊出兵支援伊拉克政府，並進駐黎巴嫩與約旦，中共原本也認為這是內部
　　問題，不應由國外勢力介入解決，但是當英美軍力介入，中共便期待蘇俄可
　　以出面制止。蘇俄模棱兩可的立場，令中共不滿。Yitzhak Shichor, *The Middle
　　East in China's Foreign Policy 1949-1977*, pp. 76-79.

犯、互不干涉內政、平等互利、和平共處這樣大家知道的五
項原則。

　　美帝國主義頑固地要干涉各國的內部事務，包括社會主義
國家的內部事務，例如，在中國干涉解放台灣，在匈牙利製
造反革命叛亂。它特別放肆地干涉那些位於美國和社會主義
陣營之間的中間地帶各國的內部事務。美國現在還在策劃通
過土耳其或以色列侵入獨立的敘利亞，還在陰謀顛覆反殖民
主義的埃及政府。美國的這種瘋狂的侵掠政策，不但造成了
中東的危機，而且造成了新的世界戰爭的危機。[49]

在當時複雜的國際局勢之下，赫魯曉夫始終沒有表示要介入或是
支援敘利亞，反而以妥協姿態尋求聯合國的協助，以求解決中
東問題。伊扎克·施克認為，這是中共與蘇聯產生摩擦的主要原
因。中共很明顯地表示社會主義陣營必須團結，以便抵制西方帝
國主義的擴張，維繫和平。赫魯曉夫的保留態度，使得中共十分
不滿。因此，伊扎克·施克也指出，中共與蘇聯關係的緊張才是
炮打金門具有決定性的因素[50]。

3. 中國內部政治局勢

　　1958年8月17日北戴河政治局擴大會議中宣布炮打金門的時
刻，美國與英國都已經開始將軍隊自黎巴嫩與約旦撤離，毛澤東
所宣稱要支援中東人民的說法已經不具有國際局勢制衡之意義。

---

49 毛澤東，〈在蘇聯最高蘇維埃慶祝十月革命四十週年會上的講話〉，收入中共
　中央文獻研究室編，《毛澤東文集》，卷7，頁316。

50 Yitzhak Shichor, "Emerging conflict with Moscow," *The Middle East in China's Foreign Policy 1949-1977*, pp. 89-96.

因此，根據陳兼的分析，炮轟金門的決策，與其說是支援中東，或是抵制美國對於台灣在韓戰後共同簽訂的「中美共同防禦條約」，毋寧說是更具有國內政治考量的意義。1958年的北戴河政治局擴大會議，正是決定啟動大躍進以及全面公社化方針的重要會議[51]。毛澤東刻意利用這個外部緊張局勢來製造敵我意識的張力，以便達到動員內部全國人民情緒的效果。陳兼指出這是毛澤東「不斷革命」的策略之一[52]。1958年9月8日，毛澤東在第15次最高國務會議上發表了關於國際形式的講話，也透露出他認為任何國際間的緊張局勢都有助於國內的動員：

> 　　台灣的緊張局勢究竟對誰有利些呢？……我們國家現在全體動員，如果說中東事件有三四千萬人遊行示威、開會，這一次大概搞個三億人口，使他們得到教育，得到鍛鍊。這個事情對於各民主黨派的團結也好吧，各黨派有一個共同奮鬥目標，這樣一來，過去心裡有些疙瘩的，有些氣的，受了批評的，也就消散一點吧。[53]

---

51 1958年大躍進以及全國公社化，是超英趕美的現代化計畫。1957年底訪蘇後，毛澤東提出了15年內趕上英國，後來改為7年趕上英國、15年趕上美國，不久又修正為3年趕上英國，10年趕上美國的口號。

52 陳兼在他的研究中指出，在冷戰時期美蘇對峙之下，中共於1958年發動的第二次台海危機，除了延續韓戰中抗美援朝以及中東地區問題而箝制美國軍事部署之外，其實更大的因素是為了進行不斷革命，而推動國內的大躍進以及全面公社化，因此需要全國動員所採取的策略。可參考 Jian Chen, *Mao's China and the Cold War*, pp. 172-181。另可參考林正義，《一九五八年台海危機期間美國對華政策》，頁35-48。

53 毛澤東，〈關於國際形式問題〉，收入中共中央文獻研究室編，《毛澤東文集》，卷7，頁416。

1958年的大躍進以及炮轟金門，正是毛澤東試圖解決1957年的國內鬥爭問題，希望藉由動員來化解分裂，並且促成大躍進與全民公社化的運動，也就是他所謂的「不斷革命」。

毛澤東在1958年1月提出的〈工作方法六十條〉（草案）的第21條，說明「不斷革命」的必要性：從1949年建立政權開始，到反封建的土地改革、農業合作化、社會主義三大改造、1957年開始的政治戰線與思想戰線的社會主義革命等，說明1958年要展開的新的革命。這個新展開的革命，顯然是針對當時國內外的局勢而作的決定。1958年上半年一連串的會議之後，在8月17日到30日召開的北戴河會議，就是中共中央政治局確立1959年國民經濟計畫的工業生產、農業生產以及農村工作問題的重要會議，而提出「以鋼為綱，全國躍進」的方針，並號召1958年為生產1,070萬噸鋼而奮鬥，通過了四十多項決議，而開始了全民煉鋼和人民公社化的大躍進運動[54]。陳兼在他的研究中指出，毛澤東透過啟動金門炮戰，刻意製造敵我意識的張力，重要的目的之一還是為了要達到動員全國人民情緒的效果，以便推動全面公社化與大躍進，進而快速超英趕美[55]。

顯然我們不能夠說，1958年「炮轟金門」的決定因素只是

---

[54] 參考陳永發，《中國共產革命七十年》（台北：聯經，2001二版），冊下，頁685-706。

[55] 陳兼在他的研究中指出，在冷戰時期美蘇對峙之下，中共於1958年發動的第二次台海危機，除了延續韓戰中抗美援朝以及中東地區問題而箝制美國軍事部署之外，其實更大的因素是為了進行不斷革命，而推動國內的大躍進以及全面公社化，因此需要全國動員所採取的策略。可參考 Jian Chen, *Mao's China and the Cold War*, pp. 172-181. 另可參考林正義，《一九五八年台海危機期間美國對華政策》，頁35-48。

為了推動大躍進與全國公社化。事實顯示，任何政治決策都並不是單一條件促成的，而是相互關連的條件：美國對中共的挑釁，蔣介石利用美國的軍援而將大量軍力移到金門馬祖，中東局勢的變化，中共與蘇俄發展計畫的較勁以及陸續發展中的緊張關係，中共為了全民煉鋼以及人民公社化的大躍進而全體動員之內部需求。毛澤東非常自覺地觀察到了這種多邊矛盾關係，並且策略性地控制了國內與國外不同力量之間的折衝。1959年3月3日毛澤東在對拉丁美洲一些共產黨領導人的談話中表示，1958年的幾件大事都「整」了美國：伊拉克革命，黎巴嫩事件，金門事件，赫魯曉夫的柏林炸彈事件，古巴革命。關於金門事件，毛澤東說：「我們不想叫美國休息，在聯合國通過美國軍隊撤出黎巴嫩決議的第二天，我們就向金門島開炮，鬧得全世界摸不到我們的底。」[56]杜勒斯不僅從東太平洋調兵，也從地中海調兵。12艘航空母艦中有6艘被調到了台灣海峽。毛澤東說，杜勒斯自稱使用了「戰爭邊緣政策」，毛澤東則同樣利用「戰爭的邊緣」策略，將美國軍力牽制於中共炮彈射程3海里之外，使美國軍艦無法動彈，僵持兩個月，而使共和黨失去了選舉，整了杜勒斯[57]。

　　陳兼指出，毛澤東啟動1958年海峽危機，雖然人民成功地被動員了，中國卻付出了巨大的代價，包括北京與莫斯科之間嫌隙加劇，中美關係更趨緊張，大躍進之後帶來的三年飢荒與兩百到三百萬非自然死亡人數，以及這個「不斷革命」通往文化大革命的一條「更大災難的道路」[58]。1958年的台海危機也標示了中共

---

56 毛澤東，〈同拉丁美洲一些國家共產黨領導人的談話〉，收入中共中央文獻研究室編，《毛澤東文集》（北京：人民出版社，1999），卷8，頁20。

57 同上，頁19。

58 Jian Chen, *Mao's China and the Cold War*, p. 204.

刻意疏離蘇聯而進入自行發展的階段。中共與蘇聯的緊張關係持續惡化，直到 1960 年 7 月赫魯曉夫下令從中國撤回所有蘇聯技術人員與顧問，中止數百項協議及合約，帶走了所有藍圖與工廠計畫，導致建設工程半途停頓，工廠不能運作，中蘇的重大經濟合作從此停止了 25 年 [59]。

　　不過，我們更注意到，原本毛澤東強調「片面性就是思想上的絕對化」，也反對黨員的教條化或是極左傾向 [60]。但是，1950 年代所啟動的思想上的內部鬥爭，卻轉化為對立立場的鬥爭：「把非馬克思主義和反馬克思主義的東西，擺在我們同志面前，擺在人民群眾和民主人士面前，讓他們受到鍛鍊。不要封鎖起來，封鎖起來反而危險。……人為地把一種病毒放到人體裡面去，實行『細菌戰』，跟你作鬥爭，使你的身體裡頭產生一種免疫力。」[61] 毛澤東於 1949 年提出人民民主專政時所強調的「民主」與「說服」的非強迫方法，他所鼓勵的整頓官僚主義、宗派主義與主觀主義，歡迎知識分子與黨外民主黨派參與共產黨的黨內整風而開放言論自由，提出「百花齊放、百家爭鳴、長期共存、互相監督」的這些說法，也快速地發展而擴大為針對民主黨派，尤其是民主同盟，以及大量知識分子的反右鬥爭，促成了 1950 年代的冷戰結構在反右鬥爭中被實體化，並且構成了內在矛盾的形式化以及意識形態的絕對對立立場。

　　毛澤東 1957 年 11 月 18 日在莫斯科共產黨和工人黨代表會議

---

59 張少書著，梅寅生譯，《中美蘇關係探微（1948-1972）──敵乎？友乎？──美國分化中蘇聯盟內幕》，頁 207。

60 毛澤東，〈在中國共產黨全國宣傳工作會議上的講話〉，收入中共中央文獻研究室編，《毛澤東文集》，卷 7，頁 276。

61 毛澤東，〈在省市自治區黨委書記會議上的講話〉，同前引書，頁 196。

上的講話，除了提出「一分為二」的辯證法論點之外，也提出了
1957年「東風壓倒西風」的國際形勢分析，包括英國、法國、
荷蘭陸續退出殖民地，蘇聯成功送出了兩個衛星，以及中共的鋼
鐵產量可以快速超過英國，更指出陳獨秀、張國燾與高崗等人的
「不可救藥」，「沒有兩重性」。在這次講話中，毛澤東還說，如果
要發動戰爭，蘇聯有原子，全世界27億人口，可能會損失1/3，
或是死掉一半人，不過，再過幾年，還是會有27億[62]。1958年元
月，毛澤東公布了〈工作方法十六條〉，要求全國推行「不斷革
命」，並且訂下了大躍進的方針，開始超英趕美的政策，更公開
反對周恩來等人「反冒進」的「右派」心態，要求他們自我檢
討[63]。

　　綜合上述分析，我們看到，從毛澤東1950年代的「一分為
二」論述，他在1958年推動的不斷革命、炮轟金門、大躍進、
全面公社化，加上當時的美國因素、蘇聯因素、中東因素，以及
國內政治的極左傾路線，這些都是受到了全球整體與國內局部相
互牽動的複雜結構而不斷變化。這個分析可以說是參照了毛澤東
在〈矛盾論〉中所提出的分析方法：我們不能夠僅僅片面地、表
面地、主觀地看事物，而不去看事物發展過程的階段性以及事物
內部的規律。我們如果要理解客觀事物之間相互聯繫的總體，就
要從總體與相互聯結的特殊性進行分析，以便揭露事物發展過程
中的矛盾「在其總體上、在其相互聯結上的特殊性」，以及揭露

---

62 毛澤東，〈在莫斯科共產黨和工人黨代表會議上的講話〉，同前引書，頁321-
335。

63 〔俄〕亞歷山大・潘佐夫（Alexander V. Pantsov）、梁思文（Steven I. Levine）
著，林添貴譯，《毛澤東：真實的故事》（台北：聯經，2015），頁470-474。

「事物發展過程的本質」[64]。從1950年代這些複雜整體的歷史脈絡以及相互牽動的內外局勢，也說明了1957年的「一分為二」論述已經不再是從黑格爾到毛澤東的唯物辯證分析，而逐漸透露出冷戰時期預設了「一分為二」的對立立場之必然。

第三節　1963至1964年「一分為二」與「合二而一」的楊獻珍哲學事件

1964至1965年間由康生與陳伯達主導針對「合二而一」的「引蛇出洞」，展開了「一分為二」以及「合二而一」的哲學辯論，作為攻擊蘇聯的修正主義與融合論，以便表示與赫魯曉夫劃分界線。這次的哲學辯論，是學術辯論發展為嚴厲的意識形態鬥爭的典型案例，被視為文革的前兆[65]。這個「一分為二」的哲學事

---

64 同上，頁286。

65 參考金春明，〈批判楊獻珍「合二而一」親歷記〉，《各界》，2009：7（西安，2009），頁26-28。根據當時中央黨校機關黨委祕書科工作的金春明所記載，1964年5月29日艾恆武與林青山合寫的〈「一分為二」與「合二而一」〉在《光明日報》發表後，康生為了「引蛇出洞」，讓全國報刊針對這個問題進行學術討論。當時，金春明便被機關黨委主任以及林楓校長要求負責匯集這次運動資料並且整理工作簡報，簡報出了十多期，上送的名單包括中央政治局常委毛澤東、劉少奇、周恩來、鄧小平，中央書記處彭真、中央宣傳部部長陸定一、中宣部副部長陳伯達、中央理論小組組長康生、中央組織總部部長安子文，以及校內的林楓校長與五位副校長賈震、李一非、龔逢春、艾思奇、范若愚。學術性討論前後大約50天，便開始轉變為針對楊獻珍以及「合二而一」論點支持者的公開批判。1965年8月下旬，《紅旗》一篇〈哲學戰線上的新論戰〉，提出了「一分為二」與「合二為一」是「無產階級世界觀與資產階級世界觀的鬥爭」，「論戰雙方的陣線分明，針鋒相對」，是「當前國際國內尖銳複雜的階級鬥爭在意識形態上的一種反映」。楊獻珍的「合二而一」

件，更是「一分為二」從動態辯證運動到冷戰時期對抗性僵化意識形態的典型爆發。

1963年9月到1964年7月，《人民日報》與《紅旗》先後發表了九篇批評蘇共的文章。1964年《光明日報》5月29日哲學專刊發表了艾恆武與林青山合寫的〈「一分為二」與「合二而一」——學習毛主席唯物辯證法思想的體會〉。這篇文章是艾恆武聽了楊獻珍在新疆班的講課，受到啟發，而和林青山合作寫成的。看到這一篇文章，康生領導的「哲學反修資料編寫組」認為這是一條「大魚」，不能「讓它縮回去」，以便藉機發揮，進一步強化對於蘇修的批判[66]。6月5日，《光明日報》刊登了署名項晴的〈「合二而一」不是辯證法〉，康生並將這一篇文章呈給毛澤東看，請毛澤東指示辦理原則。毛澤東在6月8日的中央工作會議上講話表示：「『一分為二』是辯證法，『合二而一』恐怕是修正主義、階級調和吧！」[67]於是，「合二而一」原本是「一分為二」辯證運動中的連續變化狀態，此刻被毛澤東定調為階級調和的修正主義。

經過毛澤東的指示，康生與陳伯達隨之開啟了大規模的批判運動，以陳伯達審閱與修改而發表在《紅旗》的〈哲學戰線上的新論戰〉，作為批判運動的起點，指控楊獻珍是反唯物辯證法，是資產階級世界觀的代表。當時，楊獻珍是中共中央高級黨校副

是「同黨大唱對台戲」，「有意識地適應現代修正主義的需要」，「給他們提供理論武器，對抗社會主義教育運動。」，頁28。

66 徐志高主編，《文革史稿：文革史料彙編（1）：第一冊：社會主義文化革命》（香港：世界華語出版社，2016），頁51。

67 中共中央文獻研究室編，逢先知、金沖及主編，《毛澤東傳》（香港：中和，2011），卷6，頁83。

校長，也是黨委副書記。一旦楊獻珍被批判，同時也波及不少人，僅在中央黨校受到批判的人數便將近150人，超過全校教職員工10%。在文革時期，楊獻珍以及所有涉及「合二而一」論點的人，繼續被點名批鬥，處境更為嚴酷，牽扯也更廣，不計其數。多人因受不了屈辱而自盡，其餘則被判徒刑或是下放勞改。楊獻珍在文革時期入獄8年，1976年文革結束，又被指稱他的論點支撐了劉少奇的右傾機會主義，而被送往陝西勞改3年，當時他的年紀已經七十多歲[68]。

王若水曾經分析毛澤東為何在「合二而一」的事件中否定了自己早期「一分為二」的辯證思維，放棄了批判極右與極左的「兩條路線鬥爭」的立場，而進入了只反右而不反左、只鬥爭而不求轉化、鬥爭要以戰鬥方式進行，「必須堅決、徹底、乾淨、全部地殲滅」，「一個消滅一個」，以便解決矛盾。王若水說，這個問題必須放到當時的國際局勢以及國內政治狀況來理解。1960年代，蘇聯哲學界在批判斯大林之後，進而提出對立面可以「融合」，以便支持赫魯曉夫「和平共處」的論點。毛澤東為了強化中蘇分裂的必然性，因此選擇批判赫魯曉夫的修正主義，批駁矛盾融合，以便證明赫魯曉夫背叛馬列主義[69]。

重新閱讀楊獻珍的前後著作，我們會發現他的論點其實並不是所謂修正主義的融合論，而是要利用老子「合有無謂之元」以

---

68 楊獻珍，《我的哲學「罪案」》（北京：人民出版社，1981），頁226-273。關於「合二而一」案件的緣起與過程，可參見左煒良，《論六十年代「合二而一」與「一分為二」的哲學論爭》（南京：東南大學哲學碩士論文，2005），頁1-9。

69 王若水，〈辯證法和毛澤東的「鬥爭哲學」〉，《中國社會科學季刊》，1999：秋季號（總27）（香港，1999），頁43-68。

及方以智的「合二而一」的概念，來解釋毛澤東的辯證法，並且
說明中國傳統思想表達任何事物都是由對立面所構成，都是「一
分為二」與「合二而一」相反相成的唯物辯證思想。方以智在
《東西均》中寫道：「何謂幾？曰：交也者，合二而一也……凡
有動靜往來，無不交輪，則真常貫合於幾，可徵矣。」，「合二而
一」是動之微，是動靜陰陽分合張弛之間的「交」，動靜之間透
過「交」而輪轉變化：「二而一、一而二，分合、合分，可交、
可輪」、「兩間無不交，則無不二而一者，相反相因，因二以濟，
而實無二無一也。」[70] 楊獻珍透過方以智「合二而一」的相反相
因以及對立雙方相互構成的概念，說明毛澤東所說的「矛盾著的
各方面，不能孤立地存在。假如沒有和它作對的矛盾的一方，
它自己這一方就失去了存在的條件」。在後來的訪談中，楊獻珍
指出：「『合二而一』是世界觀，『一分為二』是方法論……列寧
講對立面的統一和鬥爭，而且講對立面的統一是辯證法的核心，
而斯大林只講對立面的鬥爭，不講對立面的統一。現在我們有些
同志也不大了解，還是形而上學；只講對立面的鬥爭，不講對立
面的統一。」[71] 楊獻珍批評艾思奇僅僅認為「差異就是矛盾」──
「茶杯與桌子既是差異，所以也就是矛盾」，艾思奇不能夠理解
「不同的事物之間，若沒有一定的必要的條件，沒有『不可分離
地聯繫著』的條件，即沒有同一性，就不能構成矛盾。」[72] 楊獻珍
進一步批評那些批鬥他的人將對立面的「統一」片面地解釋為
「和解」與「融合」，而不能夠理解對立面的統一所指的是「不可

70〔明〕方以智著，龐樸注釋，《東西均注釋》（北京：中華書局，2001），〈三
　　徵〉，頁57；〈張弛〉，頁198；〈三徵〉，頁40。

71 引自蕭島泉，《一代哲人楊獻珍》（太原：山西人民出版社，2006），頁9。

72 楊獻珍，《我的哲學「罪案」》，頁298。

分性」與「不可分離地聯繫著」[73]。

　　楊獻珍與艾思奇等人的衝突，早在1950年代便發生了。楊獻珍在1950年代初所寫的〈關於中國新民主主義社會的基礎與上層建築的問題〉（1953）以及〈關於中華人民共和國在過渡時期的經濟基礎與上層建築的問題〉（1955）兩篇文章中，針對綜合經濟基礎與單一經濟基礎進行剖析。楊獻珍說明中國在歷史發展過程中存在著綜合經濟基礎以及不同類型的生產關係，這些不同類型的經濟基礎構成了社會現實，是「經濟發展的活的機體」，本身就是「矛盾的統一體」。他認為要從多個經濟成分改變為單一的社會主義經濟，不是一下子可以達到的。楊獻珍認為艾思奇等人所提出的單一經濟基礎論不接受小農經濟作為經濟基礎，不同意個體農民生產，這是不面對社會客觀現實，邏輯自相矛盾，也否認了任何社會都有其不同發展過程同時存在的事實[74]。

---

73 楊獻珍，《我的哲學「罪案」》，頁299。

74 楊獻珍指出在過渡時期存在的五種經濟成分，包括國營經濟的社會主義所有制（國民經濟的領導成分）；合作社經濟的半社會主義所有制；私人資本主義所有制；個體農民所有制；國家資本主義所有制。今日人民大學哲學系馬俊峰以及北京大學黃楠森都提出了多種所有制共存以及共同發展的說法，並提出應該對於「綜合經濟基礎論」重新評價，以否定單一經濟基礎論。見蕭島泉，《一代哲人楊獻珍》，頁21-38。1955年8月，艾思奇便已經撰寫〈對楊獻珍通知的《關於中華人民共和國在過渡時期的基礎與上層建築》一文的意見〉，與楊獻珍針對此問題進行辯論。此文後來在開始批鬥楊獻珍時，於1964年11月1日正式在《人民日報》出版。艾思奇批評楊獻珍所提出的過渡時期的四種所有制的綜合經濟基礎，而強調「我們的政權依以建立的經濟基礎，只能是正在建立中的社會主義經濟基礎，它包括全民所有制和勞動人民的集體所有制。」「不能同時以互相敵對的兩種經濟制度作為自己的基礎。」艾思奇強調，「我們國家政權」的性質，是「工人階級領導的人民民主政權」，是「工人階級專政的政權」，是「工人階級通過自己的黨和國家政權

在1958年全國推動大躍進的過程中，楊獻珍也針對當時多數共產黨員不顧現實條件，只追求概念化的「共產風」，提出了批評。當時，楊獻珍先後訪查了河北徐水縣，天津小站，湖北武漢，河南馨香、遂平、登封等地，注意到當時所辦的公共食堂、煉鋼鐵、水利交通以及超英趕美等等作法與論述，出現了無視客觀經濟規律，而剝奪農民生產資料與生活資料等情形。楊獻珍指出，透過辯論與批判的手段，強制改變農村生產關係，使集體所有制經濟迅速轉變為全民所有制經濟，其實是嚴重混淆了集體所有制和全民所有制的界限。楊獻珍於1958年底開始先後發表了一系列的文章，批評當時氾濫的「共產風」，「把平均主義當成共產主義」，是要透過原始共產主義，把一切不可能為每一個成員所私有的財富破壞掉。楊獻珍指出，「這幾年有的地方就是隨心所欲地創造出我們的歷史，隨心所欲地幹，不管客觀實際情況，不從實際出發」。他認為這種實現分配的形式平等，正是恩格斯所稱呼的「狂暴的幻想」[75]。中共當局當時採取蘇聯模式，強調資產

<hr>

來領導勞動人民建設社會主義和消滅資本主義」。艾思奇指出，個體農民經濟不能夠被視為社會主義經濟基礎，資本主義的生產關係也不應該被視為經濟基礎：「總之，我們的國家政權，對於資本主義和產生資本主義經濟的個體經濟，是要『採取一切辦法』來加以根除和消滅的」。至於上層階級，艾思奇則強調是由馬列主義思想以及工人階級領導的人民民主政權所構成。艾思奇將生長中的社會主義經濟基礎與衰退中的資本主義經濟基礎之間的關係視為「生死鬥爭」。〈對楊獻珍通知的《關於中華人民共和國在過渡時期的基礎與上層建築》一文的意見〉，《艾思奇文集》（北京：人民出版社，1983），卷2，頁295-305。胡為雄針對1950年代楊獻珍的「綜合經濟基礎論」與艾思奇的「單一經濟基礎論」所引發的一系列哲學界爭論，有相當清晰的梳理與評估。見胡為雄，〈1950年代中國哲學界有關經濟基礎和上層建築的爭論〉，《毛澤東鄧小平理論研究》，2009：1（上海，2009），頁56-64、86。

75 1958年11月19日以〈關於規律的客觀性和主觀能動性作用問題〉，分析推

階級與無產階級之間的矛盾，主張無產階級專政，否定綜合經濟基礎；對於楊獻珍而言，這種強制執行形式上的平均主義，是不顧歷史過程以及具體現實的「唯心主義」[76]。

楊獻珍的分析已經直接指出蘇聯斯大林體制過於發展注重原始共產主義，不承認綜合經濟基礎，剝奪個體農民生產，以及過於快速地以全民所有制取代了集體所有制等等問題。楊獻珍所指出的1958年大躍進引發的各種問題，在1959年上半年的鄭州會議和上海會議已經被反覆檢討，包括要綜合平衡，繼續糾「左」，解決公社問題，降低鋼鐵與糧食指標。這些論點都刺激了當時左傾與從眾的黨幹部，尤其是艾思奇等人[77]。

行總路線、大躍進、人民公社運動過程所暴露的問題，是針對大躍進進行批判的最早文獻。此後楊獻珍另外發表了一系列關於大躍進的檢討文字，包括〈堅持實事求是作風，狠狠批判唯心主義〉（1959.6.12）〈唯物主義和共產主義學說〉（1959.6.19），〈離開唯物主義是危險的〉（1959.7.19），〈對立面的統一和鬥爭是辯證法的核心〉（1959），〈關於群眾路線的理論基礎〉（1959.10.13），〈要好好學習唯物主義〉（1961.8.8），〈怎樣總結歷史經驗，教育幹部、提高幹部〉（1961.11.7）等，指出除了共產風之外，當時另有浮誇風，瞎指揮風，唯心論的主觀能動作用，如同奴隸主封建制度的強迫命令風的幹部特殊風等問題。楊獻珍，《楊獻珍文集II》（北京：河北人民出版社，2002），頁127-153、185-196、197-211、212-216、217-233、234-257、258-262、263-332。

76 關於蘇聯對於中共的影響，可見陳伯達，《斯大林與中國革命》（北京：人民出版社，1952）此外，楊奎松1997年發表的文章〈毛澤東為什麼放棄新民主主義？——關於俄國模式的影響問題〉，《近代史研究》，1997：4（北京，1997），頁136-151，也引發大量討論。又見胡其柱，〈中國共產黨「提前放棄新民主主義」研究評述〉，《湖湘論壇》，2007：5（長沙，2007），頁21-23。

77 十年後，在1968年上山下鄉的知識青年張木生透過讀書會閱讀國際共產主義者的書籍，當時這些書籍包括《資本論》、《列寧全集》、《蘇聯政治經濟學教科書》以及吉拉斯（Milovan Djilas）的《新階級》。而提出〈中國農民問題

　　其實，毛澤東在1958年11月9日在鄭州會議要求黨員閱讀斯大林的《蘇聯社會主義經濟問題》，已經指出：「有些號稱馬克思主義的經濟學家表現得更『左』，主張現在就消滅商品生產，實行產品調撥。這種觀點是錯誤的，是違反客觀規律的。」[78]毛澤東同時也指出，1958年北戴河會議所設定的從集體所有制過渡到全民所有制的三、四或是五、六年的時間可能過短：「農村大部分還是集體所有制。即使將來把集體所有制過渡到全民所有制，搞成了單一的全民所有制，如國營工業那樣，它的性質還是社會主義的，也還不能馬上過渡到共產主義。」[79]

　　但是，不必等到1960年代中蘇關係的惡化。1959年盧山會議已經是一個戲劇性的轉折，而開啟了1960年代的反右鬥爭。盧山會議中，彭德懷寫了一封信，檢討大躍進以及公社化的種種問題，並且直接指出「政治掛帥不可能代替經濟法則，更不能代替經濟工作中的具體措施。……糾正這些『左』的現象，一般要比反掉右傾保守思想還要困難些，這是我們黨的歷史經驗所證明了的。」[80]然而，這封原本寫給毛澤東的信，卻被全面發出，並且

學習——關於中國體制問題的研究〉一篇文章，指出了蘇聯體制沒有處理好農村問題，過於發展重工業、強調原始積累、實行集體化、強行消滅城鄉差別，實際上嚴重剝削了農民的生活資源。印紅標，《文化大革命期間的青年思潮：失蹤的足跡》（香港：中文大學出版社，2009），頁293-296。張木生的批判呼應了十年前楊獻珍對於蘇聯體制弊端的分析。

78　毛澤東，〈讀斯大林《蘇聯社會主義經濟問題》談話〉，收入鄧力群編，《毛澤東讀社會主義政治經濟學批注和談話》（簡本）（北京：中華人民共和國國史學會編印，1998），頁18。

79　同前注，頁38-39。

80　彭德懷，〈彭德懷的信〉，轉引自李銳，《盧山會議實錄》（香港：天地圖書，2009），頁119。

引起連續多天正反兩面的激烈辯論。毛澤東數次公開講話，駁斥彭德懷的論點，而在後續幾天檢討批判的鬥爭中，彭德懷以及其他幾人被套上了「彭、黃、張、周右傾機會主義反黨集團」的帽子，全黨開始了聲勢浩大的「反對右傾機會主義鬥爭」。毛澤東甚至將對於彭德懷等人的批判定位為「階級鬥爭」：「廬山出現的這一場鬥爭，是一場階級鬥爭，是過去十年社會主義革命過程中資產階級與無產階級兩大對抗階級的生死鬥爭的繼續。」[81]因此，廬山會議是一個從糾左乍然轉為反右傾的轉捩點，而階級鬥爭的理論則帶向了黨內與中央領導階層內部路線鬥爭的發展[82]。

　　「一分為二」與「合而為一」表面上是哲學辯論，背後牽動的則是中共內部幾個階段的路線鬥爭，以及中共與蘇共赫魯曉夫修正主義之間的緊張關係，但是其呈現的形式卻成為人民內部的階級鬥爭。楊獻珍在 1953 至 1955 年間對於歷史過程之下綜合經濟基礎論的闡發，1958 至 1959 年間對於大躍進無視客觀現實而逕行平均主義的批判，以及 1963 至 1964 年間試圖透過中國傳統兼有老莊與佛家的辯證思維來解釋唯物辯證相反相成的思想，都被當作反右鬥爭的箭靶。他檢討大躍進以及公社化而指出的弊端，指出當時大部分的黨員將平均主義當作共產主義的謬誤，對於集體所有制與全民所有制的界限混淆，強調原始共產主義而剝奪所有成員的財產，以唯心主義的主觀願望決定歷史階段發展而違反客觀現實，過高的重工業化而造成農業以及其他經濟形式發展的比例不平衡等等，都是合理的分析，但是卻在「一分為二」的事

81　李銳，《廬山會議實錄》，頁405。

82　這些被牽連的「右傾」分子在文革期間受到了更為嚴厲的鬥爭。李銳，《廬山會議實錄》，頁109-120、121-139、148-183、402-413。

件中以及後續文革時期，被嚴厲批鬥，也牽連無數。

　　若以毛澤東在〈矛盾論〉中的分析來看，我們此處看到的是，所謂的內部路線鬥爭，牽涉了楊獻珍、艾思奇、陳伯達、彭德懷、毛澤東等人不同階段的內部矛盾，1957年的整風反右鬥爭引發的內部緊張，到1958年大躍進、全國公社化、全民煉鋼以及後續的三年饑荒與大量死亡引發的內部檢討。中蘇關係惡化的「外因」，通過這些「內因」而發生作用，而在「一分為二」的哲學事件中，展現為內部鬥爭的對抗性立場，以及這些內部對立以不同型態外顯化。正如毛澤東早年所指出，任何事物的發展都有內部自己的必然運動，「每一事物的運動都和它的周圍其他事物互相聯繫著和互相影響」，事物發展的根本原因，不是在事物的外部，而是「在於事物內部的矛盾性。」[83]

　　解放政治曾經發生，曾經被毛澤東所啟發與鼓勵，卻也被他自身所消解。要如何思考此悖論，不要將文化大革命立即汙名化，也不要為了維護其神話，而無法思考其所導致的後續效果，則是重要的問題。

　　從1960年代的文化革命到1970年代的過程中，人民的政治立場已經逐漸被固定。從1970年代初期在《文匯報》以及其他報刊上發表的批鬥文章以及當時的語彙，例如「挖出」藏在無產階級內的資產階級，將一小撮階級敵人「分出去」，以便使無產階級隊伍更為「純潔」，都讓我們發現「一分為二」已經不只是思想上的觀點，而成為了人民內部的敵我對抗以及黨內區分不同路線的口號。

---

83 同上注，頁276。

　　這次無產階級文化大革命，就是「一分為二」的過程，把
藏在無產階級專政內部的資產階級司令部給挖出來了……
「一分為二」，我們的隊伍進一步純潔了，革命隊伍內部的團
結進一步加強了，無產階級進一步鞏固了……遵照毛主席的
「一分為二」的教導，不斷地把混在我們隊伍裡的一小撮階
級敵人分出去，加強無產階級專政。[84]

　　「合二而一論」是宣揚階級投降主義的反動謬論。[85]

楊獻珍的「綜合經濟基礎論」被批鬥為是「妄圖保存和發展資本
主義的反動謬論」，是反革命修正主義、反馬克思主義、思想的
大毒草[86]。思想的辯論轉變為意識形態的階級鬥爭與路線鬥爭，被
實體化與絕對化，並且成為人身攻擊的合理標誌，這是「一分為
二」最為粗糙的形式。「挖出」人民內部的一部分，將這一個不
屬於我們的部分「分出去」，而塑造了一個新的社會身體，這是
當時運動的主要訴求。

　　「一分為二」成為區分敵我而持續發生效果的原則。思想已
經不再有自我批判轉化與活潑運動的辯證對話空間，而成為彼此
攻擊而立場互不相容的箭靶。哲學辯論以及黨內諍言轉為階級鬥

84　李長茂，〈用「一分為二的武器向反動的「合二而一」論猛烈開火〉，收入浙
　　江人民出版社編，《徹底批判劉少奇、楊獻珍的反動哲學》（杭州：浙江人民
　　出版社，1971），頁29-33。

85　江山縣勤儉大隊老貧農姜祥福，〈「合二而一論」是宣揚階級投降主義的反動
　　謬論〉，原載1970年11月11日《浙江日報》，收入浙江人民出版社編，《徹底
　　批判劉少奇、楊獻珍的反動哲學》，頁37-38。

86　施關耀，〈「綜合經濟基礎論」是妄圖保存和發展資本主義的反動謬論〉，收
　　入浙江人民出版社編，《徹底批判劉少奇、楊獻珍的反動哲學》，頁59-61。

爭，正是矛盾的絕對化，也反映了冷戰結構兩大陣營對峙的內化，更凸顯了全球格局之下冷戰邊界的內部化。

第四節　「一分為二」的兩岸後續效果

1. 邊界的國際現實政治與內部化

　　1950年代韓戰開啟之後，美國在東亞以及太平洋地區所建構的軍事防線，使得美國內部的麥卡錫主義透過這道延伸防線而擴散，並且使得防線邊界的兩方各自以不同形式衍生變形。正如巴里巴爾所說，邊界如今已經包括了內部邊界，而任何邊界都是「整體本身（'global' *per se*）」：「這是世界秩序或是無秩序的投射。暴力集中於這些或多或少已經穩定的邊界之上。無論是否透過在地化或是特殊化的源頭或是形式，都已經是整體化／全球化的替代形式。」[87]在台灣海峽兩岸，「一分為二」的絕對化，使得分裂的兩方持續在內部複製分裂的陣營，在內部尋找被實體化的對立面，也以不同形式在內部複製。不同意識形態的符號暴力集中在這條內部邊界的劃分線之上，也使得內部原有的權力爭奪之對立尋找到了出現的替代形式。在此過程中，「一分為二」與「合二而一」都失去了依存關係中互相生成、互相轉化的關係，也失去了滌除名相的辯證運動。

　　中國大陸1950年代以降反右鬥爭的後續影響，是左右劃分之後造成的任意命名與絕對化立場，使得「左翼」與「右翼」的語

87　Étienne Balibar, "Preface," *Politics and the Other Scene*, Christine Jones, James Swenson, Chris Turner, trans.（London & New York: Verso, 2002）, pp. xi.

彙在大陸語境內極為混淆。從法國大革命到20世紀政治發展的歷史中,「右翼」基本上意指維繫傳統階層秩序的保守勢力,而延伸包含了君權主義、國家主義、法西斯主義以及資本主義等維繫權力秩序而具有壓迫性的政治立場,「左翼」則意指任何相對於穩定權力秩序之批判運動,包括了無政府主義、共產主義、社會主義、社會民主以及社會自由派,一直是相對於權力核心而帶有制衡作用的批判力量。然而,冷戰時期大陸內部的反右鬥爭將人民內部的一部分辨識為「走資」與「右傾」,進行鬥爭,以致今日在平反右派以及檢討文革經驗的潮流中,「右翼」被等同於抵制政府的自由主義,而「左翼」被視為擁護政府的國家主義立場。在此奇特的劃分之下,「右翼」自動地與自由貿易經濟以及資本主義論述合流,而「左翼」卻由於無法認清「權力擁有者─國家機構」與「被剝奪權力者─全體人民」之間主要矛盾的替代形式,而非常弔詭地消失了其持續批判與制衡國家機器或是組織人民的話語力量,反而輕易地被民族主義情感所挾持。

　　回顧20世紀1950年代的歷史,我們也更清楚看到台灣海峽在冷戰時期所處的國際政治以及中共與美國之間的絞索槓桿位置,而使得台灣作為政治體的曖昧處境,並不能夠僅從法理學的角度來解釋。美國與聯合國對於中華民國政府從承認到不承認,從暗中密謀促動國民政府軍隊反攻大陸,到限制國軍兵力的動向,前後反覆轉折,已經透露出其立場的搖擺,以及根據形勢而操縱的現實政治。這個隨著時勢轉移的國際現實政治,卻也決定了國際法對於台灣作為政治實體的裁決,使得台灣在國際政治舞台缺席。

　　林孝庭在分析韓戰期間美國對台灣的政策時指出,美國雖然以軍事支援中華民國政府,甚至在韓戰期間曾經考慮提供軍力,

讓國民政府軍隊登陸大陸東南沿海，逐步控制廣西、雲南等西南省分，以便牽制韓戰局勢。但是，蔣介石當時明白表示這是「僥倖心理，危險萬分」。蔣介石對於1950年代初期孫立人所提出的「三七五反攻總計畫」嗤之以鼻，認為是「自不量力，只想藉美國的力量保護」。林孝庭指出，蔣介石雖然明知美國利用台灣的態度，但是蔣介石也清楚，維持一個對抗共產主義的形象，是有利於台灣在全球冷戰格局下國民政府統治台灣的正當性[88]。當時蔣介石面對美國以及中共的兩種勢力而希望維繫的張力，卻在時機轉移之際，失去了籌碼。

　　大勢之所趨，已無可逆轉。美國1950年代在西太平洋以安全為名的軍事防線布局已然成形。美國CIA以「西方公司」為名，對於台灣的各種介入，包括在台灣淡水、澎湖與金門設置了訓練中心，先後訓練大量游擊隊以及敵後情報人員，派往緬甸北部與雲南、海南島等地進駐，並且發動了近百次祕密突襲，這些工作的主要目的仍舊是為美國蒐集大陸情報[89]。更為重要的是事實是，美軍顧問團對於國民政府軍隊的控制，更造成台灣往後數十年的軍備都必須仰賴美國，而使得台澎金馬地區的「永久化」逐漸成

---

88 林孝庭，〈美擬借國軍反攻，牽制韓戰〉，《世界新聞網》，發行日期 2011/06/12，http://www.worldjournal.com/view/full_news/14123786/article-%E7 %BE%8E%E6%93%AC%E5%80%9F%E5%9C%8B%E8%BB%8D%E5%8F%8 D%E6%94%BB-%E7%89%BD%E5%88%B6%E9%9F%93%E6%88%B0?instanc e=news_pics（2012/07/28）；〈離島突襲，西方公司主導〉，《世界新聞網》，發行日期2011/06/05，http://www.worldjournal.com/view/aTaiwannews/13822690/article-%E9%9B%A2%E5%B3%B6%E7%AA%81%E8%A5%B2-%E8%A5%BF %E6%96%B9%E5%85%AC%E5%8F%B8%E4%B8%BB%E5%B0%8E?instance =topics（2012/07/28）。

89 翁台生，《CIA在台活動祕辛：西方公司的故事》（台北：聯合報，1991）。

形[90]。

　　1950年代全球帝國擴張構成的冷戰結構，對於台灣海峽局勢造成更為深遠影響的，則是兩岸人民敵對心態驟增，冷戰意識形態也在「一分為二」的對立狀態下固定下來。雙邊政府以敵對的政治宣傳醜化對方，兩岸資訊完全阻斷，歷史教科書採取完全不同的觀點敘述歷史，甚至同時進行對於內部可能存在的「敵人」進行肅清。不僅大陸幾波反右傾與政治鬥爭，台灣1950年代的兩次《出版法》的修正（1952，1958），也是思想整肅的具體例子。《出版法》強制執行了動員戡亂時期的戒嚴令，任何「觸犯或是煽動他人觸犯內亂罪外患罪情節重大者」，以及「觸犯或煽動他人觸犯妨害風化罪」，都要「定期停止發行」，甚至「撤消登記」[91]。除了新聞報業限制紙張篇幅，限制出版物的登記證，戒嚴法以及動員戡亂條款對於思想的檢查後續影響更為深遠。

　　當時《自由中國》即有一篇社論便指出此問題：「在一個號稱自由的國家，行政官署竟以整個出版界為對象，可不經司法審判，而遽予出版品以警告、罰鍰、禁止出售、散布、進口，或扣押、沒入、定期禁止發行，以至於撤消登記等行政處分。行政官署權力之大，一至此極，又怎能說不是反自由的？」[92]《自由中國》是1950年代代表異議分子聲音的刊物，主要編輯是雷震與殷海光，胡適是發行人。該刊以自由主義為基調的言論，在韓戰啟動

---

90 同前注，頁125。

91 《行政院函》，1958年3月28日，1958年4月18日；引自王良卿，〈蔣介石和1958年出版法修正案的審議風潮〉，呂芳上主編，《蔣中正日記與民國史研究》，頁673。

92 社論（傅正），〈國民黨當局還不懸崖勒馬？〉，《自由中國》，18：12（台北，1958），頁5。

以及台灣國民政府逐漸進入高壓監控治理模式之刻，從反共言論轉向批評政府內部政策的問題，包括數度倡議將教育脫離政治以及黨國干預，反對蔣介石三連任，以及建議成立反對黨。然而，雷震等人籌建新黨，卻被冠上配合中共「統戰政策」、「造成台灣混亂」、「企圖顛覆政府陰謀」，以致雷震於 1960 年 9 月 4 日以「包庇匪諜」之罪名被逮捕。《自由中國》亦遭停刊[93]。台灣大學1972 年的哲學系事件，更在王昇主導的特工組織運作之下，以「反共」之名打擊自由主義派學者，牽連了 12 位哲學系教授的停職，而使得台灣的哲學系所長期無法發展異議言論與批判思想。此事件直到 1993 年台灣大學組成調查委員會，1995 年委託監察院進行調查，而在 1997 年平反[94]。以上二例，只是無數因思想檢查、「反共」、檢肅「通匪」之理由而牽連的白色恐怖案例之典型。

2. 內部邊界的主觀感受機制

　　重新閱讀 1950、60 年代的文學作品，我們能夠理解在逐漸愈為嚴苛的出版法以及思想檢查氛圍之下，為何出現了晦澀的超現實主義書寫的風潮。面對現實處境的思想禁錮與放逐，詩人們只能夠以間接的方式書寫出當時的時代性主觀感受[95]。瘂弦的〈深

---

93 見薛化元，〈《自由中國》民主憲政史料的歷史意義〉，《臺灣史料研究》，8（台北，1996），頁 123-136。楊碧川，《臺灣歷史辭典》，（台北：前衛出版社，1997），頁 405。

94 參考台大校友雙月刊網站 http://www.alum.ntu.edu.tw/read.php?num=29&sn=594&check=（2012/07/28）。

95 我曾經在《孤兒·女神·負面書寫》一書中的第一章、第七章以及第九章討論過五 1950、60 年代的超現實書寫如何呈現了戒嚴時期的思想檢查造成的時代性壓抑氛圍。見劉紀蕙，《孤兒·女神·負面書寫：文化符號的徵狀式閱讀》（台北：立緒，2000），頁 18-27、224-259、317-324。當時撰寫這些

淵〉（1959）呈現了處處告示牌與格言的生存處境：

> 去看，去假裝發愁，去聞時間的腐味
>
> 我們再也懶於知道，我們是誰。
>
> 工作，散步，向壞人致敬，微笑和不朽。
>
> 他們是握緊格言的人！這是日子的顏面；所有的瘡口呻
> 吟，裙子下藏滿病菌。
>
> 都會，天秤，紙的月亮，電桿木的言語，
>
> （今天的告示貼在昨天的告示上）（ll. 13-19）

> 哈里路亞！我仍活著。雙肩抬著頭，
>
> 抬著存在與不存在，
>
> 抬著一副穿褲子的臉。
>
> ……
>
> 我們背負著各人的棺蓋閒蕩！
>
> 而你是風、是鳥、是天色、是沒有出口的河。
>
> 是站起來的屍灰，
>
> 是未埋葬的死。（ll. 55-57, 61-63）

在〈獻給馬蒂斯〉（1961）這首詩作中，瘂弦透過超現實拼貼的方式描寫馬蒂斯不同畫作的細節，而在細節堆疊處，呈現了一個時代的無奈、危險與不確定：「危險邊陲」、「積壓的謠言」、「驚

問題，面對的是在台灣從戒嚴到解嚴的劇烈轉變。20年之後重新思考這個問題，更注意到在地社會的政治局勢與主體狀況所鑲嵌的複雜結構，以及全球脈絡的動態變化如何牽動個別社會內部的主觀處境。

駭」、「小小的傷殘」、「床邊的顧盼竟險阻如許」、「色彩猶如是
扯謊」、「用大塊的紅色呼救」、「在翹搖的被中租來的遊戲」、
「枕著／一個巨大的崩潰！」字裡行間充滿身為「過客」的不安
與焦慮，而最後累積為「一房，一廳，一水瓶的懷鄉病／一不
聽話的馬蒂斯」[96]。詩人自己內心所畏懼的思鄉與對現實的厭惡，
像是馬蒂斯繪畫中氾濫於畫布上的紅色油彩一般，氾濫於詩行
之間。詩人只能忍耐現實，忍耐暫時隨著軍隊寄居的台灣，一
個「日漸傾斜的天堂」，哼一曲「敗壞的曲調」，用畫筆調弄「骯
髒的調色板」，就像是玩一場租來的遊戲；危險、短暫而可憎。
馬蒂斯畫面上任性使用的紅色顏料，成為詩人無法管束的懷鄉情
緒；而馬蒂斯畫中所有的傾斜線條，也都成為詩人在時時意識到
被監控而危機四伏的搖擺動盪年代中的警訊。

　　在商禽1960年代出版的系列作品中無止境的自我囚禁與無效
的逃亡，我們更清楚地看到了冷戰時代文化禁錮與放逐的例子：

　　　　在沒有絲毫的天空下。在沒有外岸的護城河所圍繞著的有
　　　鐵絲網所圍繞著沒有屋頂的圍牆裡面的腳下的一條有這個無
　　　監守的被囚禁者所走成的一條路所圍繞的遠遠的中央，這個
　　　無堅守的被囚禁者推開一扇由他手造成的只有門框的僅僅是

96　例如〈聖母院〉（"Notre-Dame" 1900），中的聖母院教堂、〈舞蹈〉（"Dance"
　　1910）中如同漂浮空中、雙臂伸展、可以被膈肢的赤裸舞者、〈音樂〉
　　（"Music" 1939）或是〈國王的哀傷〉（"The Sorrows of the King" 1952）中的
　　吉他、〈睡夢〉（"Dream" 1935）中睡在不知什麼夢的危險邊陲的女子、〈奧
　　黛麗克〉（"Odalisque"）中蹲踞桌下的斑豹，馬蒂斯無數畫作中黃金色肌膚的
　　女子，以及〈沉睡中的裸女〉（"Sleeping Nude" 1916）中橫臥綴有薔薇花朵的
　　被褥上的女子。

的門

　　出去。

　　出來。

　　出去。

　　出來。出去。出去。出來。出來。出去。

　　出。出。出。出。出。出。出。

　　直到我們看見天空。——〈門或者天空〉

　　一整天我在我的小屋中流浪，用髮行走。長腳蜈蚣。我用
眼行走；……我用腦行走。閉眼，一塊磚在腦中運行，被阻
於一扇竹門：然後運轉於四壁；……——〈事件〉

　　日據時期成長的林亨泰在1960年代初出版的《非情之歌》
（1962），也是一系列透過語言實驗而進行歷史政治批判的作品。
詩人以對「白」與「黑」呈現他對於各種性質的現實的檢查。若
我們拿〈作品第七〉與〈作品第八〉對照閱讀，則可立即見到詩
人對於現實的批判。「白」這個色彩符號在此處透過各種形容詞
的結合，而似乎被取用以替代漂白過的歷史事實或是歷史資料，
可能會因歷史紀錄浸水淹沒而被遺忘輕忽、被洗刷過濾、被摺皺
枯萎！黑色的歷史是更為沉重可怖的，因為黑色直接帶出被埋葬
或被淹死而腫脹的屍體，或是被抹黑的、不可言說的腐蝕生鏽的
歷史事件！「白」與「黑」也是兩派各自堅持陣營、彼此仇視殺
戮的不同立場。

　　林亨泰走過歷史中的日據時期、銀鈴會事件、二二八事件、
白色恐怖，而歷史中重複的對立，各自有各自的現實與立場，使

得殺戮仇視循環不已。這種對白與黑的翻轉實驗，更見其內在的
批判。

　　　　我仍不要

　　　　溼了的　白

　　　　我仍不要

　　　　軟了的　白

　　　　我仍不要

　　　　滑過的　白

　　　　我仍不要

　　　　烤過的　白

　　　　我仍不要

　　　　枯了的　白

　　　　我仍不要

　　　　皺了的　白

　　　　我仍不要

　　　　濾過的　白

　　　　我仍不要

　　　　刷過的　白。

　　　　　　——《非情之歌》作品第七

　　　　我仍不要

　　　　埋了的　黑

　　　　我仍不要

　　　　鏽了的　黑

　　　　我仍不要

塗過的　黑

我仍不要

鍍過的　黑

我仍不要

淹了的　黑

我仍不要

腫了的　黑

我仍不要

洗過的　黑

我仍不要

燙過的　黑

　　　——《非情之歌》作品第八

黑膝頭

站穩世界

於是　巨大過去

踉蹌躲避

黑眼睛

對準世界

於是　巨大現在

伏地屏息

黑筆尖

貫穿世界

於是　巨大未來

輾轉反側

　　　——《非情之歌》作品第四十九

　　林亨泰沉痛地指出，現實社會中黑白是非不分，充滿禁忌，彼此疑懼而拒絕真理，使得人們停留在蒙昧、渾沌無知的半睡半醒狀態。歷史典籍之被漂白過濾湮沒而枯皺，歷史暴力工具的生鏽，歷史受創者之被淹沒而發腫的屍體等等，這些歷史的種種黑白面貌，今日讀來，仍令人凜然一震。

　　瘂弦、商禽與林亨泰透過超現實的筆法，呈現了戒嚴法如同沒有門禁的城堡，而語言與思想就如同這座透明的城堡；任何人都已經在這座關係結構之城堡中，無所脫逃。戒嚴時期的例外法以及思想檢查，如同商禽所說的沒有門的牢房、強制性地在房中行走，瘂弦所說的扛在肩上的棺蓋、電線桿告示牌上的言語、險阻如許的床邊顧盼、氾濫的紅色畫布，或是林亨泰反覆琢磨的黑白歷史暴力，是更為根本而無法逃離的語言與心靈之囚籠。「一分為二」的內部化，使得詩人們的主觀感受，清楚地呈現了一個時代的禁制氛圍。

　　從出版法到新聞處的資訊控制，也造成台灣人民完全無法取得關於共產主義社會的資訊，甚至20世紀上半葉的民國史以及「左翼」文學史也都被切斷。任何涉及大陸的書籍、思想或是言論，都會被冠上「通匪」或是「叛亂」嫌疑。在白色恐怖年代，因為「通匪」而被暗殺者高達4,000至5,000人，被判處無期徒刑者多達8,000人。冷戰時期造成的兩岸隔離，不僅只是意識形態的對立，更是兩種世界觀與認識論的形成。在美國所主導的自由主義陣營之下，台灣被塑造為一個典型的反共恐共陣營。自1950年代以降，隨著動員戡亂時期的戒嚴令開始，國民政府陸續頒布了懲治叛亂條例、檢肅匪諜條例，執行新聞檢禁，推動文化清潔運動，除了無數因閱讀左翼書籍或是牽連左翼分子而被逮捕、暗殺、判處死刑或是無期徒刑之外，整體社會更是在一片高壓氛圍

之下。白色恐怖時期受害者的平反以及口述歷史,要等到1990年代末期,隨著二二八事件受難受害者得到補償後,才開始積極地展開[97]。

3.「一分為二」的身分政治與邊界治理

歷史的回顧,讓我們更清楚地看到中國大陸在1957年開始的反右思想鬥爭,以及台灣戒嚴時期的出版法與言論控制,都有其嚴重的後果。延續幾十年的思想檢查以及資訊片面封鎖,造成了一代人的世界觀、認識論與情感模式。台灣海峽已經停火多年,成為DMZ,所謂的非軍事區,但是台灣海峽卻依舊是高度軍事化與政治化的邊界。這個具有邊界概念的台灣海峽,正如同南北韓38度半的非武裝地帶(DMZ),並不是自然的領土分界線,而是在特定的歷史過程以及大國勢力操縱之下的分界線[98]。

---

[97] 1998年由法務部邀集司法院、國家安全局、行政院第一組、法規會,國防部、軍管區司令部等機關研擬完成「戒嚴時期不當叛亂暨匪諜審判案件補償條例草案」,經立法院於1998年5月28日完成三讀,同年6月17日總統公布,並自公布日起六個月施行。同年行政院設立「財團法人戒嚴時期不當叛亂暨匪諜審判案件補償基金會」,協助針對各種冤案、錯判以及假案,辦理補償事宜。截至2011年底,處理了7,526件案子,其中死刑案有801件。可參考此基金會網站http://www.cf.org.tw/news.php,(2012/07/28)。另可參考「台灣民間真相與和解促進會」網站,https://taiwantrc.org/(2019/12/08)。此外,也有不少相關研討會以及口述歷史,例如許雪姬、黃美滋、薛化元,〈滿洲經驗與白色恐怖——「滿洲建大等案」的實與虛〉,收入許雪姬等作,許雪姬等訪問,黃美滋、薛化元紀錄,《「戒嚴時期政治案件」專題研討會論文暨口述歷史紀錄》(台北:戒嚴時期不當叛亂暨匪諜審判案件補償基金會,2003),頁1-40;劉金獅等口述,《白色跫音:政治受難者及相關人物口述歷史第一輯》(新北:國家人權博物館籌備處,2011)。

[98] 東亞地區具有爭議性的邊界,例如釣魚島、獨島、南沙群島、中沙群島、西

　　1950年代的兩次台灣海峽危機（1954-1955, 1958），以及後冷戰時期1990年代的第三次海峽危機（1996），與其說是國共內戰的延續，更應該說是全球格局下的冷戰結構以及後冷戰時期延續的國際政治局勢之槓桿博弈。雖然這幾次海峽危機並沒有引發真正的擴大戰爭，卻使台灣海峽具有敵對性的「邊界」意義更為鞏固，也使得台海兩岸的冷戰結構更為確立。台灣海峽雙方的飛彈軍事布置，冷戰時期持續進行的地下間諜攻防，以及偶爾爆發的零星衝突，使得邊界兩邊的敵我意識增強。在冷戰時期，這個簽署了停戰協議的非軍事區（DMZ）顯然不僅標示了防禦性的軍事部署空間，也象徵性地代表了兩岸內部安全管理的反向作用。各別陣營之內的國家安全法以及人民的自我檢查機制，透過雙方政府的文化方針、教育政策與資訊控制，滲透於不同的角落，並且逐漸內化，構成了各自的主體身分與認同模式，也牽動了社會內不同群體之間延伸的次要矛盾衝突。

　　雖然冷戰結束，蘇聯解體，各種陣營之間的邊界逐漸被抹除，但是不同的邊界形式仍然不斷在社會中出現，區隔身分認同，控制人口，而無視於這些被替換的邊界實際上正是建立於冷戰結構以及現代國家的基礎之上[99]。以新自由主義為名的全球化經濟市場快速跨越國界，形成橫向的資本壟斷，以及在壟斷結構之下人口移動所造成的大量非公民的社區組成，不同形式階級對立

　　沙群島、黃岩島等，僅舉幾例，都顯示出上個世紀以來尚未解決的領土與主權的國與國問題。其餘還有更多中印、日俄、日韓、中韓、中國與藏南邊界等仍舊引發爭議的邊界問題。

[99] Étienne Balibar, "World Borders, Political Borders," *We, The People of Europe? Reflections on Transnational Citizenship.* James Swenson, trans.（Princeton and Oxford: Princeton University Press, 2004）, p. 110.

的內部種族主義，形成了巴里巴爾所說的新的階級矛盾。社會結構中的階級矛盾與意識形態對立，透過各種邊界概念操作認同與社群感，只會強化對立，而引發各種形式的暴力，尤其是符號暴力。社會中的階層化，正是意識形態邊界的執行。國家治理者透過各種符碼化的建制，加上預防性的反暴力安全措施，執行邊界排除性的符號暴力，甚至透過法律重建秩序，透過教育體制，使兒童成為理想的共識承載者[100]。

　　台灣從過去的秋海棠地圖與萬年國會，到後來的同心圓歷史說或是橫擺台灣地圖看世界的視角，都是文化中心的正統論，或是以主觀位置而投射的世界秩序。當國家主政者的主觀位置改變時，教育機器便隨之進行主體認同工程的解體與重組。成長於其間的年輕人需要親身經歷歷史記憶肢解、甚至內部區分排除的隱藏式國家暴力。因防衛性安全措施而進行鞏固主權與排除他者的各種禁令，逐漸使台灣文化不斷片面化。

　　台灣海峽是一條內植的敵我分界線。不僅是冷戰時期人人心中有個小警總，1949前後因戰亂遷徙移居台灣的大批外省籍民眾在戒嚴時期無法返鄉，無法與父母、伴侶或是子女再次見面。就連今日，雖然進入解嚴時期，社會大眾對於「紅色」地區的排

---

100 見Étienne Balibar, "What is a border?," *Politics and the Other Scene*, Christine Jones, James Swenson, Chris Turner, trans.（London & New York: Verso, 2002），pp. 79-85; Étienne Balibar, "Violence, Ideality and Cruelty," *Politics and the Other Scene*, Christine Jones, James Swenson, Chris Turner, trans.（London & New York: Verso, 2002），pp. 138-140; Étienne Balibar, "Outline of a Topography of Cruelty: Citizenship and Civility in the Era of Global Violence," *We, The People of Europe? Reflections on Transnational Citizenship*, James Swenson, trans.（Princeton and Oxford: Princeton University Press, 2004），pp. 131-132.

斥、對於匪諜的警戒、對於雙重國籍的懷疑、對於國家效忠的絕
對要求等冷戰心態，仍舊出現於當前的台灣社會。台灣解嚴之後
持續到今日的後冷戰時期，兩岸各種形式的溝通逐漸開放，通商
通航通婚，開放觀光投資，簽訂經濟合作協議，但是這個政治化
的敵對邊界意識並沒緩解，而仍舊在各種話語中起著作用，甚
至內部化，而透過台灣內部的族群矛盾呈現。宜蘭人林毅夫離台
三十多年而無法回鄉奔喪與祭祖，解嚴後二十餘年，仍舊被人以
「叛逃」之罪拒絕入境[101]。就連在民間，前輩台灣文學作家也會因
為文學創作不使用台語文而使用「中國語」，被斥為「可恥」[102]。
這種對立，也隨著兩岸政府領導人的執政方式，而偶爾弛緩，偶
爾激化，似乎戰爭隨時可以逼臨眼前。

　　後冷戰時期的全球經濟結構也同樣影響了台灣與大陸的人口
與經濟結構的快速變化。中國大陸快速崛起，一帶一路的全球布
局，更凸顯了其經濟勢力擴張的企圖。前世代的冷戰結構對立

---

101 林毅夫是1979年美國與中共關係正常化，海峽兩岸停止單打雙不打的炮擊模
式，而以現役軍官的身分從金門游泳到廈門。林毅夫當年是抱著希望回歸中
華文化的理想：「我們台灣人應有一個志氣，不但要做台灣的主人，而且要
做中國的主人。」林毅夫，〈臺灣人也要做中國的主人──給表兄李建興的
信〉，《愛思想》，發行日期2010/10/18，http://www.aisixiang.com/data/36667.
html（2012/07/28）。但是，直到今日，台灣在大陸投資定居不斷上揚，已經
是世界銀行首席經濟學家的林毅夫仍舊無法返台，甚至無法為其父親奔喪。
2011年4月18日，中華民國國防部在立法院報告時仍舊表示，根據「妨害兵
役治罪條例」，林毅夫的投敵犯行沒有追訴期限屆滿的問題，依法仍舊可以
判處死刑。

102 2011年5月台灣文學前輩作家黃春明受邀至國家文學館演講，長年推動「白
話字」（POJ）台語文運動的成功大學台文系蔣為文當場舉起海報，指責
黃春明：「台灣作家不用台灣語文，卻用中國語創作，可恥。」見http://
zh.wikipedia.org/wiki/黃春明（2012.07.28）。

模式仍舊延續，加上美國與中國在貿易協議關係中出現的緊張關係，置換為不同性質的區域政治衝突。當前的馬克思主義中國化，全力發展國家控制的自由主義經濟政策，國有與私有的雙重獨占，使得內部移動的農民工，大量出現的派遣工，配合網路時代的快速送貨員，而形成了新的無產階級，也成為不可見的次等居民。不同型態的內部邊界分化與邊界治理，也隨之出現。

4.「一分為二」的變形與體制化

　　1990年代中後期中國社會對於多種經濟基礎並存的提倡，難道真的回應了楊獻珍在1950年代所提出的綜合經濟基礎的問題嗎？楊獻珍當時提出的綜合經濟基礎，用意在於反對以未來的發展目的來決定當下的經濟階段。此外，他的論點也指出，歷史過程中所發展的不同經濟形式必然會同時並存，不能僅以階段性發展以及形式平等的邏輯來決定當下的經濟型態。在不同的社會結構之下，資本的發展必然會在現有物質條件的基礎之上進行，不同的經濟體制也必然會出現。提出多種經濟體制並存的考慮，如果僅停留在經濟形式的層面，卻不針對經濟形式背後不平等的交換原則以及資本壟斷的邏輯進行調查分析，那便是承認階級性壓迫的既成事實，並且將其合理化。

　　我們並不要以歷史後見之明來批判這段歷史，免得我們無法理解當時論述的內在複雜層次，曾經發生的思想啟發，以及這個時代所浮現的壓迫性體制問題。然而，面對這段歷史過程，我們必須提出的問題仍舊是：從動態辯證運動到對抗性僵化立場，背後的運作機制是什麼？當「一分為二」矛盾辯證的原理成為可見性的立場對立與路線鬥爭的形式，並且被利用為辨識內外的說辭時，我們要如何分析？

〈矛盾論〉所揭示的是思想不斷進行辯證運動，自我挑戰，自我批判，而不斷轉化，也就是思想無限進行之可能性。但是，當數學的正負或是微分積分，力學的作用力與反作用力，物理學的陽極與陰極，化學中的原子化合與分解，被比附於社會中的階級矛盾與範疇對立，當概念的差異以及思想的辯論被當作可見的攻擊對象，什麼出錯了？

當矛盾論的辯證邏輯成為了對立面的絕對化，當思想的辯證運動成為了被運用於整肅異己的立場，當唯物辯證的運動落入了名相的唯心框架，甚至以體制化的權力結構，透過教育、機構、媒體、法律而鞏固，這個對立結構便會成為封閉循環的系統，輕易為權力所挪用。

巴里巴爾曾經討論過關於「一分為二」絕對化的問題，並且提出若要拒絕任何造成意識形態以及社會體制邊界「最後決定因素」（last instance）的絕對化，不要讓短的歷史時間過程所造成的眼前局勢完全決定了共處社群的權力結構，就必須持續進行邊界「民主化」[103]。邊界的民主化，正意味著要針對觀念所固定的邊界，分析這個劃分是如何被歷史性地構成的；只有開始進行歷史性以及現實物質條件的具體分析，才有可能開始化解這個僵化的對立結構。

巴迪烏在1972年與Lazarus組織的「延安選集」系列，目的在於參考中國如何抵制蘇聯的修正主義，以便他們能夠抗拒法國當時的修正主義[104]。不過，當時巴迪烏卻沒有準確地指出在「一

103 Balibar, "Preface," *Politics and the Other Scene*, pp. xii-xiv.
104 Alain Badiou, *The Rational Kernel of Hegelian Dialectic*, Tzuchien Tho, ed. & trans.（Melbourne: re.press, 2011）, pp. 3-4.

分為二」與「合二而一」的辯論中,楊獻珍所提出的「合二而一」只是與「一分為二」同樣處於辯證運動過程中的一點,卻被陳伯達與康生借用來支持斯大林以及批判蘇修的替代物,其引發的效果是思想上實體化的階級鬥爭,其所反映的則是中國共產黨內極左派的興起。

30年後,當巴迪烏回顧20世紀歷史過程中「一分為二」的兩個對立思維,才直接指出:二戰所導致的美帝國與社會主義陣營的兩大陣營對峙,其實是辯證動力的停滯,以及其中隱含的「合二而一」的保守主義思維。冷戰時期兩大陣營的主要對立——美帝國與社會主義,以及看待此對立的兩種思維。共產主義所看到的階級對立,以及法西斯主義所看到的民族與種族對立,都是對立的絕對化,而後者的延伸性對立,更引發了韓戰與越戰。巴迪烏指出,中國在1965年針對「一分為二」與「合二而一」的激烈辯論,說明了那個時代如何思考這個辯證過程的內在悖論。在「一分為二」與「合二而一」的背後,是對於持續辯證運動的分裂的渴望,還是對於回到舊有的「一」的秩序的渴望?20世紀兩大陣營的對峙,背後持續透露出渴望透過暴力而獲得統一,並且認為這種統一是真理。這種將現實固著於辯證對立的一端,以表象固定,並且企圖從表象消滅此對立,其實已經否認了「一分為二」的辯證運動之持續發生 [105]。

透過對於「一分為二」的緣起以及其後續演化,本書所要指出的是,矛盾論與辯證法所揭示的思想嚴格性,有助於我們面對歷史過程以及當代社會,進行具體分析。只有透過持續的分析,

---

105 Alain Badiou, "One Divides into Two," *The Century* (Cambridge & Malden: Polity, 2007), pp. 58-67.

我們才能夠理解權力擁有者與無權力者之間的主要矛盾如何被不同歷史形式所替代。

　　國家掌權者與資產擁有者，在不同的歷史時期，都有其共同合作的模式，甚至與國際資本成為同盟。這些權力的不平等分配，卻在不同的教育、法律、文化、媒體等各種體制中，鞏固生產關係與生產體制，而使得無產者成為完全無法為自身爭取權力的階級。資產者與無產者在歷史進程中被既定的共識模式與延伸體制所制約，陷入「一分為二」被實體化的路徑，則會自動循環，而無法被中斷。要揭露這個自動生產與循環的二元結構，便要以辯證法的思維，針對複雜歷史條件與現實狀況進行具體分析。

　　面對1950年代逐漸進入冷戰格局的國際形勢以及國內的變化狀況，毛澤東在陸續發表了關於「一分為二」以及主要矛盾與次要矛盾的分析，提出了「不斷革命」的階段性運動。1950年代的冷戰結構，促使原本具有物質性辯證運動的持續性「一分為二」，轉變為固著於僵化意識形態立場的觀念性對立，更成為內部區分敵我的修辭。毛澤東本人或許持續保留了他的辯證性格，但是他所提出的「一分為二」以及階級鬥爭，卻成為運動中藉以挖除不同質社會成分的口號。這些以重構新社會與新國家為藉口而執行納入性排除的治理模式，既挖除，又納入治理範疇，成為冷戰結構例外性的常態。

　　歷史的發生，就在這個時代性物質條件以及回應現實條件而交錯展開的觀念陣營中，不斷演繹擴散，並且體制化，形成了複雜的整體結構，以及多重牽動的矛盾關係。若要透過思想史分析這個複雜結構背後的運作邏輯，便不能夠僅以思想史的片段文本自我證成，而要將這些文本視為整體結構片面化的主觀投射，並

且分析這些文本座落於什麼樣的矛盾關係之上，以什麼樣的主體位置回應時代的迫切感，以及這些回應如何透露了其對立面，或是其自身的匱乏與需求。

本書第一部分梳理從馬克思與毛澤東所提出的唯物辯證法，以及冷戰結構之下「一分為二」的哲學事件，分析不同歷史過程中的物質條件所分裂出的觀念，如何藉由話語與體制，而發展為不均等的權力關係與分配系統，如何促成了觀念結構與社會關係的固化，而這些體制化的觀念結構如何反向地支配了人們的現實生活與主觀世界。

這個辯證法的分析角度，是我重新思考思想史如何被不同歷史時期的物質條件所牽動的起點。本書的第二部分，將以第一部分根據「一分為二」展開的唯物辯證與多重決定的拓樸式分析，進一步以「儒法鬥爭」這個哲學辯論事件，進行哲學考掘學。換句話說，本書將從思想辯證運動的形式化軌跡，討論中國政治思想中「一分為二」的對立範式，以及這兩種範式如何在不同歷史脈絡之下以不同的形式轉移代換。

儒法鬥爭

對立政治範式的復返

第四章

規範性治理範式的標記

第一節　作為規範性治理範式的標記

本書第一部分所討論的「一分為二」的問題，不僅是中國大陸三大哲學事件之一，也不僅是楊獻珍案件的起因，更可以說明從辯證關係轉變為絕對化對立立場的典型展示。原本具有否定單一源頭的唯物辯證思維，在冷戰時期卻被「民族一國家」的位置所固定，並且作為理據的優先性，階段性地決定了階級與人民的本質性劃分，並且透過內部邊界治理，製造了人民內部的敵人以及思想的對立。

中國大陸1970年代爆發的另外一場哲學事件「儒法鬥爭」，也是從思想辯證過程「一分為二」轉化為對立政治立場的例子。我們可以將「儒法鬥爭」事件作為標記與索引，進一步討論中文脈絡下思想與治理的對立模式：「規範性治理範式」與「解放性批判政治」。這個對立模式，除了反映於冷戰時期大陸內部的派系鬥爭，也是反覆出現於中國歷史的對立政治範式。

翟志成於2011年發表的〈反思二十世紀七十年代大陸批孔運動〉一文，曾經梳理了評法批儒運動的問題[1]。翟志成指出，儒法鬥爭研究史盛行之時，梁效、羅思鼎、唐曉文等人「批儒尊法」的一系列文章，鑄造了歷史上儒家法家兩股大軍。這些文章說明儒法鬥爭是中國兩千年來「繼續到現在」的「兩個階級和兩條路線的鬥爭」，而翟志成認為這種說法完全是「撒豆成兵的魔術表演」[2]。

---

1 翟志成，〈反思二十世紀七十年代大陸批孔運動〉，《新亞學報》，30（香港，2012），頁341-403。

2 翟志成，〈反思二十世紀七十年代大陸批孔運動〉，頁379。這個被封為法家的「歷史長河」，包括了賈誼、王充、范縝、柳宗元、王安石、陳亮、李贄、王夫之、黃宗羲、顏元、戴震、嚴復、章太炎等人。同前引文，頁378。

他強調先秦各學派中法家最後而起，從戰國到秦始皇統一六國的這一個歷史時期內，儒法之爭是思想與學術觀點的不同爭鳴，不應該稱之為「路線鬥爭」，也無法運用階級分析方法指認二者屬於敵對階級。法家學派出現之時，中國早就是封建社會，儒家與法家都屬於封建地主階級內的不同學派[3]。翟志成以范文瀾與郭沫若的說法，解釋封建社會始於春秋末年到戰國初年的魯宣公15年（公元前594年）；法家學派正式出現的公元前424年，中國已經進入封建社會長達170年。各國君主都是封建君主，而儒家學派或是法家學派的經濟社會地位都屬於「士」的階層，服務於當時的封建君主，因此「屬於同一階級」。此外，翟志成也指出，儒法鬥爭史研究中被封為法家的思想家實際上多「脫胎於儒家」，例如李悝為子夏弟子，吳起師從於曾子，商鞅也是「儒法雜陳」，韓非、李斯則都是大儒荀子門人，而賈誼、王充、范縝、柳宗元、王安石、陳亮、李贄、王夫之、黃宗羲等人，不但不是法家，反而都是儒家[4]。

　　基本上，翟志成的論點相當具有代表性，也已經整理出了儒法鬥爭研究史將儒家與法家作為對立陣營的謬誤。不過，儒法鬥爭研究史除了因為黨派路線而「撒豆成兵」的路線鬥爭之外，在思想史上所牽連的問題更廣，也牽動了後續的書寫者位置，而透露了更根本的問題。

　　表面上，儒法鬥爭事件是共產黨內部政治派系鬥爭與奪權，

3　翟志成根據郭沫若的說法指出，如果李悝是法家的始祖，則法家在春秋末期尚未形成學派，最早也「不可能早於公元前424年（魏文侯即位之年）」；此外，法家最短命，秦亡之後，就已滅絕。「到了漢代以後，歷史人物敢公開以法家而自我標榜者，可以說一個也沒有」。同前注，頁375。

4　同前注，頁381-382。

指向了儒家與法家的對立立場；實際上，儒法鬥爭事件揭露了中國歷史中兩種對立的政治範式。正如本書導論中所說明，這個事件所呈現的對立立場，並不是儒家與法家的不同政治邏輯。儒教意識形態結合了道家與法家，可以輕易被挪用為執行權力集中而核心邊緣位階分梳的威權治理，所謂的「規範性治理範式」。規範性治理範式在中國歷代政權轉移中，藉由儒教意識形態延伸的宗祠系統、官僚體制、倫理政治神學而延續，加上法家的治理法則與道家的權勢謀略，更在現代中國隨著幾波新興政權，藉由儒教復興的操作而反覆復出，藉以合理化自身。

1970年代出現的儒法鬥爭運動，十分弔詭的現象是，以解放與革命自居的共產黨政權，打著批判儒教的封建階級勢力的旗幟，實際上進行的則是另外一種權力集中而強化治理的鞏固性專政。因此，儒法鬥爭事件中批判儒家封建治理的反對力量，並不是解放性的平等治理，而同樣是共產黨國至上而權力集中的「規範性治理範式」。

當我指出這是思想史上牽連更廣並且涉及更為根本的問題時，我的意思是這些辯論所透露的歷史牽連以及時代性政治結構的內在張力。從某個角度來說，1970年代的儒法鬥爭所揭露的思想史，延續了晚清康有為與章太炎面對革命以及共和的相反政治立場，扣連了20世紀民國時期興起的社會主義論述，以對立面回應了20世紀幾波尊孔復古崇儒運動，更反襯了台灣以及其他反共華人地區1950、60年代的中華文化復興與尊孔讀經運動，以及大陸近年來伴隨經濟起飛與逐漸全球擴張，而再次出現的儒教復興與春秋公羊學的大一統論述。這些思想對抗的異形同構以及隔代復現，使我們注意到，思想史總是鑲嵌於特定的歷史時空以及政治局勢之內的主觀論述，反身指向了論述者扣連時代性政治經濟

脈絡的書寫位置，也因此並不是客觀的學術概念史。這些物質性的生存空間，將會說明思想史中書寫者所透露的時代理性內核，也會說明思想辯論的張力如何座落於更大的系統性對立結構，以及規範性論述如何展現內在的悖論。

要進一步討論這個複雜的辯證轉移軌跡，我們必須先梳理1970年代出現的儒法鬥爭哲學辯論事件。

第二節 從1973至1974年的批林批孔到後文革時期的修正論述

中國大陸1970年代短短十年之間，出現了兩次相反方向的儒法鬥爭哲學論爭風潮：第一波批孔批儒與儒法鬥爭的哲學論述工作，是1973至1974年間四人幫集團為了批判林彪以及周恩來，而發動的文字工作[5]；第二波哲學論述工作，則是1976至1978年間四人幫倒台後，檢討四人幫並且重新評估儒法鬥爭研究的文字工作[6]。

---

5 儒法鬥爭運動中幾篇代表性的文字包括：楊榮國1974年8月10日所提出的關於儒法鬥爭史的報告，見作者不詳，《楊榮國同志關於儒法鬥爭史的報告》（出版地不詳：出版者不詳，1974）。江天、洪途著，《研究文藝史上儒法鬥爭的幾個問題》（北京：人民文學出版社，1976）。當時的社論包括，羅思鼎，〈秦王朝建立過程中復辟與反復辟的鬥爭——兼論儒法論爭的社會基礎〉，收入安徽省革命委員會毛澤東思想學習班編，《秦王朝時期的儒法鬥爭報刊文章選》（出版地不詳：出版社不詳，1974），頁1-17。羅思鼎，〈論秦漢之際的階級鬥爭〉，《人民日報》，1974年08月06日，2版。唐曉文，〈孔子殺少正卯說明了什麼？〉，《人民日報》（北京），1974年01月04日，3版。作者不詳，〈在鬥爭中培養理論隊伍〉，《人民日報》（北京），1974年06月18日，1版。

6 第二波儒法鬥爭辯論的代表性文字如夏子賢，〈儒法鬥爭的歷史真相〉，《安徽師範大學學報（人文社會科學版）》，1978：3（蕪湖，1978），頁68-78；

這個轉折，前者是四人幫奪權，後者是四人幫倒台後，結合反文革與反四人幫的定調論述。

　　為什麼1970年代初期會出現這一波強調持續兩千年儒法之間階級鬥爭的論述呢？

　　一般研究指出，儒法鬥爭事件與毛澤東與林彪之間的緊張關係以及反復辟的路線鬥爭有關[7]。林彪在毛澤東的信任之下，逐漸擴大軍權，直接控制軍委三總部以及空軍海軍。雖然毛澤東在1969年4月第九次中共全國代表大會中，在修訂的中共黨綱中已經將林彪列為繼承人，但是1969年3月珍寶島事件中蘇邊境緊張關係而瀕臨戰爭，掌握兵權的林彪下達戰爭時期緊急指示，調動龐大武裝部隊，而使當時局勢更為緊張。這個自動自發的行為，已經引起毛澤東的猜忌與震怒。1970年8月到9月的九大二中全會中，林彪聯合陳伯達，批判張春橋，引發了反對繼續文化大革命的意見，更引起毛澤東不滿。毛澤東開始整肅陳伯達，矛頭也逐漸指向林彪。此外，當毛澤東開始準備邀請季辛吉訪問中國，而與美國關係逐漸轉好時，林彪仍舊追隨著過去推翻美帝國主義

　　金景芳，〈論儒法〉，《古史論集》（濟南：齊魯書社，1981），頁142-155。；北京大學哲學系中國哲學組，〈歷史唯心主義的標本──評《儒法鬥爭史概況》〉，收入於吳江等著，《現代復辟派和古代變革史》（鄭州：河南人民出版社，1977），頁62-78；謝天佑、王家范，〈駁法家「長期反復辟」論〉，《歷史研究》，1978：3（北京，1978），頁35-41；張岱年，〈關於中國封建時代哲學思想上的路線鬥爭──批判「儒法鬥爭貫穿兩千多年」的謬論〉，收入劉鄂培主編，《張岱年文集》（北京：清華大學出版社，1994），卷5，頁51-74。

7　可參考彭厚文，〈「批林批孔」運動中的儒法鬥爭史研究〉，《黨史博覽》，2011：12（鄭州，2011），頁15；趙賡，〈「批林批孔」運動始末〉，《文史精華》，2012：7（石家莊，2012），頁30-35；翟志成，〈反思二十世紀七十年代大陸批孔運動〉，頁341-431。

以及蘇聯修正主義的路線，而和毛澤東發生了嚴重的政治分歧。於是，在中蘇關係與中美關係的微妙轉變當中，林彪成為毛澤東必欲拔除而後快的對象。多重壓力之下，林彪處於危急狀況，兒子林立果策動了「五七一工程」，試圖暗殺毛澤東不成。林彪一家人計畫在1971年9月搭機逃離，最後據說由於機油不足墜落於蒙古境內，全家身亡[8]。

四人幫在查搜林彪住處時，抄查出一大盒孔子語錄，還有掛在床頭的「克己復禮」等卷軸。毛澤東聽了王洪文和張春橋的報告，表示林彪和國民黨領導人一樣「尊孔抑法」，並且在1973年5月中央工作會議上，再次提出了批孔問題，而開啟了後續儒法鬥爭的辯論[9]。

在毛澤東定調之下，中央宣傳管道開始出現了大量評法批儒的文字。1973年9月，四人幫控制的上海市委寫作組以石侖的筆名，在《學習與批判》創刊號發表了一篇〈論尊儒反法〉的文章，先後在同年第10期的《紅旗》以及10月25日的《人民日報》全文轉載。石侖〈論尊儒反法〉的文章反映出了當時的主要論點，十分具有代表性。這篇文章提出以階級分析來討論儒法鬥爭

---

8 可參考〔英〕羅德里克・麥克法夸爾（Roderick MacFarquhar）、沈邁克（Michael Schoenhals）著，關心譯，《毛澤東最後的革命》（台北：左岸文化，2009），頁314-341；〔俄〕亞歷山大・潘佐夫（Alexander V. Pantsov）、梁思文（Steven I. Levine）著，林添貴譯，《毛澤東：真實的故事》（台北：聯經，2015），頁576-583；〔美〕譚若思（Ross Terrill）著，胡為雄、鄭玉臣譯，《毛澤東》（台北：五南，2011），頁473-497。

9 可參考彭厚文，〈「批林批孔」運動中的儒法鬥爭史研究〉，頁15；趙賡，〈「批林批孔」運動始末〉，頁30-35；翟志成〈反思二十世紀七十年代大陸批孔運動〉，頁341-431；羅德里克・麥克法夸爾、沈邁克著，《毛澤東最後的革命》，頁371-381；潘佐夫、梁思文，《毛澤東：真實的故事》，頁594-595。

的觀點：儒家維護奴隸主貴族統治階級，主張禮治與守舊，法家則代表新興的地主階級利益，主張法治與革新。儒家與法家是兩種思想、兩種路線的鬥爭，是「奴隸主階級和地主階級之間在思想政治戰線上一場劇烈的階級鬥爭」。中國歷史上，「歷來就存在著尊儒反法同尊法反儒兩種對立的觀點和派別」[10]。

石侖除了列舉證據說明法家和儒家是兩個對立的學派，儒家思想強化了封建統治階級，法家如李悝、吳起、商鞅、荀子、韓非等人，在不同歷史時期提出了變法主張，強調「明法審令」（吳起），「治世不一道，便國不法古」、「開阡陌封疆」、「變法修刑，內務耕稼」（商鞅），「法後王」（韓非），並且指出毛澤東曾經說過，「凡屬主張尊孔讀經、提倡舊禮教舊思想、反對新文化新思想的人們」，都是要打倒的反動文化。石侖並強調，「叛徒劉少奇」與「賣國賊林彪」都是尊崇孔孟之道的人，屬於「蘇修叛徒集團」，企圖「從古代反動派那裡尋找向無產階級進攻的武器」[11]。

1974年元旦，《人民日報》、《解放軍報》以及《紅旗》聯合發表社論，正式提出「要繼續開展對尊孔反法思想的批判」，以及「批孔是批林的一個組成部分」。王洪文、張春橋與江青隨之在同月發表了〈林彪與孔孟之道〉，展開了批林批孔運動[12]。1974年6月8日《人民日報》社論〈在鬥爭中培養理論隊伍〉更提出「各級黨委要把加強理論隊伍作為深入批林批孔的重要措施」，要黨員「學習歷史，包括用馬克思主義的立場、觀點、方法，讀

---

10 石侖，〈論尊儒反法〉，收入景池等著，《論尊儒反法——儒家思想批判論文選輯》（香港：香港三聯書店，1973），頁12。

11 石侖，〈論尊儒反法〉，頁16-19、28-29。

12 趙賡，〈「批林批孔」運動始末〉，頁31-33。

一點法家的著作」[13]。江青於1974年6月19日在天津市儒法鬥爭史報告會的講話中，提出了批林批孔的政治鬥爭立場，指出「自春秋戰國以來，凡是尊儒反法的都是賣國主義的，所有的尊法反儒的都是愛國的」，「孔老二到處想作官，到處勸人家要恢復奴隸制」[14]。

批林批孔運動也進而藉由批周公、批宰相，直指「現代大儒」、「黨內大儒」的周恩來，並且影射周恩來批評文化大革命的極左言論，是「復辟」、「倒退」、「右傾回潮」[15]。由姚文元修改、署名「羅思鼎」的文章〈秦王朝建立過程中復辟與反復辟的鬥爭——兼論儒法論爭的社會基礎〉，也針對秦國丞相呂不韋以及其他宰相進行批判[16]。〈漢代的一場儒法大論戰——讀〈鹽鐵論〉札記〉更藉由對於丞相田千秋的批評，直接影射周恩來：「相當圓滑的老官僚。他善於擺平關係，模稜兩可，始終不表態，最後各方面都不得罪。」[17]

隨著這個運動的展開，儒法鬥爭除了發動整風運動，任何被冠上「現代大儒」或是「黨內大儒」的高層幹部也都被鬥爭。這

13　彭厚文，〈「批林批孔」運動中的儒法鬥爭史研究〉，頁16。

14　江青，〈江青在「天津市儒法鬥爭史報告會」上的講話〉，收入中國人民解放軍國防大學黨史黨建政工教研室，《文化大革命研究資料》（北京：出版社不詳，1988），冊下，頁141-148。

15　見彭厚文，〈「批林批孔」運動中的儒法鬥爭史研究〉，頁15-19；趙賡，〈「批林批孔」運動始末〉，頁30-35。

16　羅思鼎，〈秦王朝建立過程中復辟與反復辟的鬥爭——兼論儒法論爭的社會基礎〉，頁1-17。

17　康立，〈漢代的一場儒法大論戰——讀〈鹽鐵論〉札記〉，收入湖北財經專科學校圖書館科學研究科編，《法家經濟思想研究資料》（武漢：湖北財經專科學校圖書館科學研究科，1974），頁92-100。

場運動將學術研究導向全國化的理論隊伍思想鬥爭，歷史研究也以政治立場取代學術思想，而形成了後來研究者所稱的「影射史學」的擴散[18]。

發展至此，這些立場化的學術論戰，也再次演繹了思想「一分為二」的固著位置。先秦思想百家雜糅而相互關連的複雜脈絡，在儒法鬥爭的論戰中，都簡化為了單一標籤，作為可以辨識而攻擊的對象。

儒法鬥爭史的研究更快速地擴展為全國思想塑造的運動。1974年7月5日至8月8日之間，國務院科教組召開大規模法家著作注釋工作會議，進行法家著作選編、注釋、出版與研究的規劃[19]。此時，這類的論述不僅在學術界擴展，同時也延伸為各階層群眾的全國性運動，包括工人、農民、學生與學術界都參與[20]。這些文章的共同論點都在於指出春秋戰國與秦朝的不同治理，基本上是儒法之間的鬥爭，是兩種思想與兩種路線的階級鬥爭，而這種鬥爭延續了兩千年。在這一批儒法鬥爭全國化的過程中，甚至出現了大量的民間通俗作品，包括《孔老二罪惡的一生》以及

---

18 見羅德里克・麥克法夸爾、沈邁克著，《毛澤東最後的革命》，371-376；高文謙，《晚年周恩來》（香港：明鏡出版社，2003），第九章〈評法批儒：毛、周關係的結束〉；彭厚文，〈「批林批孔」運動中的儒法鬥爭史研究〉，頁15-19；趙賡，〈「批林批孔」運動始末〉，頁30-35。

19 彭厚文，〈「批林批孔」運動中的儒法鬥爭史研究〉，頁16。

20 例如：新華社，〈天津站工人用馬克思主義觀點研究和宣講儒法鬥爭史〉，《人民日報》（北京），1974年07月05日，1版。龐明亮等著，〈凡是搞分裂倒退的都沒有好下場──陝西省漢中縣建國大隊貧下中農圍繞「斬韓信」史實研究西漢初期的儒法鬥爭〉，《人民日報》，1974年12月15日，2版。另參，北京鐵路分局工人理論組、北京師範學院政教系工農兵學員編，《儒法鬥爭史通俗講話：先秦部分》（北京：人民教育出版社，1974）。

〈鹽鐵論〉的連環畫小人書[21]。

1974年到1975年間，各省各校的黨校編寫小組、工人理論組、批判小組、資料組、哲學研究室、歷史研究所或是學報，出現了大量的批林批孔的出版物，列舉並且批判歷代「反動統治者」、機會主義路線頭子、沙俄、蘇修、美日帝國、地主資產階級的「尊孔」反動路線[22]。顯然，這一波評法批儒運動，已經從黨派奪權進一步轉移而擴散為意識形態普及化的全民動員。

1976年四人幫倒台以後，不僅立即開始了一連串對於四人幫的批判，也進行了對於儒法鬥爭史研究的全面檢討。這些研究，例如黎澍〈四人幫對中國歷史學的大破壞〉、扈世綱〈評「四人幫」的影射史學〉、吳江〈哲學上兩條戰線的鬥爭〉以及北京大學哲學系中國哲學組的〈歷史唯心主義的標本──評《儒法鬥爭史概況》〉等文章[23]。

---

21 蕭甘編文，顧炳鑫、賀友直繪畫，《孔老二罪惡的一生》（上海：上海人民出版社，1974）。1974年《人民畫報》也刊登了桑弘羊大戰群儒的圖片，後來還有〈鹽鐵論〉的連環畫出現。參考：李克勤，〈1974讓西漢財政大師桑弘羊名聲大振〉，《烏有之鄉網刊》，發行日期2014/12/23，http://www.wyzxwk. com/e/DoPrint/?classid=27&id=335065（2015/03/03）。

22 例如，北京師範大學外國問題研究所蘇聯哲學研究室編，《沙俄尊孔侵華言論輯錄》（北京：生活・讀書・新知三聯書店，1974）；吉林大學歷史系編寫，《一切反動派都是尊孔派》（北京：人民出版社，1974）；泉州市總工會編，《反孔和尊孔鬥爭的故事》（泉州：泉州市總工會，1974）；中央黨校編寫小組編著，《機會主義路線頭子關於尊孔的反動言論摘錄》（北京：人民出版社，1975）。

23 黎澍，〈四人幫對中國歷史學的大破壞〉，《新華月報》，1977：6（北京，1977），頁96-99；扈世綱，〈評「四人幫」的影射史學〉，《人民日報》（北京），1977年12月23日。吳江，〈哲學上兩條戰線的鬥爭〉，《哲學研究》1978：Z1（北京，1978），頁60。

　　這批文章除了批評四人幫所掀起的儒法鬥爭史研究將歷史學轉向古為今用的研究，虛構歷史公式，並且將中國思想史簡化為儒家與法家對立的陣線，除了成為篡黨奪權的政治工具，也展現了強權出真理的心態與權力拜物教。此外，這批文章也強調儒法鬥爭並不是持續兩千年而延續至今的鬥爭，法家思想僅僅短暫地出現於秦漢期間，法家也僅僅代表新興地主階級與沒落地主階級的鬥爭，而並不代表唯物主義的思想。

　　最具代表性的言論，是北京大學哲學系中國哲學史組刊登的〈歷史唯心主義的標本──評《儒法鬥爭史》概況〉。這篇文章明白指出四人幫以及「梁效」、「羅思鼎」等人主導撰寫的《儒法鬥爭史概況》（1975年2月，人民出版社），是「歷史唯心主義的黑標本」，將儒法鬥爭史「從古代一直貫穿到現代」，代替了階級鬥爭的歷史，抹煞了社會主義歷史階段的基本路線[24]。該文認為「階級鬥爭形勢的變化」決定了「思想鬥爭形勢的變化」：法家思想是新興地主階級與沒落地主階級的鬥爭武器，是地主建立、鞏固與發展封建制度的主要理論依據。法家思想在秦始皇統一中國到西漢初期的過程中，起過歷史作用。但是，隨著封建制度的建立與鞏固，社會階級矛盾發生了變化，地主階級和農民階級的矛盾成為社會的主要階級矛盾。這些新興的地主階級為了維護封建專制統治，防止與鎮壓農民起義，反而從革命階級轉向保守反動階級。法家學派完成了其歷史使命，被地主階級自我否定而遭到批

---

24 北京大學哲學系中國哲學組，〈歷史唯心主義的標本──評《儒法鬥爭史概況》〉，頁62。這篇文章奇特之處在於，全文似乎有兩種不同文體，前半段從62頁到67頁是較為合理的分析，從67頁到71頁，則是肆意謾罵；後半段從71頁到77頁是另一範疇的合理分析，但是從77頁到78頁又以謾罵收尾。這種謾罵文風似乎延續了文革時期的攻擊性文字，讀來甚為有趣，也很有代表性。

判；相反的，儒家思想也重新被地主階級奉為封建統治的正統思想[25]。

該文直率指出，「儒法鬥爭」並沒有「一直延續」。自從儒家思想獲得封建統治者所獨尊的學術地位，在封建社會中始終就只有「尊儒」與「反儒」的思想意識形態鬥爭。此外，由農民起義而提出的政治綱領與革命口號，雖然都是與儒家封建思想對立，卻不是「儒法鬥爭」。法家思想是地主階級的思想意識，法家所施行的君主專制、嚴刑峻法，是封建統治者用以鎮壓農民階級以及維護封建制度的工具。該文強調，《儒法鬥爭史概況》的論點「根本抹煞了法家思想的階級本質，而把它抽象為一種超階級的東西」[26]。

張岱年批判儒法鬥爭的文章〈關於中國封建時代哲學思想上的路線鬥爭〉的論點雖然較為持平，但同樣也指出早期儒家與前期法家的鬥爭，是「地主階級內部見解不同的兩派」[27]。張岱年說明儒法並不是相互排除的思想領域：先秦時代儒法之間曾經有過針鋒相對的鬥爭，但是先秦思想是複雜的，儒法思想相互排斥又相互滲透[28]。張岱年也指出這種思想演變的複雜性，更可以說明無

---

25 該文指出，這種思想上保守反動的轉向，原因是奴隸制與封建專制都是自然經濟基礎上的「剝削制度」，地主階級在推翻奴隸主階級的鬥爭中，由於自身也享有地主階級專政與奴隸主階級專政「在血緣與宗法關係上的等級制特權」，因此「沒有必要也沒有可能與奴隸制的思想意識形態實行徹底的決裂」。同上注，頁63。

26 同上注，頁64-65、72-73。

27 見張岱年，〈關於中國封建時代哲學思想上的路線鬥爭──批判「儒法鬥爭貫穿兩千年」的謬論〉，頁52。

28 張岱年指出，以荀子為例，他自稱儒家，他的弟子韓非也將他列為儒家八派之一。但是，荀子反對孟子而贊成孔子，他的「隆禮」、「重法」學說，與法家

論是「霸王道雜之」、「陽儒陰法」，或是兼習儒家「經學」與法家「律例」，秦漢以後歷代所謂儒家或是法家並沒有壁壘分明的對立[29]。張岱年主張，與其說是儒法鬥爭延續了兩千年，反而應該說是延續了兩千多年的「唯心主義與唯物主義的鬥爭」，也是「辯證法和形上學的鬥爭」。各個階段真正的鬥爭過程，經常是以農民革命為轉機，因此是「階級鬥爭」推動了哲學思想的發展[30]。

整體而言，這一批以四人幫為文革之亂源的文章，替儒法鬥爭史研究轉移了論述方向，也將儒法鬥爭研究史納入了四人幫奪權政治工具的定調論點。

如果我們將1970年代這兩波儒法鬥爭哲學辯論放回到較為寬廣的歷史時空脈絡，我們會有更為複雜的理解。

第三節　清末民初的尊孔復古運動

批林批孔運動不僅批評劉少奇尊崇孔孟、支持國民黨，反對周恩來批評文革中四人幫的極左傾向，更擴及大肆批判「蘇修叛徒集團」的尊孔言論。但是，在這些眼前的政治鬥爭背後，批鬥

《管子》強調「禮義」也主張「明法」的思想有聯繫。韓非雖然是荀子的弟子，他卻甚少發揮荀子觀點，而結合申不害、商鞅、慎到的政治思想，擷取老子關於「道」的學說，而成為先秦法家最後一個代表人物。同前注，頁53。

29 張岱年逐一討論被儒法鬥爭史納入法家派系的思想家，包括賈誼、王充、范縝、柳宗元、王安石、陳亮、李贄、王夫之，指出這些人事實上多半都同時不同程度地融合了儒法或是儒釋道思想。同前注，頁56-69。

30 張岱年引述了毛澤東（〈在省市自治區黨委書記會議上的講話〉）的話：「在哲學裡邊，唯物主義和唯心主義是對立統一，這兩個東西是相互鬥爭的。還有兩個東西，叫做辯證法和形而上學，也是對立統一，相互鬥爭的。」同前注，頁57。

尊孔讀經與孔孟大儒的立場，更源自20世紀初共產黨政權與國民黨政權的對立。蔣介石領導的國民政府從南京時期到重慶時期，一直以儒家經典四維八德以及新生活運動作為文化復興運動的政策，以宣稱正統。1960年代更因文化大革命破四舊以及搗毀各地孔廟與歷史文物的運動，而在台灣再度發起文化復興與尊孔讀經運動，藉以強調自身正統政權的合理化位置，強化冷戰時期「一分為二」的對立陣營。

批孔與尊孔，已經成為共產黨與國民黨在20世紀爭奪政權過程中建立的對立路線。不過，儒法鬥爭運動打擊儒家傳統，駁斥國民黨政府的正統，一則延續了20世紀上半期共產黨知識分子抨擊儒家封建專制的傳統，再則卻形成了排擠共產黨內部異議分子的集權治理。反之，1970年代後期重估儒法鬥爭運動，則是隨著四人幫倒台，檢討四人幫，而對十年文革的全面否定。這一波重估儒法鬥爭的哲學論述，間接支撐了中國共產黨改革開放後反文革的定調，也開啟了1980年代末期直到21世紀沸沸揚揚的儒教復興運動。這是歷史發展的弔詭路線。

尊孔讀經的文化政策，顯然並不是只有國民黨政府才會採取的策略。回顧20世紀幾波儒學復興運動，其實都呈現了政治性的操作，也都是藉傳統之名來合理化並且鞏固政權的政治手段。從晚清康有為倡議以孔教為國教，到辛亥革命之後北洋政府的袁世凱以及各地擁兵自重的軍閥，到蔣介石的南京政府，再到1949之後在台灣建立政權的國民黨政府，每一次建立政權的治理者都藉由祭孔尊孔讀經，制訂教科書，而重申其延續正統的合法性。除此之外，日本在滿洲國、東三省以及台灣的殖民政府，也都利用儒教作為政治治理的修辭手段，而讓我們注意到儒教所具有的政治神學效應。

　　康有為的春秋公羊學以及張三世、通三統的論述，是一個典型的政治神學文本。康有為在中日戰爭之後，於1895年結合16省的舉人聯名上奏了〈上清帝第二書〉，也就是大家所熟知的「公車上書」，提倡孔教為國教，重申《春秋》所言之君臣名分。面對棄台散天下與割地亡國的危機，康有為除了列舉富國之法與養民之法以外，也提出了成立孔教的提案。孔教提案的論點基礎在於中國「風俗弊壞」，原因是「無教」，導致「外夷邪教」處處設立教堂以煽惑人民，因此康有為力陳設立道學一科，以六經為「有用之書」，孔子為「經世之學」，改各地「鄉落淫祠」為孔子廟，令善堂會館獨祀孔子，一邊化導愚民，「扶聖教而塞異端」，宣傳孔子之道於外國等意見[31]。在《保國會章程》（1898）中，康有為明確表示，要求會員「臥薪嘗膽，懲前毖後，以圖保全國地、國民、國教」，並且必須以「保國、保種、保教」為議會宗旨[32]。康有為也提奏摺，建議變法以開教會，定教律，以便透過教會與外國教皇交涉，定約定律，以免任人動輒「借端割地」，進而更可以「維持人心，激勵忠義」[33]。此外，康有為更明確要求「令天下淫祠皆改為孔廟，令士庶男女咸許膜拜祭祀，令孔教會

31　康有為，〈上清帝第二書〉，收入湯志鈞編，《康有為政論集》（北京：中華書局，1981），冊上，頁132；康有為，〈上清帝第四書〉，同前書，頁149-162。可參考〔日〕森紀子的研究〈中國的近代化與孔教運動──孔教運動再思〉，收入中國社會科學院近代史研究所編，《近代中國與世界》（北京：社會科學文獻出版社，2005），卷3，頁535-546。

32　康有為，《保國會章程》，《康有為政論集》，冊上，頁233。

33　康有為，〈請商定教案法律，釐正科舉文體，聽天下鄉邑增設文廟，並呈〈孔子改制考〉，以尊聖師保大教絕禍萌摺〉，《傑士上書匯錄》，收入黃明同等編著，《康有為早期遺稿述評》（廣州：中山大學出版社，1988），頁287-288、289。

中選生員為各鄉縣祀生，專司講學，日夜宣演孔子忠愛仁恕之道。」至於科舉考試，更應該強調四書文體，以「發明大道」[34]。

康有為的保教主張的確吸引了一些反響，例如陳煥章於1899年在廣東設立昌教會[35]。根據森紀子以及顏清湟的研究，在橫濱、神戶、新加坡、馬來西亞、費城、紐約等地，也出現了一些華僑所成立的孔教會或孔聖會的組織[36]。

康有為提出的「通三統張三世」，其所依循的是以尊王、大一統以及撥亂反正等觀點為主的《春秋公羊傳》。周予同分析春秋學時曾經指出，西漢時期，董仲舒的《春秋繁露》將天人感應以及陰陽讖緯納入經學，而風行一時。雖然東漢以後，董仲舒的讖緯學受到批評而公羊學逐漸沒落，但是清代公羊學再次興起，尤其是公羊學「大一統」的思想受到晚清學者如龔自珍、魏源、康有為等人的高度重視。康有為更用三統、三世之說，提出變法維新的論點。康有為強調《春秋》不在於記事，而有其所託：「不獨魯為託，即夏商周之三統，亦皆所託也」（《春秋董氏學》）。《孔子改制考》中康有為的「托古改制」、「托古創教」，都在於重新解釋「古」而為「今」所用[37]。

---

34 同前注，頁289、292。

35 陳煥章，〈孔教會序〉，《孔教論》（上海：商務印書館，1913），頁92。

36 森紀子，〈中國的近代化與孔教運動——孔教運動再思〉，收入中國社會科學院近代史研究所編，《近代中國與世界》（北京：社會科學文獻出版社，2005），卷3，頁535-546；顏清湟著，栗明鮮譯，馬寧校，〈1899-1911年新加坡和馬來西亞的孔教復興運動〉，收入中國社會科學院近代史研究所編，《國外中國近代史研究（第8輯）》（北京：中國社會科學出版社，1985），頁215-246。

37 可參考周予同，〈《春秋》與《春秋》學〉，收入於朱維錚編校，《周予同經學史論》（上海：上海人民出版社，2010），頁345-354。

　　民國成立之後，康有為再次於1912年提倡建立孔教，倡議共和國必須通三統張三世之法，重申君臣名分之義，強調孔子是「中國的教主」，必須重新發揚孔教，以便振興道德[38]。康有為於1913年提議立孔教為「國教」，以便共和國之人民「以神明聖王之孔子配上帝」[39]。此外，康有為也建議參考《春秋》所言君臣名分以及權利義務，作為修正憲法通三統張三世之用[40]。

　　張衛波在《民國初期尊孔思潮研究》中，相當詳細地分析民國初年尊孔思想的脈絡。民國初年北洋政府執政，軍閥擁兵自重，原本在1912年全國臨時教育會議中，蔡元培提出學校不應該祭拜孔子的提案。雖然未獲通過，但是已經在學校管理規程中刪去了拜孔子的的條文。但是，袁世凱於1912年9月20日頒布《整飭倫常令》，下令尊崇倫常，提倡禮教，並宣稱「中華立國」，以「孝悌忠信禮義廉恥」為經。袁世凱於1914年9月25日繼續頒發了《祭孔令》，回復清朝祭孔的規定，並且明令中央和地方都必須在孔子誕辰之日舉行祭孔典禮。該年9月28日，袁世凱依照古禮親自到孔廟祭孔，各省將軍與巡按使也在各省省會文廟祭孔。12月23日，袁世凱更率百官在天壇進行了祭天儀式。2016年元旦，袁世凱正式稱帝，改號洪憲。各地擁兵自重的北洋軍閥，包括黎元洪、馮國璋、徐世昌、曹錕、段祺瑞、孫傳芳、張作霖以及張勳等人，也都提倡尊孔讀經，制定修身教科書，以孔

38　康有為，〈孔教會序二〉，收入湯志鈞編，《康有為政論集》，冊下，頁735-741。

39　康有為，〈以孔教為國教配天議〉，收入湯志鈞編，《康有為政論集》，冊下，頁842-849。

40　康有為，〈刊布春秋筆削大義微言考題詞〉，收入湯志鈞編，《康有為政論集》，冊下，頁807-809。

子為旨歸。1916年洪憲帝制失敗，國會召開憲法審議會，審定憲法相關條款，孔教派再次向參眾兩院提出請願書，要求定孔教為國教，各地軍閥以及尊孔社團也提出請願運動，但是國教議案仍舊在1917年被否決。雖然孔教會繼續發動全國尊孔團體「抵死力爭」，但是積極推動國教議案的張勳以及康有為的復辟事件，引起輿論反彈，而使得孔教開始衰落[41]。

當時，民間也大量出現了各種孔教會、孔道會、宗聖會等尊孔社團，以及《孔教會雜誌》、《宗聖匯志》、《不忍雜誌》等刊物。孔教會代表陳煥章、嚴復、夏曾佑、梁啟超、王式通等人也在1913年8月向國會兩院提交《請定孔教為國教請願書》，並於同年9月在曲阜召開第一次全國大會，總共有三千多人參加，包括了孔教會與其他尊孔社團代表，以及副總統、國會、內務部、大理院和19省市地區的代表。在康有為以及其他孔教推動者的論述中，孔教與保國保種密切相關，被視為「國魂」，是中國立國之本，代表中華民族特性，是中國國性的寄託，中國文化的源泉，其經典是中國的國粹，而孔子是至高無上的教主[42]。

雖然北洋政府與孔教派都提倡尊孔讀經，但是北洋政府與孔教派的基本立場不同。孔教派的主張背後，除了要立孔教為國教之外，還有復辟清室並推翻民國的政治意圖，但是北洋政府並不同意將孔教立為國教，也不完全同意復辟，更不贊成讀全經，而認為可以選擇性地教授，以經訓代替經書全文：「與其授讀全經，強兒童以難解，不如於修身國文中採取經訓，詳切引申。」[43]

---

41 張衛波，《民國初期尊孔思潮研究》（北京：人民出版社，2006），頁79-81。

42 張衛波，《民國初期尊孔思潮研究》，頁77-95。

43《教育部批第549號——原具呈人大成社長殷炳繼等》，《政府公報》1913年5月25日，第736號。引自張衛波，《民國初期尊孔思潮研究》，頁114。

顯然孔教派尊孔讀經的風潮，必須從一群清遺民的角度來理解。林志宏指出，這一批清遺民，經歷巨大世局轉變，自然難以適應。各地民間興起的「宗聖會」及「孔道會」等組織，多是尊清遺民所鼓吹，也多半與各地軍閥有關連，所謂的「軍—紳二元的社會體制」[44]。當時的清遺民推行讀經，是要對抗民國時期反孔廢書的風潮。丁傳靖認為讀經活動有重整社會道德的功能：人人「嗜利無恥」，必須透過讀經來「恢復君主時代之美德」，柳貽徵則指出「孔孟之書，乃教人為人之書」，進入共和時期，更應該讀經[45]。清遺民努力推動尊孔讀經以及孔教國教化的運動未果，卻在1930年代南京政府的文化復興運動中得到實踐，林志宏評論，這個現象是一個「歷史帶來的諷刺」[46]。

　　然而，這個歷史諷刺所說明的問題，放到20世紀歷史過程中的國共對立與冷戰時期「一分為二」，以及21世紀當前的尊孔讀經計畫，則顯得更為尖銳。

第四節　　國民政府從南京時期到台灣戒嚴時期的尊孔讀經計畫

　　南京政府於1928年統一全國，也強調尊孔讀經。在1930年代，日本發動918事變，開始侵占東北地區，南京政府更積極倡導尊孔，在各地舉辦祭孔儀式。1934年2月在江西發起的新生活

44　參考陳志讓，《軍紳政權——近代中國的軍閥時期》（香港：三聯書店香港分店，1979），頁140-149；引自林志宏，《民國乃敵國也：政治文化轉型下的清遺民》（台北：聯經，2009），頁198。

45　林志宏，《民國乃敵國也：政治文化轉型下的清遺民》，頁195-196。

46　同前注，頁221。

運動以及文化復興運動，便是以強化儒家經典以及四維八德等中國固有文化，作為正統性的確認，進而透過黨員的團體化與組織化，將全國以軍事化的方式組織起來[47]。蔣介石領導的力行社，又稱「藍衣社」，目的正在於協助蔣介石推動新生活運動以及民族復興運動，建立蔣介石「在全國人民心目中的至高權威和信仰中心」。力行社於1933年底至1934年初在南昌成立了「中國文化學會」，強調「建新文化，復興中朝，左經右執刀」[48]。

　　新生活運動旨在推動民族復興運動，強調「復興中國固有文化」、「革命必先革心」，推動「國民生活軍事化、生產化以及合理化」，使全國國民生活做到「整齊簡樸，迅速確實」，以便準備好「精神力量」，「萬眾一心，立志奮發，不辭犧牲，不惜勞苦隨時隨地都可予敵人以打擊」[49]。國民黨中央執行委員會於1934年6月通過了以8月27日為孔子誕辰日，8月27日在曲阜舉行了盛大的祭孔儀式。蔣介石於同年9月先後在盧山軍官訓練團以及南京陸軍大學親自宣講「大學之道」以及「中庸要旨」等儒家經典。

---

47 我曾經在《心的變異：現代性的精神形式》（台北：麥田，2004）中討論了蔣介石的力行社所參照的法西斯組織模式），見第7章關於「中國三十年代的法西斯組織力行社」。亦可參考〔美〕易勞逸（Lloyd E. Eastman）著，陳紅民等譯，《1927-1137年國民黨統治下的中國流產的革命》（北京：中國青年出版社，1992），頁224-231；Lloyd E. Eastman, "The Blue Shirts and Fascism," *The Abortive Revolution: China under Nationalist Rule, 1927-1937*（Cambridge: Harvard University Press, 1990), pp. 31-84。

48 力行社成立時，蔣介石對著力行社員發表「革命的心法」之演講，強調革命基本上要「革心，也就是實踐」；革命團體是「用嚴密的組織與鐵的紀律將所有的革命黨員結為整個的一條生命」。鄧元忠，《三民主義力行社史》（台北：實踐，1984），頁3、7。

49 1938年2月19日漢口中央電台廣播，同上注，頁61-62。

由國民黨陳立夫主導的「中國文化建設協會」也發起了「中國本位文化建設運動」，推動「尊孔」、「讀經」[50]。國民政府於1930年代推動的新生活運動以及文化復興運動，很清楚地結合了中國傳統禮教思想、德國法西斯主義、日本軍國主義等，以強調傳統文化精神作為建立政權的合理化基礎，但是背後卻配置了明確的軍事管理模式[51]。

　　中華民國孔孟學會在台灣成立於1960年，永久會址設立在南海學園獻堂館。孔孟學會其實是1934年南京政府推動的新生活運動以及中華文化復興運動的延續，強調孔孟學說是「立國、建國的大經大本」，「孔孟學說是三民主義中心思想的本源」。孔孟學會最大的任務，在於弘揚孔孟之道，使全國的國民對於「三民主義思想淵源」都能普遍認識，並且實踐力行，以便「早日完成復國建國使命。」[52]針對1966年中國大陸發起的文化大革命，孫科、

---

50 「新生活運動」綱領清楚揭示以「禮義廉恥」為中心精神，以「整齊、清潔、簡單、樸素、迅速、確實」為實踐綱領，以「生活軍事化、生產化、藝術化」為精神建設之指標，並且使國民「隨時能為國家與民族同仇敵愾，捐軀犧牲，盡忠報國」蕭繼宗主編，中國國民黨中央委員會黨史委員會編輯，《新生活運動史料》（台北：國民黨黨史會，1975），頁12-13。蔣介石該年2月在南昌行營擴大紀念週的講演中，特別舉德國之復興為例，指出若要復興國家與民族，便須提高國民道德以及國民智識，也就是此「新生活運動」的目的。蔣介石針對新生活運動而前後發表的演講反覆說明，「新生活運動就是軍事化運動」，軍事化運動在乎「精神之本」，要使「全國國民實踐禮義廉恥」，做到「整齊劃一的程度」同前引書，頁33-34。因此，除了軍隊之外，從全國國民的日常生活以至於學校教育都必須軍事化。同前引書35-38）。

51 參考：鄧元忠，《三民主義力行社史》，以及 James C. Thomson Jr., *While China Faced West – American Reformers in Nationalist China, 1928-1937*（Cambridge, Massachusetts: Harvard University Press, 1969), p. 152.

52 華仲麐，〈孔孟學會〉，《中華百科全書》，發行日期1981/03，http://ap6.pccu.

王雲五、陳立夫、孔德成等1,500人於1966年11月聯名函請行政院，建議發起「中華文化復興運動」，1967年1月28日正式成立「中華文化復興運動推行委員會」，由蔣介石擔任會長，在台灣以及海外同時推行中華文化復興運動[53]。

　　文化大革命的口號是掃除舊思想、舊文化、舊風俗與舊習慣的破四舊，以致各地孔廟以及其他歷史文物被大量毀損；中華文化復興運動則以禮義廉恥作為全國各級學校校訓，並且以忠孝仁愛信義和平作為倫理道德標準。當大陸如火如荼地推動批林批孔以及儒法鬥爭研究的同時，台灣也積極在各大專院校擴大宣傳對於批孔的「申斥」，並且研究與出版各種中國文化與傳統思想之外，獎勵文藝研究，促進教育改革，制定國民生活須知與禮儀規範，振興國劇，舉辦文化活動，徵求淨化歌曲，以便進行「對匪文化作戰」。所謂的「對匪文化作戰」，也就是要申斥大陸的批孔，聲討「共匪」廢除漢字的陰謀，舉辦共匪暴政資料展覽，設置匪情資料陳列室，邀請反共義士講述共匪暴政，舉辦批判共匪思想的講演，以及編印共匪真面目小冊等等活動[54]。

　　除此之外，當時各校院的訓導人員以及導師也全面發散這些小冊子，並利用動員月會、週會、朝會等場合邀請專家演講，要求學生閱讀申斥批孔揚秦的相關資料，撰寫讀書心得，並且展開

---

edu.tw/Encyclopedia/data.asp?id=8955（2015/03/10）。

53 中華文化復興運動推行委員會的海外地區分會包括日本、菲律賓、泰國、琉球、美國、巴西、烏拉圭、祕魯、莫里斯等地。

54 中華文化復興運動推行委員會編，《中華文化復興運動的實踐與展望》（台北：中華文化復興運動推行委員會，1977）。從全書目錄即可清楚看到這些實踐方案。另可參考王壽南編，《中華文化復興運動紀要》（台北：文復會，1981）。

演講比賽、作文比賽以及壁報比賽[55]。這類集會、演講、作文、壁報製作，成為了所有人從小學開始各級學校的必要經驗過程，而與「匪」不共戴天的意識形態，便成為了文化冷戰的典型產品。

隨著中華文化復興運動的推動，由陳立夫所主導的孔孟學會也擴大進行民間的文化傳播活動。中華民國孔孟學會永久會址設立在南海學園獻堂館，自1970年開始，孔孟學會每年與教育部以及救國團聯合舉辦暑期青年自強活動國學研究會，加強各大專院校有關孔孟和國學社團的聯繫與活動。每年辦理大專、高中、國中學生與小學教師孔孟學說論文競賽，及小學六年級學生繕寫四書文句比賽，並舉辦孔孟學說優良著作獎，和出版有關研究孔孟學說之叢書[56]。孔孟學會更每年辦理大專、高中、國中學生與小學教師孔孟學說論文競賽，及小學六年級學生繕寫四書文句比賽，並舉辦孔孟學說優良著作獎，和出版有關研究孔孟學說之叢書[57]。這一波尊孔復古而推崇經學研究的風潮，由上而下，深刻地影響了台灣的各級學校國文教育，也自然而然地帶動了普遍的民間以及學校自發的讀經運動。

年輕學生自行組成的三三集團便是具有代表性的例子之一。「三三」集團當年十分積極地到各大學或是中學舉辦座談會，出版「三三集刊」，希望吸引更多的年輕人加入，「讀經書」，讀古籍，以便「復興中華文化」。胡蘭成以「三三群士」寫了〈三三

---

55 中華文化復興運動推行委員會編，《中華文化復興運動的實踐與展望》，頁210-212。

56 華仲麐，〈孔孟學會〉，《中華百科全書》，發行日期1981/03，http://ap6.pccu.edu.tw/Encyclopedia/data.asp?id=8955（2015/03/10）。

57 華仲麐，〈孔孟學會〉，《中華百科全書》，發行日期1981/03，http://ap6.pccu.edu.tw/Encyclopedia/data.asp?id=8955（2015/03/10）。

注〉一文：「走進庚申仲春三月，三三群士以集刊為經，分從文章、讀書、講習、講演、證道、演唱、獻詩、討論、編書、出版等作為和修行為緯，經營和遂行所謀家國天下之志，已歷三載風日。」[58] 蔣緯國甚至揚言要發揚「台灣的中道」，完成「第三次十字軍運動」，以建立「大道之行也，天下為公」的世界[59]。這類例子不勝枚舉。

　　無論是民國初年軍閥擁兵自重，以整飭倫常、提倡禮教、尊孔讀經為治理的合理化理據，或是國民黨政府在南京時期的新生活運動到偏安台灣的尊孔讀經與文化復興運動，或是日本殖民政府在滿洲國、東三省以及台灣所執行的祭孔讀經等，都伴隨著高壓政策的軍國主義或是軍事戒嚴。儒表法裡的規範性治理範式，在20世紀中國的現代國家治理模式中，充分展現。

第五節　21世紀儒教復興運動的復出

　　中國大陸自從1990年代開始所興起的儒學復興運動，除了是對於文革時期評法批儒運動的再次否定，也以十分奇特的方式，重新擁抱了以儒教範式作為規範性建構的模式，再次重複了20世紀幾波尊孔崇儒讀經的復古之風，並且召喚了晚清學者康有為春秋公羊學所提議的張三世、通三統的論述。

　　這股儒教復興熱潮，從官方到學界或是民間，擴散廣泛。除了興建國學院，重整傳統書院，執行孔廟祭孔，以及民間各地興

---

58 三三群士，〈三三注〉，收入三三集刊編輯群編，《鐘鼓三年》（台北：三三書坊，1980），頁106。

59 蔣緯國，〈第三次十字軍運動〉，收入三三集刊編輯群編，《鐘鼓三年》，頁30。

盛的漢服社、《論語》知識比賽、幼童讀經等等，還有大量的出版物，具有代表性的包括蔣慶所著的《公羊學引論》、《政治儒學》，甘陽的《通三統》，姚中秋的《華夏治理秩序史》，趙汀陽的《天下體系》，以及一系列儒家回歸、儒學復興、儒家憲政主義等書系[60]。

　　蔣慶的《公羊學引論》與《政治儒學——當代儒學的轉向、特質與發展》，呈現了當前儒學復興運動最具有象徵意義的範式文本。蔣慶強調中國應恢復國家化的儒教。他說：「作為宗教的儒教，是一個中國歷史的常識問題，儒教《五經》中所體現的，都是作為宗教的儒教。」「《春秋》說災異與天人感應，災異與天人感應的前提也必須存在至上的人格神，則必須存在董子所說的作為『百神大君』的『天』」。蔣慶也指出，康有為的思想遺產重

---

[60] 蔣慶，《公羊學引論：儒家的政治智慧與歷史信仰》（福州：福建教育，2014修訂本）、《政治儒學：當代儒學的轉向、特質與發展》（福州：福建教育，2014修訂本）、《再論政治儒學》（上海：華東師範大學出版社，2011）、《廣論政治儒學》，（北京：東方，2014）；甘陽，《通三統》（北京：生活·讀書·新知三聯書店，2007）；強世功，《中國香港：政治與文化的視野》（北京：生活·讀書·新知三聯書店，2010）；趙汀陽，《天下體系：世界制度哲學導論》（南京：江蘇教育出版社，2005）；姚中秋，《華夏治理秩序史》（海口：海南出版社，2012），全兩卷；盛洪，〈儒家的外交原則及其當代意義〉，《文化縱橫》，2012：4（北京，2012），頁37-45、〈從民族主義到天下主義〉，《戰略與管理》，1996：1（北京，1996），頁14-19。另可參考葛兆光對於這個脈絡的反省，《何為中國：疆域民族文化與歷史》（香港：牛津大學出版社，2014），或是汪宏倫對於1996年出版的宋強等著《中國可以說不》（台北：聯經，1996）以及2009年出版的宋曉軍等著《中國不高興》（台北縣：INK印刻文學，2009）等民族主義情感的分析，見氏著，〈理解當代中國民族主義：戰爭之框、情感結構與價值秩序〉，《文化研究》，19（新竹，2014），頁189-250。

要處有三個方面：「國教、孔教與虛君共和」。他認為當代政治論述回到康有為，是體現了思想界的政治成熟，是對辛亥以來政治現代性的反動。新康有為主義的興起，「說明了中國思想界對百年來的『共和政治』與『人民政治』進行了深刻的反思，看到了源自西方的『政治現代性』存在著問題，希望發掘康有為的思想資源來回應今天中國仍然面臨的『政治現代性』挑戰。」[61]

　　針對台灣學者李明輝與大陸當代新儒家的辯論，蔣慶在《澎湃新聞》的訪談回應中再次強調：春秋公羊學大一統、通三統、天人感應、孔子為聖王等思想，對於中國兩千多年作為大一統國家的歷史過程以及政治文明有實質的影響。根據蔣慶的判斷，中國近現代的政治思想譜系，無論是自由主義、民主主義或是社會主義，本質上都是普遍化的理性主義，採取了西方的現代政治，而取消了中華文明的獨特性。因此，蔣慶呼籲放棄西方的理性化與世俗化的「除魅」現代性，建議恢復「保守主義」，使得中國依照中華文明的特性發展，因為「復古更化」是中國歷史的「天命」所在[62]。

---

61 http://mp.weixin.qq.com/s?__biz=MzA3NDEzNTEzMg==&mid=200891829&idx=2&sn=0095232858b09e824dfadbc9af0b620f#rd（2015/02/28）。另見蔣慶文集，http://www.confucius2000.com/scholar/jiangqingwenji.htm（2015/02/28）。

62 蔣慶，〈蔣慶回應李明輝批評：政治儒學並非烏托邦〉，《澎湃新聞》，發行日期2015/04/07，https://www.thepaper.cn/newsDetail_forward_1318656（2015/04/07）。《澎湃新聞》（http://www.thepaper.cn）先後刊登了李明輝於2015年1月24日接受專訪的訪問稿，以及一系列大陸學者的回應。台灣中央研究院文哲所於2015年3月28日舉辦了「儒學與政治的現代化：李明輝澎湃新聞專訪座談會」，邀請了不同學者針對這個事件發表意見。這個座談會的文稿後來刊登於《思想》。李明輝，〈關於「新儒家」的爭論：回應《澎湃新聞》訪問之回應〉，《思想》，29（台北，2015），頁273-283。

　　對於蔣慶而言，「政治儒學」的公羊家要強調「化性起偽」、「隆禮重法」，建立「聖王之治」。蔣慶說明，所謂「心性儒學」的陽明學，是他所認為更重要的儒學傳統；他期待心性儒學可以造就一代儒士君子，因為「只有善人才可能建立善制」，而「儒士君子是善人」，所以只有儒士君子才可能建立體現王道合法性的善制。蔣慶將心性儒學與政治儒學比喻為「車之兩輪，鳥之雙翼」：心性儒學是儒家傳統中的「第一義諦之學」，是儒家「永恆、絕對、至善、成聖之學」，而政治儒學則是儒家「第二義諦之學」，是「聖王待興未能直接及身統治」的歷史條件下，按照「王道義理」，建立一個客觀的制度架構與合理的政治秩序，並且在其中「安身立命」，「等待聖王再興」。在這個鋪陳中，「政治儒學」的本體論是「天道本體論」。所謂「天道」，就是董仲舒所說的「道之大原出於天」以及春秋公羊學的「天元正始」，是心性之大原，是第一層次的本體論，至於「心性本體論」只是第二層次的本體論。

　　蔣慶希望逆轉趨勢，抹除20世紀的歷史過程，重新喚起保守主義，回到中華文明的特性，其實是否認了歷史發展的物質條件以及社會狀況，更是選擇性地附著於晚清公羊學的論述，卻讓這個復返無法避免地帶有宗教性再魅化的神祕色彩。雖然蔣慶強調政治儒學，對他而言，心性儒學與政治儒學二者底層相通，都是朝向道德性的善人政治或是聖王政治。但是，儒家「永恆、絕對、至善、成聖」之學，如何能夠避免其抽象化的道德宣稱與實際政治之間的落差？善人如何被界定？善制如何不是一己之私？聖人之治如何被制衡？聖王的「隆禮」，如何不會以禮殺人？蔣慶所宣稱的「等待聖王再興」以及其所暗示的道德理想性，具有思想上模糊地帶的誘惑以及危險性。這些唯心而模糊的吸引力，

也是脫離「政」的道德理想容易鋪陳出的陷阱。

甘陽與蔣慶的政治立場不同，但是，他同樣地回到了公羊傳春秋大一統與通三統的當代詮釋[63]。為了要解釋「春秋大一統」的意義，首先他引用清儒陳立對於《公羊義疏》的說法：「春秋大一統者，六合同風，九州共貫也」（《漢書・王吉傳》），並且說明，「春秋大一統」就是指中國這個「歷史文明共同體」的人民具有共享的文化傳統和習俗禮法，「風俗各異的先民在長期交往過程中逐漸形成共同的文化認同」。其次，甘陽引用《禮記・坊記》的「天無二日，士無二王，國無二君，家無二尊，以一治也。即大一統之義」，說明「春秋大一統」是指中國這個歷史文明共同體同時是「統一的政治共同體」，「具有政治統一性而反對政治分裂」。他並且強調，政治共同體必有「統一的最高主權，不能有兩個以上的主權，更不能允許有國中之國的現象」，否則就會「分崩離析」。第三，甘陽引用「大一統者，通三統為一統，周監夏商而通天統，教以文，制以文。春秋監商周而建人統，教以忠，制尚賢也」，進而說明「春秋大一統」也指向中國具有高度「歷史連續性」，「每一個後起的新時代能夠自覺地承繼融會前代的文化傳統，這就是所謂『通三統』」。「不但漢民族主導的漢、唐、宋、明各朝各代，而且少數民族入主中原的元代和清代，也都以『通三統』的方式自覺地承繼融會中國歷代積累的文明傳統。」如果沒有這種自覺的承繼融會歷史文明傳統，「不認前代的舊統」，那麼中國歷史文明必然「早就中斷」。只有每一

---

63 甘陽與蔣慶的立場是不同的。在他的《通三統》一書中，則指出當前必須以公羊學「通三統」的說法，結合孔夫子的傳統、毛澤東的傳統以及鄧小平的傳統。蔣慶則反對將毛澤東與孔子結合起來。

個新時代都能自覺地「通三統」，才有「生生不息的中國歷史文明連續統。」最後，甘陽說明「春秋大一統」的理念還可以表達「世界大同」的理想。根據春秋公羊學中的「三世說」，到了「太平世」，就不再有中國和外國的區別了，而是如同康有為所說的「天下遠近大小若一」。在這樣的「大同之世」，天下將「無國土之分，無種族之分，無兵爭之事。」[64]

　　甘陽所提出的「春秋大一統」以及關於中國文明共同體的歷史詮釋，有其明顯局限。首先，強調共同的文化認同與歷史共同體，已經暗含抹除各自不同的文明風俗以及內部的等級差異，而以主導文明來定義這個歷史共同體。其次，強調唯一的最高政治主權，必然牽涉了核心與邊緣的不平等位階，進而隱沒核心地區內部的不平等以及邊緣地區內部的不平等。第三，中國的歷史過程並不是平整的連續性，而是持續的斷裂與重組。歷史連續性的敘事模式，更遮蔽了曾經發生的權力重組以及其摩擦與暴力。最後，對於「世界大同」的無邊界世界想像，是放棄了各個不同的在地社會的自治與主體性。如果沒有邊界，這些小地區以及小政府則容易輕易地被不同形式的帝國殖民。過去是軍事與政治，今日是新自由主義的資本擴張，都是帝國殖民的結構，背後都是權力以及資本的集中。

　　蔣慶與甘陽所提出的公羊學當代詮釋，「托古改制」、「托古創教」，都在於「古」為「今」所用；無論是從六經來構想中國憲政，或是強調儒家文化王道精神的差序格局，都是一種外儒內法的政治秩序重建，也就是「春秋大一統」之政治倫理與治理技術。在香港，陳雲則以香港本土文化是延續了正統華夏文明體系

64　甘陽，《通三統》，頁1-3。

與儒門教化的論點，先後在《香港遺民論》（2013）與《香港城邦論》（2014）中提出，歷史中的中國已經亡國，華夏文化保留於香港、台灣以及海外華人等遺民地區。從辛亥革命以來，香港歷經殖民時期的法制，是古王朝遺民的一脈相承，足以對抗中共延續於秦政極權傳統所進行的批孔廢儒與破四舊，並且強調要守護本土文化、復興華夏以及啟動族群政治為目的[65]。

在《天下體系：世界制度哲學導論》一書中，趙汀陽則指出，天下概念意味著「世界社會、世界制度以及關於世界制度的文化理念」，是一個「全方位的完整世界概念」。天下概念的世界觀強調萬事相容而「無外」，沒有任何人會被排除或是歧視。此外，天下觀追求關係的和諧、和平、責任、「順乎天而應乎人」，「民之所欲，天必從之」，提供一種新的道德秩序。趙汀陽還強調，「中國文明在文化上是最寬容的」，不會像西方帝國那般擴張[66]。

以「天下概念」為基礎的一批國際關係研究學者也蜂湧而出。這些學者指出，具有「中國特色的國際關係理論」（IR Theory with Chinese Characteristics）或是「中國派國際關係」（Chinese IR School），可以藉由「天下」作為替代體系，取代西發利亞國際關係系統（Westphalian system），而建立一個新的國際秩序[67]。這一波儒家復興的話語，同時支撐了逐漸擴散的「天下

---

65 陳雲，《香港遺民論：守護香港，復興華夏》（香港：次文化，2013）；《香港城邦論》（香港：天窗，2012）；《香港城邦論II：光復本土》（香港：天窗，2014）。

66 趙汀陽，《天下體系：世界制度哲學導論》，頁60-65。

67 關於中國盛世再興以及「天下」模式的國際關係，可參見當前大量的研究：Alastair Iain Johnston, *Social States: China in International Institutions, 1980-2000*

觀」，以及「一帶一路」的全球化部署策略。這些知識生產，印證了儒家話語作為轉換詞，如何可以隨著時代不斷改變。

　　從中國大陸當代儒學復興運動的論述，到趙汀陽的天下體系，以及蜂湧而出的中國特色國際關係理論，其中重複的模式是20世紀幾波中華文化復興的復古運動，以及聲稱以傳統王道模式可以治天下的論述。

　　這些文化復興運動與天下修辭，很明顯地是一種重構政治秩序的規範性論述。這個規範性重構的知識生產，勾勒出了穩定的政治倫理秩序，也提供了大同世界與和平帝國的想像框架，更預先制定了一個權力與資本集中而核心邊緣位階分殊的經濟帝國結構。前現代的帝國想像成為了當前擴張中的區域政治經濟治理的修辭模式。21世紀的儒學論述，展現了從儒家倫理論述到資本擴張的新帝國心態的創造性轉化，一個中國盛世的到臨。

　　對於當前中國崛起的態勢，不少經濟分析家提出了 *pax Sinica*

(Princeton, NJ: Princeton University Press, 2008); Yongjin Zhang, *China in International Society since 1949: Alienation and Beyond* (London: MacMillan Press Ltd, 1998); Dong He, "Ontology of the Chinese international relations theory on the international anarchy in the view of stimulus-response," *Journal of Baoji University of Arts and Sciences (Social Sciences)*, 27:1(2007), pp. 16-20. See also Jianyong Lei, "Constructing the ontology of Chinese international relation theory," *Journal of Xinyang Agricultural College*, 18:3(2008), pp. 1-3; Zhongying Pang, "China's self-defined role in international system," *Contemporary International Relations*, 16:4(2006), pp. 28-40.; Jianbo Luo, "Constructing rising China's cultural strategy," *Contemporary International Relations*, 3(2006), pp. 33-37; Jian Hu, "China's changing international role and the recognition of it in international society," *Contemporary International Relations*, 8(2006), pp. 21-52. See also Mingming Li, "On 'cultural misunderstandings' in international relations," *Contemporary International Relations*, 5(2006), pp. 51-62.

時代來臨的論點[68]。針對這些分析與預測，尤其是其中帶有中國威脅論的口吻，熊玠（James C. Hsiung）指出，中國在16世紀以前已經經歷了超過一千年的中國盛世，並沒有像是16世紀以來西方國家所展開的帝國擴張與殖民統治，21世紀再次復出，也不會發展出這種帝國模式。熊玠並且以亞洲四小龍的經濟奇蹟以及金融風暴後快速恢復經濟力，說明這些受到儒家傳統影響的亞洲國家有其特殊的儒家社會結構。熊玠更強調，以中國帶領的系統有特殊的中國美德與價值，或是儒教資本主義，其特色在於形式上的等差關係之下有非形式的平等，恰恰不同於西方社會中的形式平等之下卻又非形式性的等差關係。熊玠試圖發展「中國模式」的系統論，也出版了近著《中國的第二波興起》[69]。

熊玠關於儒教資本主義的信心，其實與杜維明的論點一致。

---

68 For example, Jörn Dosch, "Managing Security in ASEAN-China Relations: Liberal Peace of Hegemonic Stability," *Asian Perspective*, 31:1（2007）, pp. 209-236.; David P. Goldman, "A Pax Sinica in the Middle East?," *Middle East Forum* 2013/10/28 https://www.meforum.org/3653/china-middle-east（2019/12/14）; Banyan, "Pax Sinica: China is trying to build a new world order, starting in Asia," *The Economist* 2014/09/20, http://www.economist.com/news/asia/21618866-china-trying-build-new-world-order-starting-asia-pax-sinica（2019/12/14）; Akio Kawato, "Pax Sinica: China and the New Russia," *Carnegie* 2014/11/14, http://carnegie.ru/eurasiaoutlook/?fa=57228（2019/12/14）; Richard Javad Heydarian, "Pax Sinica in the South China Sea: End of American Hegemony in Asia?," *The World Post* 2015/05/01, http://www.huffingtonpost.com/richard-javad-heydarian/pax-sinica-in-the-south-c_b_7191300.html（2019/12/14）.

69 James C. Hsiung, "Pacific Asia in the twenty-first century world order," *Asian Affairs, an American Review*, 29:2（Summer 2002）, pp. 99-115. See p. 112. James C. Hsiung, *China into its Second Rise: Myths, Puzzles, Paradoxes and Challenge to Theory*（Singapore: World Scientific Publishing Co., 2012）.

杜維明於1980年初在新加坡談論「儒家倫理」，指出儒家強調義務感、自我約束、修身，和社群合作，取得一致意見，重視教育與利益，都是東亞四小龍具有儒家倫理與企業精神的證明。對杜維明而言，不同於美國爭取個人權利，支持利益競爭的抗衡體系（the adversary system），亞洲地區例如新加坡的儒家社會，則是符合於現代資本主義（modern capitalism）的信用社區群體（fiduciary community）[70]。

　　從冷戰時期的亞太地區發展主義與東亞國家威權政體的儒家企業倫理，銜接到當前中國模式的「天下論述」以及「一帶一路」，以及以「天下」作為中國盛世的國際關係範式，儒教政治神學修辭的創造性轉化值得我們深究。

---

70 見杜維明著，高專誠譯，《新加坡的挑戰：新儒家倫理與企業精神》（北京：生活・讀書・新知三聯書店，2013），頁115-117。

第五章

儒教政治神學的
自我創造性轉化

第一節　規範性治理範式與東亞威權政體的儒教政治神學

　　當我提出儒教政治神學規範性治理的說法，我所要指出的是，儒教並不是指儒家思想，而是指一整套以儒家修辭所完備的治理修辭。這一套儒教政治神學體系可以在任何歷史時期的政權之下執行，挪用儒教官僚體系的層級規範，透過神祕化的治理修辭，以及儀式化的尊孔復古運動，操作強化政權的合法性以及治理技術的策略。從歷代治理制度的延續與變遷，我們可以看到從家庭、宗祠以及書院的孔教思想教育體制的確立，到官僚體系的選才與拔擢，以及各層級的法令、體制、機構、儀式的設立，全面塑造了規範性治理的有效途徑。

　　進入20世紀，以儒家思想作為中華傳統文化的標記，也可以在推翻君主政體的民國初年，作為正統的延續，更可以在冷戰時期，透過戒嚴管理以及文化宣傳，繼續進行政體的正統性確認，更可以作為東南亞僑民政策的主要工作。除了台灣的孔孟學會之外，由錢穆與唐君毅在香港主持的新亞書院，也扮演了推動儒學的重要角色。這些歷史過程是20世紀儒家思想進入政治領域的典型例子。我們可以透過杜維明對於儒教倫理的解釋，來釐清儒教政治神學修辭創造性轉化的內在邏輯。

　　1980年代面對戰後東亞社會經濟發展奇蹟，杜維明提出了儒家必須適應時代要求而創造性轉化自我的必要性。當時，杜維明接受新加坡教育部的邀請，配合新加坡總理李光耀對於加強中學倫理教育以及在社會中推動「新儒學運動」的要求，於1982年在

新加坡發表了一系列關於儒家倫理的演講[1]。

　　新加坡政府在1980年代除了將儒家倫理納入中學教育之外，還成立儒家倫理編寫組，編寫課程，培養師資，進行入學研究交流與出版，以致大專院校、宗鄉會館、商會、電台、電視台在內的社會各界，都積極參與。不過，這場試圖推動儒家道德教育並不成功，因為同時推動的其他宗教課程，引發了基督教的傳教熱潮，同時也激起了佛教與回教的傳教運動，而使得新加坡政府不得不完全停止這類宗教倫理課程。雖然如此，李光耀仍舊繼續肯定儒教倫理的價值，例如集體主義、家族主義、勤勞節儉，並且在1991年提出了「亞洲價值」的五大原則，包括（一）國家先於社會，社會先於個人；（二）國之本在家；（三）國家、社會要尊重個人；（四）和諧比衝突更能維持社會秩序；（五）種族和睦與宗教和諧。總而言之，社會第一，個人第二[2]。

　　杜維明的一系列演講充分說明了他所重新定義的「儒家倫理」。在《儒家倫理與東亞企業精神》的演講中，杜維明說明，在高度科技發展與企業管理競爭的時代，個人特別需要適應新的生活方式以及新的時代要求。杜維明特別強調，新加坡社會的遺產與財富，就在於新加坡擁有的「儒家倫理」，例如自我約束，超越自我中心，積極參與集體的福利、教育、個人的進步，工作倫理的共同努力，尊重生產的程序與儀式。這些美德是新加坡成功的原因，也是東亞五小龍經濟奇蹟的原因。儒家倫理展現了現代新型資本主義的特性，包括義務感，自我約束，取得一致意

1　除了杜維明之外，另外受邀的儒家學者包括熊玠、吳元黎、唐德剛、伍振鷟、余英時、陳真愛、許倬雲等人。

2　周月琴，《儒教在當代韓國的命運》（北京：知識產權出版社，2014），頁25-26。

見，合作，高度重視教育與利益，注重信用，社區與政府領導，正是東亞社會所共享的亞洲價值[3]。在〈從世界思潮的幾個側面看儒學研究的新動向〉的演講中，杜維明參考彼得・柏格（Peter L. Berger）所指出的「世俗化的儒家倫理」和「工業東亞」的關係，進一步說明商人能夠調動儒家倫理的積極性，利用官督商辦的「儒家企業」，以及家長式政府作為開展企業精神助力等等多重因素，可以解釋亞洲經濟與社會發展的模式，甚至是一種「新興資本主義」的動機結構[4]。

從杜維明對於儒家倫理的闡釋來看，我們可以看到他所遵循的論述邏輯是：為了符合於大勢所趨的「天」，依循不同歷史時期的共識結構，儒家應該進行創造性轉化的「自我」。在20世紀中後期新自由主義席捲全球之際，儒家倫理便會展現出以「經濟主體」與「企業精神」作為自我調節的方針，自動自發地投入市場競爭的行列，而融合於當前資本全球化下的新自由主義市場治理模式。

我們可以先不討論新加坡以儒家倫理作為修辭而高度發展的專制治理政體，僅僅以杜維明利用新加坡高度發展的企業管理與資本主義社會來說明儒家倫理的有用性，就已經印證了這個儒家

3　杜維明著，高專誠譯，《新加坡的挑戰：新儒家倫理與企業精神》（北京：生活・讀書・新知三聯書店，2013），頁36、117、125-126。書中收錄演講包括：〈儒家思想的核心價值〉（原講題「孔子哲學及其跨時代的發展」）、〈儒家對於學的理解〉、〈儒家倫理與東亞企業精神〉、〈儒家倫理的現代意義〉（原講題「儒家倫理在現代東亞的含義」）。

4　杜維明，〈從世界思潮的幾個側面看儒學研究的新動向〉，收入岳華編，《儒家傳統的現代轉化：杜維明新儒學論著輯要》（北京：中國廣播電視出版社，1992），頁327-328。

自我創造性轉化卻強化現有權力結構或是資本主義邏輯的悖論[5]。

關於杜維明從1980年代開始推動新儒家，並且修正韋伯的說法，強調儒家倫理所支撐的東亞社會的特殊政治秩序，以企業精神提供了新興的資本主義，德里克（Arif Dirlik）早已嚴厲批評。德里克指出，新儒家以儒學作為社會工程的工具，以儒家價值來替代韋伯的西方模式，並且以美國所推動的東亞工業化以及亞洲四小龍為證明，是受到美國同時期的論述所影響，包括經濟學家康恩（Herman Kahn）、社會學家彼得‧柏格以及政治史學家馬若德（Roderick MacFarquhar）等人。康恩指出，「儒家倫理」就是「創造全心付出、目標明確、責任心強、有教養、願意獻身、組織性特質以及對機構忠誠」，而這些儒家美德說明了東亞新儒家社會高生長率的原因。彼得‧柏格強調東亞社會的發展證明了儒家價值的團結與紀律，可以提供另外一種非個人主義的資本主義現代性。馬若德則指出，儒家的實務精神使得東亞社會免於重蹈西方世界的精神失落[6]。這些論者與在台灣推動文化復興運動的

---

5 關於新加坡的專制威權治理與儒家思想的關係，可以參考以下研究：Stephan Ortmann & Mark R. Thompson, "China and the Singapore Model," *Journal of Democracy* 27:2（January 2016）, pp. 39-48; Daniel P. S. Goh, "The Rise of Neo-Authoritarianism: Political Economy and Culture in the Trajectory of Singaporean Capitalism," *Center for Research on Social Organization, Working Paper Series*, 2002; Daniel P. S. Goh, "Oriental Purity: Postcolonial Discomfort and Asian Values," *Positions* 20:4（Fall 2012）, pp. 1041-1066; Francis Fukuyama, "Confucianism and Democracy," *Journal of Democracy* 6:2（1995）, pp. 20-33.

6 可參考〔美〕墨子刻著，顏世安、高華、黃東蘭譯，《擺脫困境：新儒學與中國政治文化的演進》（南京：江蘇人民出版社，1990）；康恩的 *World Economic Development: 1979 and Beyond*（1978）；彼得‧柏格，〈一個東亞發展的模式：戰後臺灣經驗中的文化因素〉，收入〔美〕塞繆爾‧P‧亨廷頓（Samuel P. Huntington）等著，《現代化：理論與歷史經驗的再探討》（上海：

陳立夫，以共構的方式，致力倡導甚至重新發明（reinvent）新儒家，以至於德里克稱之為「美國儒家」（American Confucius）[7]。杜維明正是其中的代表性人物，也實質影響了儒教復興運動。德里克指出，這些冷戰時期分布於美國環太平洋地區政治經濟部署的第三世界知識分子，除了強化儒家論述與資本主義邏輯的內在聯繫，也凸顯了台灣、南韓以及新加坡的社會控制與威權結構，而這正是新儒家自我陷入的諷刺處境[8]。

周月琴在《儒教在當代韓國的命運》中說明了冷戰時期的儒教社會威權政體如何透過儒教資本主義，而建立了裙帶資本主義（crony capitalism）。韓國在冷戰時期透過美國經濟援助，以及朴正熙軍事獨裁政府出口導向型戰略部署下，以30年的時間，將韓國從一個落後的農業國家發展成了一個新興工業國家。韓國人均國民生產總值從1965年的150美元，快速增長為1995年的10,548美元。韓國經濟發展被稱為「漢江奇蹟」，與台灣、香港以及新加坡等「亞洲四小龍」共同成為儒教資本主義的經濟發展模式以及亞洲價值的例證[9]。

上海譯文出版社，1993），頁420-429；以及馬若德1980年在 *Economis* 發表的論點。參見 Arif Dirlik, "Confucius in the Borderlands: Global Capitalism and the Reinvention of Confucianism," *Boundary* 22:3（Autumn, 1995), pp. 243-247。

7　德里克所討論的「新儒家」還包括劉述先、成中英。關於新儒家的檢討，另可參考瓦格納（Rudolf G. Wagner）2015年在哈佛大學費正清漢學研究中心的演講：https://soundcloud.com/fairbank-center/sets/fairbank-center-for-chinese。瓦格納提供的相關資訊，一併在此致謝。

8　Arif Dirlik, "Confucius in the Borderlands: Global Capitalism and the Reinvention of Confucianism," pp. 255-269.

9　亞洲價值是20世紀80年代新加坡李光耀與馬來西亞總統馬哈蒂爾一起倡導，並且由新加坡政府共同頒布的。20世紀90年代初世界銀行對「東亞奇蹟」的

　　不過，在1997至1998年亞洲金融危機對於泰國、韓國、印尼、馬來西亞、菲律賓、新加坡、日本、香港與台灣的嚴重衝擊之後，金大中政府配合IMF而啟動的新自由主義經濟改革帶來的對於儒教倫理與傳統社會的全面批判的同時，也暴露了儒教社會威權主義鼓勵了「官制金融」的現象，也就是所謂的「裙帶資本主義」：政府直接參與金融機構的借貸，政府作為擔保，鼓勵大企業集團從國外借貸，而推動企業發展。這個作法雖然實際上促成了經濟奇蹟，催生了現代、大宇這類大財閥，卻也造成了嚴重的官商勾結，貪汙腐敗，企業界的廉價資本與高負債，同時形成了政府徵稅卻剝削公眾福利，而支持少數的工業財閥的事實[10]。這個分析，恰恰指出了威權體制如何在儒教資本主義與裙帶關係之下，建立了權力與資本集中的治理模式。

　　杜維明曾經指出，儒家傳統的影響不僅限於中國民族文化，而也是朝鮮的，日本的，越南的，甚至是東南亞與新加坡的[11]。如果說，儒學是東亞社會共同分享的思想資源，這就意味著外儒

　　理論觀察以及對「亞洲模式」的研究肯定，導致中國大陸對儒教資本主義進行研究與借鑑。周月琴也指出，韓國模式的經濟奇蹟與成功的「祕密」成為中國90年代關注的研究對象，也大量翻譯了韓國經濟學者的著作，更引發了對於「儒教資本主義」的熱衷。周月琴，《儒教在當代韓國的命運》，頁16-17、29-39。

10 幾個典型例子包括大宇集團總裁金宇中因向前總統盧泰愚行賄而於1996年被判刑，大宇集團在倫敦設立假辦事處，運用高達數億元的祕密資金以供行賄或是其他非法用途；現代集團也因為特別擅於作假帳而被證券界人士稱為「黑洞」；韓國現代集團1999年債務高達660億美元；2000年11月，韓國21家債權銀行宣布整理經營不良而財務結構有嚴重缺失的企業，結果上千家企業的營運受到衝擊。周月琴，《儒教在當代韓國的命運》，頁53-56。

11 杜維明，〈儒學第三期發展的前景問題〉，收入岳華編，《儒家傳統的現代轉化：杜維明新儒學論著輯要》，頁262。

內法的權力集中與治理技術，以及不平等階序的社會關係，也是東亞社會所熟悉的模式。儒家思想的傳播，除了儒教意識形態之外，正好也說明了階級差序的治理體制如何促成了東亞社會威權政體的擴散與合理化的延續。

　　更值得我們檢視的問題是，儒學的符號操作除了配合了20世紀現代國家政權的階段性合理化論述與操作，冷戰時期「一分為二」的儒學讀經復古尊孔的文化戰鬥策略，同時也配合了20世紀中後期興起的新自由主義全球化的趨勢，而成為政治經濟治理技術的有效修辭手段。

　　德里克對於杜維明的犀利批評，已經指出了新儒家面對資本主義時代的論述陷阱。不過，若要進一步討論新儒家如何利用傳統儒家知識型來支撐資本主義時代的權力結構，我認為從杜維明所討論的「天人合一」以及儒家自我創造性轉化的論點切入，恰恰好可以分析這種儒教政治神學論述的內在悖論以及儒家語彙的陷阱。

第二節　「天人合一」與同意修辭（rhetoric of assent）

1.「天人合一」

　　杜維明在《儒家思想──以創造轉化為自我認同》中，引用《易傳》關於「大化」、「天行健」的概念，說明中國思想家將所有生命與物質都視為宇宙整體連續變化中的部分，相互依存，彼此聯繫，而宇宙與自我都是一個動態的開放系統。「天」的進程是生氣勃勃而不止息的（天行健），自我也在這個宇宙連續體中成為不斷轉化的有機部分（君子以自強不息），並且透過自我修

養，與自然取得和諧的相稱關係（天人合一）。對杜維明而言，無論是王夫之的「氣充滿宇宙，為萬物化育之本」，「天之生物，其化不息」，或是張載《西銘》的「乾稱父，坤稱母；予茲藐焉，乃混然中處。故天地之塞，吾其體；天地之帥，吾其性。」，程顥《語錄》的「仁者以天地萬物為一體」，都展現了自我和宇宙融為一體的思想[12]。

杜維明以王陽明《大學問》中「與天地萬物為一體」的說法，解釋儒家的「為己之學」，就是「學做人」：以此時此地具體的「人」作為出發點，建立於人性至善的基礎，超越自我中心、族閥主義、種族主義、國家主義和文化主義，也超越人類中心主義，以便達成「天人合一」。在這個關係之中，自我完全實現，人性也能夠充分現實化。作為種種關係核心的自我，是一個「開放系統」，自我實現的過程也就會把自我、家庭、國家和天下，通過層層擴大而確立的人際關係領域包融進來。杜維明以孟子的話解釋，自我的這種擴展和深化，就是「大我」的顯現以及「小我」的消融[13]。

杜維明引述墨子刻（Thomas Metzger）在《擺脫困境》（Escape from Predicament）一書中的說法，指出韋伯區分清教徒倫理與儒家學者入世態度，而說明現代資本主義社會能否發展的判斷是錯誤的。韋伯認為儒家沒有超越精神，因此沒有發展出現代資本主義社會。但是，杜維明強調，儒家學者和清教徒一樣，也通過對自我價值的內在估量，而獲取巨大的超越性能量。儒家社會雖然

---

12 杜維明，〈存有的連續性：中國人的自然觀〉，《儒家思想：以創造轉化為自我認同》（台北：東大，1997），頁4、39-40、41-44、49-50。

13 Weimin Tu, *Confucian Thought: Selfhood As Creative Transformation*, pp. 10, 14；杜維明，《儒家思想：以創造轉化為自我認同》，頁5、11-12。

沒有發展出資本主義精神，沒有按照中產階級資本主義的方向進
行，但是儒家不斷轉化的倫理，卻已經塑造成了東亞社會的特殊
社會政治秩序。杜維明也認為韋伯在《中國的宗教》中針對儒家
「與世界相適合」（adjustment to the world）以及儒家倫理合理化
潛能的缺點所下的論斷，是有所偏差的。杜維明認為儒家倫理所
提出的「和諧社會」，提供了社會團結一致的力量，恰恰是對於
當前橫行於西方個人主義的合理矯正[14]。

　　我們必須進一步分析杜維明如何以儒家語彙的「天人合
一」，作為合於時代的同意修辭，以及作為各種關係核心支點的
「自我」，以便說明自我如何與世界相融合，並且實現持續創造性
的轉化，以至於處於第三世界知識分子仍舊可以配合資本主義邏
輯而發展論述。此處，這一整套論述的關鍵悖論，座落於可以根
據時代的要求而創造性轉化的「自我」，或是「主體」。

2. 同意修辭的符號交換

　　杜維明所引用韋恩・布斯（Wayne Booth）《現代教義和同意
修辭》（*Modern Dogma and the Rhetoric of Assent*）（1974）中關
於「符號交換」（symbolic interchange）與「同意修辭」（rhetoric
of assent）的論點，正好可以說明這個自我「創造性轉化」及其
悖論。

　　在《現代教義和同意修辭》中，布斯寫道：我們「是在彼此
分享目的、價值和意義的過程中創造出來的」，整個世界以各種
二元關係所被界定，個體與社會隨之改變，「甚至像我、我的、

---

14 Weimin Tu, *Confucian Thought: Selfhood As Creative Transformation*, pp. 10-11；
　杜維明，《儒家思想：以創造轉化為自我認同》，頁6-7。

我的東西、自我這些詞的用法，都必須重新思考，因為自我與他人的分界線不是消失了，就是明顯地改變了」。布斯也指出人類的符號操作功能：人基本上是「自我塑造和再塑造的過程，符號操作者，信息交換者，溝通者，勸說者和操作者，探究者」[15]。

　　從布斯的論點來看，人類社會建立於可以共同分享的符號交換，以及在這個符號共同體之下共同接受的意義、價值與使命。杜維明參考布斯的論點指出，不同的發言位置會因為自我與他者的邊界改變而易懂，只要訴諸常識、健全恰當的情理，和參與共同價值活動的意志，就可以形成一個和諧的社會。杜維明更以符號學結構來解釋「仁」，說明「仁」作為「指號」（sign）[16]，在不同的歷史時刻會有不同的詮釋意義。透過引用芬伽萊（Herbert Fingarette）的詮釋，杜維明說明根據儒家的理念，人的行為可以既與自然協調，又與神性協調，甚至可以在「禮」的行為中取得和諧一致。「仁」正是「通過禮所規定的各種具體形式表達的互相信任和尊重」[17]，而這些努力都銜接了儒家概念的每一個德性。在這個詮釋之下的「仁」，會以「禮」來展現，而完整地呈現人性[18]。

---

15 布斯語，轉引自杜維明，〈仁：《論語》中一個充滿活力的隱喻〉，《儒家思想：以創造轉化為自我認同》，頁87-88；Weimin Tu, *Confucian Thought: Selfhood As Creative Transformation*, pp. 82.

16 杜維明，〈仁：《論語》中一個充滿活力的隱喻〉，《儒家思想：以創造轉化為自我認同》，頁90。

17 芬伽萊語，轉引自杜維明，〈仁：《論語》中一個充滿活力的隱喻〉，《儒家思想：以創造轉化為自我認同》，頁85。

18 Weimin Tu, *Confucian Thought: Selfhood As Creative Transformation*, pp. 82-83, 84-90；杜維明，〈仁：《論語》中一個充滿活力的隱喻〉，《儒家思想：以創造轉化為自我認同》，頁87-88、89-95。

　　從以上杜維明根據布斯所說明的「同意修辭」而展開的「天人合一」以及「自我創造性轉化」，讓我們看清楚了儒家論述的兩個根本悖論：

　　第一，「天人合一」以及「創造性轉化」是建立於共識的符號交換關係，以及在相互作用而不可避免的情境下，配合情勢而以同意修辭的方式肯定對方的對話模式。問題在於：「天」並不是神祕而不可知的自然，而是代表了時代性的大環境；除了自然環境與物質條件之外，也包括了整體歷史背景的時代心態與話語結構，更涵納了支撐整體脈絡各種體制的輻輳聚合。換句話說，「天」就是人所活動的「宇宙世界」。如果「人」在這個脈絡之下，以「同意」的模式回應時代，服從於「天」的共識結構，並且依照共識結構被塑造、訂製、複製，「天」與「人」會形成一個無法破解的迴圈，其中的權力結構便會透過論述與體制一再相互增強。如果無法針對這個「天人合一」的共識結構提出質疑，便不可能出現任何挑戰「天」——大環境——所預設價值標準的解放性思想。

　　第二，杜維明強調要區分儒家倫理與儒家政治，或是儒家傳統與儒教中國。杜維明在新加坡的演講《孔子哲學及其跨時代的發展》（1982）中強調，中國歷代的威權專制政體、集體性以及官僚機構是儒家的黑暗面，而這些政治的黑暗面不能夠與儒家倫理混為一談[19]。但是，問題在於：睽諸不同歷史時期的共識結構與同意修辭，我們看到儒家倫理與儒家政治的內在銜接，也看到儒家傳統與儒教中國的必然連結。甚至，這些修辭結構還會繼續在不同的歷史脈絡以及政治經濟關係之下，轉換面貌而出現，使得

---

19 杜維明，《新加坡的挑戰：新儒家倫理與企業精神》，頁39。

21世紀的治理模式仍舊滲透了儒家的政治倫理修辭。

我們必須進一步從歷史地理的時代物質條件，來說明「天」與「人」的創造性轉化問題。

3. 知識型的殖民權力模型

首先，關於「天人合一」與「創造性轉化」的問題。我們都知道，在長時段歷史過程下養成的社會習性（habitus）或是精神特質（ethos），會發展出共同接受的意義結構以及倫常關係，也就是一種話語模式的小宇宙。

主體在這個相互關連的人際關係領域內建立自我，並且學習一整套符號邏輯與操作語彙。杜維明或是儒家學者所說明的「天人合一」，便是在這種小宇宙之內，從自我、家庭、國家和天下等層層擴大的環節中，確立了大我與小我的關係。但是，這些習慣性的社會關係卻可能存在了內在不平等的殖民性壓迫關係，例如種族、族閥、階級、性別，卻不自覺，甚至會以各種話語闡釋與合理化這些不平等的關係，並且以法律與機構來穩定這些關係。

身在其中的主體採取這些被合理化的倫理位置，便會自發地判斷善惡與美醜，並且執行內群與外群的區隔，而無法意識到自身所執行或是所承受的符號暴力。

阿根廷後殖民理論家瓦爾特．米尼奧羅（Walter Mignolo, 1941- ）從符號學的面向出發，解釋知識型的殖民權力結構。米尼奧羅以「殖民符號化」（colonial semiosis）的概念，來分析「社會─符號」的互動如何在表記層次（the sphere of sign）發生衝突。這個衝突的關鍵，是邊界的劃分，也是在殖民擴張以及民族帝國霸權的變化過程中，所構成的內部與外部持續變化的邊界。在米尼奧羅的脈絡下，知識的生產與複製，必然有其地理歷

史身分（geohistorical identities）的痕跡，也必然在殖民歷史過程中強化了歐洲與非歐洲身分的高下等差秩序，以及為了維繫權力的殖民結構而改變或設計的體制。歷史結構性依附關係所造成的世界體系，是具有權力殖民性的宰制性結構。這個歷史結構性的依附關係不僅只是經濟的或是政治的，更是知識型的依附關係（Mignolo 2002: 83）[20]。米尼奧羅強調，呈現知識的地理歷史與生理的地圖構造，檢視支撐發言位置的基本前提，能夠協助我們重新整理（也就是解除殖民）原本的發言機制[21]。

　　我們可以移動米尼奧羅的分析軸線，轉向同一個大範圍的地理區域，例如所謂的「中國」，來思考這個大區域內部的不平等權力模型。

　　在漫長的歷史過程中，「中國」歷代經歷了不同地區與不同族群的合併與分裂，重組權力模式，也透過儒家傳統的同意修辭以及話語宇宙，不斷重新建立核心邊緣依附關係與等差化相對位置的穩定結構。在這個穩定權力的結構之內，事實上有各種型態的傾軋與暴力。

　　譚嗣同曾經批評以「共名」所建立的「仁」與「名教」的權勢關係，以及從「共名」而溢出的暴力型態。譚嗣同指出：「以名為教，則其教以為實之賓，而絕非實也。又況名者，由人創造，上以制其下，而不能不奉之。」但是，透過「共名」，單一名教系統與善惡區分之邏輯，卻成為刑罰之依據：「中國積以成（威）刑，箝制天下，則不得不廣立名，為箝制之器。如曰

---

20 Walter D. Mignolo, "The Geopolitics of Knowledge and the Colonial Difference." *The South Atlantic Quarterly* 101, no. 1（2002）: 83.

21 Walter Mignolo, "Epistemic Disobedience," *Theory, Culture & Society*, 26:7-8（2009）, p. 4.

『仁』，則共名也」[22]。

　　譚嗣同說，以共識與共名而建立「仁」的體系與「名」之定位，其實是權勢之積累所占據的位置，但是治理者卻會以「天命」、「國憲」為託詞，而使人不敢逾越[23]。在這個體系之下，施政者稱犯法者為「大逆不道」，進而嫌忌、放逐、誅戮，追隨者也毫不懷疑，對於體系之「法」之暴力「不以為怪」：「施者固泰然居之而不疑，天下亦從而和之曰：『得罪名教，法宜至此。』」[24]

　　如果依照杜維明或是當代儒家學者的詮釋方式，以同意與共識作為人際關係的前提，甚至以「天」與「情勢」作為這個開放系統的轉軸依歸，1980年代的情勢—「天」—正是冷戰時期美國主導的亞太地區工業發展，以及美國支持東北亞與東南亞威權體制的政治經濟結構。以這個共名與共識為基礎的同意修辭，自然會同意大局勢之下天命之所趨，那麼也就不可能對於這些符號暴力模型進行任何批判性的反省。

　　自我為了配合更大局勢的政治經濟條件變遷所構成的社會關係，以適應與調節時代需求來回應情勢，創造性地改變自我，則正展現了縫合於不同時代權力結構的主體位置以及主觀因素。

第三節　儒教政治神學的「以名為代」與符號化轉換

　　杜維明1985年赴大陸講學，提出關於儒學第三期發展前景的論點，繼續針對儒教中國與儒家傳統的區別進行說明，並且強調

---

22 譚嗣同著，湯志鈞、湯人澤校注，《仁學》（台北：臺灣學生書局，1998），頁15。

23 譚嗣同，《仁學》，頁15。

24 譚嗣同，《仁學》，頁11、16。

了儒家的反省與批判的傳統。杜維明提出儒學第三期發展的前景問題，是針對列文森（Joseph Richmond Levenson）在《儒教中國及其現代命運》中斷定儒家傳統已經死亡的結論而回應。杜維明視先秦兩漢儒學為第一期，宋元明清儒學為第二期，19世紀以來面對巨大變革的時期是儒學發展的第三期，到現在仍然在勃興之中。他指出，從晚清到五四，從康有為、梁啟超，到各種西方思想並存的現代中國，面對西化派對儒家的攻擊，右派如袁世凱對儒家的挪用，使得新儒家越來越純粹。如何以憂患意識，讓儒學能夠不斷研究人道如何與天道結合，如何建立哲學的人學，自我超越，以達到天人合一的境界，而達到創造性轉化的過程，是第三期儒學的使命 25。

　　杜維明強調，儒教中國與儒家傳統不是同一件事。杜維明所謂的「儒教中國」，是指「以政治化的儒家倫理為主導思想的中國傳統封建社會」所形成的意識形態，以及這個意識形態在現代文化中「各種曲折的表現」。杜維明指出，雖然科舉制度、專制政體、宗法組織等體制已經不再存在，但是這個意識形態卻仍舊是一個長期積澱而有沉重惰性的深層文化心理結構，有其成為風俗習慣而被合理化的價值、觀點或一組行為，並且在廣大群眾中樹立起「神聖的權威」。杜維明說明，要徹底清除封建遺毒，必須從「儒家思想內部」尋求批判與反省的資源，並且認識儒家傳統的真正面目，「了解他們的價值取向，體會他們的精神資源」。他所舉出的具有自覺反省而「主動地批判地創造人文價值的優秀

25 可參考〈儒學第三期發展的前景問題〉，〈儒家人文主義的第三期發展〉，〈從世界思潮的幾個側面看儒學研究的新動向〉，收入岳華編，《儒家傳統的現代轉化：杜維明新儒學論著輯要》，頁234-277、278-302、303-329。

知識分子」，包括孔子、孟子、荀子、董仲舒、周敦頤、張載、程頤、朱熹、許衡、吳澄、王陽明、劉宗周、王夫之、黃宗羲、顧炎武、戴震等，也就是一整個儒家傳統[26]。

　　但是，事實上，我們並無法也不應該區分儒家倫理與儒家政治，或是儒教中國與儒家傳統。儒家思想的複雜性在於，關於「天人合一」、「仁」、「禮」，或是「性」、「命」、「身」、「心」、「理」、「氣」，雖然是同樣的詞彙，但是在歷代不同思想家的闡述之下，以及這些詞彙納入政治論述的脈絡下，意義卻可以截然不同，而且必然是連結政治與倫理的主體位置的詮釋。每一個時代的話語構成，從概念關係到體制化的任何環節，無論直接或是間接，都只是如同章太炎所說的「以名為代」，鑲嵌了時代性的是非印記，有其內在扣連的邏輯，以自我作為核心，並且在思想與實踐中形成了一個相互銜接的複雜拓樸結構。同時代的政治體制之下，這些詞彙的對應關係會有所差異，而可能會產生恰恰悖反的現實效果。

　　我們可以看到，不同世代與不同政治結構之下的儒家學者，為了配合同時代的共識，可以自行闡述合宜的論述。無論是「仁」、「忠」、「孝」或是「王道」等不同語彙，都可用於帝國擴張的合理化修辭。漢儒董仲舒以「天」作為具有普世性的超越價值來節制君王的絕對專制，如蕭公權所說的，是為了要「以天權限制君權」[27]。但是，董仲舒發展春秋公羊學，凸顯「法天」的理想與「天命」、「受命」的說法，卻由於「天」的神祕性以及災難

26　杜維明，〈儒學第三期發展的前景問題〉，收入岳華編，《儒家傳統的現代轉化：杜維明新儒學論著輯要》，頁258-259、261。

27　蕭公權，《中國政治思想史》（北京：新星出版社，2005），頁197。

讖緯的人為詮釋，而弔詭地建立了具有神祕性的儒家政治神學。漢儒從董仲舒等人以降所穩固建立的封建制度、宗法制度與孝悌道德的三環結構，加上忠孝入律、私學轉為官學、士大夫官僚政治的定型，因此形成了穩定政權的治理操作。漢代以降的儒學以「創造性轉化」的邏輯，結合了後世以不同脈絡雜糅的詮釋方式與政治操作，形成儒表法裡的傳統。奉天承命、通三統、張三世等說法，更成為改朝換代之際建立自身王朝合理性的「同意修辭」。

長年研究經學的周予同在分析「春秋」與「春秋學」之差別時指出，西漢初年今文學家如董仲舒等人以「公羊學」來宣揚自己的政治思想，遵循兩漢緯書而將孔子變為教主，並將《春秋》與《孝經》視為孔子所作的法典，原因是春秋主張「大一統」，可以使帝國領土的擴張獲得解釋，而《孝經》主張階級的服從與孝道，則可以使帝國王位的繼承得以穩定[28]。周予同更指出，「孝悌論」是在中國小農經濟組織的社會基礎上，使各階級各安其分，以便建立一個階級化社會的論述策略，因此《孝經》是一種統治的武器，而封建制度、宗法制度與孝的道德則是「三位一體的安定社會的武器」[29]。

朱維錚參考周予同的經學史觀，也提出了解釋：宋學是是18世紀初康熙皇帝模擬明初二祖，改變文化政策，重新建立朱熹理

---

28 周予同也指出，漢儒董仲舒的思想是儒家、方士、經生的混合，立博士弟子，變春秋戰國的「私學」為「官學」，是中國官僚政治的定型者，使得擁有經濟權的儒者進而謀取教育權，並且與政治權分潤。周予同，〈《春秋》與《春秋》學〉，頁351。

29 周予同，〈《孝經》新論〉，收入朱維錚編校，《周予同經學史論》（上海：上海人民出版社，2010），頁338-340、342-343。

學，以便鞏固統治權威，作為「以漢制漢」的控制手段。雍正與乾隆二帝日趨高壓的文化政策，凸顯了朱熹為主的理學權威。漢學與宋學的對立，是抵制宋學的高壓；晚清康梁為了抵制漢學，卻回到以讖緯學為基礎的春秋公羊學[30]。

僅僅從乾嘉漢學到道咸今文經學的轉移，我們就看到了在儒家經學傳統的不同路線。古文經學與今文經學之間，已經是政治性的選擇。漢儒從董仲舒等人以降所穩固的封建制度、宗法制度與孝悌道德三環結構，以及忠孝入律、私學轉為官學、士大夫官僚政治的定型，都形成了穩定政權的治理秩序。徐復觀也指出，儒家思想發展到董仲舒，在許多地方「變了形」，陰陽五行之說成為流俗人生哲學，都要追溯到董仲舒的思想。原本先秦儒家具有相對義務的人倫關係，卻在董仲舒誇張春秋公羊的「正名」，以《春秋》斷獄，並且以陽貴陰賤闡釋三綱五常，並且將人倫關係固定化，而成為後世暴君頑父惡夫自固自飾的說詞。董仲舒的「天的哲學」，使他成了助成「專制政治」的歷史罪人[31]。

漢代的儒學，已經不是古典儒家思想，而是後世詮釋與政治操作。不同歷代的詮釋與操作，則又有其時代性的差異，也有其所對應的時代政治問題，而存在內部的緊張關係。

儒教論述中所鞏固的封建制度、宗法制度與孝悌道德的三環結構，實際上正是一套外儒內法的政治操作框架，強化了權力資本集中而核心邊緣階級等差的威權模式。同樣的儒家詞彙在不同

---

30 朱維錚，〈晚清漢學：「排荀」與「尊荀」〉，《求索真文明：晚清學術史論》（上海：上海古籍出版社，2001），頁335。

31 徐復觀，《兩漢思想史》卷2（台北：臺灣學生書局，1974），頁296-297、409。

的歷史時期攜帶不同的指涉意義，也回應了不同的社會關係與物質條件。同一個儒者，例如董仲舒，也會在真實誠懇地發展出體系完備的儒家思想的同時，卻悖離了先秦儒家的理念，而將中國歷史發展推向專制政體的合理化路線。

　　思想與體制，儒家倫理與政治實踐，其實都是在修辭層面的操作，轉圜的核心軸正是不斷調節與適應大環境的「自我」。除非能夠對於話語構成的小宇宙採取逆勢操作，檢視這個話語結構內在的邊界政治，不然同樣的詞彙恰恰可以執行其配合大勢所趨的象徵暴力。

　　無論是20世紀上半期中國不同政權挪用儒家修辭的治理技術，或是20世紀下半期杜維明援用新加坡經驗說明儒家自我創造性轉化的企業精神，或是21世紀大陸儒教復興，而援用天下、天命與朝貢體系的論述，我們都可以看到儒教思想配合時代需要的「創造性轉化」，更看到當代儒教修辭與資本主義共振的可能性。

　　米尼奧羅指出，當前新自由主義並不只是經濟與金融問題，而是一種文明設計，更是一種全球殖民的新形式。我們必須思考，為什麼儒教思想在這個經濟與金融的新殖民形式中，會繼續扮演一個特殊的角色？

　　從歷史過程中的話語文法以及治理操作，我們會注意到，政治修辭與現實政治之間，並沒有截然二分的界線。儒家思想在不同歷史時刻的詮釋與操作，有其時代性的差異，也有其所對應的政治問題。思想與實踐之間的拓樸環節，必須放回到同時期的政治與經濟脈絡來理解。

　　為了不要將儒家思想陷入理想性的烏托邦勾勒，或者是順應局勢而否認現實衝突的自我合理化修辭，我認為我們可以轉換符號交換與同意修辭的詮釋軸線，以「符號混成」操作中「轉換

詞」（shifter）的角度切入，將不同時期的儒家傳統徹底脈絡化與歷史化，以便針對所謂的「天」與「人」的問題，進行物質性的批判分析。

　　本維尼斯特（Émile Benveniste）在語言學中所展開的「轉換詞」（shifter）概念，可以修正杜維明所引用的「同意修辭」。根據本維尼斯特的說法，發言內容（enunciated）與發言動作（enunciation）之間，有一個斷裂：作為表記，一方面，指向了陳述的範圍，另一方面，又指向了發言的動作。拉岡根據本維尼斯特對於轉換詞的討論，繼續說明「我」便是一個占據分裂位置的轉換詞。「發言中的我不同於陳述中的我」，「我」只是一個「轉換詞」，指向另外一個位置[32]。米尼奧羅利用本維尼斯特的概念，說明任何語言都有這種發言動作與被說出的話之間的差距。除了「我」或是「我們」的代名詞轉換之外，時間與空間的詞語也同樣會發生轉換。從對話的語言框架，到學科的預設框架，構成了一個宇宙論（cosmology）。針對知識生產而帶來的語言、機構、管理、操作，可以讓我們分析不同地區知識生產的邊界[33]。（Mignolo 2009: 5-7）

　　米尼奧羅所關注的問題在於歐洲與非歐洲之間的知識邊界，但是，轉換一個分析視角，面對漢語脈絡或是儒家話語構成的宇宙觀，我們可以將「天」、「人」、「心」、「聖王」，甚至「無」，視為根據主體發言位置而相應的同時代價值體系相互牽動改變的

32　Jacque Lacan, *Seminar XI: The Four Fundamental Concepts of Psycho-Analysis*, Alan Sheridan, trans.（New York & London: W. W. Norton & Company, 1978），pp. 136-142.

33　Walter Mignolo, "Epistemic Disobedience," *Theory, Culture & Society*, pp. 5-7.

「轉換詞」。

　　「轉換詞」基本上就是「以名為代」的操作。但是，所代之物，或是代替之後所轉化的所指之物，或是反身指向的主體位置，或是無意識位置，則要在一個拓樸脈絡之下理解。

　　章太炎以錯畫象交的「文」，以及觸受順違、以名為代、轉注假借而音義相讎的「名」，說明「以名為代」的問題。章太炎說明，由物到名，有其主觀觸受順違之分別：「物之得名，大都由於觸受」，「言語之分，由觸受順違而起。」[34] 不同歷史時期以及不同地理風土，有其不同的串習慣例，「代無定型」、「各有時分」、「與時差異」；不同世代的儒家經典，無論是《詩經》、《書經》、《易經》、《禮經》、《樂經》以及《春秋》等經書，也都只是歷史的「是非印記」，反映其歷史脈絡與風俗習慣[35]。

　　歷史過程中的南北遷移與族群混居，口音也必然有其不同喉牙音韻之別，以及揉合之後的轉注假借。章太炎所說明的「孳乳」，「討其類物，比其聲均，音義相讎，謂之變易，義自音衍，謂之孳乳」，便是透過轉注假借，雙聲相轉或是意義對轉的孳乳關連，而另外尋找可以借代之「名」。「文」與「言」就如同事過境遷的「鳥跡」與「聲音」，當時已經無法捕捉原物，更不要說

---

34 「物之得名，大都由於觸受。」、「言語之分，由觸受順違而起。」見章太炎，〈語言緣起說〉，《國故論衡》（上海：上海古籍出版社，2003），頁32-33。

35 我曾經先後撰寫過關於章太炎批判思想的不同文章，請見〈法與生命的悖論：論章太炎的政治性與批判史觀〉，《杭州師範大學學報》，2015：2（杭州，2015），頁32-45、55；〈莊子、畢來德與章太炎的「無」：去政治化的退隱或是政治性的解放〉，《中國文哲研究通訊》，22：3（台北，2012），頁103-135；〈勢・法・虛空：以章太炎對質朱利安（François Jullien）〉，《中國文哲研究通訊》，25：1（台北，2015），頁1-31。

隔代所固化執著的印跡與法則[36]。

　　章太炎所說的觸受順違而「以名為代」的「言」與「文」，已經說明了所謂的天、人、心、聖王、華夷，甚至空、無，都在這個儒學宇宙中界分了核心邊陲與上下尊卑的相對依附關係。使用轉換詞而以名為代的時代主體，以及轉換詞所指向或是背後牽動的意義架構，都被書寫者所面對的世界所置換而重新定義。無論是晚清知識分子引用的儒家話語，或是冷戰時期新儒家所使用的儒家話語，甚至21世紀儒教復興所再次出現的儒家話語，都如同「轉換詞」的「以名為代」，反映出了構成話語宇宙的「天」以及回應時代需求的「人」的相應位置。

　　作為這個多重關係牽連軸心的說話主體，除了暴露出其所自居的當代視野、感受與經驗的世界觀，同時代知識型的分類體系，也透露了轉換發言位置的時代是非印記。因此，無論是外儒內法或是儒表法裡，儒教意識形態的修辭語彙，頂多可以作為政治神學的符號轉換詞，在不同歷史時期，結合不同思想資源，而證成了規範性治理範式的合理性。

---

36 「然音或有絕異，世不能通，撢鈎元始，喉牙足以衍百音，百音亦終軔復喉牙。」章太炎，〈古雙聲說〉，《國故論衡》，頁29。章太炎，〈成均圖〉，同前書，頁11-22。

第六章

儒法鬥爭作為解放性批判政治的反向索引

第一節　批判儒教權力集中的左翼傳統

回到儒法鬥爭這個具有症狀式爆發事件作為標記與索引，所指出的解放性批判政治傳統。

1973至1974年間，由於中蘇關係緊張以及中美關係轉向積極的外部因素，掌握兵權卻不知變通的林彪被毛澤東排除於政治舞台，引發了四人幫藉由批林批孔進行黨內排除異己的權力鬥爭，並且再一次展現了社會主義革命後權力集中的悖論發展。雖然如此，儒法鬥爭研究史作為「標記」與「索引」，除了指向了歷代托古改制，強化儒教宗法倫理以及等級制度之下的土地權力集中的威權政治範式，也反向指出了相對於此，強調不法先王、抵制土地與權力集中的解放性批判政治的傳統。

我們從江青與四人幫利用的論述主軸依據，就可以看出端倪[1]。歷史學者楊榮國1972年發表在《紅旗》第12期的一篇文章〈春秋戰國時期思想領域內兩條路線的鬥爭──從儒法論爭看春秋戰國時期的社會變革〉以及1974年的後續文章，是江青等人主要援用的參考。楊榮國在1974年8月10日所提出關於〈儒法鬥爭史報告〉，指出中國社會發展的不同時期，有歷史過程中不同階段的階級鬥爭：漢代出現的儒法鬥爭，是「上層建築領域裡兩條路線的鬥爭」，是庶族地主階級或是小地主階級為了自身利益而打擊士家地主階級；封建社會走向晚期，生產力與生產關係發生改變，唐宋時期商品經濟的發展已經孕育著資本主義的萌芽，因此也出現了相對於大地主階級的中小地主階級利益，以及相

1　楊榮國，〈春秋戰國時期思想領域內兩條路線的鬥爭──從儒法論爭看春秋戰國時期的社會變革〉，《紅旗》，1972：12（北京，1972），頁45-55。

對於貴族階級的工商業庶族階級利益[2]。楊榮國強調法家的「法後王」,「論世之事,因為之備」,就是「根據現在發展的情況,提出具體的辦法」。楊榮國指出,儒家「祖述堯舜,憲章文武」的「法先王」或是「克己復禮」,就是不根據現在的實際狀況提出相應的具體辦法。他指出,儒家學者例如子思、孟軻等人將五行思想神祕化,也是法家所不同意的,因此受到了荀子、王充等人的批判。法家根據自然經濟發展而提出改革方案的例子,包括曹操區分軍屯與民屯的屯田之術,商鞅主張耕戰,柳宗元支持王叔文停止苛稅、革除弊政、從宦官收回兵權的改革,並提出批駁天命邪說的〈天說〉以及批評封建制度並提倡郡縣的〈封建論〉,另外還有王安石反對土地集中,提出農田水利之法[3]。

　　羅思鼎的〈秦王朝建立過程中復辟與反復辟的鬥爭——兼論儒法論爭的社會基礎〉,特別討論秦朝建立過程中,秦獻公、秦孝公、昭王以及秦始皇先後重用商鞅、范雎、韓非、李斯等「法家」學者,在不同階段提出之變法,都面對了深刻的社會變革,也進行了與當時貴族地主所發起的復辟勢力的鬥爭[4]。無論是楊榮國所列舉的柳宗元、王安石等人,或是羅思鼎列舉的各個變法改制的例子,或是歷代尊法反儒的思想,例如張居正的尊法反儒或是太平天國的反孔論述[5],都是根據當時制度的不合理,而提出改

2　作者不詳,《楊榮國同志關於儒法鬥爭史的報告》(出版地不詳:出版者不詳,1974),頁1-5。

3　作者不詳,《楊榮國同志關於儒法鬥爭史的報告》,頁13-14。

4　羅思鼎的〈秦王朝建立過程中復辟與反復辟的鬥爭——兼論儒法論爭的社會基礎〉,收入安徽省革命委員會毛澤東思想學習班編,《秦王朝時期的儒法鬥爭報刊文章選》,頁1-17。

5　太平天國時期,太平軍在所到之處全面發動了掃除孔子偶像,搗毀孔廟,摧

革的具體辦法[6]。

儒法鬥爭史研究這一系列重估「法家」論者的唯物觀點以及平等法則，一一列舉歷代變法改制的革新過程以及社會脈絡，是值得我們注意的政治性思想行動。區分儒家或是法家的歸類模式，並無太大意義。事實上，中國歷代思想家雜糅了不同的儒道釋法等等思想資源。這些在特殊歷史脈絡與物質條件之下，針對權力集中以及土地集中，短暫出現的變法改制或是思想芻議，都是帶有實驗性質的抵制行動，也就是我所希望指出的「解放性批判政治」的思想革命範式。

20世紀上半期從五四時期到抗戰時期左翼知識分子的批孔反儒，例如魯迅、李大釗與陳獨秀，也是批判專制政體的思想革命。李大釗在〈憲法與思想自由〉中指出，雖然不會蔑視孔子學說的價值，也不會反對以孔子之說作為自我的修養，但是，如果如果要將「自我貢獻於孔子偶像之前」，或是「使青年盡為孔子之青年」，則必然反對[7]。陳獨秀在〈復辟與尊孔〉（1917）一文中則指出，「孔教與共和乃絕對兩不相容之物，存其一必廢其一」，「蓋主張尊孔，勢必立君；主張立君，勢必復辟，理之自然，無

毀私塾中的孔子牌位，並將四書五經等藏書全數燒毀，甚至「讀者斬，收者斬，買賣者以同斬」。《金陵癸甲新樂府》，《太平天國》（四），神州國光社，1952。頁735。引自張衛波，《民國初期尊孔思潮研究》（北京：人民出版社，2006），頁16。

6 可參考趙明，《大變革時代的立法者：商鞅的政治人生》（北京：北京大學出版社，2013）；朱永嘉，《商鞅變法與王莽改制》（北京：中國長安出版社，2013）。

7 李大釗，〈憲法與思想自由〉，《李大釗文集》（北京：人民出版社，1984），冊上，頁245-247。

足怪者。」[8] 錢玄同為文致陳獨秀時表示，孔子雖然極有價值，但是他卻無法同意孔子的「別上下，定尊卑」之說[9]。常乃惠反駁陳獨秀的論點，認為孔道與帝制並不必然有不可離散的因緣，孔子也不必然就代表專制之學[10]。但是，陳獨秀回駁常乃惠的文章中表示，雖然要承認孔教影響數千年來中國的社會心理與政治，但是，今日的研究必須檢討孔教是否有益於當前的社會。如果實行於今日的社會並無益處，反而有害，則必須「悍然廢棄之，不當有所顧惜。」[11] 陳獨秀進而指出，這些舊思想與舊勢力是阻礙新文化發展的主因，應該將「反對共和的倫理文學等等舊思想完全洗刷乾淨」[12]。

第二節　翦伯贊的動態史觀與「法」的概念

翦伯贊是另外一個值得我們注意的人物。楊榮國在1941年接受翦伯贊等學者的幫助，接受馬克思主義思想，就開始運用馬克思觀點和方法，研究中國思想史與社會問題，並且在1946年出版了《孔墨的思想》，針對國民黨當時推動的尊孔讀經運動進行批評[13]。支持楊榮國的翦伯贊（1898-1968），是維吾爾族人，是最

8　陳獨秀，〈復辟與尊孔〉，《獨秀文存》（蕪湖：安徽人民出版社，1987），卷1，頁112、115。

9　錢玄同，〈致獨秀〉，《新青年》（1917.6.1）第3卷第4號。引自張衛波，《民國初期尊孔思潮研究》，頁19。

10　常乃惠，〈致獨秀〉，《新青年》（1917.2.1）第2卷第6號。引自張衛波，《民國初期尊孔思潮研究》，頁5。

11　陳獨秀，〈四答常乃惪（孔教）〉，《獨秀文存》，卷3，頁678。

12　陳獨秀，〈舊思想與國體問題〉，《獨秀文存》，卷1，頁104。

13　楊榮國，《孔墨的思想》（北京：生活·讀書·新知三聯書店，1946）。

早應用馬克思主義方法重新解釋中國歷史的奠基人之一，與郭沫若、呂振宇、侯外廬、范文瀾共同被稱為「馬列五老」，可以作為一個代表性的例子。翦伯贊前後三十多年研究所梳理的中國歷代唯物觀點與平等法則的思想，可以讓我們注意到中國歷代思想的改革傳統，也可以約略看到中國20世紀前半段的思想家如何以馬克思所提示的唯物觀點與平等法則，重新理解中國不同歷史時期中，思想家如何面對不同的生產方式以及階級結構，出現了抵制土地以及財產的集中與私有化，而展開的不同制度改革與批判思想。

翦伯贊在1936年〈先秦「法」的思想之發展——從楊朱到韓非〉這一篇文章中指出，從春秋末期到戰國時代，農業勞動生產的提高以及商業資本的發展，引起了封建社會自身「質的轉化」。新興地主、商人與官僚三位一體的新興地主階級逐漸抬頭，雖然新興地主階級批判並否定舊封建領主，但是無論是舊地主階層或是新興地主階層，他們的共同點都是對於農民的剝削。從楊朱、申不害、慎到、商鞅到韓非，新興地主階層的意識形態逐漸發展，否定支撐等級制度的「禮」，以法治代替人治。翦伯贊認為，這些新興地主階層的政治要求，是適應了當時私有財產關係的發展[14]。

翦伯贊首先指出，先秦「法」的思想注重「法」的客觀性與平等性。楊朱否定儒家的等級制度與親親主義，商鞅主張「一刑無等級」，韓非提出「法不阿貴，繩不撓曲」，「刑過不避大臣，賞善不遺匹夫」，這些理念都推翻了「刑不上大夫」的儒家主

---

14 翦伯贊，〈先秦「法」的思想之發展——從楊朱到韓非〉，《翦伯贊全集・第6卷：中國社會史論戰集》（石家莊：河北教育出版社，2008），頁426-448。

張。「法」的平等源自於其客觀性。申不害主張不要依賴個人的主觀判斷，而要以「法」來權衡輕重。慎到說明禹雖聖人，卻無法如同權衡一般明察錙銖毫髮之細微差別。韓非則提出有治國之術的國君，不能夠沒有法術；沒有規矩法度而任意隨心衡量，就連堯也無法治理國家[15]。雖然翦伯贊指出，新興地主階層取得了平等身分，是為了與舊封建領主共同建立穩定的社會秩序，共同剝削農民。但是，他也觀察到，「法」卻是能夠將新興地主這一階層「從等級制度之中解放出來」，取得平等關係[16]。「法」的解放性與平等性便是重點。

其次，翦伯贊強調了先秦「法」的「動態史觀」，也就是說，法制必然是隨著時間的轉移而修訂。慎到說「三王隨時制法而各適其用」，治國無法則亂，守法而不變則衰，有法而行私則是不法，只有「以道變法」才是好的國君。商鞅也提出人治的廢棄與法治的代興，是歷史的必然。一個社會的法制，不應「法

---

15 申不害：「失之數，而求之信，則疑矣！」「耳目心智，不足恃也。」「故至智棄智，至仁棄仁，至德不德，……凡應之理，清靜公素而正始卒焉。」（同上注，頁431-432）慎子：「有權衡者，不可欺以輕重，有尺寸者，不可差以長短，有法度者，不可巧以詐偽。」「法者，所以齊天下之動，至公大定之制也。」「大君任法而弗躬，則事斷於法矣，法之所加，各以其分，蒙其賞罰而無望於君也，是以怨不生而上下和矣。」「故蓍龜，所以立公識也；權衡，所以立公正也；書契，所以立公信也；度量，所以立公審也；法制禮籍，所以立公義也。凡立公，所以棄私也。」（同上注，頁434）「欲不得干時，愛不得犯法，貴不得逾親，祿不得逾位，士不得兼官，工不得兼事，以能受事，以事受利。」（同上注，頁435）「釋法術而任心治，堯不能正一國；去規矩而妄意度，奚仲不能成一輪；廢尺寸而差短長，王爾不能半中。」反之，「使中主守法術，拙匠執規矩尺寸，則萬不失矣。」國法不可失而所治者非一人也。故有術之君，不隨適然之善而行必然之道。」（同上注，頁445）
16 翦伯贊，〈先秦「法」的思想之發展——從楊朱到韓非〉，頁431。

古」而「修今」，而要「因世」以「度俗」。立國的制度一定要依「時」而定，並且根據世俗民情而立法。「以時而定，各順其宜。」韓非子更說明「法與時轉則治；治與世宜則有功。」[17]這些法家的概念，都強調了「時」的重要性，而「法」必然要隨著「時」而轉變。隨著歷史時空以及物質條件而改變的「法」，同樣也凸顯了不依循先王舊法，而依時變法改制的解放性。

第三，先秦「法」的思想以不同方式提出了中央集權的概念。當封建領主勢力過於龐大，擁有過多威權，必然導致沒有國君核心的治理權力。「集權」不在於壓迫性的控制，而著重於避免諸侯奪權而造成「私」的膨脹，也就是「公」的概念。慎到提出「政從上使從君」的政府：「立天子者，不使諸侯疑焉」。商鞅也說明了政府以法治國的重要：「國之所以治者三：一曰法，二曰信，三曰權」。「法」是君臣所共同遵守的法則，「信」是君臣所共同建立的，「權」則必須是君主一人所掌握。「法」代表了公共，以免任何人都可以任意「釋法任私」。此處要求的立法明分，重點在於不讓任何人「以私害法」。韓非更清楚闡述中央集權的必要性：如果大臣過於權重，左右親信過於掌握威望，君主便無法執行其意志。韓非以為最高統治者，必須「抱法處勢」，

---

17 商鞅：「凡將立國，制度不可不察也，……制度時則國俗可化，而民從制。」、「非樂以為亂也，安其故而不窺於時也，……故聖人之為國也，不法古，不修今，因世而為之治，度俗而為之法。故法不察民之情而立之則不成，治宜於時而行之則不干。」、「聖人之為國也，觀俗立法則治，察國事本則宜。不觀時俗，不察國本，則其法立而民亂，事劇而功寡。」、「以時而定，各順其宜。」（同上注，頁437-438）。韓非：「故民樸而禁之以名則治；世知維之以刑則從。時移而治不易者亂，能治眾而禁不變者削。故聖人之治民，治法與時移，而禁與能變。」但是，保守之人「必曰無變古，毋異常。」這些人都是「守株之類也」。同上注，頁444。

因為「法審則上尊而不侵，上尊而不侵，則主強而守要。」（〈有度〉）「勢者，中也。」（〈難勢〉）「事在四方，要在中央。聖人執要，四方來效。」（〈揚權〉）[18] 只有以「公」作為核心，不容許任何「任私」的意志劫持公共領域，這就是「法」的概念。

　　翦伯贊在1948年〈從歷史上看中共的土地改革〉中，說明秦始皇終止了裂土封侯與貴族世襲的制度，使老百姓有自己的田地，「黔首自實田」；漢朝王莽停止奴隸制度，實行王田制，將土地收歸國有，再由國家分配給無田或是少田的農民；東漢荀悅提出以人口計算田地，「以口占田，耕而勿有」[19]。他在1950至1951年間《歷史問題論叢》的一系列文章中，繼續探討了中國古代的封建社會與中國古代的農民戰爭的問題，說明中國歷代不同時期的貴族富豪進行了不同型態的土地占取與兼併，使得土地逐漸高度集中，而使得貧者無棲身之地。因此，不同時期便有不同性質的農民起義[20]。

　　從翦伯贊的論述軸線觀察，我們可以看到生產方式與階級結

18　同上注，頁437-448。

19　翦伯贊，〈從歷史上看中共的土地改革〉，《翦伯贊全集·第4卷：中國史論集第3輯·歷史問題論叢》（石家莊：河北教育出版社，2008），頁25-28。

20　例如秦朝的陳勝與吳廣；西晉惠帝時的張昌起義召集十餘萬人；南北朝農民起義六、七十次；隋朝隋煬帝時，農民起義領導人物百餘人；唐朝安史之亂後，農民起義前仆後繼，最後到僖宗時的王仙芝與黃巢為首的農民大起義；南宋時有一百五十餘次農民起義；元代農民起義次數打破歷史紀錄，以江南地區為例便有凡四百餘處；明代根據《明實錄》，至少有三、四百次；清初到太平天國之間，《清史稿》記錄一百多次，《清實錄》中則可搜尋到三、四百次。翦伯贊，〈論中國古代的封建社會〉，《翦伯贊全集·第4卷：中國史論集·第3輯·歷史問題論叢》，頁493-506；〈論中國古代的農民戰爭〉，同前書，頁515-526。

構改變的歷史過程，以及不同時代抵制土地集中而展開的各種土地改革與農民起義。這種「法與時轉」與「治與世宜」的動態史觀，以及歷代反覆出現解除土地私有化擴張的改制，重新分配土地，以便使農民得以擁有自己的耕作土地，的確呈現了中國歷史中的重要政治性時刻，或是我所說的「解放性批判政治」的範式。

第三節　章太炎對康有為的批判以及他對「法」的重估

翦伯贊關於「法」的論點，其實在章太炎從晚清到民國初年的政治思想中，已經有了最具有代表性而深刻的呈現。章太炎的論述中關於「法」的概念，以及他對於康有為以及漢儒的批判，恰恰可以讓我們看到中國思想史脈絡下如何以批判政治的方式，進行對於外儒內法的權力集中的抵制[21]。

章太炎在1898年開始撰寫的《訄書》與後來修訂的《檢論》，涉及重估儒家與法家的論點，是針對康有為與梁啟超等人排荀、批商鞅以及宣揚孔教而進行的批評[22]。「訄」意指相迫，以

---

21 我曾經在討論〈勢與法的政治性悖論：朱利安（François Jullien）的問題〉一文中，處理了關於章太炎論「法」的問題。由於這一篇文章必須再次處理此問題，因此，此處的討論部分重複該文的論點，但是繼續發展，並且更為深入地討論關於章太炎反對孔教的蠱惑性以及漢儒的嚴刑苛法，以及他對於中國歷代可參考之法制的看法。

22 可以參考朱維錚，〈晚清漢學：「排荀」與「尊荀」〉，頁333-350。梁啟超曾經自稱他發起了「排荀」：「清儒所做的漢學自命『荀學』。我們要把當時壟斷學界的漢學打到，便用『擒賊擒王』的手段去打他們的老祖宗──荀子。」梁啟超《亡友夏穗卿先生》，引自朱維錚，〈晚清漢學：「排荀」與「尊荀」〉，頁334。朱維錚也參考周予同的經學史論，解釋當時的「漢學」是與

言對峙。章太炎與康有為的對立，除了反對康梁等「尊清者」，反對康有為以三世三統的論點，將孔子視為聖王，基本上更是在儒家思想內部進行辯論。

　　章太炎同時期的劉師培也曾經數次批評孔教，指出「孔子不過列九流中之儒家之一」，「今日而欲導民，宜革中國之神教，（民智愈起，則神教日衰。）」[23]劉師培在〈孔子傳〉中，指出孔子依附帝王，將就名分尊卑，因此孔學被稱為「帝王之學」，而與專制政治壓抑百姓密不可分[24]。劉師培當時成立的國學會，主要目的也是要抵制康有為的孔教會。章太炎在〈國學會講學通告〉上注明：國學會「以開通智識、昌大國性為宗，與宗教絕對不能相混。其已入孔教會而復願入本會者，須先脫離孔教會，庶免熏蕕雜糅之病。」[25]

　　章太炎反對盲目地遵循「先王」、「舊章」或是「天」的法統，也反對將孔子宗教化。章太炎認為宗教化的思維是「依他」而不「依自」。無論是以神聖化的人格神或是以先王舊章的成規，都是放棄了因時因地的道德判斷與制度變革。章太炎不同意

　　「宋學」相對立的。宋學是清代朱熹一派的理學，是18世紀初，康熙皇帝改變文化政策，模擬明初二祖，重新建立朱熹學說的統治權威，作為「以漢制漢」的控制手段。雍正與乾隆二帝日趨高壓的文化政策，更凸顯了朱熹為主的理學權威。朱維錚，〈晚清漢學：「排荀」與「尊荀」〉，頁335。

23　劉師培，《論孔教與中國政治無涉》，力妙根編選，《國粹與西化——劉師培文選》，上海：上海遠東出版社，1996。頁123、125。引自張衛波，《民國初期尊孔思潮研究》，頁17。

24　劉師培，〈孔子傳〉，《中國白話報》第13期。引自張衛波，《民國初期尊孔思潮研究》，頁17。

25　章太炎，〈國學會講學通告〉，收入馬勇編，《章太炎書信集》（石家莊：河北人民出版社，2003），頁580。

康有為根據董仲舒公羊學解釋孔子學說的論點，而認為孔子提供的是歷史之學。章太炎將孔子視為「良史」，並且認為孔子的《春秋》只有左丘明的《左傳》、司馬談與司馬遷父子的《史記》以及劉歆《七略》足以與之抗衡[26]。他在1907年〈答鐵錚〉一文中說明，孔氏之教以歷史為宗：《春秋》以上有六經，是孔氏歷史之學；《春秋》以下，則有史記漢書以至歷代書志、紀傳，亦孔氏歷史之學。章太炎另外論證孔子是泛神者，也就是無神論者。孔子所說的「天」，都不是指「天神」，而只是「本諸往古沿襲之語」。但是，孔子之後的郊丘宗廟，「不過虛飾，或文人蔓衍其辭，以為神話」。章太炎強調，維持道德者，「純在依自，不在依他」；孔氏所講究的依自不依他的勇猛奮鬥精神，實際上與佛教一致[27]。

26　章太炎，〈訂孔上〉，《檢論》，收入上海人民出版社編，《章太炎全集》（上海：上海人民出版社，1984），冊3，頁424-425。

27　〈答鐵錚〉（1907）。章太炎原本相當尊敬康有為，他在1898至1899年間逃亡台灣時，還寫了〈客帝〉。但是，在八國聯軍之後，章太炎目睹清朝鎮壓義和團以及漢族官員與人民對於侵略者的順從，於1900年寫了〈客帝匡謬〉，批判自己當年撰寫〈客帝〉，並且批判康有為「尊清」與「崇教」的觀點。〈客帝〉，《訄書（初刻本）》，收入上海人民出版社編，《章太炎全集》，冊3，頁65-69；〈客帝匡謬〉，《訄書（重訂本）》，同前書，頁116-120。1902年〈論革命〉一文中，章太炎批駁康有為「公理未明，民俗俱在」。1911年，章太炎更在檳榔嶼《光華日報》「論說」欄刊登〈誅政黨〉，區分七類政客，嚴加批判，第一類便是康有為梁啟超等人：「千夫十年積之異域，黨人一繩輸之朝貴」，「政府立憲，意別有在，輒為露布天下，以為己功，乘此以結政黨，謂中國大權，在其黨徒，他日爵秩之尊卑，是今政進錢之多寡，貪饕罔利，如斯其極」。「掇拾島國賤儒緒說，自命知學，作報海外，騰肆奸言，為人所攻，則更名《國風》，頌天王而媚朝貴，文不足以自華，乃以帖括之聲音節湊，參合倭人文體，而以文界革命自豪。後生好之，競相模仿，致使中夏文

　　章太炎反對將孔子神聖化的立場，也反映在他反對將天理或是公理視為神聖化而不可置疑的思維。在〈四惑論〉（1908）中，章太炎指出，古人將「神聖不可干」者稱之為「名分」，今人則將神聖不可干者稱之為「公理」、「進化」、「惟物」或是「自然」。這些論點有的是「如其實而強施者」，也有的是「非其實而謬託者」。這些神聖化的託辭，都是「蠱」[28]。章太炎強調，「理」無「自性」，而是依據「原型觀念應於事物」而形成。無論是名分或是公理，都是眾人所「同認之界域」。就連洛閩諸儒所說的「天理」，也是「眾所同認」，由於沒有「代表之辭」，名言既然已經窮盡其所指，因此「不得不指天為喻」。但是，章太炎提醒，這種說法的瑕疵是讓人以為「本體自在」。宋儒所說的天理走到極端，便會「錮情滅性，汩民常業，幾一切廢棄之」。至於今日的公理，如果以普世性為公理的基礎，那麼公理凌駕於個人之自主，「其束縛人亦與言天理者相若。」[29]章太炎進而分析，如果以「力」為萬物之實有，則必然會使「強權」超出於他人；如果要以擴張社會以抑制個人之強權競爭，則百姓相互牽掣而無法自由。所謂社會中相互扶助，實際上是相互牽制，進而「以力酬人」，以「責任相稽」，以律法刑罰規範。如果善惡以「無記」責人，謂之公理，「則束縛人亦甚。」[30]章太炎清楚指出，天理束縛人，並不是終身不能解脫；但是講究公理者，「以社會常存之

學掃地者，則夫己氏為之也。」湯志鈞編，《章太炎年譜長編》（北京：中華書局，1979），頁353-354。

28　章太炎，〈四惑論〉，《太炎文錄初編》，收入上海人民出版社編，《章太炎全集》（上海：上海人民出版社，1985），冊4，頁443。

29　同上注，頁444。

30　同上注，頁446。

力抑制個人，則束縛無時而斷。」因此，社會以公理之名抑制個人，則個人「無所逃於宙合」。這種「以眾暴寡」，比起「以強凌弱」，還要「慘烈少恩」[31]。

第四節　中國兩種傳統政治範式對於當前社會的啟發

從儒法鬥爭這個具有症狀式的爆發點，一個同時具有標記以及索引性質的事件，回溯背後的辯證路徑，我們注意到，在1970年代儒法鬥爭的論辯中，除了表面的奪權與路線鬥爭之外，其所牽動的，是權力與資本集中的威權治理範式，以及社會主義平等思想解放性批判範式。

康有為與章太炎二人的論述，具體而微地展現了這兩種政治範式的張力。這個對立的政治範式，在中國歷代以不同的型態出現。20世紀至今的尊孔復古運動，一再以傳統之名宣稱政治秩序的正統性，背後援引的理據都是以傳統賦予當前政體正當性與合理性，並且以神祕化的理性內核證成儒教政治倫理的等差秩序，其所實踐的卻是高度統一與軍事化的權力集中。章太炎在晚清到民國初年延續二十餘年，從《訄書》中與康有為的儒教宗教化進行對質開始，進行一系列儒家思想內部的檢討與批判，法家思想以及法制的重新思考，到《齊物論釋》對於認識論與本體論的分析，繼而針對共和政體一系列的政治謀劃，則對於愈趨集中的政治權力進行置疑與重構芻議，代表了批判政治思想的傳統。儒法鬥爭研究史所標示的歷代「法家」，雖然都是短暫出現的思想革命，無法構成主導性的範式，但是卻都已經呈現了相對於外儒內

31　同上注，頁449。

法的等級分化權威，而持續提出對於這種規範性政治秩序的批判思考工作。現代中國政治思想中，章太炎對於康有為的批判與對於「法」的構想，以及章太炎所啟發的現代中國早期批判史觀與左翼思想，包括錢玄同、陳寅恪、周作人、周樹人、毛澤東、翦伯贊、許壽裳等人，也凸顯了這個批判思想範式的現代譜系。

　　顯然，儒法鬥爭的關鍵問題並不在於思想史中儒法之間的差異。中國歷代思想雜糅交錯，先秦諸子不同流派的思想已經成為歷代知識分子兼有而源流紛雜的思想啟發，無法簡單劃分為不同陣營，更不可能歸諸儒法之間的階級鬥爭。因此，儒法鬥爭事件中所辯論並且鬥爭的「儒家」與「法家」不同階級的路線對立，其實是虛假的問題。無論是儒表法裡，道本兵用，或是儒法道合流，都說明了同一個思想家或是政治操作可能兼有不同思想脈絡的痕跡。中國歷代思想彼此引用以及參差詮釋，都有時代的印記，本來就不應該簡單劃分為儒家、法家或是道家的派別。無論是儒教傳統以及春秋公羊學所強調謹守上下尊卑、中心邊緣的政治秩序，或是抱法處勢定於一尊的法家集權概念，都指出了中國歷史上權力集中的主導性政治治理模式。

　　儒法鬥爭的哲學風波，凸顯了儒家與法家也只是政治修辭，更重要的政治性問題，則是歷史過程中反覆出現的對立範式：治理者以獨尊道統之名執行外儒內法的集權治理，進行土地與財富的集中，壓迫無立錐之地而無生產資料的老百姓；或是依據平等原則，面對不同現實條件以及社會關係，抵制土地以及權力的集中，進行不同方面的改制，以便合於人民生活。從大量儒法鬥爭史研究中，我們看到了中國歷代思想如何在特定歷史環節以及社會狀況之下，總是會出現對抗封建世襲以及土地集中的思想實驗，並且提出了變法改制的實踐方案。這些歷史上對於權力集中

以及土地集中所進行的抵制性思考，就其根本性質而言，正是以社會主義式的平等原則作為制定共同居住的基本法則。

20世紀1970年代儒法鬥爭以及20世紀至今數度起落的尊孔批孔運動，只有透過分析當時的歷史物質條件以及社會狀況的唯物辯證路徑，才能夠理解為何以及如何出現了這些觀念性的思想鬥爭，以及這些思想辯論如何呈現了當時不同的主體位置以及不同時代話語理性內核的神祕性。在這些思想辯論過程中，我們看到了物質性的社會現實基礎以及政治局勢所引發的思想路線鬥爭與體制規範，如何進而影響了民間的大眾感受，以致在詩詞與漫畫中都看到了回響，而持續有一個世代後遺性的效果。

當前大陸儒教復興運動，就某一個層面來說，是對於中國1970年代的文化大革命以及批林批孔的否定，也是再一次重構政治秩序的規範性論述。這些大量的知識生產工作，以及規範性建構的政治倫理秩序的論述，使得快速擴張的經濟帝國披上了大同世界與和平帝國的想像框架。

然而，當代的問題與晚清時代不同，也與1930或是1960年代不同。當前透過新自由主義快速擴張的資本帝國，不透過軍事侵略，不占領土地，卻可以透過跨國界金融機構，而進行資本集中以及財富集中。春秋大一統的帝國想像或是大同世界，是一個方便的政治修辭，卻必然有中心邊緣以及上下等差的階序差異，也有因為權力資本集中而造成的社會內部壓迫。由於並非強迫性，在這種資本流動下被金融體系以及跨國資本開發而合理化的階序秩序之下，要對這種壓迫性機制以及意識形態進行抵制，就會十分困難。

我們當前所面對的世界，不僅僅是一國之內可能存在著的權力與資本集中而產生的不平等，還有正在進行中的政治經濟統一

的跨國資本大政府所展開的差序格局。這個沒有殖民地的殖民體
制，透過跨國金融資本而統合的大政府，既重疊又溢出於國家主
權疆界之間，以致資本的壟斷擴張與私有化，時常在看不清楚疆
界之處形成，卻又強化了一國之內的不平等結構。這個曖昧的權
力資本集中的結構，與核心邊緣的等差格局，其實是異形同構。
沒有國境邊界以及地方主權的「大同世界」，正是使得資本與權
力可以在無國界的向度之間流動。

　　因此，目前我們思考的重點，不是藉由儒教政治倫理的帝國
政治框架，再次強化核心與邊緣的秩序，而應該反向思考：如何
揭露儒教論述的內在悖論？如何可以抵制以儒教的道德話語合理
化威權治理？如何可以突破具有等差秩序的金融帝國想像？如何
化解不同形式的不平等結構？在什麼「法」的概念之下，不同的
社會可以平等共存？

　　本書的第三部分，將先繞道西方，分析當代漢學家朱利安與
畢來德從「空」與「無」，來詮釋中國法家與道家的政治位置；
另外，進一步討論阿岡本、阿圖塞、洪席耶、巴里巴爾以及巴迪
烏等當代歐陸哲學家如何以「空」與「無」的否定性批判力量，
重新帶出「一分為二」的思想政治性。第三部分的討論，將作為
本書第四部分再度回到中文脈絡的轉折門檻，以便討論本書的重
點，也就是從章太炎所啟發的思想力量，討論解放性批判政治的
可能性。

繞道西方

探討「空／無」以及
「一分為二」的政治性詮釋

第七章

四方來效與完全內在治理

朱利安論法家的勢、法、虛空

第一節　朱利安對於中國法家的經驗

本章將繞道西方漢學家朱利安（François Jullien）對於中國法家的長期研究切入，以及他對於勢、法、虛空幾個概念的分析，來重新思考中國政治哲學關於規範性治理的論述模式。

朱利安逗留於中國的1974至1975年間，正是評法批儒席捲全中國的時期。他所能夠接觸的中國經典著作，除了魯迅與毛澤東之外，就是法家。朱利安特別說明，「法家」不是「法」（la loi），而是「準則」（la norme）。當時，透過領事館的圖書，朱利安讀到了鮑若望（Jean Pasqualini）的《毛囚徒》（Prisonnier de Mao），這本書顯然對他造成了一種震撼的效果。鮑若望描寫中國勞改營「通過勞動進行改造」的特殊發明：「蘇聯人從來不明白而中國共產黨一直懂得的是：假如囚犯是被強迫或嚴刑拷打而勞動，那麼這種勞動就永遠不可能是有成果或有經濟效益的。中國人首先掌握了激發犯人勞動熱情的藝術。這就是勞改的全部意義所在。」[1]對此，朱利安評論說，「這裡涉及的——除了調動積極性的藝術之外——正是中國思想所清楚表明的，而且是與操縱思想並行不悖的：是調解條件的決定性功能。」他也說，這就是「主體／情境」的問題，「情境作為『預先條件』起作用，緊接著作為『機制』而進行運作。」[2]

主體隨著情境而變化，整套過程是一種運作中的「機制」。

1　見〔法〕鮑若望（Jean Pasqualini）著，田國良等譯，《毛囚徒》（北京：求實出版社，1989），頁2。

2　〔法〕弗朗索瓦·于連（François Jullien）、狄艾里·馬爾塞斯（Thierry Marchaisse）著；張放譯，《（經由中國）從外部反思歐洲——遠西對話》（鄭州：大象出版社，2005），頁64-65。

在這一套機制運作之下，可以不必考慮信念、變節、誠實、謊言等內心活動的區隔，而僅僅遵循形勢所趨而行動。文革時期一致性的公社生活，毛主義充斥群眾的思想，擴音器處處播放著毛語錄，凡事不會有直接的反對意見，順從形勢、自我操縱、自我批評而自我改造，使人在勞動時高興地保持沉默，並且由內心相信這種行為，而使操縱獲得絕對的合理性——這些現象似乎是使得朱利安不解而開始思考的問題起點。他說，他開始思考「思想不再是多樣的世界是什麼樣子」，也迂迴地展開了關於潛勢、操縱與功效的漫長探索路徑[3]。

　　朱利安於2011年「他者性教席就職演講」中所展開的兩個概念——「間距」與「之間」，和他早期撰寫《淡之頌：論中國思想與美學》，間隔了20年，與他開始進行「中國與歐洲之間」之間的思索，已經三十餘年。對朱利安而言，「繞道」中國是重要的，因為他希望藉此離開歐洲，接觸一個不屬於印歐語系也沒有接觸歷史的他者，以便返身重新思考歐洲之「未思」（l'impensé）。他說，他的工作基本上是「從外在解構」（une déconstruction du dehors），以便「聆聽有關『源頭』的其他說法」[4]。朱利安強調，繞道中國，尋找間距，是進行思想的重新活化，而不是進行比較。比較的工作奠基於同一與差異的邏輯：看到「差異」，是先有了「同一」的概念。討論文化差異，或是文化同一，都陷入了這種事先置入的框架，而進行排列、分類與區辨，或是以同一原

3　同前注，頁59-69、73-82。

4　François Jullien, *L'écart et l'entre, Leçons inaugurale de la Chaire sur l'alterité* (Paris: Éditions Galilée, 2012)；朱利安（François Jullien）著，卓立、林志明譯，《間距與之間：論中國與歐洲思想之間的哲學策略》（台北：五南，2013），頁17-19、21。

則進行同化，一則可能會落入種族中心論，或是顯示出了承認差異的懶惰心態[5]。

朱利安強調他著重於文化內在的變化多元，因此他不願使用差異的概念，而使用間距的概念。對他而言，間距的起點在於與自身拉開距離，離開自己的位置（déplacement），「經由他人的目光，從他者出發」，而使自身的思想發生張力，進而反思，開啟新的思想。這種透過間距使自我展開，跨越「地方性」，擾亂原本排列存放的秩序，與他者面對面，相互映照反思，是具有生產力的。他也強調，他要探討的「以中文表述形成」的思維，並不意味著「語言決定思維」；法國文化並沒有自身的同一性，正如中國思想也不具有任何本質上的同一性[6]。

朱利安所說明的退一步，離開慣常的思維模式，開始朝向未思而思索，是重要的。如果持續停留於單一文化傳統的思維常規之內，則無法反省這個文化內部已經沉積而成為常規的思想摺層，也無法發現曾經被打開而發生的新的思想摺層。對於朱利安而言，接觸中國思想，使他得以對於歐洲思想內部的異質性與張力更為敏感，也使得歐洲思想被深埋的某種選擇得以重新浮現[7]。

我非常同意朱利安所提議的這種思想內部拉開距離的「間距」概念。依照這個論點發展，任何文化在歷史過程中，必然會有重複於常規的思想摺層，也會有展開新的摺層卻不被選擇的思想。因此，文化必然是多元而充滿變化的。

然而，閱讀朱利安的過程，卻令我時常有既熟悉同時又格

5　同前注，中譯本，頁25-31。

6　同前注，中譯本，頁36-39、46-47。

7　同前注，中譯本，頁51-53。

格不入的陌生感。朱利安在1992年出版的《勢：中國的效力觀》（La Propension des choses, Pour une histoire de l'efficacité en Chine），以及他於1997年出版的《功效論：在中國與西方思維之間》（Traité de l'efficacité），是典型的例子[8]。朱利安以功效論的角度切入，指出無論是儒家的道德改造，或是法家的「勢」的力量分配，都是對於社會秩序的操縱、配置、部署以及內在性的根本治理。朱利安根據韓非〈揚權〉篇所說明「聖人執要」以及君王「勢位」的「環中」概念，指出只要每個人各司其職，這個治理「機具」（apparatus）便會自動運行，而世界四方都會向其貢獻與效力。朱利安所關注的問題，在於「勢」之將發未發的醞釀張力如何朝向了「形」的完成：只要在發展之初，使其含帶潛勢，並且而「求之於勢」（obtenir du potentiel）、「乘勢」（s'appuyant sur la propension）發展，效果便會自然發生。在朱利安的敘事之下，從韓非、鬼谷子、秦朝的集權統一，到社會主義中國文革時期江青與四人幫所推波助瀾的評法批儒，這一套治理邏輯似乎一脈相承。朱利安對於「勢」（la propension）的論點以及對於「法家」的分析，我完全同意，因為他的分析路徑可以相當準確地掌握了中國這種內在化的完全治理技術。

我認為在《功效論》一書之中，朱利安雖然以近乎著迷的方式描述中國法家的治理術，分析中國道家「無為」思想如何逆轉而發展為法家的操縱邏輯，我認為他已經相當尖銳而帶有批判性地分析了這種獨裁政體的內在性治理邏輯。但是，真正令我感到

---

8 〔法〕于連（François Jullien）著，卓立譯，《勢：中國的效力觀》（北京：北京大學出版社，2009）。余蓮（François Jullien）著，林志明譯，《功效論：中國與西方的思維比較》（台北：五南，2011）；法文版見François Jullien, Traité de l'efficacité（Paris: Éditions Grasset & Fasquelle, 1996）。

格格不入的，是朱利安在分析這些治理術並且強調中國文化的「一致性」的同時，他對「勢」與「法」的詮釋視野呈現了令我們無法忽視的內在悖論。這種一脈相承的歷史敘事，處處出現在朱利安的文字中，也內在於他對於中國古典思想作為「歐洲的他者」的預設之中，更內在於他尋找中國文化中的「邏輯輪廓」，以及捕捉「中國文化的一致性」之意圖中[9]。我認為，朱利安雖然自稱要離開歐洲而繞道中國，截取不同於歐洲的思想資源，但是他卻不自覺地援用了這些當代歐陸哲學共有的經濟配置與效力考量的觀點；也可以說，朱利安在何乏筆（Fabian Heubel）所說的「無意於比較的比較研究」之路徑上，回到了歐陸思想的立足點，以比較研究的方式納入了中國傳統思想的「勢觀」[10]。我要進一步指出，朱利安對於「虛空」與「幾之勢」的分析，充分呈現了一種靠近經濟配置的功效觀點，而使得他對於「勢」與「法」的詮釋陷入了難解的悖論。

第二節　朱利安對於「勢」與「法」的詮釋

　　朱利安在《勢：中國的效力觀》一書中，深入地展開了他對於「勢」的概念探討。朱利安說明，「勢」介於靜態的事物布置（dispositif）與動態的力量運動趨勢（propension）之間，可以用位置（position）、情勢（circonstances）、權力（pouvoir）、潛能

9　于連，《勢：中國的效力觀》，頁51。

10　何乏筆指出，朱利安雖然宣稱他反對比較哲學，但是他的著作中卻始終呈現了「對比效果」，以致他的研究路徑陷入了「無意於比較的比較研究」。〔德〕何乏筆，〈混雜現代化、跨文化轉向與漢語思想的批判性重構（與朱利安「對一話」）〉，《中國文哲研究通訊》，2014：12（台北，2014），頁80。

趨勢（potential）幾個概念解釋[11]。朱利安說，透過「勢」，他要「找出整個文化中隱蔽的邏輯輪廓」[12]，並且通過各個領域──「從戰略操縱到最無私的藝術創造過程」，以便「從整體上去捕捉中國文化的一致性」[13]。

朱利安認為，無論是書法中所談論的筆勢，山水畫中的布局構圖，文章中的氣勢，都扣連著「勢」的概念[14]。「勢」的概念在中國傳統兵法中運用得最為顯著，涉及了最有效力的布置。戰略上必須洞燭機先，在事態發展之先就掌握利己的局勢，作戰時避免正面衝突。這種形勢的操縱轉向人與人之間的管理，則涉及了力量強弱的估計，根據「勢位」而操縱，或是被動地順勢而為[15]。朱利安進而指出，在中國主張君主專政的法家思維之下，國家被視為是「純粹的運作」，君主占據「勢位」，而充分掌握了全面控制人民的位置[16]。朱利安甚至指出，中國在古代就已經嚴謹地施行了紀律與懲戒的治理機制，由君主從上向下對全人民施行，權力得以自行運作，正如同傅柯所討論的邊沁的全景敞視監獄以及毛細孔滲透的作用[17]。在中國的治理模式下，被要求的順服轉變為心甘情願的歸順；意見一致，背後是君主獨裁的事實。中國人預見了大勢之所趨而不會發生衝突與反抗，不會要求分享權力，也不會要求自由。朱利安說明，這種操縱的邏輯預設了我們可以任意

11　于連，《勢：中國的效力觀》，引言頁2。

12　于連，《勢：中國的效力觀》，頁1。

13　同前注，頁51。

14　同前注，頁57-58、61-63、81。

15　同前注，頁4-5、11-12、20-21。

16　同前注，頁24-25。

17　同前注，頁36-37。

左右他人的思維；此外，基於對言說的不信任，操縱邏輯也暗示了「拒絕一切說服他人的努力」，因此中國文化不會發展出希臘民主的辯論模式[18]。

在《勢：中國的效力觀》中，朱利安根據他對於王夫之的研究，進一步提出關於「歷史形勢」的詮釋。朱利安說：

> 歷史形勢中的所有狀況構成一個特殊的整體，然而這些個別狀況也都同時經歷變化。我們應該將體系視為一個持續生成變化的整體。於是，歷史進程中的每一個時刻也都可視為具有潛勢的布置。如此看來，勢便同時意味著某一個個別形勢，同時也意味通過該個別形勢而表現，並且引導該形勢的那個傾向。[19]

> 一方面，一個歷史形勢（即以特定方式運作的各種因素）可以用來客觀地決定事件的發生，因為這個形勢使得個人得以開啟局面；另一方面，每一個歷史形勢都是新發生而無前例的，是變化過程中某個特殊的環節。因此，它不能簡化為舊有的模式，它使事物的演變持續開啟新的轉向，不無疑義地，它似乎有利於現代性。

> 所有在歷史推移之中隨著狀況而出現的，都以一種力量作用著，而且也有其效果。然而，歷史中的所有力量總是依隨著特定局勢，而且無法脫離局勢而存在。[20]〔我的修訂翻譯〕

---

18 同前注，頁46-49。

19 同前注，頁150。

20 同前注，頁151。

從朱利安的角度觀之，中國從封建制轉向郡縣制，是時勢之所趨，也是歷史之必然。王夫之說的「事隨勢遷而法必變」，說明了從封建到郡縣，涉及了行政體系以及政治利益，也涉及了全部人民生活的物質條件的改變，一則落實了帝國統一，再則也成功地減少公共花費而減輕租稅。根據王夫之所提出「天下之勢一離一合，一治一亂而已」的交替原則，以及歷史進程隨著內在規律的自然趨勢，朱利安指出，歷史時期的轉移不應視為自然循環與連續之載體，不是目的論與因果論的發展，而應視為斷裂與差異。朱利安同時說明，中國歷史並不是完全隨著趨勢自行決定，而不留給人類任何主動進取的餘地；治或亂，統一或是分裂，都是趨勢所致，也是人們競爭的要素。在這個脈絡下，歷史充滿張力，也得以更新[21]。

雖然朱利安保留了變化與競爭的張力空間，他卻強調：從近處看可以觀察偶然的運作細節，但是，從宏觀角度來看，盛衰消長之交替，必然有調節運作的功能。智者能夠理解形勢背後的調節邏輯與趨勢，並且敏銳察覺任何發展的趨勢[22]。透過王夫之對於歷史轉折的微小出發點，以及後續龐大趨勢力量的分析，加上他對於《易經》交卦所揭示物極必反與否極泰來之逆轉邏輯的說明，朱利安導出了「變化的封閉體系」（système clos évoluant）的論點：每一個現實都是隨著對立兩極互相作用，這兩極建構了一切的趨勢，透過交替作用與布局，牽引出生成與變化，並且使一切事實得以繼續出現；然而，這是一個封閉體系，在這個體系內，中國思想遵循「一致性的慣例」（conformist），不質疑現

---

21 同前注，頁154-163。

22 同前注，頁174。

實，不需要神話，而透過製作禮儀，以符號來體現世界內在趨勢
的運作。在這種「勢」的觀念之下，中國思想不談來世，而強調
順應自然。中國的智慧或是戰略，便是洞察趨勢的內在必然性以
及自動性，對於現實不以懷疑態度對待，避免正面衝突，避免消
耗力氣，而順應時勢，知所進退。一旦理解了一切對立都是相互
關連應和的，一切衝突的看法也會消失，因此中國必然不會有普
羅米修士這類的悲劇英雄[23]。

　　沒有衝突與抵抗，沒有懷疑與批判，隨著封閉系統內在的趨
勢默默地緩慢變化——這裡沒有任何政治性的可能空間：這是朱
利安的論點最令人不安之處。

　　朱利安的《功效論：在中國與西方思維之間》，延續《勢：中
國的效力觀》的論點，集中處理幾部相對於「道德主義」思維的
「現實主義」著作，包括老子、孫子、韓非、鬼谷子，探討這一
系列關於「勢」的思維脈絡所發展出的功效觀念。朱利安指出，
無論是道德主義者或是現實主義者，強調「內在性」（immanence）
的功效思維是中國歷來不同流派思想所全體共有的。無論是儒家
所講求的道德改造，或是道家所著重的「勢」的力量分配，雖然
採取不同路徑，卻都是對於社會秩序的操縱配置以及從內在性出
發的根本治理[24]。

　　朱利安指出，不同於西方以理型投射出發的思考模式，
中國思想以內在引導的方式，在流變之中「任由事物變化之
傾向來承載自己」[25]，順勢而行。根據朱利安的解釋，中國古

23　同前注，頁233-234。

24　余蓮，《功效論中國與西方的思維比較》，頁140；Jullien, *Traité de l'efficacité.* p. 120。

25　同前注，中譯本，頁38-39；法文版，頁32。

代「形」與「勢」這兩個成對的意念，說明了情境狀態的組合（形）（*configuration*），以及含帶於情境之中潛在的傾向（勢）（*potentiel*）。型態的組合已經銘刻了傾向，因此效果會自然而然地發生[26]。朱利安借用孫子的兵法概念，說明兵無定法，因勢而成，「勢者乘其變者也」（王晳），只需要「求之於勢」而「任勢」，進入了演變發展（*déroulement*）的邏輯，隨著情境中勢態的演變，適應變化，則會隨著兩極之間的互動而變化[27]。

朱利安認為，「無為無不為」以及「四方來效」的自發性，揭露了道家思想的內在悖論：從上游就使其含帶可續發的潛勢，成為了操縱的根本技術。「無為」被整合到策略性的視野中，使得配置（*dispositif*）的自動性與內在性從根本處完全發揮其效果。朱利安指出，這個操縱使得鬼谷子的外交謀略與道家的無為之間，呈現了一種「令人憂心（變態的）關係」（*quel rapport trouble（pervers?）*）；依此延伸，便形成了獨裁思想。朱利安認為，中國法家的「政治威權主義」承襲於道家，道家所展開的法家治理術，更早已內在於儒家體系。中國「法家」在設立威權體制時，原本的超越性便被「翻轉為純粹的內在性」（*se renverse en pure immanence*）[28]。

> 只要它分布所有地方及所有時刻，使得所有人都受到最嚴苛的限制，已成為極權主義的威權主義權力，便不需要點散式的作為……它所強加的制約是一次施行就永久有用的，因

26　同前注，中譯本，頁40-42；法文版，頁33。

27　同前注，中譯本，頁44-48；法文版，頁36-41。

28　同前注，中譯本，頁144、146；法文版，頁123、125。

而它不必再使用意志或施力，臣服便會不斷不停地流出……
暴君不必作為，只要讓效果自行發生就好；對於他的臣服是
自發的，達致了完美的反應性，而它的超越性被推抵頂點，
翻轉為純粹的內在性。[29]

透過「配置」的概念，朱利安進一步指出，法家所分析的權力不
必自我呈現：權力的保有者本身只要保持「空虛而無為」（vide
et sans agir），「任由權力自行發揮」（laisser opérer），君上利用
「每個人本能的恐懼與利益之反應」，也利用「精細構成的集體責
任制度、相互抗衡和多重檢驗來將全體人民綁在一起。」[30]在這種
「純粹的配置」（un pur dispositif）驅動之下，「君王不必費力氣，
獎懲是自動化的。不必再辛苦監控，因為告發是系統化的。到了
極致處，當這個政體已被完美地內化時，甚至不必再施罰，因為
每個人受到其內在的慾望和厭惡所推動，會自發地遵守被強加
的律法。」[31]朱利安說，所謂權力的「空虛」（vide），也就是君主
任由手上的權力配置自行運作，不加干涉；「一旦裝置完成，所
有齒輪便自動運作」。正如韓非〈揚權〉篇所說，只要「聖人執
要」，每個人各司其職，世界四方都會向其貢獻協助[32]。

　　我認為朱利安所討論源自於道家思想的中國法家思維，徹底

29　同前注，中譯本，頁146；法文版，頁125。

30　同前注，中譯本，頁146；法文版，頁125。

31　同前注，中譯本，頁147；法文版，頁126。

32　同前注，中譯本，頁148-148；法文版，頁127。「聖人執要，四方來效。虛
　　而待之，彼自以之。」、「使雞司夜，令狸執鼠，皆用其能，上乃無事」見
　　王先慎撰，鍾哲點校，《韓非子集解》（北京：中華書局，1998），〈揚權第
　　八〉，頁44。

而更為有效地揭示並且補充了從傅柯到洪席耶以及阿岡本的「機具」（apparatus）、「機制」（régime）與「配置」（dispositif）的概念。這套機具自動運作，而且是以一種完全而純粹的內在性運行，以致不留任何抵抗的空間。然而，朱利安雖然指出了這種「令人憂心（變態）」的逆轉，以及完全治理的內在性，卻似乎並不打算進行直接的批判。

畢來德在《駁于連》（*Contre François Jullien*）以及一系列的論著中對朱利安進行批駁，指出他既不批判體系之最終目的，也不批判中國的內在性以及帝國專制政體。畢來德認為朱利安的曖昧態度甚至使得功效操縱與企業管理出現了共構邏輯。畢來德批評朱利安完全接受適應權力與潛勢發展的策略，使他對於「中國模式」的「內在性」，以及既定體系與其固有的最終目的不予任何批判，也不批判中國內在性以及帝國專制政體，甚至讚揚這種順勢而為。畢來德指出，這就是效率邏輯與企業管理邏輯共有的視野，事實上權力與利潤所服從的，都是市場需求的變化[33]。畢來德也批評朱利安無視於中國文革時期以及當前的現狀，過於接受牟宗三所銜接的宋明理學，而附和帝國意識形態的「內聖」理念，甚至讚揚中國人不願意表態的中庸態度為較高等的智慧等等[34]。

雖然畢來德針對朱利安前後論著提出了他的合理質疑，但是，我認為朱利安在《功效論》一書中，已經尖銳地指出了這種帶有悖論的內在性治理邏輯，也並沒有掩飾他底層的距離。或

---

[33] 畢來德著，周丹穎譯，《駁于連》（高雄：無境文化，2011），頁55、58-59。本書收錄畢來德〈駁于連〉一文以及針對此書引起之辯論所做的陸續回應文章。

[34] 同前注，頁65、70、115。

者，我們應該說，他流露出了一種既有欽羨著迷亦有嫌惡距離的曖昧態度。我認為這個曖昧態度與朱利安1974至1975年前後的中國經驗有關：表面上朱利安揭露的是中國法家背叛道家精神的悖論，在底層卻也揭露了他自己的理論悖論。

第三節　朱利安之「虛位」與「幾之勢」的論述悖論：西方經濟神學邏輯

朱利安所描述的孫子兵法以及鬼谷子的〈捭闔〉篇，都與毛澤東的戰略書寫有明顯的親近性。毛澤東的著作於1960年代翻譯為法文，法文學界普遍接觸到了毛澤東的思想，朱利安亦不例外。毛澤東在1935年所談論的游擊戰略與1938年所提出的持久戰，展現出一系列精采的戰略智慧，包括後發制人，誘敵深入，以波浪式的發展，打就走，化整為零，轉移陣地而沒有固定戰線，強調戰略的持久，戰役的速決，注意內線戰爭與外線戰爭的關係，採用全面觀點，並且考慮勢力不平衡對峙的各種方面，反對不讓寸土的陣地戰，也反對消耗性的戰爭等等[35]。毛澤東這些戰略性思維，都呈現了他對於孫子兵法與鬼谷子的熟悉。

在馬爾薩斯與朱利安對話錄《（經由中國）從外部反思歐洲——遠西對話》中，朱利安清楚指出，毛澤東是孫子的繼承人。毛澤東在長征時期充分利用曲線進軍的策略，經由迂迴的路徑而

---

35 具代表性的文章有毛澤東，〈關於戰略方針和作戰指揮的基本原則〉，收入中共中央文獻研究室編，《毛澤東文集》（北京：人民出版社，1993），卷1，頁376-382；〈抗日游擊戰爭的戰略問題〉，收入中共中央毛澤東選集出版委員會編，《毛澤東選集》（北京：人民出版社，1966），卷2，頁404-438；〈論持久戰〉，同前書，頁439-518。

使形勢轉變為對他有利。毛澤東並不以史詩英雄形象出現，也不以直接對抗的姿態面對困難，而僅以退卻、躲避、忍耐而求自保，但是最終則利用了形勢的潛力，掌握全局。這種迂迴並且以退為進的謀略，也是朱利安對於鄧小平的評價[36]。

　　朱利安顯然著迷於毛澤東靈活的戰略智慧，不過，他的確也指出，靈活的戰略最後反轉而成為專制獨裁政體，是一種「背叛」（trahison），「出賣了無為的本意」。原本道家的無為在於「使個性勃發」，「由規則和禁令中解脫」；君上的「空虛」以及「虛以待之」，是要任由手上的權力配置自行運作，不加以干涉，不加入任何屬於他個人的事物或是感受任何偏愛，因為他的主體具有的偶然性會傷害配置運作的完美性。但是，朱利安指出，「法」家的獨裁（les despotism 'légiste'）行使了「相反」（inverse）的角色：「為代表國家的一位獨夫奴役所有人」，「以人為方式組織權力」，期待這個人為的設置能夠「自行運作」，使社會秩序自發地運作，服從也自然產生。在這個結合內在性與功效的「機具」運作之下，權力之機制則成為「隱微」而不可見。中國的獨裁者不再相信老子所主張的「小國寡民社會」，而更在意於「如何使其國君在各敵對國家之中獲得最大的力量，並以對他最有利的方式統一中國」[37]。

　　從朱利安分析中國效力觀的兩個主要特色，我們可以知道他對於「法」的態度。首先，他指出，效力被視為是間接而來自制約的；其次，真正的效力使我們免除消耗，真正的暴君可以指揮

---

36 于連，馬爾薩斯，《（經由中國）從外部反思歐洲——遠西對話》，頁342、346。

37 余蓮，《功效論：中國與西方的思維比較》，頁149-150；法文版，頁128。

一切，而不必任何勞動或個人的投入。「法」（loi）的嚴峻產生了絕對的權力，君主不需要作為或下令指揮，不必尋求權威；權威會由所設立的政體中不可避免地流出。權力的配置使得人們由內在自發地以他們的能力為君主服務。

這就是「法」的「內化」（assimilée）以及無所不在。朱利安認為，中國建立了一個超越於馬基維利的政治操縱理論，透過權柄，使臣民自動自發地服從[38]。朱利安直接指出，依照此思考邏輯，我們不難理解四人幫將「法家」視為進步分子的策略，也可以知道如何衡量毛澤東主義是否忠實於此一傳統的問題[39]。

如本書第四章所分析，評法批儒事件的確凸顯了「法家」的悖論性格。從評法批儒事件的始末，我們看到儒法不同思想如何被奪權的執行者介入。原本是根據不同歷史時期進行實際狀況調查的階級分析，在這個過程中，卻轉變為僵化意識形態之立場框架。朱利安認為毛澤東背叛了道家傳統，而納入了操縱術的法家傳統，也認為四人幫充分利用了「法家」，而執行他們批鬥劉少奇、林彪與周恩來的謀略。顯然，朱利安的批判立場應該是顯而易見的。

但是，我認為朱利安的問題並不在於他是否批判這種內在性的治理機具，而在其他的關鍵面向：朱利安將「環中」作為「機具的核心」，疊合了「機具之虛空」與「聖人之虛空」這兩個位置。由此處出發，朱利安便展開了以「中國」為一個思維模式整體的「一體化」論點，而此處正是朱利安理論的根本悖論，其中透露了典型的西方經濟神學邏輯。

---

38 同前註，中譯本，頁212；法文版，頁185。

39 同前註，中譯本，頁212-213。

　　朱利安認為四人幫藉由「法家」而奪權，以及中國超越於馬基維利的政治操縱獨裁體制，最根本的問題在於「法家」利用了道家所著重持續演化而不斷前進的「勢」，並且從「上游」考慮效果，利用「虛空所駐在的效果」進行操縱。在朱利安的詮釋脈絡下，「勢」的概念所指出的，是任何相關條件都是情境潛勢的一部分，在過程中相互轉化而演變。朱利安不僅指出這是情境潛在的發展動態，更指出「時機」（*l'occasion*）的「雙重」：在一個可能性發生的時間點之前，有另外一個位於時機上游的「身影」（*s'en profile une autre*）。正如鬼谷子所提出的「幾之勢」（*potentiel de la situation*）（〈揣篇第七〉），這是個動態而幽微的開端，是進展時序的起點，孕育潛勢的初生狀態[40]。

　　這個最初的「幾」，不是先置的秩序，而是最初受含帶並且呈現規律的持續轉化的「點」（*point, bout*）。最初之「點」是重要的時刻：勢態一旦開啟，便會自行發展而流變。朱利安特別指出，這個最初受「含帶」（*impliquée*）而「自化」（*se transformer*）的過程，讓萬物自己前來，「自己化成」（*laisser advenir*），牽涉了老子所謂的「無為而無不為」[41]。根據王弼注釋，「無為而無不為」是指「可因而不可為」，自然化成，「不為而成」，並且「自化」：「無為」因此也意味著「無所不為」。從此處開始，隨著變化發展之「勢」，任其作為，百姓便都會認為這是自然態勢，而自己來到我這裡，正是所謂「功成事遂，百姓皆謂我自然」（王弼注老子）。虛實的相互對立與相互依賴也是核心概念，「相依

---

40 同前注，中譯本，頁102-104；法文版，頁87。陶弘景注曰：「幾危之動，自微至著」，見許富宏撰，《鬼谷子集校集注》（北京：中華書局，2008），頁234。

41 余蓮，《功效論：中國與西方的思維比較》，頁133；法文版，頁113。

相成」、「為天下谿，常德不離」，策略在於知道如何「含帶」功效，在上游就使得情境進入過程，而使所欲求的功效「自然地」發展出來[42]。這種不消耗能量的操縱邏輯延伸為整套配置的自動性，而完成了法家模式的政治威權體制。中國的獨裁者因此「出賣了無為的本意」，將其「翻轉」為相反的發展，並且扼殺效果，使其枯乾[43]。

　　朱利安的分析的確凸顯了中國道家思想中的悖論。朱利安指出，源自道家思想而兼有「機具」、「機制」與「配置」的中國法家治理思維，不是「可見效果」之治理，而是「不可見上游」之治理。由於功效所著重的，「是使其到臨並使其實際形成者」，因此這不是生產的邏輯，而是作用中的「效力」，是「到臨的邏輯」以及「虛空所駐在的效果」：既受「承載」，也會「展布」，「像是匱乏卻永不耗盡」[44]。

　　這個持續作用而即將到臨狀態的根本「操縱」（manipulation），是效果的「不為而成」，「不見而名」，「不召而自來」（老子，73章）。這種根本操縱，不僅暗示了內在的感化召喚，使世界自動歸屬而自動到來，更揭示了一種從「最初的起點」開始「操縱」的策略。

　　　中國的思想不會猶豫於如何在過程上游來進行操控，因此
　　　也是無法察覺的操縱，因為在這個階段，一切仍舊是平滑
　　　的，柔軟的，人們如此容易受掌控，不致產生抵抗——人們

---

42 同前注，中譯本，頁135-138；法文版，頁115-118。

43 同前注，中譯本，頁146、149-150、178-179；法文版，頁125、127-128、153-154。

44 同前注，中譯本，頁174；法文版，頁150。

不受良心干擾。[45]

在這個過程中，臣民不會抗拒，反而會自動自發地遵循，而完成了一種內在性的完全治理。

我認為，此處也就是問題的關鍵所在：「最初的起點」，這個虛空的位置，一旦被操縱與含帶，是否後續的發展便無法逆轉？

朱利安說，「虛」的效果在於「上德若谷」：「大成若缺，其用不弊，大盈若充，其用不窮」。老子的「虛空」是運動而持續回轉的狀態，與飽滿狀態相互關連，並不彼此對立。這種「虛空」的概念不同於西方形上學視野的「存有」及「非存有」的對立，所謂「存在上的虛空」[46]。朱利安認為「虛空」即是如王弼所詮釋的「通」，「允許效力通過者」，要以「負向的方式」理解，才能夠恰當地掌握「虛空」[47]。他指出，對於中國道家而言，「虛空」的邏輯是「功能性的」，既不是精神主義，也不是物質主義，既不指涉身體的物理學，也不指涉靈魂的形上學；這個「虛空」保持生動、任其流通，任其通達，不斷滋生，「綿綿若存」，「虛而不屈」[48]。然而，朱利安也使用這個「虛空」概念，說明占據統治地位的獨裁者被「架空」，用意是與所有他人對立起來，以「環」與「圓」的位置旋轉無窮，「轉圓而求其合」，聖人「旋轉」（tourne），如同一個「圓」（boule），不以個人德性與價值介入，

---

45 同前注，中譯本，頁196；法文版，頁169。

46 同前注，中譯本，頁159；法文版，頁137。

47 「通」，見王弼，《老子道德經注》，14章、40章、41章，詳樓宇烈校釋，《王弼集校釋》（北京：中華書局，1980），冊上，頁31-32、109-110、111-113。

48 余蓮，《功效論：中國與西方的思維比較》，頁162-163；法文版，頁140-141。

不讓貴族、大臣、妻兒介入[49]。

「聖人」的位置與「機具」的核心疊合：這正是「地位的機具」發揮作用的根本原因。聖人即是君王，君王的「勢位」是具有絕對充足功效的空虛位置。這個權威的位置以及統治的藝術，在於使態勢「受含帶而自化」，並且「使他人奔向我們的位置」。朱利安說：

> 中國的獨裁政權護衛者們將權力化約為此一純粹工具性的載體（即地位）時，他們的目標是將它盡可能地去個人化……儒家的君王的影響力是以其智慧和所發散於身旁四周的良好影響；相對地，法家君王的影響力則完全依存於地位上最大程度的不平等，以及由此可以引發的潛在效能。[50]

根據朱利安的詮釋，這個絕對權威的「勢位」，就是「機具」的核心，一個「虛而待之」的勢位：「聖人執要，四方來效。虛而待之，彼自以之」。聖人／機具的「空虛」核心，牽動了整個勢態的動能，而使其自發地完成整個程序：「一個程序一旦開始，便會自行展開，一旦事情開始進行，便會流變。」[51]統治者只要任其作為，主動的「讓」（ce laisser est actif），自然會功成事遂，百姓也必然會自己來到我這裡[52]。朱利安認為，中國人接受了「勢」的必然性，只會順勢而為（aller dans le sens de la propension）；所謂超驗的「天」，事實上是內在性的綜合化（totalisation）與絕對

---

49 同前註，中譯本，頁50；法文版，頁43。

50 同前註，中譯本，頁54-56；法文版，頁47-48。

51 同前註，中譯本，頁133；法文版，頁113。

52 同前註，中譯本，頁136-137；法文版，頁116-117。

化（absolutisation）[53]。如此，一體化的體系便自動完成。

　　然而，仍舊正是在此處，朱利安論述的內在悖論也被凸顯出來：朱利安所討論的「虛空」的位置，是任其自動運轉的機具核心，還是被主觀意志所操縱卻帶有神祕性的「勢位」？

　　朱利安否定中國思想的批判性與政治性，他所提出的「幾之勢」的雙重性，或是兩點之間的距離，已經被一種回溯式的固定視角所衡量。朱利安指出，「聖人」的位置是可被占據的空虛「勢位」，「機具」的功效就是整套治理機制的「配置」及其運作效果；針對這個說法，我們必須提出的問題是：「虛空」在「機具」的核心，還是在「聖人」自處的位置？「聖人」等同於「機具」嗎？

　　我認為朱利安所討論源自於道家思想的中國法家思維，所以會徹底而更為有效地揭示並且補充了從傅柯到阿岡本的「機具」、「機制」與「配置」的概念，是因為他發揮了空虛核心的神祕性與可操縱性。這個空虛核心正是阿岡本所分析的西方經濟神學邏輯滲透於政治治理的範式。

　　阿岡本指出，不同於西方政治神學所強調的超越性主權概念，經濟神學以經濟概念替代超越概念，著重於神的王國的內部秩序管理，是當代生命治理的源頭，滲透於所有社會生活的經濟與政府管理（*Kingdom* 1）。阿岡本以西方神學所討論的「空位寶座」（hetoimasia — empty throne），來說明寶座空位至高無上的威嚴如何構成了整套機具運作的核心。這個「空位」可以被不同的權力主宰者賦予不同的合理性，而驅使一整套話語機制在經濟治理以及日常生活的不同面向運作，也可以使同樣的範式在

53　于連，《勢：中國的效力觀》，頁233-234。

不同歷史概念與詞語符號中運作。（the unthinkable inoperativity）
（*Kingdom* 245）

　　朱利安所分析的「勢位」，以一種奇特的方式呼應了這個經
濟神學的範式。我們注意到，朱利安檢討道家的「勢」以及「虛
空」的概念，說明了中國獨裁治理的邏輯理路，以及「勢」的概
念如何滲透於歷代治理者以及民眾的心態，如何使得人民從來不
直接回應，而以共構的方式完成了一套召喚與服從的整全體制。
朱利安指出，「聖人」的位置是可被占據的空虛「勢位」，「機具」
的功效就是整套治理機制的「配置」及其運作效果。但是，這個
被占據的位置以及經濟效益，是在治理的理性邏輯以及有條件的
經濟模式之下構想的。朱利安不自覺地援用了阿岡本所指出的經
濟神學的西方範式，以空虛核心的運作為治理模式，從最大經濟
效益來考量，建立了內在性的根本管理。然而，這種內在性的根
本治理模式，訴諸於人欲，使其自動效力，說明了中國傳統規範
性治理範式的論述模式。

　　但是，朱利安否定中國思想的批判性與政治性，這是一種以
回溯式的固定視角衡量「幾之勢」的雙重性，並且強調其預設的
經濟效益觀點事先安置後續的行動。朱利安這種論點雖然可以準
確地批判中國規範性治理模式的內在邏輯，卻也忽略了這個「虛
空核心」可以被逆轉而展開解放性批判政治的可能性，因此也恰
恰是本書要反駁的論點。本書將在第十章透過對於章太炎的進一
步分析，來討論中國政治哲學中解放性批判政治的思維模式。

第八章

去政治化的靜觀與退隱

畢來德論莊子的忘、游、無

第一節　畢來德論莊子的主體性與機制概念

畢來德從不同的角度出發，以《莊子四講》來提出中國道家思想關於主體性「活性空間」以及「天」、「人」關係的重新詮釋，也再次強調了「虛空」機制的重要性[1]。畢來德對於莊子的詮釋，賦予了「天／人」與「虛空」這兩層關鍵概念新鮮而充滿能量的意義，指出了不同機制轉換之間的辯證運動，也翻轉了一般人對於中國傳統思想缺乏主體性思維的偏見。

畢來德首先以「機制」（régime）的概念，來討論莊子文字中的「天」、「人」以及「忘」、「游」幾組不同知覺活動的特殊模式；其次，他以「虛空」（le vide）的概念，作為不同知覺活動之機制轉換互通的樞紐。畢來德所關注的「機制」與「虛空」這兩組概念都相當重要：「機制」概念充分反映了當代法國思想界的語彙，尤其是在傅柯之後的解構思想；至於「虛空」概念除了的確是莊子思想的核心，也是西方古典思想淵源的關鍵概念[2]。以西方知識界的傳統而言，這兩組概念一端指向對於「人」的認知活動之片面與局限性的批判，靠近了從海德格與傅柯以降論及形上學與認識型（épistémè）的解構問題，另一端則指向關於生命（本體）存有（發生）的關鍵。不過，這個非常靠近認識論與存有的核心概念，卻也帶領我們面對一個思想上關於「無」之本體

1　本文法文引文出自 Jean François Billeter, *Leçons sur Tchouang-tseu.*（Paris: Editions Allia, 2002）。中譯部分引自〔瑞士〕畢來德著，宋剛譯，《莊子四講》（北京：中華書局，2009）。

2　僅舉幾個例子：Jacque Lacan, or Jean-luc Nancy, Jacque Rancière, Alain Badiou。顯然，畢來德不會同意他與這些同時代學者的關係，但是，此靠近性正好可以揭露他的特殊性詮釋角度。

究竟是虛無消極還是根本基進的難解問題。此難題迫使我們思考莊子的根本批判力量或是政治性在何處的問題。

　　本章將指出，雖然畢來德強調他處理的是「天」、「人」、「忘」、「游」幾組不同知覺活動機制之間的轉換，以及他的根本關切在於「忘」與「游」，畢來德研究中關於「忘」與「游」的「類催眠效果」的詮釋傾向，卻根本地凸顯了認識論與本體論之間的悖論關係[3]。本章將進一步指出，畢來德透過莊子而要凸顯的靜觀退隱與虛空，是試圖抵制西方啟蒙以降強調擴張與占有模式的認識論的一種反向投射，而將莊子帶向他的反面，一種非政治化的虛空。我認為，莊子透過「無」而揭露之政治性，並不是回到畢來德所強調的靜觀退隱以及「虛空」的美學經驗，反而是中國古典思想對於名相之基進解構，以及對於生命緣起一多相容的理解與政治觀點，而更靠近了從斯賓諾莎到當代政治思想強調「無」的唯物主義。

　　這一部分的問題，我將在第十章討論章太炎對於莊子〈齊物論〉的重新詮釋，展開「無」的基進政治理念與解放性的批判政治力量。但是，此處，我將先從畢來德的機制與虛空的概念開始談起。

　　畢來德以「事物的運作」（fonctionnement des choses）來翻譯「道」，以「活動機制」（les régimes de l'activité）來說明「天」和「人」是不同的知覺活動狀態，更以動能機制的轉

3　關於畢來德對於催眠治療的興趣以及詮釋角度，可見他在《莊子研究》中提出的討論。Billeter, pp. 69-70，以及其他段落。對於畢來德強調透過「鬆懈」、「非企圖性」、「非任意」的治療性催眠術，宋灝曾經提出相當有說服力的質疑與批判。見宋灝，〈反權威的權威——畢來德的莊子研究〉，《中國文哲研究通訊》，18:4（台北，2008），頁41-57，尤其是頁43-50。

換（changements de régime）來指稱知覺活動狀態的變化。畢來
德說，這種轉變不是意識與無意識（le conscient et l'inconscient
）兩大範疇之間的問題，而是特定狀態中有意識與無意識（la
conscience et l'inconscience ）的轉換[4]。畢來德強調，所謂的
régime，可以理解為引擎的機械裝置（les régimes d'un moteur），
這個裝置以不同的調節牽動不同的關係，也牽動了不同力量之效
果[5]。畢來德對於牽動與調節引擎裝置的能量運作的討論，已經透
露了他試圖將活動能量的轉換放置於物質性基礎的詮釋立場。畢
來德也強調，不同知覺機制之間，並不是全部出現或是全部消失
的單一狀態，而會包含轉換之間的狀態。此處，畢來德帶出了活
動機制轉換之間持續運動的辯證能量。

　　我們知道，régime並不僅指涉政治政體。我們不能夠以局限
於軍事政體或是政治政體的制度與結構，來理解régime的概念。
當然，我們熟知的納粹政權、國家社會主義政體、經濟體制、
共產主義體制、共和體制等等，都牽涉了政治制度與結構的運
作[6]。不過，字源學上的探討可以協助我們理解此字彙所包含的複
雜意思。Régime來自拉丁文regere（rule）[7]。Regere源於印歐語系
的reg，意思是「以一條直線運動」，因此有指導、導引、統治、

4　Billeter, *Leçons sur Tchouang-tseu*, p. 42. 此處，畢來德以陽性的le conscient et
　　l'inconscient 與陰性的la conscience et l'inconscience來作對照，指出這不是概
　　念範疇，而是特定與獨一的狀態。

5　Billeter, *Leçons sur Tchouang-tseu*, p. 43.

6　Nazi regime, national-socialist regime, economic regime, communist regime,
　　capitalist regime, republican regime.

7　英文的rector, regent, register便是來自於此字regere。何乏筆曾經清楚地討論過
　　「機制」在畢來德以及傅柯脈絡中的意義。見何乏筆，〈導論：邁向另一種主
　　體的政治經濟學〉，《中國文哲研究通訊》，18：4（台北，2008），頁1-9。

尺規等延伸字，另外也有正確、指導、豎立、管理區域、復興、
資源、湧發等面向的意義[8]。正如畢來德所提出的引擎或是機械裝
置的概念，機制既有規範導引，又有自發湧現的涵義。傅柯的真
理機制（regime of truth）與可見性機制（regime of the visible），
或是洪席耶的感受性機制（regime of the sensible）、習性機制
（regime of ethos）、再現機制（representative regime）與美學機
制（aesthetic regime），都援用了機械裝置的概念。這些關於不同
活動的主導性規範或是湧發原則的論點，牽涉了話語（logos）的
內在邏輯，以及話語結構對於基本感受與表達方式有其自發性與
制約性的雙重問題，以致一個歷史時期的話語結構根本地決定了
真理、倫理、可見性、感受性甚至美學論述的主導模式與關係結
構，也蘊含了可能的反轉空間[9]。

　　在畢來德的討論中，機制的概念出現了一種雙重的辯證動態
關係：一則，機制指向不同的狀態，此狀態有其內在的動因與邏
輯，而不能夠以表面的單一現象來理解；再則，不同狀態與不同
機制之間存在著動態相依的關係，能夠並存，或是其轉換可以立
即發生。因此，畢來德討論莊子時使用 régime 的動態概念，說明
了表面的法則無法充分解釋牽動此現象的內在動因或是邏輯。

8　direct, guide, rule 等延伸字，另外也有「正確」（correct），「指導」（direct,
　　dirge），「豎立」（erect, rector, régime, regimen, regiment），「管理區域」
　　（region），「復興」（resurrect），「資源」（source），「湧發」（surge）。

9　Jacque Rancière 在他的幾本著作中，延續並擴展傅柯對於真理機制與可見性機
　　制的論點，詳細討論了關於美感經驗與政治性行動的主導性機制問題，可參
　　見：*The Politics of Aesthetics: The Distribution of the Sensible*, Gabriel Rockhill,
　　trans.（London & New York: Continuum, 2004）; *The Future of the Image*, Gregory
　　Elliott, trans.（London: Verso, 2007）。

　　以畢來德對於機制的說明，我們可以從這套機制所牽連的整套內在動因或是牽動力量的原則，來理解治理制度或是政治現象背後的話語邏輯。當這個概念被用在知覺活動或是事物運作的原則，例如畢來德以機制的概念來討論「天」與「人」，這兩個相對應的概念自然便不再是固定不變的抽象觀念，而牽連了其引發活動的規則，知覺活動背後的登錄模式（register），或是內在湧發之規則，而我們的討論便涉及了此知覺活動的動因或是邏輯。

第二節　畢來德詮釋的知覺活動機制

1. 天與人

　　畢來德關於「天」與「人」對照的討論，刻意凸顯了知覺活動機制的「天」的整體狀態與「人」的片面性與意向性的對比。這個對比延續了法國當代思想對於笛卡爾「我思主體」（cogito）的批判，也透露出畢來德之莊子的解構力量。畢來德指出，「人」是指「意向性」與「意識」（l'activité intentionnelle et consciente）的活動，而「天」是指「必然」而「自發」的活動，就某種意義來說，是無意識的[10]。因此，「天」不是抽象超驗的固定概念，而是合於「性」與「命」的一種高級活動機制。「天」的知覺活動連結了我們所有官能與資源的整體，是我們所知或是所不知的全面狀態：正如同游水的人，完全熟悉水性，以完整而必然的方式活動。

10　Billeter, *Leçons sur Tchouang-tseu*, p. 49；畢來德，《莊子四講》，頁39。

在「天」這一機制當中，活動自然是高效的。按照游水男子教過我們的說法，它是合乎「性」與「命」的，即是「自然」且「必然」的；而且是「完全」或「完整」的，因為這種活動是在我們所有官能與潛力共同整合之下產生的；這些官能與潛力包括了我們自己意識到和沒有意識到的所有一切。[11]

畢來德也利用河伯與北海若的對話，說明了「天」與「人」的差別：

〔河伯〕曰：何謂天？何謂人？北海若曰：牛馬四足，是謂天；落馬首，穿牛鼻，是謂人。故曰，無以人滅天，無以故滅命。——〈秋水〉

根據畢來德的解釋，「人」的意向性會破壞「天」的必然。「無以人滅天，無以故滅命」——「人」與「故」的片面與局限，對照出了「天」與「命」的全面與完整：人受其知覺與意向性之驅動，可能會執著於其意向，「與接為構」，而破壞或是遮蔽了事物運行的整體狀態。畢來德引用〈庚桑楚〉的「唯蟲能蟲，唯蟲能天」，說明就某個意義而言，人所不能之處，動物卻能，因為只有動物能夠真正地做動物，也才能夠真正隨著「必然」而「自發」的活動完成自身[12]。

從畢來德舉出其他幾個例子，我們可以更清楚天人之差異：

11　Billeter, *Leçons sur Tchouang-tseu*, p. 46；畢來德，《莊子四講》，頁36。

12　Billeter, *Leçons sur Tchouang-tseu*, p. 52；畢來德，《莊子四講》，頁42。

> 今子外乎子之神，勞乎子之精，倚樹而吟，據槁梧而瞑。
> 天選子之形，子以堅白鳴！——〈德充符〉
>
> 天在內，人在外，德在乎天。知天人之行，本乎天，位乎
> 得；蹢躅而屈伸，反要而語極。——〈秋水〉
>
> 聽而可聞者，名與聲也。悲夫！世人以形色名聲為足以得
> 彼之情。夫形色名聲，果不足以得彼之情，則知者不言，言
> 者不知，而世豈識之哉。——〈天道〉

「人」以其有限而片面的「知」，陷入於「堅白」之辯，勞於外在
形體，惑於名聲，而不知在內的「天」。

在此局限的感知機制之下，「人」如何可以獲得「非知」？
如何可以獲得「知」與「非知」的整體？畢來德並不建議泯滅意
識活動，而要在意識活動與事物運行的整體狀態之間，建立恰
當關係[13]。如何建立呢？畢來德提出了要在人的意向性與意識之
外尋找，要訴諸於「別的能力、別的潛能、別的力量」[14]。畢來德
指出，這些「人」之外的能力、潛能、力量，是在「身體」（le
corps）之中：身體是作為掌握知與非知之整體狀態的場所。

> 精神是我們的錯誤與失敗的原因；而身體，這裡不是說那
> 種解剖學意義上或是客體意義上的身體，而是說一切支撐著
> 我們的活動，為我們察知或是覺察不到的能力、潛能與力量
> 的總和，——這種定義下的身體，才是我們真正的宗師。[15]

13　Billeter, *Leçons sur Tchouang-tseu*, p. 49；畢來德，《莊子四講》，頁39。

14　Billeter, *Leçons sur Tchouang-tseu*, p. 50；畢來德，《莊子四講》，頁40。

15　Billeter, *Leçons sur Tchouang-tseu*, p. 50；畢來德，《莊子四講》，頁40。

畢來德很清楚地界定了這個「身體」：不是解剖學意義上的身體，或是作為認識對象的客體，而是所有能力、潛能、力量的匯聚之整體。「身體」是使得機制的雙重動態關係發生轉化的樞紐。於是，「身體」便是畢來德論莊子的關鍵概念。

畢來德指出，他所討論的「身體」概念，很靠近斯賓諾莎所說的身體。斯賓諾莎曾經批評笛卡爾，並指出笛卡爾所謂的自由意志只是幻想。畢來德指出，斯賓諾莎所說人無法確切了解身體的玄機以及功能，以及身體可以做出許多令自己的心靈感到驚訝的事情，都讓我們看到斯賓諾莎與莊子的「交會」。

> 在此，斯賓諾莎與莊子形成了交會，而這並不是偶然的。
> 他們二者的思想之間，有一種深刻的共鳴。[16]

對於畢來德來說，屬於「天」的機制既必然又自然，是完全而完整的官能與潛力，包括意識與沒有意識的一切。畢來德認為這一直是莊子所「驚奇與沉思的泉源」[17]。

然而，正是在此處，在畢來德關於「身體」以及關於「知」與「非知」的說法中，我們反而看到了畢來德帶領我們看到的思考難題：我們要如何思考以「身體」作為「虛空」的轉換樞紐呢？

讓我們先繼續循著畢來德對於莊子概念的梳理，來理解他所提出的說法。

---

16 Billeter, *Leçons sur Tchouang-tseu*, p. 47；畢來德，《莊子四講》，頁37。

17 Billeter, *Leçons sur Tchouang-tseu*, p. 46；畢來德，《莊子四講》，頁36。

2. 機制的轉換

　　畢來德強調「天」與「人」不同機制之間的轉變，關鍵在於原本有意識的調節控制的狀態突然被一種渾整的事物運作之狀態所取代。這個運作解除了意識的大部分的負荷，而不再費力[18]。這種動態的變化，取決於「天」與「人」兩種機制的同時運作：

> 臣以神遇，而不以目視，官知止而神欲行。——〈養生主〉
> 　知天之所為，知人之所為者，至矣！知天之所為者，天而生也；知人之所為者，以其知之所知，以養其知之所不知。——〈大宗師〉
> 　知道易，勿言難。知而不言，所以之天也。知而言之，所以之人也；古之人，天而不人。——〈列禦寇〉

人的官能暫時中止，神欲可以暢行，而捕捉知覺活動的全體狀態。這個全體狀態的掌握，並不外在於身體，而是在內：「人在外」，而「天在內」。

　　機制之間轉換的關鍵，在於「忘」與「游」。畢來德引用莊子〈達生〉的文字，來說明「忘」（s'oublier elle-même）的重要性：「善游者數能，忘水也」。

> 當深層的力量已開始起主導作用的時候，這種遺忘才會發生，意識才會放棄它的主管的角色而忘記自己。[19]

---

18 畢來德，《莊子四講》，頁45-46。

19 Billeter, *Leçons sur Tchouang-tseu*, p. 60；畢來德，《莊子四講》，頁49。

善游者忘了水，因為他知道水。當意識忘記自身，忘記其指導作用，某種深層的力量出現，神欲得以運行，而獲得完美的融合貫通。這就是畢來德嘗試說明的「主體性的基礎物理學」（une *physique* élémenaire *de la subjectivité*）[20]。

物理學，是指物質發生的原理。主體性的物質性發生在何處？根據畢來德前文的論證，此主體性的發生處就在「身體」這個場所：身體是所有能力、潛能、力量的整體，是掌握知與非知整體狀態的場所，是在內的「天」，是有別於在外的「人」的有限意識與意向性，是「別的能力、別的潛能、別的力量」的源頭。

畢來德也引用了「游」的概念，繼續說明此「游」的機制中，意識脫離外在任務而仍舊存在，並且觀看自身內部所發生的活動。「游」的狀態，是意識面對身體處於靜止時的內在活動，而不是運動中的身體。「吾游心於物之初」，也就是拋棄實踐的心思與意願，而隨著平靜下來的身體知覺帶動自身[21]。意識的消失，並不是全然中斷；「游」的活動機制是對事物整體運作之必然性的洞視。

它（游這個活動機制）有一種哲學的意義，因為其中即有對必然的認識，也有一種由此而產生的，游對必然的靜觀所產生的第二性的自由[22]。

此處，畢來德再次指出莊子與斯賓諾莎的靠近——作為對自身活動驚奇的旁觀者。畢來德強調，莊子在不同篇章中所呈現的，就是這種第一層活動之外的第二層關係[23]。

20　Billeter, *Leçons sur Tchouang-tseu*, p. 61；畢來德，《莊子四講》，頁51。

21　Billeter, *Leçons sur Tchouang-tseu*, p. 95；畢來德，《莊子四講》，頁83。

22　Billeter, *Leçons sur Tchouang-tseu*, p. 69；畢來德，《莊子四講》，頁57。

23　Billeter, *Leçons sur Tchouang-tseu*, p. 69；畢來德，《莊子四講》，頁58。

　　畢來德所討論的「官知止而神欲行」、「忘」、「游」，或是「游心於物之初」，都指向了他要討論的作為「主體性」出現之處的「虛空」（le vide）的空間問題。自由出入於自身活動的意識以及無意識狀態，獲得整體之「靜觀」，是此「忘」與「游」的最高境界。畢來德強調，莊子論及虛空的問題，被後世學者錯誤地詮釋為宇宙運作的抽象與超驗概念；畢來德的分析最終要指出的，便是這個虛空與萬物之間的往復關鍵正在於主體性的問題。

　　畢來德指出，這個主體性浮現的「虛」或是「渾沌」之處，正是「身體」這個根本的位置，這是個具備了變化與自我更新的整體能力之處。他以「心齋」來解釋這個無限親近、幾乎當下以及「回到自身」（corps proper）的問題。因此，我們可以進一步討論畢來德對於「心齋」的詮釋。

第三節　心齋：「忘」與「游」去政治化的靜觀、退隱與催眠

　　畢來德指出，較高層次的活動透過「靜觀」而脫離第一層的活動狀態，那是在同一點上既感知此活動，亦捕捉到此活動與外界的關係。較高層次的活動能夠立即知道，卻不能透過話語形式傳達。若要開始談論，就必然脫離此活動的狀態。然而，在這個可意識與無法意識二者並存的一點之上，意識可以隨意地讓自身脫離活動，成為自身活動的觀看者：既感知身體的活動，也在同一靜觀之中感知此活動如何與外在世界互動，或是被外在世界所占據。

　　一方面，高一層次的活動形式確實不能夠通過語言來解釋

或是傳述。而這一活動形式確實在某種意義上是非意識的，行動者自己也無法認識它。要談論它，即使是為了說自己不了解它，也不得不停止這一活動形式，轉到另一個活動形式。另一方面，這一高級的活動形式又是可以認識的，因為把技藝推到一個極致，可以讓意識隨意地成為活動的觀察者，變成一個靜觀的意識。這時，意識感知達到統一，既包括身體內的活動，又在同一視角下，看到與身體互動的外界。[24]

這個同時看到身體與外界的互動，並且透過洞視而獲得的較高層次理解的同一點，正是畢來德導向莊子的「虛空」（vide）、「渾沌」與「心齋」問題的關鍵，也是他論及「活性的虛空」（un vide fécund）與主體性自由（liberté subjective）之關鍵。

要更為準確地掌握畢來德的「活性的虛空」，就要討論他對於心齋的詮釋。畢來德以〈人間世〉中顏回與孔子的對話，來說明「心齋」問題：

> 問曰：敢問心齋。
> 仲尼曰：若一志，無聽之以耳而聽之以心，無聽之以心而聽之以氣。聽止於耳，心止於符。氣也者，虛而待物者也。唯道集虛。虛者，心齋也。──〈人間世〉

畢來德認為，當孔子說，不要以「心」（esprit）來聆聽，而要以「氣」（energie）來聆聽，這是因為對自身的感受不是智性的活動，而是「自身」向「自身」的出現，那是我們對於自身活動的

---

24 Billeter, *Leçons sur Tchouang-tseu*, p. 72；畢來德，《莊子四講》，頁60。

「感知本身」（se percevant elle-même）。

> 對於自身的知覺不是一件思維上的事，而是「自身」
> （corps proper）的自我感覺，它是我們自身活動的自我知覺
> （sens proper）。[25]

畢來德說，這個以整體與全面方式感知我們自身活動之處，便是
我們的意識與主體性的基礎，也就是「心齋」所揭示的回歸到此
基礎的意義。

> 自身活動的自我知覺，這乃是我們的意識和我們的主體性
> 之基礎。「心齋」，乃是對這一至為簡單、至為親近的基礎之
> 回歸。[26]

畢來德指出，這個「唯道集虛」的「心齋」，就是「物之初」發
生之處。「萬物本源附近遨遊」，意味著「讓自己進入一種虛
空」，「用身體聆聽」，讓「已知與未知的官能和潛力一同在作
用」。畢來德說：

> 讓自己進入一種虛空，我們所有的力量才能聚集起來，產
> 生那種必然層次上的行動。……失去這種進入虛空的能力，
> 就會產生重複、僵化，甚至於瘋狂。[27]

---

25 Billeter, *Leçons sur Tchouang-tseu*, p. 96；畢來德，《莊子四講》，頁85。

26 Billeter, *Leçons sur Tchouang-tseu*, p. 97；畢來德，《莊子四講》，頁85。

27 Billeter, *Leçons sur Tchouang-tseu*, pp. 98-100；畢來德，《莊子四講》，頁86-88。

畢來德清楚指出「虛空」是參與事物變化，不受人情常態支配的樞紐。這個「虛空」，是作為「自身」的主體性，就是畢來德所說的「活性的虛空」（un vide fécund）。

畢來德更引〈應帝王〉篇所述「渾沌」的故事，來說明當渾沌被鑿穿，原本具有活力的渾沌狀態便乾涸，指出失去了渾沌的狀態，我們的主體性也必然會凋敝（dépérit）[28]。畢來德強調，莊子所談論的「物」的原初狀態，「浮遊乎萬物之祖，物物而不物於物」（〈山木〉），正是要求我們參與遨遊於物的發生之始，而得以「物物」，將物看作是物，而不要「物於物」，不要被物所物化或是異化，迷失自己。畢來德提醒我們，此處關鍵的概念是：「事物是我們的精神從感覺出發結成的固態」，也就是莊子所說的「與接為構」，而這個透過接觸而被固定或是被固著的狀態，正是透過「語言形式」而產生[29]。畢來德此處已經扣緊了莊子最為犀利而尖銳的思想核心，也就是語言形式所造成的結構性固著與物的異化。

但是，我們注意到，當畢來德討論一種主體的範式，而提出理解莊子的大道時，他首以由活動通向「靜觀」的「回歸」自身，以及「反歸虛空」（retour au vide ou à la confusion）的「退隱」（retraite），作為反歸自身潛力的路徑。

> 要進入莊子的思想，必須先把身體構想為我們所有的已知和未知的官能與潛力共同組成的集合，也就是說，把它看作是一種沒有確鑿可辨的邊界的世界，而意識在其中時而消

---

28 Billeter, *Leçons sur Tchouang-tseu*, p. 107；畢來德，《莊子四講》，頁95。

29 Billeter, *Leçons sur Tchouang-tseu*, p. 109；畢來德，《莊子四講》，頁97。

失，時而依據不同的活動機制，在不同的程度上解脫開來。[30]

畢來德認為，按照莊子的想法，人必須學會適度地轉換機制，或是任由這些變化自然生成。意識必須在適當的時刻接受自我的消失，以便讓必要的變化得以自由完成，才能更自由地、更恰當地行動。畢來德說明，此處所說的反歸自身，意味著要接受最謙卑的生存相輔相成。

在「靜觀」與「退隱」之後，畢來德提出了更為重要的通向美學問題之路徑。他指出，莊子注意到了造成他人心理變化的話語或是音樂之效果。畢來德以莊子在〈天運〉篇中對於黃帝彈奏「咸池」之樂的描寫，來說明音樂震撼聽者內在活動的效果：「始於懼，懼故祟」，「次之以怠，怠故遁」，「卒之於惑，惑故愚；愚故道，道可載而與之俱也。」（〈天運〉）畢來德指出，音樂的動態變化牽動聽者全身潛力，包括各種感受、空間感、內在認知、情感、記憶與高妙形式的思維[31]。不過，此處，雖然畢來德強調「虛」的拆解與重造的重要力量，但是他並沒有具體說明從「游於物之初」尋找「唯道集虛」的「虛」，如何轉移到音樂之變化所引發震撼的各種內在動態潛勢之間的美學張力。

這個從「物之初」的「虛」到美學經驗動態潛勢之間的跳躍與張力，要如何解釋？這個轉折點，以畢來德的詮釋角度來看，就在於「身體」本身，也就是「虛空」與「渾沌」之所在。「唯道集虛。虛者，心齋也。」畢來德反對歷來學者將莊子納入道家脈絡或是玄學傳統，也反對將莊子所討論之「道」視為宇宙之運

---

30 Billeter, *Leçons sur Tchouang-tseu*, p. 120；畢來德，《莊子四講》，頁107。

31 Billeter, *Leçons sur Tchouang-tseu*, p. 128；畢來德，《莊子四講》，頁116。

作。可是，從畢來德以"jeûne"（禁食、齋戒）翻譯「齋」來看，他似乎強調其「心齋」的齋戒、斷絕與潔淨之意。虛空，是精神的齋戒[32]。

　　此處，畢來德所所著墨的「靜觀」與「退隱」，以及他一再強調的「任隨身體自由運作」，都凸顯了他對於心靈活動的靜止齋戒，並且使「身體」回歸催眠狀態的詮釋偏向。我們必須質問：這個朝向靜止、退隱、齋戒甚至類催眠的身體，如何能夠說明美學經驗中身體的整體潛能與感受性如何被引發而運作的張力與強度？如何能夠撼動主體所處的觀念性二元結構而使其拆解，並且促使新的思想的發生？畢來德以帶有禁食齋戒斷絕意義的jeûne翻譯「齋」，是否將莊子帶到了相反的方向，一種去政治化的退隱空間？

　　畢來德引用〈天道〉「名聲，果不足以得彼之情」，並以「事物之現實」（la réalité des choses）來翻譯「彼之情」。他指出：

　　　當我們在言說的時候，我們就不再知覺，因此看不到言語
　　　與現實的差距，而誤以為言語是現實的準確表達。而當我們
　　　把注意力集中到一個感性的現實之上時（比如我們正在試圖
　　　完成的動作之上），我們又會忘記言語，而同樣察覺不到言
　　　語與現實的差距。[33]

---

32 "La Voie s'assemble seulement dans ce vide. Ce vide, c'est le jeûne de l'esprit." Billeter, *Leçons sur Tchouang-tseu*, p. 96.

33 "C'est évidemment le role du philosophe et de l'écrivain de surmonter cette incompatibilité naturelle, de confronter le langage et la réalité sensible et de corriger le langage quand il nous induit en erreur." Billeter, *Leçons sur Tchouang-tseu*, p. 26；畢來德，《莊子四講》，頁17-18。

畢來德強調言語與現實的距離和相互排斥，是哲學家與作家要克服的問題，以便讓言語和感性現實相對照。然而，畢來德對於「心齋」的退隱與靜觀的詮釋角度，如何克服言語與現實之距離的問題？

　　雖然畢來德強調「身體」是整體的「知」與「非知」匯聚融通之場所，以便解決語言之「名」與「聲」和現實的距離。但是，在畢來德所詮釋的莊子中，似乎並看不到感性現實的具體處理或是其複雜性。畢來德所舉出的例子，無論是「官知止而神欲行」的庖丁解牛，「得於手而應於心，口不能言，有數存焉於其間」的輪扁，或是「始乎故，長乎性，成乎命」的游水者，活動中的人所取得的整體的狀態，都關乎某種不具感性成分的「必然」，或者是從低等到高等活動模式的轉化，是高效能的活動展現。無論是庖丁解牛，或是中國書法，都在動態中消解了身體的感受性面向，而化入更大的動態環境之中。

　　「虛空，是精神的齋戒」，這個提法是否能夠解決了「虛」與「身體」之間根本的矛盾？

第四節　迴轉：莊子從「知」到「所不知」的解放運動

　　更為關鍵的問題是畢來德對於「知」與「不知」之關係的詮釋角度。畢來德兩次引用〈大宗師〉，來說明如何以回歸虛空的能力，而參與事物的變化：「知人之所為者，以其知之所知，以養其知之所不知。」弔詭的問題在此處出現：莊子的原文是：「以其知之所知，以養其知之所不知」。但是，此處畢來德所翻譯的意思是：透過意識所不知道的，來滋養意識所知之事物。

Celui qui sait en quoi consiste l'action humaine nourrit ce que sa conscience saisit au moyen de ce que sa conscience ne connaît pas." [34]

莊子所說的「養其知之所不知」，被改譯為以「不知」來「養其知之所知」，「以意識無法把握的去滋養意識所把握的東西」，也就是畢來德所強調的催眠經驗。

這個翻譯與詮釋上的差別，暴露了什麼樣的理解上的距離（écart）呢？

從畢來德兩次改變此「不知」的文意操作來看，似乎畢來德要強調「人」的「意識無法把握」的催眠狀態，例如庖丁解牛、輪扁、游水者，或是他所強調的催眠狀態，而以其「不知」來滋養其所「知」，卻無法理解莊子之提出以「其知之所知，以養其知之所不知」的說法之解放性力量。

從「知」到「不知」的過渡，或是從「不知」到「知」的過渡，差別在何處？

畢來德援引米歇爾・亨利（Michel Henry）之論點，批評精神分析最初就區分了意識與無意識的兩大範疇：「從日間意識出發，而預設一個對立面，作為無意識，使此二元對立是結構性的理論範式，而從來沒有走出來」[35]。這個批評一則揭露了區分意識與無意識兩大範疇的謬誤，再則也透露出畢來德拒絕了感受性狀態的「知」所同時涵納的相反處的「不知」。

---

34 Billeter, *Leçons sur Tchouang-tseu*, pp. 58, 99；中譯本翻譯為「以意識無法把握的東西去滋養意識所把握的東西。」畢來德，《莊子四講》，頁48、88。

35 Billeter, *Leçons sur Tchouang-tseu*, p. 122；畢來德，《莊子四講》，頁110。

　　事實上，莊子所說的「知人之所為」，正是透過感受狀態之「知」而滋養其所「不知」，而不必經由「不知」的狀態回到「知」。畢來德提及斯賓諾莎與莊子的親近性，卻沒有處理斯賓諾莎對於身體所承受之感受性意念的問題，以及片面感受性的「知」所不知的完整的高級知識，而更暴露了畢來德之莊子與斯賓諾莎的距離。

　　此處，我們必須進行一個重要的迴轉，重新思考「所不知」的問題。

　　莊子所揭示從「知」到「所不知」，是要透過拆解與重造之「虛」的美學力量以及其背後的政治力量，而這是我最感興趣與關切的問題面向。我認為這正是在美學經驗或是人我關係中，參與「物物」之過程，靠近了海德格論及「物」（physis）的湧發（ereignis）之場所以及從無創生的概念。

　　這個複雜過程，不能夠簡單地以畢來德所說的主體與主體性的轉換，或是虛空與萬物之間的往復來回過程，而一言以蔽之；這個過程也不能夠僅以畢來德在全書結尾處簡單帶過的鍊金術涵蓋；這個過程更不能夠以畢來德後期研究所提出的催眠術所取代。畢來德透過靜觀退隱的詮釋所導向的返歸虛空以及非知狀態，「任隨身體自由運作」，是一個去政治化的狀態。但是，莊子所批判的名之迭代以及自知自見的認識論循環，以「知」朝向其所「不知」，其實具有巨大的政治性解放力量。

　　斯賓諾莎說，所有實體皆由其屬性而被理解。擁有越多現實或是存有者，則有越多的屬性。擁有無限屬性者，則具有永恆與無限[36]。如何從有限理解無限，如何從片面的「知」過渡到此有

36　Baruch Spinoza, *Spinoza: Complete Works*, Samuel Shirley, trans.（Indianapolis &

限之外的「不知」，正是斯賓諾莎在《倫理學》中討論的核心問題。他指出，知性（intellect）、意志（will）與力量（power）是同一件事。「力」便是本質（essence）：「力」的發生與轉換，正是使知性與意志不被固著於片面主觀之局限的關鍵，而「本質」則正是每一事物力求持續存在的生之「欲望」（conatus）。思想直接與對象關連，思想構成人的存在延展狀態，而構成人類心靈的意念之對象，正是「身體」（body）[37]。心靈只有透過被情感所影響的身體所產生之意念，也就是感受性引發之意念，才得知身體；除此之外，人的心靈不知道身體，也不知道身體的存在[38]。身體具有感受性，身體也具有被動承受的能力。身體的感受性表達為意象，意象連結而成為觀念，也就是知識的基礎。

　　然而，人被身體性經驗所引發的情感，是處於被動的位置，會被固著，而持續束縛人（bondage）[39]。人受其情緒所主宰，被動地被片面知識所綁束。這個主觀而片面的知識，就是斯賓諾莎所說的第一種知識，也是阿圖塞所說的意識形態[40]。片面的感受性與知識產生的善惡區分，並不是知識或是理性的判斷，而是情感的判斷，甚至是牽涉自身快樂或是痛苦感受的情感經驗。所謂善惡，是對於該物之可欲望或是厭棄的區分。善惡之主觀判斷，牽

Cambridge: Hackett Publishing Company, 2002）, p. 221.

37　Spinoza, *Spinoza: Complete Works*, p. 251.

38　Spinoza, *Spinoza: Complete Works*, p. 261.

39　Spinoza, *Spinoza: Complete Works*, p. 325.

40　阿圖塞說，斯賓諾莎的第一層知識，便是我們現實生活中被給定的經驗與自行生產的知識；對於意識形態的置疑，正是透過知識的無限過程，獲得他者的知識，而從被給定的第一層知識解開束縛。Louis Althusser, "Is it Simple to be a Marxist in Philosophy?," *Essays in Self-Criticism* Grahame Lock, trans. （London: New Left Books, 1976）, pp. 188-194.

涉自身之快樂或是痛苦。人必然追求其自身判定為善者，而迴避
其判定為惡者[41]。然而，斯賓諾莎指出了較高的心靈理解欲望與較
高層次知識的可能性。只要心靈理解所有的事情都受到了必然性
所主宰，則情感可以有更大的力量，也會更為具有活動力[42]。人
有要獲得完整理解的欲望以及潛力（potentia）。心靈只有透過感
受性引發之意念才得知身體，而身體的感情與事物影像的連結安
排，與思想是一致的[43]。

　　透過感受性之知覺而認識自身、表現自身，並從感受、知
覺，到意念、構思、理解，以至於思考整體的關係：這是斯賓
諾莎所討論的從低層次的第一種知識到高層次的第三種知識的過
渡。第一種知識是片面而主觀的知識，是在被給定的現實生活中
透過因果經驗而獲得的被動式感受、意見與想像；第二種知識是
理性而主動的思想，可以透過共同擁有的事物而獲得共同的觀
念，這是片面主觀知識之外較為整體而充分的概念；第三種知識
則是透過直覺而獲得對於事物本質的適當充分的知識。斯賓諾莎
認為，人的心靈有時是被動的，有時是主動的，而心靈的最高欲
望是透過第三種知識來理解事物。正因為身體仍舊存活，因此就
會受制於被動性的情感。然而，如果能夠有更多其他身體所共同
擁有的感受、意象與觀念，便能夠更為正確地理解；也就是說，
如果心靈能夠透過由感性意象而彙整綜合思想的第二種知識，以
及由偶然的交會而理解彼方之感受性意象的第三種知識，便能夠
理解越多的事物，也就較不會受制於壞的情感，也比較不會害怕

41　Spinoza, *Spinoza: Complete Works*, p. 331.

42　Spinoza, *Spinoza: Complete Works*, p. 373.

43　Spinoza, *Spinoza: Complete Works*, p. 365.

死亡[44]。

　　斯賓諾莎所討論的知性力量以及人不受制於被給定的片面知識與因果關係之自由，具有根本的政治性力量與倫理力量。納格利（Antonio Negri）強調，斯賓諾莎論點中有關「力」的問題，關鍵在於物質發生的通則（axiom）。通則不是規範性的，而是具有發動力（motor）的動力概念（dynamism）[45]。構成性的存有動力學（the constitutive dynamic of being）足以透過知性之欲力（conatus）帶離自身被動片面的狀態，而朝向整體之高層次理解。這個不斷生成的構成性動力（potentia），正是挑戰被權力結構組織的穩定國家狀態（potestas）的力量。構成性動力從每一心靈發生，脫離其所從屬的束縛性意識形態與知識結構，也同時使其所從屬的群體發生了本質性的改變與重組[46]。動力發生的起因，一則是生命本身的力量，也就是斯賓諾莎所說的具有無限能力的知性力量，再則是偶然遭遇外在世界的經驗。身體遭遇外在的另一個身體，感受另一個身體的感受，理解此遭遇的整體因果結構，而其自身也同時發生了改變。依照斯賓諾莎的論點，知性的動態過程使得心靈得以持續發生變化。納格利因此從斯賓諾莎的理論推展出了「眾」（multitude）的概念：「眾」的狀態本身便是人類處境（human condition）。處境是一種被決定的存有模式，但是此存有是動態與構成性的，因此人類處境是人類的構成

---

44 Spinoza, *Spinoza: Complete Works*, p. 379.

45 Antonio Negri, *The Savage Anomaly: the power of Spinoza's metaphysics and politics*, Michael Hardt, trans.（Minneapolis: University of Minnesota Press, 1991），p. 46.

46 Antonio Negri, *The Savage Anomaly: the power of Spinoza's metaphysics and politics*, pp. 212-213.

（human constitution）[47]。

依此模式來理解，知性之「力」作為構成「眾」的本體基礎，既是本體發生的問題，也是社會的物理性構成。社會中的階級並不是二元對立的辯證關係，而是每一點都可以進行構成性的轉位（dislocation），進而解開被限定的階級：我認為這個從原來發生狀態的「力」不斷進行構成與解體的並生，就是最為根本的政治性力量。斯賓諾莎所展開的政治性生成與變化的概念，關鍵便在於「力」以及使「力」得以發生轉圜的「身體」。

巴迪烏指出斯賓諾莎所討論的「知性」，若是以德勒茲的說法，是發生於思考的摺層處（fold），而以他自己的說法，則是在於其「扭力」之作用（operator of torsion），是既有局部性格的獨一性（singular localization），又是存有的絕對展現。作為存有的知性，正是發生於思想的內部摺層處能夠扭轉的「力」[48]。然而，巴迪烏指出，要脫離斯賓諾莎所說的第一層被動而感性的知識，不被限制於封閉的本體論，關鍵在於有感受能力的「身體」以及事件中所遭遇交會的「他者身體」；也就是說，除了透過知性的同一原則與對偶關係之外，更需要考慮身體所偶然遭遇的他者身體，以及透過事件而發生的「有」[49]。這個偶然遭遇交會的他者身體，靠近了章太炎詮釋莊子「萬物皆種也，以不同形相禪」所提出的緣起說。後文會繼續討論物物交會與種種緣起的概念。

斯賓諾莎的「身體」是心靈發生變化的場域：思想不被任何

47　Antonio Negri, *The Savage Anomaly: the power of Spinoza's metaphysics and politics*, p. 188.

48　Alain Badiou, "Spinoza's Closed Ontology," *Theoretical Writings*, Ray Brassier, Alberto Toscano, ed. and trans.（London & New York: Continuum, 2004）, p. 84.

49　Alain Badiou, "Spinoza's Closed Ontology," p. 93.

固定意象或是概念所束縛，而透過生命之知性欲力參與「身體」所遭遇的「物」（object），藉由另一個身體而理解其自身片面知識之外的整體因果環節與知識，參透其所「不知」。我認為這個藉由身體之轉圜樞紐，脫離自身局限，挑戰原本被給定的命名系統與「知」的局限，而得以從「知」到「所不知」的轉位，是莊子與斯賓諾莎最靠近的思想位置，也正是莊子所展現的政治性力量。

畢來德的莊子避開了斯賓諾莎所討論的身體情感與意象所連結的思想張力以及其相反處的轉位路徑。這個相反處，涉及了遭遇他者而暴露之雙方不同感受狀態，以及自身感受狀態的未知處。斯賓諾莎的可感受的「身體」是一種能力：由更強大的感受力而獲得更高的知識與更高的同情與喜悅。畢來德的莊子以及他所強調的「身體」，無論是靜觀或是類催眠狀態，都僅涉及活動中渾然一體之「無心」狀態，或是退隱到無欲的「謙卑」狀態，而不涉及由感受狀態以及「知之欲力」（conatus of the intellect）所牽動的移位動因與牽動的緊張關係。因此，在此最為靠近之處，畢來德暴露了兩種詮釋範式之距離：此距離指向了畢來德對於言語與現實之差距的不同理解，以及關於「虛空」與「身體」的本體存有的問題。

「心齋」所揭露的一系列問題，提示了此詮釋距離的關鍵：莊子所說的「虛者，心齋也」。「虛空」，是一無所有，還是變化本身？「心齋」是回返與清洗潔淨自身的動作，以宗教式的齋戒回到畢來德所舉例的謙卑的生存狀態（l'acceptation de l'existence la plus humble）[50]，還是諸物不斷發生的場所？「心齋」的「虛」，

50　Billeter, *Leçons sur Tchouang-tseu*, p. 121.

是進入催眠式的完全放鬆，還是在感受性出沒之間領悟參透其「所未知」的整體活動的必然運作？透過身體而感悟的「非知」，到底是什麼？言語所無法捕捉的現實——「彼之情」，是什麼現實？

「虛空」的概念靠近莊子思想的核心，也觸及了存有／發生的根本關鍵。我認為，莊子從「知」到「所不知」的扭轉，是突破主觀認識論的局限，而朝向他者開放，具有政治性的解放力量。畢來德所討論的「心齋」，這個萬物初始的虛空處（ce vide），這個諸物匯聚、出現、形成與開展的地方（ce lieu），是莊子所說的虛空與萬物之間的來回，是主體與主體性之間的往復[51]。不過，畢來德的「虛空」卻偏向靜退隱止的齋戒狀態與催眠狀態。不具有感性面向而無法被脈絡化的「虛空」，正如沒有心靈的「身體」，是否只是一個隨時被替換或是被宇宙運行之道所穿越的「空名」？

第五節　重探心齋：政治性的解放

從莊子的說法來理解，「心齋」就是「虛」，是道得以聚集之處，也是「物之初」得以發生之場所。這個匯聚轉渡的「身體」，正是心靈之意象與意念成形與發生的地方，因此這個不被占滿而保持空虛狀態的心齋，必然牽連了感性狀態的轉換。

莊子〈天運〉篇中「始聞之懼，復聞之怠，卒聞之而惑；蕩蕩默默，乃不自得」的複雜轉換，以及「惑故愚，愚故道」的

---

[51] "Ce que nous appelons le sujet ou la subjectivité y apparaît comme un *va et vient entre le vide et les choses.*" Billeter, *Leçons sur Tchouang-tseu*, p. 144.

「知」之喜悅，或是「知」之政治性，需要比畢來德所提出的「靜觀」、「退隱」與「謙卑」概念更為複雜的語彙與層次，才能夠充分討論。重探「心齋」，才有可能靠近莊子的美學與政治性發生的場所。

莊子〈人間世〉中關於心齋的段落，已經清楚指出「齋」不是祭祀齋戒之齋：

> 仲尼曰：惡！惡可！太多政，法而不諜，雖固亦無罪。雖然，止是耳矣，夫胡可以及化！猶師心者也！
>
> 顏回曰：吾無以進矣，敢問其方。
>
> 仲尼曰：齋，吾將語若！有〔心〕而為之，其易耶？易之者，皥天不宜。
>
> 顏回曰：回之家貧，唯不飲酒不茹葷者數月矣。如此，則可以為齋乎？
>
> 曰：是祭祀之齋，非心齋也。
>
> 回曰：敢問心齋。
>
> 仲尼曰：若一志，無聽之以耳而聽之以心，無聽之以心而聽之以氣！聽止於耳，心止於符。氣也者，虛而待物者也。唯道集虛。虛者，心齋也。

孔子指出，不飲酒不茹葷，只是祭祀之「齋」，而不是「心齋」。因此，「心齋」的「齋」，並不是退隱虛靜的齋戒狀態，而是指向了莊子對於「虛」以及「齊物」的根本觀念。

孔子所以提出「心齋」之觀點，是針對顏回的難題：處於人世間，人臣要如何面對為政者？衛君治國獨斷，視人命如草芥，無人敢諫。顏回若去衛國提供治國之道，則必遭刑戮。面對衛君

這種暴君，仁義繩墨之術不僅無法改變現狀，反而會為其所用，成為名實之爭而繩人之術的藉口。僅以法治，不足以化。因此，孔子提出「心齋」之說：「入遊其樊而無感其名」，「一宅而寓於不得已」；也就是說，要進入行事領域，但是不受名聲之誘惑，放心自得，自處於事理之必然。孔子又說：「絕跡易，無行地難」，要退隱絕跡容易，但是行而不踐地、為而不占有、不傷本性，則難。郭象對於莊子〈人間世〉中此段孔子回覆顏回文字的批注是：「世不知知之自知，因欲為知以知之；不見見之自見，因欲為見以見之；不知生之自生，又將為生以生之。」[52]

此段注文指出了名聲與知見的「自知」與「自見」之問題：「知」、「見」與「生」受到主觀位置之欲望驅動，以想要知道的去知，想要看見的去看見，想要生而使萬物生。知與自知，見與自見，生與自生，是透過自身欲望而循環重複。因此，莊子所提出的政治性立場，便是以「心齋」化萬物，打破自知、自見、自生之循環，既不以仁義繩墨之術繩人，亦不被名聲所牽動，更不退隱絕跡，而要以不占有也不傷本性的「為」而「入遊其樊」。「心齋」是「虛」的場所，不停留於一般符號性的形色名聲，而是聆聽並等待「物」之發生的場所。

不過，對於具有革命思想的晚清知識分子譚嗣同與章太炎而言，莊子的政治性還不僅止於「入遊其樊而無感其名」或是「為而不有」的態度。譚嗣同與章太炎兩人都透過佛家思想，尤其是華嚴宗與唯識宗，來詮釋莊子的「虛」。對他們而言，「虛」並不

---

52 莊子，〈人間世〉，收入郭慶藩輯，《莊子集釋》（台北：河洛出版社，1974），頁152。

是靜止不動，而是充滿動態力量與政治性的概念[53]。譚嗣同指出，孔子之學有兩大支脈，一為曾子、子思而至孟子的民主理念，一為子夏、田子方而至莊子痛詆君主的理念。不幸這兩支具有政治性的孔學卻都絕而不傳，卻被荀子之學所取代[54]。章太炎則認為老莊出於史家，其論點足以「杜蒙言於千載之下」。世人眼光褊狹，無法理解，僅以當代近見為滿足，引介西方著述，然而這些譯述卻「皆鄙生為之」[55]。章太炎嘆道：「世無達者，乃令隨珠夜光，永埋塵翳，故伯牙寄弦於鍾生，斯人發嘆於惠墓，信乎臣之質死曠二千年而不一悟也，悲夫。」[56]因此，章太炎重新詮釋齊物論，也是要透過佛教思想，說明莊子〈齊物論〉所呈現的破名相執著以及作為虛的「心」能夠「移」之關鍵問題，而探討「齊」的根本政治性意義。

　　譚嗣同的關鍵理念，是以微生滅之心力打破共名體系之迭代[57]。譚嗣同引莊子所言「藏舟於壑，自謂已固，有大力者夜半負之而走」，「鴻鵠已翔於萬仞，而矰者猶視乎藪澤」，「日夜相代

53　章太炎所引用的佛典包括《華嚴經》、《唯識論》、《般若經》、《瑜伽師地論》、《毗婆沙論》、《攝大乘論》、《涅槃經》、《因明入正理論》、《大乘入楞伽經》、《法界緣起》等。

54　譚嗣同，《仁學》，收入蔡尚思、方行編，《譚嗣同全集：增訂本》（北京：中華書局，1998），頁335。

55　章太炎，《齊物論釋》，收入上海人民出版社編，《章太炎全集》（上海：上海人民出版社，1986），冊6，頁7。

56　章太炎，《齊物論釋》，頁54。

57　本人在《心之拓樸：1895事件後的倫理重構》一書的第五章曾經討論過譚嗣同以「心力」的微生滅所展開的倫理批判與政治性觀點。劉紀蕙，《心之拓樸：1895事件後的倫理重構》（台北：行人文化實驗室，2011），頁81-200。此處僅摘要關鍵概念，而不全面展開。

乎前」,「方生方死」,提出他自己進一步的說法:大力者可以連同此壑一併背負而走,此藪澤亦可翔於萬仞,微生滅之心力轉換之間並無生死日夜,而是連綿延續而隨時發生[58]。譚嗣同將莊子所言「日夜相代乎前」而「二者交加則順遞無窮」的迭代機制說明得非常清楚。對於譚嗣同而言,「日夜相代乎前,而莫知其所萌」的機制,只有透過「無」的最初原則,認清「心」之本源是「無」,才能解消:「一切有形,皆未有好其一而念念不息者,以皆非本心也,代之心也。何以知為代?以心所本無也。」[59]從譚嗣同的論述脈絡來看,一切問題起於僵化的命名系統與畛域區分。只有從疆界處開始質疑,才能夠開始質問政治秩序本身的問題。「法」所界定的畛域邊界,如同莊子所說的壑或是藪澤,框限了人的視野與行動。將藏於壑的舟移出於壑,或是使鴻鵠飛離藪澤,都只是對抗此限制;以譚嗣同所詮釋的莊子論點而言,更為根本的作法,則是解消此圈限觀念的「壑」與「藪澤」。

譚嗣同挑戰「壑」與「藪澤」的激進思想,對我們而言,非常具有啟發性。譚嗣同曾經指出,正如同《易》所說的「丰其蔀,日中見斗」,「此其黑暗,豈非名教之為之蔀耶?」[60]以「共名」為起點的遮蔽體系,如同遮蔽光線之「蔀」,使得白日成為黑暗。在此體系之下,施政者與追隨者皆毫不懷疑地遵從此體系之「法」,並執行其「惡」,嫌忌、侵蝕、齮齕、屠殺,而「人不以為怪」[61]。依循此共名與專名而定罪,稱犯法者為「大逆不道」,甚至進而放逐、誅戮,「施者固泰然居之而不疑,天下亦從而和

---

58 譚嗣同,《仁學》,頁313。

59 譚嗣同,《仁學》,頁331。

60 譚嗣同,《仁學》,頁300。

61「忌之、蝕之、齮齕之、屠殺之,而人不以為怪。」譚嗣同,《仁學》,頁296。

之曰：『得罪名教，法宜至此。』」[62]譚嗣同尖銳地指出了「名」與「法」的內在之「惡」。以「名」固定事物的狀態與關係，建立「共名」之下的共同體系，並依此設定「法」，此「法」甚至進一步構成了認知的結構，而將不合於此「法」者排除為「惡」。譚嗣同最為犀利的質疑便是：人世間認識事物的黑暗狀態，不正是由共名之遮蔽體系所造成的嗎？依據片面宣稱的「善」，而嫌忌、侵蝕、齮齕、屠殺，正如此「部」，遮蔽了真實。譚嗣同指出，此「遮蔽」才是真正的「惡」。譚嗣同所檢討的，正是由共識之習性所建立的倫理意識形態所造成的「惡」，以及其背後必須挑戰的「罃」與「藪澤」。

雖然章太炎早年在〈菌說〉一文中反駁譚嗣同的《仁學》將近代物理學所說的以太比附為性海，並「怪其雜糅」，他在《齊物論釋》中卻顯然進行了與譚嗣同一樣的工作：透過唯識學與緣起說，打破「罃」與「藪澤」的僵化觀念畛域，以便詮釋莊子的政治性[63]。我在本書第四部分將繼續討論章太炎對於莊子「心齋」以及〈齊物論〉的詮釋，以便進一步深究中國政治哲學的批判解放範式。

---

62 譚嗣同，《仁學》，頁300。

63 《仁學》於1899年1月開始在《清議報》連載，影響廣泛。章太炎於1899年8月6日開始在《清議報》連載《儒術真論》，包括〈菌說〉，後收錄於湯志鈞編，《章太炎政論選集》；轉引於湯志鈞編，《章太炎年譜長編》（北京：中華書局，1979），頁84-85。

第九章

當代歐陸哲學對於「空／無」 以及「一分為二」的政治性詮釋

"The void is the sovereign figure of glory."

（Agamben 2011: 245）

第一節 「虛空」的可轉換性：治理話語的修辭核心

從第七章與第八章的討論中，我們注意到朱利安與畢來德都將他們的政治性分析焦點放置於法家與道家所講的「空」（emptiness）與「無」（nothingness）的概念，並且從中尋找「空」和「無」與政治操作的交會。

我們必須將「空」與「無」放置回話語脈絡與歷史情境中來理解。

無論是西方或是中國，「空」可以意味著虛空、空白或是空無，而「無」則不僅僅指的是與「有」（there is）相反的「沒有」（not having），也可以指使其無效或使其空無的動態行為。在東方與西方的思想史中，關於「空」和「無」的詮釋，都有漫長的傳統，也暗示著「非本質」（non-substantial）和「非占有」（non-possessive）的特質。但是，這一組概念，卻如同其他轉換詞的修辭效果，同樣可被挪用，在時代脈絡之下隨著發言者的位置而轉換意義。

20世紀上半期日本京都學派（Kyoto school）的政治哲學思想便是典型的例子。從西田幾多郎（Nishida Kitaro）以「無」作為純粹非二元性的場所（basho），到西谷啟治（Nishitani Keiji）發展出「空的立場」（standpoint of emptiness），將東方視為以「無」為基礎，西方以現實為基礎，而展開的東西差異論述，進而到三木清（Miki Kiyoshi）1940年以「無」的哲學為基礎，寫成《新日本的思想原理》。這一系列論述的發展，朝向超越血源，超越民族精神與國家範疇，建立了以「無」為基礎而認同東洋為全體的概念，以便達成包含諸民族的「東亞協同體」，同時成為辯護侵略戰爭的理據。這些以「無」作為政治治理的修辭，也出現

在二戰期間台灣皇民化宣傳的「無我」與「奉公」論述。

　　為了進一步深入探討關於「空」與「無」的政治性詮釋，本章將藉由當代歐陸哲學對於「虛空」的政治性詮釋，探討這個轉換詞彙的不同效果。我首先將從阿岡本對西方治理機制中「虛空」在「經濟」和「榮耀」之間關連的詮釋，討論在西方政治經濟神學脈絡下「虛空」的可轉換性。然後，我將針對法國 1968 學運前後受到毛澤東「一分為二」唯物辯證法影響的法國知識分子，逐一分析他們分別展開的思想運動，包括阿圖塞所分析的整體結構的複雜系統與多重決定，洪席耶的歧義（mésentente）與話語間距（écart），巴里巴爾的邊界政治批判與公民化過程的提議，以及巴迪烏的「徹底局部化」（radical localization）與「邏輯反叛」。這一系列當代歐陸哲學所探索的問題，都承襲了馬克思與佛洛伊德的傳統，也移植了毛澤東的「一分為二」，開闢出以「一分為二」唯物辯證為核心的不同思想路徑，提出直面當代社會難題的不同解放性思考方案。

第二節　阿岡本的「寶座空位」與西方政治經濟神學

1.「虛空」與寶座空位

　　阿岡本在他的著作《王國與榮耀：經濟與治理的神學系譜學》（*Kingdom and Glory: For a Theological Genealogy of Economy and Government*）（2011）中，追溯了公元 2 世紀到 5 世紀有關三位一體的神學論述，論證「寶座空位」（*hetoimasia tou thronou*）的「空位」（hetoimasia），實際上正是西方政治操作邏輯的核心所在。

　　根據阿岡本的說明，「虛空」的一端是宇宙的無窮表達與自我經營，「虛空」的另一端卻是治理的政治經濟學。關於虛空的概念，阿岡本寫到：

> 寶座空位並不代表王權，而是榮耀的象徵。榮耀先於這個世界而生，並將比世界末日更長久。王座的空位儘管與神聖的本質一致，卻並未與其同一；王座之所以維持為空位，也並不僅僅因為榮耀，還因為存在於它最深處的自我不作為。……虛空是榮耀的最高形式。[1]

在阿岡本的分析中，寶座空位的最高權威實際上連接著內在三位一體和神聖經濟兩種視角之間的矛盾。經濟治理的運作機制銜接了作為儀式性王權以及實際管理之間的雙重結構，並且在治理機器內部保存了「神性的終極祕密」，也就是以不可思議的不作為，構成其「機制運作的內部動力」[2]。

　　阿岡本關於寶座空位的討論中，我認為最有意思之處，不只在於西方政治理論和治理實踐之間顯然存在著的神學原理或是政治神學修辭，而更在於政治哲學的論證修辭中連結了「虛空」與「經濟治理」的概念；換句話說，生命與治理，恰恰在「虛空」這一個環節上扣連著「政治經濟」的操作，而這是值得我們思考的問題。

1　Giorgio Agamben, *The Kingdom and the Glory: For a Theological Genealogy of Economy and Government*（Stanford, California: Stanford University Press, 2011）, p. 245.

2　Giorgio Agamben, *The Kingdom and the Glory: For a Theological Genealogy of Economy and Government*, pp. 22-23.

2. 政治經濟與話語邏輯

　　關於政治經濟與話語邏輯的關連，在傅柯的研究中已經有了相當透徹的探討。傅柯在《生命政治的誕生》（*The Birth of Bio-politics*）一書中，提出了「市場」作為「真理話語之場域」（a site of veridiction）的說法。「市場」這個概念，意味著物品交易的場所。無論是傳統農漁業貿易的市集，或是巨型跨國網絡的百貨超商與網路購物，甚至股票、債券、外匯之金融市場，都涉及了交換的邏輯。什麼與什麼的交換？如何等價交換？以什麼價值來衡量交換之物？這些便是問題的核心。傅柯指出，傳統市場是決定公平交易的場所。18世紀以降的政治經濟學者強調「自然價格」，認為市場展現了一種「真理」，應該讓市場的自然機制決定價格的起落。這種自由主義市場邏輯，展現了一個新的治理理性：以「利益」（interest）作為治理的操作原則，以公眾權威所決定的「功利」（utility）來判定「真理」（truth），而市場便成為「真理話語」競逐的場域。此處，傅柯所說的「真理話語」（veridiction，truth speaking），顯然並不是客觀真理，而是站在特定主觀位置的世界觀所依據的真理。市場所說的真話（*dire le vrai*），首先是根據政府的各種操作，並且以「利益」與「功利」為原則，進行各種交換。這種新的治理理性除了強調決定交換機制的真理話語場域，更強調依循功利原則的公眾權威。這些自發的真理話語以及公眾權威所衡量的功利以及真理，決定了利益在何處，有沒有效用，在什麼意義之下是有用的，什麼時候會成為無用，甚至成為有害的，也因此使得個人樂於服從（Foucault 2008: 27-47）[3]。

3　Michel Foucault, *The Birth of Biopolitics: Lectures at the Collège de France 1978-*

　　在這個分析模式之下，傅柯已經將政治經濟邏輯置入了話語的真理機制以及主體化的問題，也成功地說明了所謂「自由的經濟人」，早已經是在一整套政府以及市場的操作邏輯之下自發運作的一環。在現代國家的治理邏輯之下，社會與國家的整體利益以及治理手段之效用，自然是主要的考量準則。當人口的生產力成為管理的對象，人口的計算與移動，就是司法所介入的層面，而這恰恰使得「生命」成為現代國家治理的對象。傅柯提醒我們，自由主義所謂的「不干涉主義」（*laissez faire*）──「任其自行為之」，其實是在一整套以利益為優先考量的競爭邏輯之下操作的。在市場經濟的競爭邏輯之下，個體自由地投入生產線，積極地遵循利益的成長、積累、競爭、擴張與壟斷的遊戲規則。每一個體都是自我管理與自行生產的小機器。傅柯指出，由於競爭目的之一致，競爭的後果其實已經是壟斷式的整體化過程（totalitarianism）（ibid.: 159-179）[4]。

　　延續傅柯的論述分析，阿岡本指出，20世紀現代國家對於生命的治理，就是透過統計、圖表、概率的計算模式，進行對於生命的經濟學式（*oikonomia*）的全面治理。阿岡本強調，這種將所有的生命治理都建立於計算與納入式排除的分離邏輯，使生命被化約為生物性以及功能性的單一面向。透過法律以及語言的介入，這種經濟學式的治理，使生命分離於自身的生命型態。生命不但進入了政治關係，也處於隨時被政治主權牽動與管理的位置。從出生率、衛生管理、優生學、安樂死、公民／非公民、出

　　1979, Graham Burchell, trans.（New York: Palgrave Macmillan, 2008）, pp. 27-47.

4　Michel Foucault, *The Birth of Biopolitics*: *Lectures at the Collège de France 1978-1979*, pp. 159-179.

入境管理、隔離政策、保護管束、預防性拘留，無一不是治理技術的策略。一旦私人領域的家室空間（*oikos*）被城邦穿透，生命（*zoe*）被政治化，在各種配置之下被導引與管理，生命便會依照生物性或是職業性的功能，以市場利益以及資本主義邏輯的計算模式，被區分為各種單一化而同質形式的生命，包括勞工、選民、記者、學生、教師、女人、HIV帶原者、變裝者、老人、企業家。生命的不同形式也以各種圖表、統計數字、數據指數或是比例來表現，例如出生率、年均、教育程度、役男人口、納稅人口、快樂指數等等。這種片面化而功利化的各種生命形式，其實已經是被消耗殆盡的死亡形式[5]。

3. 神學經濟與治理模式

　　阿岡本在《王國與榮耀》進一步提醒我們，經濟的概念是根本的問題，而且經濟的概念非常早就已經進入了政治領域。西方兩個主要的政治性範式——政治神學與經濟神學，都受到了基督教神學的影響。阿岡本指出，從一開始，基督教神學就是關於經濟管理（economical-managerial）的論述，而非國家治理（politico-statal）的論述。這個神學經濟（theo-economic）的範式，解釋了西方政治治理和經濟治理兩個傳統之間的緊密聯繫[6]。

5　Giorgio Agamben, *Homo Sacer: Sovereign Power and Bare Life*（Stanford, California: Stanford University Press, 1998）, pp. 85, 131-149; Giorgio Agamben, "Form-of-Life," *Means Without End: Notes on Politics*, Vincenzo Binetti & Cesare Casarino, trans.（Minneapolis: University of Minnesota Press, 2000）, pp. 3-11; Giorgio Agamben, *The Open: Man and Animal*, Kevin Attell, trans.（Stanford, Calif.: Stanford University Press, 2004）, pp. 80.

6　Giorgio Agamben, *The Kingdom and the Glory: For a Theological Genealogy of*

　　阿岡本說明，「經濟」Economy 的拉丁字根是 *oikonomia*，由 *oikos*「家屋」（household）以及 *nomos*「法」（law）兩個概念單位所組成，*oikonomia* 與布置（*dispositio*）以及分配（dispensation）的字根相同。若回溯其希臘字根，οἰκονόμος，則更清楚這個概念涉及了家屋之內的管理、分配與經營。相對於關注國家事務的城邦（*polis*），家屋（*oikos*）這個最小社會單位，是多樣關係構成的複雜有機體，包括了主人與奴隸，父母與孩童，丈夫與妻子；換句話說，「經濟」指出了家庭事務中所有需求和照料的區分、秩序、組織和執行。因此，阿岡本指出，「經濟」概念所指涉的，不是知識結構，而是一整套有秩序而關係複雜的管理、分配、安排、組織與執行。經濟活動所牽涉的決策與命令，是功能性的管理、控制與照料，不僅是對於事物秩序的安排，更是對於所有狀況與條件之分析，以及對於各部分的安排與配置[7]。阿岡本指出，「經濟」原本並沒有神祕的含義，但是神學介入之後，「經濟」失去了社會單位自行照料與治理的本體性主權，並且被某個超越性的原則主宰，而成為神祕化的治理手段。希波呂托斯（Hippolytus，170-235）和德爾圖良（Tertullian，160-225）以神聖生命的「三位一體」作為銜接點，進一步闡述了「經濟」的特定內涵。聖保羅的名言「奧義的經營布置」（the economy of the mystery）被德爾圖良轉變為「經濟治理的神祕性」（the mystery of the economy）。「三位一體」不再是神的不同顯現，而是經營治理的實踐與行動。因此，通過連接「經濟」和

Economy and Government, p. 66.

7　Giorgio Agamben, *The Kingdom and the Glory: For a Theological Genealogy of Economy and Government*, pp. 17-21.

「王權」之間的關係，「神聖王權的構成必然伴隨著經濟操作，一個能夠銜接並且揭示其奧祕的治理機制」[8]。

在《歐洲公法中之國際法的大地之法》（*The* Nomos *of the Earth in the International Law of Jus Publicum Europaeum*）中，施密特（Carl Schmitt）討論「法」*Nomos* 的字源學時指出，*Nomos*，意味著空間秩序的安排（the ordering of space），其字根（*Nomos: nemein*）含有拿取（to take or to appropriate [Gr. *nehmen*]）、劃分、分配（to divide or distribute [Gr. *teilen*]），以及耕耘與生產持家（to pasturage, to run a household, to use and to produce [Gr. *Weiden*]）[9]。施密特引述普茨瓦拉（Erich Przywara）的字源學研究，說明在《舊約聖經・創世紀》中，pneumatic *logos* 與 *oikonomia* 有根本關連。*oikos* 意指「神的家」（the house of God）；在「神的家」之下，律法是統一的，因此「神的家」的經營之法，就是宇宙的律法。施密特延續普茨瓦拉的分析，指出不同時期對於 *nomos* 的不同詮釋，反映出社會經濟條件的改變：遊牧時期的法則（*nomeus*）是牧人滋養他的羊群，君王照料他的人民，政治與經濟是分離的；到了城邦時期的「家屋治理」（*oikos-nomia*），私人領域與公共領域不分，則開始了土地占取以及分配的治理模式，並且政治經濟合一，而建立了父系家長制的權力結構[10]。

8　Giorgio Agamben, *The Kingdom and the Glory: For a Theological Genealogy of Economy and Government*, pp. 41-43.

9　可參考施密特《大地法》中所討論 Nomos 的字源學。見 Carl Schmitt, *The Nomos of the Earth in the International Law of the Jus Publicum Europaeum*, translated and annotated by G. L. Ulmen（New York: Telos Press, 2003）, pp. 324-330.

10　普茨瓦拉的字源學研究也說明，荷馬史詩多處出現 *nomos* 的使用，尤其是重音在後的 *Nomós*，但是與律法概念無關，意指牧草地（pasture），或是一塊

　　阿岡本參考施密特在《大地法》中對於「法」與「經濟」的字源學討論，進一步說明神學概念如何介入了經濟概念。阿岡本指出，「家屋」和「城邦」兩個領域之間的關係在西方治理論述中開始得非常早。在公元前20年左右斐洛（Philo of Alexandria, 15-40 BC）"On Joseph"中，亞里士多德式的「家屋—城邦」對立開始變得模糊不清：「家屋」被斐洛定義為「一個小小的限定規模的城邦」，「經濟」被定義為「共同約定的治理形式（politeia）」，而「城邦」和「政治」則分別被解釋為「一所大房子」（oikos megas）和「一般經濟（koine tis oikonomia）」[11]。阿岡本指出，政治神學將超越性的主權建立於獨一的造物主，而延伸為當代的主權理論；經濟神學則以經濟概念替代超越概念，著重於神的王國的內部秩序管理。經濟神學所牽涉的神的王國的照料，如同政治城邦秩序的分配與管理，是當代生命治理的源頭，滲透於所有社

可居住之地（a dwelling place）。斐洛對比了摩西律法五書（〈創世紀〉、〈出埃及記〉、〈利未記〉、〈民數記〉、〈申命記〉）中對於土地占取以及分配的律法概念與法利賽人的律法概念，而認為nomos是法利賽人建立起來的概念，是猶太人被放逐後才形成的。Carl Schmitt, *The Nomos of the Earth in the International Law of the Jus Publicum Europaeum*, pp. 336-345.

11　Giorgio Agamben, *The Kingdom and the Glory: For a Theological Genealogy of Economy and Government*, p. 24. 斐洛是第一個融合希臘哲學與猶太哲學的思想家，結合宗教信仰與哲學理性，而將 *oikos* and *polis* 的界線抹除的人：他將 The *oikia* 定義為 "a polis on a small and contracted scale," and economy as "a contracted politeia"，而將 The *polis* 定義為 "a large house [*oikos megas*]," and politics as "a [common] economy [*koine tis oikonomia*]". 保羅延續此脈絡，將 community 稱為 "the house of God"（oikos theou）。阿岡本指出，西方最初便將 messianic community 以 *oikonomia* 呈現，是值得重新思考的問題。Giorgio Agamben, *The Kingdom and the Glory: For a Theological Genealogy of Economy and Government*, pp. 24-25.

會生活的經濟與政府的管理。「經濟」的經營配置概念，從神的意旨之奧祕，轉變為實際操作的神祕化。「三位一體」不再是神的奧祕的不同顯現，而是治理萬物的實踐與行動。神聖君主構成了配置管理經濟之術，也形成了具有神祕性的治理機制。「政治經濟」（political economy）一詞在18世紀的正式出現，更證實了對經濟活動及其生產交換的研究，是在城邦治理下為了國家利益而規範的事實。阿岡本甚至指出，當代民主政治也延續了西方神學關於神的王國以及榮耀歸於上帝的邏輯，而強調一切以共識為不可置疑的治理基礎[12]。

　　因此，現代國家的生命治理，關鍵問題在於「城邦」（polis）的「法」是一個「司法—政治」共構的範式，建立國家以及人民關係的符號法則預設了納入與排除的機制。在「司法—政治」共構的範式下，語言合理化操作所執行的空間劃分與秩序分配，具有「法」（nomos）在字根上所傳達的占取、劃分、分配、耕耘、生產等擴張性征服支配的意義[13]。對城邦事務的秩序管理和經營，不論它是集權主義國家、社會主義國家、民主政體國家還是新自由主義國家，都早已是在服務於國家的範疇之內。城邦與家屋的重疊，使得城邦的邏輯滲透到個人領域；同樣地，個人家庭事務

---

12 Giorgio Agamben, *The Kingdom and the Glory: For a Theological Genealogy of Economy and Government*, p. 1.

13 可參考施密特《大地法》中所討論Nomos的字源學。Nomos，「法」，意味著空間秩序的安排（the ordering of space），其字根（Nomos: nemein）含有拿取to take or to appropriate [Gr. *nehmen*]，劃分與分配（to divide or distribute [Gr. *teilen*]），以及耕耘與生產持家（to pasturage, to run a household, to use and to produce [Gr. *Weiden*]）。見Carl Schmitt, *The Nomos of the Earth in the International Law of the Jus Publicum Europaeum*, pp. 320-330.

管理的私領域邏輯，也伴隨著它的「主人─奴隸」的等級秩序，以及其自我合理化，而隨著個人掌握凌駕於國家的權力，輕易地取代公共領域的統治秩序。

　　阿岡本的分析指出了治理機制中「家屋」和「城邦」之間曖昧區分與連結，以及這條界線在不同歷史及政治語境中如何被重劃的探究動機。正如阿岡本在《牲人》（*Homo Sacer*）中所寫，「一旦它超越了家屋的壁壘，逐漸深入滲透到城市內部，王權的基礎則立刻轉變成一條時常必須被重畫的界線。」[14]因此，無論是政府管理或是政府與例外狀態（the state of exception）的治理，在經濟／家屋管理（*oikonomia*）概念上，出現了一致性：以描繪、管理以及合理化「家屋」和「城邦」之間的區別與聯繫，從財產所有權、課稅、公民義務、軍隊服務、教育政策、人口成長以及出入控制，到對裸命（bare life）的管理，這些面向都是治理機制的對象，也是操作劃分線的主權行為。

　　阿岡本的邏輯清楚地說明了原本經濟配置的操作，意指神的自身配置與顯露，可以是「一」的多樣型態的變化與出現。神的存有是異質多元的。「一」本身就是「多」。無論是作為「一」的神、宇宙或是個人，都是持續變化中的多樣型態。其自身的顯露可以展現不同的形象，存有與行動二者之間，並沒有區別。然而，「三位一體」的經濟神學論述，則以「一」統攝「多」，而使得「一」與「多」之間，存在著支配治理的關係。根據「一」的形上學統攝，各部分必須依照既定的法則，在被規範的位置以及按照被要求的方式出現。當「三位一體」的神學論述被神祕化而成為形上學，支撐整套神學的，便是神的存有的單一性質。「三

───────────

14 Giorgio Agamben, *Homo Sacer: Sovereign Power and Bare Life*, p. 131.

位一體」呈現的不是本體層次，而是經濟配置的層次，並且區隔
了上帝與其所治理的世界。

　　阿岡本指出，隨著「三位一體」的論述，各種二元對立也跟
著出現，例如良善之神與邪惡之神、存有與行動、本質與意志、
自然與意志。當「奧義的神祕」被轉移而成為「經濟治理的神
祕化」，治理的法則必然有計算排除以及權力劃分的雙邊並行操
作，而「經濟治理」本身便成為一切的重心。「虛空」是上帝與
世界治理的根本連結點：本體和實踐的斷裂、客觀本質和主觀意
願之間的分離，不僅僅指向基督教義中神學經濟的神祕二元論，
也指向「虛空」（void, empitiness）。阿岡本提出，作為宇宙中心
「不動的動者」的上帝，其本身就是「虛空」，是不可思議的「無
作為」（inoperativity）。這個「虛空」的位置掌握著西方治理機制
的核心，並且在象徵榮耀與理性的「寶座空位」形象中，達到頂
峰[15]。

　　這個「空位」可以被任何理性或是抽象的概念所占據，並隨
之展開其所建立的等級權力和社會關係。神的王國的先驗規範
與統治國家的內在秩序之間，必然有相同的邏輯。我們也可以指
出，「寶座空位」的準備以及其不可置疑的「榮耀」，不僅在不
同型態的西方治理機制中不斷出現，也在東方的政治體制產生回
響。處於治理機制核心而不被置疑的邏輯，是統轄可見性機制甚
至感受性機制的透視退隱點，像一個自動機器般運轉，在不知不
覺中滲透於我們的意識之中。

---

15 Giorgio Agamben, *The Kingdom and the Glory: For a Theological Genealogy of Economy and Government*, pp. 53-65.

4. 話語的切割機制

　　對阿岡本而言，話語的切割和分離的機制，正是經濟和管理的關鍵。以馬克思的說法，這就是價值形式的抽象化和等價交換的計算與操作，也是資本主義邏輯的基礎。以阿岡本的說法，則是生命被劃分而進入司法領域，被政治化並且成為工具性治理的對象。話語銘刻了切割與分配的法則；事物的經營與管理，則建立於這個法則之上。每一個劃分之線（the line of separation），既是排除，也包含並保存了其內部被神聖化而不被置疑的「法」的核心。語言正是操作分離的媒介。在不同的歷史環節及不同的社會政治語境下，都有不同的結構性劃分（structural splitting）的形式。阿岡本所探討的納入與排除以及分離與例外的邏輯，說明了語言神聖化所造成的管理和部署（dispositive），以及正統歷史抹除所有「史前史」的合法化操作。要鬆脫語言律法所確立並且自然化與合理化的綁束，意味著要針對形而上學的概念性分割提出質疑，並且以阿岡本所說的褻瀆神聖（profanation）的方式，來挑戰不被置疑的神聖面紗背後的空虛核心，並且思考脫離神聖語言鏈結的可能性，從而使未來臨者得以到臨。

　　凱文・阿特爾（Kevin Attell）說明，從阿岡本對索緒爾（Saussure）的借用來看，對阿岡本而言，語言問題最深刻的悖論存在於語言內部的橫槓自身。這個處在中心「如同深淵的虛空或橫槓」，是介於「語言事實的預設」和「意義發生」及其「相反」的可能性之間的分隔[16]。這個分隔作用於任何歷史時期法律被確立

16　Kevin Attell, "An Esoteric Dossier: Agamben and Derrida Read Saussure," *English Literary History*, 76:4（2009）, pp. 835-836.

而界限被劃出的時刻，也是本書持續探討的思想與語言或是語言與現實之間「一分為二」的問題。

阿岡本的哲學考掘學研究，正是要梳理並且探究這些產生分裂而造成不同知識型態的物質環境與社會條件，以及它如何被構成為正統歷史敘述的源頭[17]。阿岡本所討論的「寶座空位」以及經濟神學，問題顯然不在於虛空核心的「不作為」本身，而在於所謂的「寶座空位」只不過是遮蔽虛空的面具，卻被榮耀的面紗所虛飾與遮蔽。因此，真正要探討與分析的問題，便在於不同的治理機制如何透過話語而對「虛空」進行話語論述以及機構體制的經營管理技術，以及因此而成功或是失敗的治理機制。通過法律而強加的治理機制，將使得處於例外狀態的國家成為一個司法虛空的場所，一個抹除了公共與私人之間的差異，而使得所有司法決斷失效的混亂地帶[18]。

阿岡本對西方治理範式的系譜研究，目的是要闡明治理核心的虛空如何假借了榮耀面具，甚至進而表現為當代自由主義民主體系中的共識治理。如果我們可以意識到「虛空」聯繫著治理及神意的祕密神學連結，我們便可以朝向超越政府的思考，並且探索是否有某種不必藉由經濟神學形式而存在的完整生命狀態。

阿岡本所說，生命「絕不僅僅是生活事實」，而始終是所有的可能性，是以獨異的方式進行生命行動的過程，可以超越所有權力結構。生命自身是「將自己開放為一個所有運轉核心的不作為」，如同每一個生命的「活的能力」（live-ability）；生命也是

17　Giorgio Agamben, *The Signature of All Things: On Method*, Luca D'Isanto & Kevin Attell, trans.（New York: Zone Books, 2009）, p. 103.

18　Giorgio Agamben, *State of Exception*, Kevin Attell, trans.（Chicago: University of Chicago Press, 2005）, p. 50.

「對於自身行動能力的沉思」，並且活出自身「活的能力」[19]。在這個意義上，阿岡本的任務還包括提出挑戰將生命從其自身中切割而區分開來的律法，並試圖將日常生活本身的生命能力歸還其自身。宗教信仰運用分離作為首要功能，褻瀆則意味著挑戰分離的界線，修復從其自身形式中分離出的生命。

在當代各種治理範式面前，尤其當這個機制以不可被置疑的理性核心以及寶座空位之榮耀作為偽裝，我們必須思考與分析的問題，正是管理事物以及生命的各種操作機制。只有當我們意識到生命與其可能性與潛能之間的距離，各種人為或是合理化的區分所限制的生命，以及被正統歷史所壓抑的各種「史前史」，我們才能夠讓權力機制開始失效。

在阿岡本這一套經濟神學的論述中，「寶座空位」的榮耀以神聖經濟啟動了治理機制，維持至高無上的威嚴；這個「寶座空位」同時也說明了「不可思而不運作」的內部發動器的屬性。這個發動器是被不同的權力主宰者賦予不同合理性的「空位」，驅使著一整套話語機制在經濟治理以及日常生活的不同面向發生效果，甚至透過不同的歷史概念與詞語符號，完美地展現與運作。

我們在第七章中提及朱利安的論點徹底而更為有效地揭示並且補充了從傅柯到阿岡本的「機具」、「機制」與「配置」的概念，原因正在於朱利安詮釋「虛空核心」的神祕性與發動整套機具的自動性，靠近了阿岡本所分析的「寶座空位」的神祕核心。

---

19 Giorgio Agamben, *The Kingdom and the Glory: For a Theological Genealogy of Economy and Government*, pp. 250-251; Giorgio Agamben, *Profanations*, Jeff Fort, trans.（New York: Zone Books, 2007）, p. 75. Giorgio Agamben, "Form-of-Life." *Means without End: Notes on Politics*, Vincenzo Binetti and Cesare Casarino, trans.（Minneapolis: U of Minnesota P, 2000）, pp. 3-4.

此外，朱利安所指出的「功效論」，事實上是被一種回溯式的固定視角所衡量，也被預設的經濟效益觀點所估算。正如前文所推進的論述，朱利安所說明的絕對權威，「虛而待之」的「勢位」，聖人無為而無所不為，使得萬物自化而來到統治者所預期的位置，就如同阿岡本分析的可操縱的空位。這個虛空的權力核心由統治者主宰，而整個勢態的動能使得整體中的所有部分都自發地完成整個程序。這種內在性的操縱與配置，使得主體自發地完成了整套機制預定的工作方向。因此，立法者所依據的符號邏輯便是我們要持續檢視的問題，以便分析立法者所立之法（constituted power）如何被先行的構成性觀念邏輯（constituting power）所決定。

　　阿岡本對於「虛空」的權力經濟配置以及對於話語切割分離力量的分析，提出了對於「一」的權威之挑戰，也就是對於話語的「法」與權威進行質疑，以便被排除的底層得以出現。這個思考路徑延續了自馬克思以降對於話語作為運作機制而和真實分離的批判傳統，也指出了「虛空」的可轉換性。其中，也展現了思想與語言「一分為二」的內部操作機制。

　　我更感興趣的問題是，毛澤東「一分為二」的思想如何橫向移植地影響了法國1968學運思想家，如何開啟了阿圖塞以及他的學生群關注唯物辯證的思維路徑；換句話說，當代歐陸哲學家承襲了馬克思與佛洛伊德對於主體以及語言的批判傳統，也受到了毛澤東「一分為二」的啟發，如何分別以唯物辯證的方式，掌握主體意識形態分裂以及社會不同關係內部矛盾，這些分歧路徑，是我的觀察重點。

　　以下，我要透過阿圖塞、洪席耶、巴里巴爾以及巴迪烏等人的思想，指出「一分為二」在這些批判路徑中所占據的功能，以

及他們如何採取唯物辯證的方式持續回應當代的迫切問題。

第三節　阿圖塞的「一分為二」：複雜系統與多重決定

1. 阿圖塞與毛澤東的〈矛盾論〉及多重決定

　　義大利左翼作家瑪麗亞─安東尼塔‧瑪契奧琪（Maria-Antoniette Macciocchi, 1922-2007）是阿圖塞的學生，1960年代任教於法國巴黎第八大學（University of Paris VIII, the University of Vincennes）。她所撰寫的《捍衛葛蘭西》（*Pour Gramsci* ），是將葛蘭西介紹到法國學界的主要著作。她和阿圖塞長期保持通信聯繫，並將阿圖塞的訪問稿刊登在她與葛蘭西（Antonio Gramsci）共同創辦的《團結報》（*l'Unità*）上。除了阿圖塞之外，當時法國左翼思想界，包括沙特、傅柯、拉岡、羅蘭巴特等人，都與瑪契奧琪熟識。瑪契奧琪於1972訪問中國後，在一個訪談中，她發表了對於「中國恐懼症」（Sinophobes）的批評，並且大力誇讚中國的文化革命，認為是可供西方參考的模式。瑪契奧琪指出，只有「毛澤東思想」可以準確地捕捉並且主導馬克思哲學所提出的矛盾，並且強調文化大革命是西方世界面對工人運動危機的一個啟示。瑪契奧琪關於毛澤東思想的論點，以及提出「我們腦袋中的革命」的呼籲，對於當時法國思想界以及年輕學生有重大影響，除了吸引了知識界對於「再生產」的關注，也間接促發了法國毛主義組織左翼普羅聯盟（le Gauche Prolétarienne）提出「我們腦袋中的中國」之口號[20]。

---

20 Camille Robcis, "'China in Our Heads': Althusser, Maoism, and Struturalism,"

　　阿圖塞在 1961 至 1962 年間在法國高等師範學院（École Normale Supérieure）開設了「青年馬克思」的課程[21]。阿圖塞在 1965 年出版的《讀《資本論》》，便是和巴里巴爾、洪席耶、馬歇黑以及艾斯達勒（Roger Establet）合寫的。在阿圖塞的檔案中，可以看到他在 1960 年代持續閱讀毛澤東的著作，包括他在 1962 到 1968 年間完成四冊的毛澤東閱讀筆記〈毛澤東筆記〉（"Notes sure Mao Zedong"）[22]。這些筆記記載了阿圖塞一系列關於毛澤東〈矛盾論〉、〈實踐論〉、〈論十大關係〉以及「一分為二」以及「多重決定」的概念，也透露了他在 1965 年出版《捍衛馬克思》（For Marx）以及《讀《資本論》》（Reading Capital）所發展的分析模式。阿圖塞寫道：毛澤東「一分為二」的思想告訴我們，沒有任何事物是純粹的，所有事物都可以「一分為二」。毛澤東強調批判、分裂、不完全。任何事物的均勢與穩定，都只是暫時的。現象的不動，只是感官知覺的觀點，必須被質疑。單一核心的絕對狀態是不存在的[23]。

　　在《捍衛馬克思》中，阿圖塞說明，黑格爾辯證法在嚴格意義上清楚展現了「一分為二」的持續運動。單純、本質、同一、統一、否定、分裂、異化、對立、抽象、否定的否定、揚棄、總

Social Text, 30:1（110）（Spring 2012), pp. 51-52.

21　阿圖塞的學生包括了 Pierre Macherey, Roger Establet, Christian Baudelot, Jacques-Alain Miller, Régis Debray, Robert Linhart, Jean-Claude Milner, Jacques Broyelle, Benny Lévy，以及洪席耶、巴里巴爾、巴迪烏等人。

22　Camille Robcis 在 Institut Mémoires de l'Édition Contemporaine 的阿圖塞檔案中找到這些筆記。IMEC AL T2.A57-03 01, 02and03。Camille Robcis, "'China in Our Heads': Althusser, Maoism, and Struturalism," pp. 52-53.

23　Camille Robcis, "'China in Our Heads': Althusser, Maoism, and Struturalism," p. 60.

體等運動，都是持續的辯證過程。黑格爾的「一分為二」是內部的外顯，而他所謂的整體（totality）則是不斷被否定性推動的辯證運動。任何暫時出現的事物都只存在於一個時刻（moment），而不會以一個範疇（sphere）出現，更不會以固定結構來呈現其統一體。依此而言，黑格爾的辯證運動不會提供改變結構的政治實踐，也不會提出政策性的政治方案，而必須是被納入分析的視野。阿圖塞指出，馬克思的政治性也不在於其解決方案，而在於其根據具體條件進行的分析與批判。馬克思1844年的政治經濟學手稿，正是依循著嚴格意義下的黑格爾辯證法進行分析，而馬克思的思想性革命也正在於此 [24]。由於面對嚴峻的政治處境，在1857年的馬克思以及1937年的毛澤東的著作中，黑格爾式純粹而嚴格的辯證法所預設的原初本質或是原初整體已經不再存在；取而代之的，則是更為重要的矛盾結構及其複雜總體 [25]。

關於毛澤東的〈矛盾論〉，阿圖塞認為，雖然毛澤東的目的並不在於理論空間的拓展，然而毛澤東所援引的各種矛盾形式，卻已經說明了他清楚認知一個事實：矛盾存在於現實的不同關係之中，而不同歷史時期的既定矛盾結構都是在複雜的歷史過程中形成的。毛澤東於1937年所寫的〈矛盾論〉，是在面對當時中國複雜政治鬥爭局勢之下所展開的。毛澤東根據物質世界的「對象」，來分析各種媒介物所呈現的社會矛盾，並且清楚看到每一個矛盾都是具體而特殊的。阿圖塞指出，毛澤東的工作正是透過思想的勞動，來抵制抽象邏輯的觀念化。此外，毛澤東的〈矛盾

---

24 Louis Althusser, "On the Materialist Dialectic," *For Marx*, Ben Brewster, trans. （London & New York: Verso, 1996）, pp. 200-204.

25 Althusser, "On the Materialist Dialectic," *For Marx*, pp. 193-199.

論〉反映出了馬克思所討論的主要矛盾與次要矛盾：主要矛盾牽涉了複雜結構的統一體，而支配性關係已經鑲嵌於其結構之中。支配性的複雜整體，意味著結構性的統一體以及內在必然的矛盾運動。次要矛盾並不是主要矛盾所反映的現象，而是構成存在本身的條件，甚至是構成主要矛盾的基本條件；換句話說，生產關係並不是生產力的純粹現象，生產關係也是存在條件本身。同理，上層結構也構成了存在的條件，上層結構的文化、教育、宗教、法律、藝術、倫理等等，都同時也構成了意識形態的整體、存在的條件，以及後續的生產關係。

阿圖塞所提出的複雜整體的「多重決定」（over-determination），正是要說明這個現象：任何矛盾都會反映出其複雜整體的矛盾結構本身，而矛盾中生產關係與生產力的相互決定，並不會取消結構的支配性，而恰恰說明了任何特定的歷史條件之所以會發生作用，是因為這些條件同時也與支配性複雜整體結構在有機關係下發生了矛盾。因此，阿圖塞說，所謂的「多重決定」，就是「複雜地—結構性地—不均衡地—被決定」（complexly-structurally-unevenly-determined）。任何條件都是在複雜關係體系之下，由於不同並且不均衡的矛盾關係，在偶發卻成為決定性條件的關係下，透過外部矛盾在內部的替代形成，或是透過外部壓力與內部矛盾的結合，而造成了變化[26]。

阿圖塞《讀《資本論》》中對於馬克思的詮釋也反映了他所說明的毛澤東觀點：「整體的結構被表述為**分成層次的有機整體的結構**。各個環節和各種關係在整體中的共同存在受到占統治地位的結構次序的支配，而這種占統治地位的結構次序又在各個

26　Althusser, "On the Materialist Dialectic," *For Marx*, pp. 205-210.

環節和各種關係的結構中引入了特殊的次序。」[27]因此，阿圖塞指出，我們若要研究歷史，便不應該只研究「可見的」和「可衡量的」時代，而要提出「不可見的時代存在方式」，並且探討在「每一個可見的時代現象後面的不可見的節拍和韻律問題」[28]。

2. 切割機制與唯物辯證

　　透過對於毛澤東的討論，阿圖塞真正在意的仍舊是馬克思的思想革命，也就是馬克思的唯物辯證法，以及阿圖塞所指出的分裂邏輯與「一分為二」的「切割機制」。

　　阿圖塞說明，勞動產品成為商品形式，被表現為價值，並且被衡量，而商品擁有者所構成的關係，則形成了占統治地位的決定性社會關係。資產階級社會的生產組織，可以使我們透視一切曾經存在的社會結構和生產關係。因此，雖然黑格爾提出商品作為社會形式的「殘片」與「遺物」，原本只是「徵兆」，卻可以作為得知古代經濟形式的「鑰匙」。要真正理解這個「切割機制」，便必須透過作為對象的「物」，也就是馬克思所說的作為經濟形式「最小細胞」的商品展現的分裂結構，才能夠辨識分裂的邏輯。這個促成分裂的「切割機制」，可以說明社會關係如何透過非經濟因素，而呈現於「物」的矛盾，也可以協助我們說明身處於整個機制內的主體，如何在語言結構之下成為主體，也成為體制運作的承擔者，執行語言結構所分配的位置與功能。因此，真

---

27 路易・阿爾都塞，〈《資本論》的對象〉，收入路易・阿爾都塞（Louis Althusser）、艾蒂安・巴里巴爾著，李其慶、馮文光譯，《讀《資本論》》（北京：中央編譯出版社，2001），頁109；Louis Althusser, *Reading Capital*, Ben Brewster, trans. (London & New York: Verso, 2009), p. 98.

28 路易・阿爾都塞，〈《資本論》的對象〉，頁112。

正啟動整套運作機制的，不僅是規定與分配這些地位與關係的生產關係，也是其背後的「切割機制」，以及占據不同位置的個人。

　　阿圖塞強調，我們要研究的不是機械論與經濟主義，也不是人道主義與歷史主義，而是研究歷史過程中「概念機制的內在邏輯」[29]。阿圖塞認為，馬克思的貢獻就在於他提出了複雜整體的結構概念。不同於黑格爾式的精神統一整體，阿圖塞採取類似斯賓諾莎的解決方案，試圖探討一個要素以及一個結構如何透過「多重決定」（over-determination），由另一個結構決定。結構並不外在於經濟現象，而且，結構通過它的作用而表現。作為不在場的原因，會對經濟現象發生作用，這是因為這些作為「替代性因果關係」的不在場原因，並不是外在性的原因，而是內在於其結構作用中的存在形式。阿圖塞以斯賓諾莎的說法來解釋，全部結構存在於它的作用。結構只是它自己的要素的特殊結合。除了結構的作用，它什麼也不是[30]。依循著這個複雜結構概念，阿圖塞指出，馬克思將資本主義體系看作機制、機械、機器體系、裝置或

---

29 路易‧阿爾都塞，〈《資本論》的對象〉，頁158。阿圖塞指出，盧卡奇（György Lukács）與科爾施（Karl Korsch）轉向黑格爾，提出了資產階級科學與無產階級科學，而使馬克思主義偏向了唯心主義與唯意志論。這種左派人道主義認為無產階級是人的本質的承擔者與宣傳者，要完成使人從自身的異化中解放的歷史使命。自發主義的論點通過這個缺口而滲入馬克思主義，形成了無產階級的人道主義。阿圖塞也指出，羅莎盧森堡（Rosa Luxemburg）對於帝國主義的論點，對於政治經濟學規律在社會主義制度中消亡的論點，對無產階級的迷信與工人反對派的論點，以及史達林的教條主義，都深刻地體現於蘇聯無產階級專政。這些意識形態導致了在經濟與政治的概念和實踐中產生唯心主義與唯意志論的傾向。路易‧阿爾都塞，〈《資本論》的對象〉，頁161-162。

30 路易‧阿爾都塞，〈《資本論》的對象〉，頁219-220。

是社會物質變換的體系。因此，內在與外在的區別消失了。不再有現象與本質的區分，而是一個新的複雜整體結構，由其裝置和機械體系的規律而決定。經濟舞台就如同舞台布置的方式，透過機器體系而呈現[31]。

為了強調物質性的辯證邏輯，並且反對歷史決定論，阿圖塞提出了唯物辯證（materialist dialectic）的論點。在〈關於馬克思與佛洛伊德〉（"On Marx and Freud"）一文中，他指出佛洛伊德與馬克思有其最根本的相近性，因為他們都處理了「對象／物」（object）的問題，而顯示了在物質主義以及辯證論上的靠近：佛洛伊德討論「我」的內在分裂以及辯證過程，正是衝突與矛盾的問題，而馬克思討論社會中資產階級與無產階級，也是社會的內在矛盾與階級衝突。阿圖塞指出，馬克思所展現的哲學，既是物質主義的，也是辯證的，必須處於意識形態的對立面，才能夠檢視社會論述中矛盾結構的廣泛體系，不然便容易被動地陷入資產階級所構成的社會主導意識形態。馬克思注意到當時的「政治經濟學」理論（包括李嘉圖與斯密）都出自於資產階級的意識形態，被不同的觀念置換（displacement），而遮蔽了階級關係以及其矛盾。馬克思研究的不是政治經濟學，而是經濟現象，也就是其歷史物質條件以及內在的階級鬥爭[32]。阿圖塞指出，傳統政治經濟學所談論的「經濟人」（*homo economicus*），所謂的「有需求的主體」（a subject conscious of its needs），正是社會的基本構成元素。黑格爾將「公民社會」描述為彼此依賴而「有需求的社

---

31 Louis Althusser, *Reading Capital*, p. 225.

32 Louis Althusser, "On Marx and Freud," *Rethinking Marxism*, 4:1（Spring 1991）, pp. 20-23.

會」（society of needs），而馬克思則針對「經濟人」以及其倫理
與司法的抽象觀念進行批判（*For Marx* 109-110）。

　　自我意識的主體就是「切割機制」的效果，而自我意識也就
是促成「一分為二」的功能。透過自我意識而建立同一性的自發
性主體，無論是經濟主體、道德主體、法律主體、政治主體或是
宗教主體，都是有需求的主體；在特定歷史時空的社會建構之
中，以既定方式意識自身與整合社會身分的主體，都已經置身於
占據主導位置的資產階級意識形態。因此，自我意識的主體正是
語言以及符號現實促使主體依照其所意識到的「需求」（need）
而行動之「效果」（effect）。「意識」正是統合各種實踐的「功
能」（function），包括認知、道德或是政治的層面[33]。

3.「空無」之上的話語邏輯與雙重閱讀

　　阿圖塞強調，社會原本並不存在。是如同在空無（void）之
中，原子偶然偏移（clinamen）而相互撞擊的事件中造成交匯，
而形成的歷史環節（conjuncture, knot, nodal point）。這個以「無」
為起點的社會，為了避免自身再度墜落於虛無的深淵，而建立並
擴展了語言與律法，形成契約，引發熱情，甚至進行無止盡的防
衛性戰爭。文化結構的認識論型態有其極限處，這個極限處的空
無，正是社會契約隨時可能崩毀的證明[34]。

　　阿圖塞指出，以「經濟人」（*homo oeconomicus*）或是經濟主
體為中心的政治經濟學，都是以「人」為中心的研究模式，是可

---

33 Louis Althusser, "On Marx and Freud," pp. 23-25.

34 Louis Althusser, "The Underground Current of the Materialism of the Encounter,"
　　Philosophy of the Encounter: Later Writings, 1978-87, G. M. Goshgarian, trans.
　　(London & New York: Verso, 2006), pp. 169-177, 185-187.

見、可被計算而被給定的對象。實證經驗研究便是在這種同質化
結構的限定性條件中預設了研究對象，也預設了解答。馬克思理
論的革命性在於他提出多重空間概念，說明這不是平面空間的現
象，不具有同質性的線性結構，而是區域結構與整體結構之相互
作用的關係，是一個複雜而有深度的空間，是被另一個空間之符
碼所刻寫的複雜結構。可見物之可感知外表，不足以讓我們了解
其此物件出現的決定性結構。「物」只是外顯的代表，是某種複
雜的話語結構關係之「效果」。我們必須從不同層次的矛盾關係
來反溯構成此「物」的「觀念」，以及其複雜結構的多重決定性
因素。阿圖塞以佛洛伊德與拉岡所說的「換喻因果」（metonymic
causality），來說明「物」的「效果」中所存在的主導性與從屬
性相互扣連的複雜結構關係，以及這個結構之效果作為其「內部
性」；換句話說，構成「物」的「觀念」，便是此「真實的內部」
（the real interior），是被給定的意識形態所無法認知與無法看見的
「真實」，是整體的環節中一個結構牽動另一個結構的運動[35]。

　　阿圖塞針對話語（discourse）所展開的分析理論，目的是在
於探討為何感官與意識只是二度發生（secondary）的活動，是受
到主導結構牽動而脫離原本位置，並表現於客體化的現象。意識
形態的「政治─經濟─司法」制度的相互構連，使得主體的「自
發形式」（spontaneous forms）已經被結構所主導。我們不能以主
體位置出發來探討問題，因為這已經是以「人」為中心的人本主
義意識形態與主體位置所促發的效果。相反的，阿圖塞強調必須
以「物」作為分析對象，探討「物」的不同決定性因素，包括經

35　Louis Althusser, *Reading Capital*, Ben Brewster, trans.（London & New York:
　　Verso, 2009）, pp. 188-191.

濟基礎的現實結構，以及司法、政治與意識形態結構之間的相互作用力的效果。從這些物質面向，我們才能夠回溯式地探討背後的構成因素[36]。

阿圖塞的方法論導向了意識形態技術之機械裝置（apparatus）與自發性之研究。阿圖塞指出，關鍵的問題在於如何思考在人的腦袋中各種圖像的「發動器」（motor），以及這個器械如何如同「引擎」（engine）一般驅使主體調整自己的姿勢，而朝向結構扣合[37]。阿圖塞也指出，馬克思與佛洛伊德都質疑了任何以既定意識形態與知識結構而意識自身的主體，包括有需求的經濟主體、有司法保障的法律主體、有倫理意識的道德主體，甚至有政治立場的政治主體。因此，知識結構、感性機制、司法制度、教育與文化政策、政治與經濟之現實條件，都以共謀方式構成了使主體如此出現的功能。主體出現的原因已經是語言的效果，也使主體依此原因而成為一種功能[38]。

阿圖塞強調，19世紀的社會契約與市民社會（civil society）

---

36 Louis Althusser, "The Historical Task of Marxist Philosophy," in *The Humanist Controversy and Other Writings*, Francios Matheron, ed., G. M. Goshgarian, trans.（London & New York: Verso, 2003）, pp. 198-202.

37 根據阿圖塞的說法，行動是主體配合著一個「目的」（aim）而「調節」（adjust）自身，也就是說，為了使「腦袋中存在著的」一個目的得以實現而進行的行動。Louis Althusser, "Philosophy and the Spontaneous Philosophy of the Scientists," in *Philosophy and the Spontaneous Philosophy of the Scientists and other essays*, Gregory Elliott, ed., Ben Brewster, James H. Kavanagh, Thomas E. Lewis, Grahame Lock, Warren Montag, trans.（London & New York: Verso, 1990）, p. 94.

38 Louis Althusser, "On Marx and Freud," *Rethinking Marxism*, 4:1（Spring 1991）, pp. 24-29.

是以「經濟主體」為主的經濟活動場域，主體需求與欲望的對象，是經濟活動所能夠提供的可見與可計算的對象。不同的經濟活動與經濟產品構成了不同的範疇，人的存在也被此範疇定義。這是概念範疇的囚牢[39]。阿圖塞以馬克思所提出的經濟舞台，進一步分析這個舞台發生於任何以供需結構所支撐的文化場域，其中牽連了話語結構中的價值層級與交換原則，以及根據話語法則所給出的對象物。要如何閱讀這個進行各種「物」之場面調度與經濟交換的舞台，便需要以「極限形式」的概念來說明一種雙重閱讀的程序：透過「極限之點」分析可見性結構並存的不可見與不可計算的真實歷史。換句話說，阿圖塞從被給定的「物件／客體」反向操作，分析其當代性的知識生產：想像（意識形態）的對象「物」，如同鏡像，反映出一整套決定性因素之結構。真實的歷史在可見性經驗歷史之外。在此「物」之處掌握意識形態的盲域，或是認識論的斷裂，以症狀式閱讀來檢視不可見的真實。「物」作為空缺處的標記或是索引，使我們看到不同地平線的轉換範疇：「認知─誤識」所暴露的當代性結構，以及不同地平線轉換的拓樸空間。「物」所代表之觀念，正是當代話語結構在主體身上造成之效果，而轉移為透過話語再次構築之「對象物」[40]。

　　阿圖塞從毛澤東的「矛盾論」以及「一分為二」出發，延續他從斯賓諾莎、馬克思、佛洛伊德與拉岡所獲得的啟發，展開了他對於複雜系統與多重決定的拓樸分析，以及從物質對象出發的回溯式雙重閱讀，檢視認識論的盲域。無論是經濟現象、司法體

---

39 Marx, 1857 *Introduction*, *Capital*; qtd. Louis Althusser, *Reading Capital*, Ben Brewster, trans.（London & New York: Verso, 2009）, p. 121.

40 Louis Althusser, *Reading Capital*, pp. 106-126.

制、道德教條或是感受性模式，都是「空無」之上展開的話語結
構，也都是主體效果的再生產機制。以症狀式閱讀的方式回溯，
分析其中被主導意識形態所牽動的結構性矛盾，並且辨識整體結
構與區域結構之間多重決定的複雜關係，主要矛盾與次要矛盾相
互牽動的模式，才能夠辨識驅動切割機制的引擎如何運作，也才
能夠針對這一套自動運作的機制，進行政治性思考，並且辨識是
否任何思想曾經發生了根本的革命。

第四節　洪席耶的「一分為二」：歧義與話語間距

1. 洪席耶的毛主義背景以及「一分為二」

　　巴迪烏在 2005 年一個為洪席耶舉辦的研討會中，說明了他
與洪席耶共同經歷的知識與文化背景，以及他們二人的毛主義背
景[41]。波斯提爾斯（Bruno Bosteels）也指出，洪席耶早期受到毛派
的深刻影響，一直無法擺脫他早期「一分為二」的思維模式。無
論是話語的原初分裂、*partage* 一詞所指向的共享與劃分，或是他
強調的治理與政治的對立，都展現了將矛盾純粹化的「思辨唯心
左翼主義」（speculative leftism）[42]。

　　「思辨唯心左翼主義」是洪席耶在 1974 年出版的《阿圖塞的

41　Alain Badiou, "The Lessons of Jacques Rancière: Knowledge and Power after the
　　Storm," Gabriel Rockhill, Philip Watts, eds., *Jacques Ranciere: History, Politics,
　　Aesthetics*（Durham and London: Duke University Press, 2009）, pp. 40-41.

42　Bruno Bosteels,. "Rancière's Leftism," in Gabriel Rockhill and Philip Watts,
　　eds., *Jacques Rancière: History, Politics, Aesthetics*（Durham and London: Duke
　　University Press, 2009）, pp. 167-171.

教訓》（*La leçon d'Althusser*）中，用來批評他的老師阿圖塞對於六八學運民眾自發性暴動的批判過於嚴苛的說法[43]。雖然洪席耶與阿圖塞分道揚鑣，他的思想所流露出毛時期「一分為二」的分析模式，以及對於「無分之分」（*part des sans-part*）的關注，卻仍舊出現於他後期的著作之中。洪席耶從早期研究開始，就持續著重於勞動者的生命活動、智能平等、解放教育的政治性問題[44]。不過，洪席耶對於「一分為二」的分裂模式，卻有不同的詮釋角度。我們會注意到，洪席耶從區辨政治立場不同理性的「歧義」（*mésentente*），轉向了分析文學話語內在銘刻的「缺口」（*écart*）。

對洪席耶而言，不同的理性計算內在於共同體所共享的話語結構以及感知機制（the regime of the sensible）。話語理性必然有內在的排除性，而成為「一分為二」的分歧原則。所謂感知的「分／享」（*partage*），同時意味著在整體之內共同享有（share），也意味著在整體之內處於被劃分、區分、計算與分配的位置（part, partition, division, distribution）。這個劃分的切割機制，決定了計算與錯誤計算的理性與邏輯思維。洪席耶說：「感知分配的辯證運動，比意識形態的辯證要更為狡猾。一分為二。經驗性的既成物——在缺少了時間過程之下——已經被其話語理性構成了雙重性」[45]。這個「一分為二」的雙重性，既有身體感

---

43 見 Jacque Rancière, *Althusser's Lesson*, Emiliano Battista, trans.（London & New York: Continuum, 2011）。另可參考波斯提爾斯的討論："Rancière's Leftism," pp. 167.

44 例如《勞動者之夜：十九世紀法國勞工的幻想》（*La Nuit des Proletarires*, 1981），《無知的大師：關於知識解放的五堂課》（*Le Maitre ignorant*, 1987）。

45 Jacques Rancière, "The Method of Equality: An Answer to Some Questions," in Gabriel Rockhill and Philip Watts eds., *Jacques Ranciere: History, Politics,*

受，又有規範理性：我所在的位置，成為我的感受模式，也是我的判斷原則。理性規範不足以說明此分歧原則，身體性的感受模式是更為直接的分歧位置。不同的（més）意義／理解／協議（entente），就是洪席耶所定義的「歧義」（mésentente）：不同話語的理性以及其感知分配機制所導致的不同主觀位置與不同理解，造成了對於不同位置的人所說的話的無法理解或是不願意考量。

洪席耶在《感知分享：美學與政治》（Le Partage du sensible: Esthétique et politique, 2000）一書也開宗明義指出：「感知系統不證自明的事實，揭露共同事物之存在，也界定各部分與位置的範疇。這個分配感知的機制，同時也建立了共享與排除的部分。感知的分享透露了誰可以在共同體內享有其分，以及如何恰如其分地參與」[46]。感受與認知，或者事物出現在可感受、認知以及命名的層次，都已經在此話語結構與感知機制的範疇中被界定，也被分配了層級關係。事物的可見或不可見，可說或不可說，可被聽到或不可被聽到，被辨識為相同或不同，美或醜，和諧或噪音，都已經相互關連而相互定位。

話語結構穩定秩序下無法命名與不可見者，是洪席耶所說的「無分之分」；不同位置之間的差距，則是洪席耶所討論的話語內的「缺口」（écart-gap, space, difference, interval, distance）：缺口、空隙、差異、間隔、距離。任何社會都必然有不平等的權力，共享的話語邏輯之下，也必然存在不可共量之差距。話語中

Aesthetics（Durham and London: Duke University Press, 2009）, p. 277.

46 Jacques Rancière, The Politics of Aesthetics: The Distribution of the Sensible, Gabriel Rockhill, trans.（London & New York: Continuum, 2004）, p. 12.

的「缺口」便說明了這些差異與間距，而銘刻於話語中的空隙或是差異，則是不同主體性可能出現的空間。因此，洪席耶強調政治的起點，就在於「無分者」挑戰與擾亂原本已經穩定的計算理性。藉由「無分之分」所暴露的話語內之「缺口」，來打破組成者有分或是無分的感知配置，翻轉與鬆動既有的穩定秩序，重組身體的配置邏輯，而帶來原本不被計算者的解放[47]。

2. 話語理性與錯誤計算

亞里士多德對於「政治性動物」（*politikon zoon*）的定義是：群居在城邦中具有社會性而會說話的動物，才是政治性的動物。海德格在《形上學基本概念》（*The Fundamental Concepts of Metaphysics*）一書中指出，亞里士多德將 λόγος（*logos*）解釋為「話語」（discourse）：「任何說出的話以及可說的話」（everything that is spoken and sayable）。人是「擁有話語能力的生命」，而詞語（word）與話語（discourse）是使人與物接合並且相符的媒介。任何說出的話，都透露了再現結構內外高下屬性層級之分類，以及接合、相符、否定與悖反的關連與整體。海德格說，無論是話語的肯定或是否定，指向或是遠離，分離或是合併，都在話語的變化而統一的可能性整體之中[48]。

---

47 見 Jacques Rancière, *La mésentente: Politique et philosophie*（Paris: Galilee, 1995), pp. 38-40；洪席耶（Jacque Ranciére）著，劉紀蕙等譯，《歧義：政治與哲學》（台北：麥田，2011），頁42-45；以及 Jacques Rancière, "Ten Theses on Politics," in *Dissensus: On Politics and Aesthetics*, Steven Corcoran, ed. and trans.（New York: Continuum, 2010), pp. 27-44.

48 Martin Heidegger, *The Fundamental Concepts of Metaphysics: World, Finitude, Solitude.* trans. William McNeill and Nicholas Walker.（Bloomington: Indiana UP.,

　　對於洪席耶而言，「話語邏輯」涉及了任何說出的話語之內在關係結構，以及此關係結構背後的原則與秩序。「話語之可能性條件」的整體，說明了人之所以是政治性動物的原因。洪席耶在《歧義：政治與哲學》（*La mésentente: Politique et philosophie*, 1995）中，便以亞里士多德的論點為基礎，說明人首先要進入共同享有的話語結構，學習說話，政治才會成為可能。然而，從共享話語以及共享有利與有害的感受所延伸的正義判斷，卻必然有其理性計算之主觀性[49]。政治性動物的內在悖論就在於此：並不是能夠使用共享語言，便自然具有政治性。恰恰相反。被賦予的共享語言事先已經分配了各如其分的範疇，而可能在共識結構下，成為洪席耶所謂的執行監控功能的「治理秩序」（*l'ordre policier*）。

　　洪席耶的治理概念源自於傅柯對於治理性的分析[50]。巴迪烏曾經指出，傅柯所分析的知識與權力的辯證關係，在洪席耶這裡發展得最為極致[51]。梅詒（Todd May）也指出，洪席耶沿用了傅柯的概念，以police來指建立社會秩序共識的治安機制。梅詒說明，傅柯在1970年代講課處理的議題，便是起源於17世紀的治安模式（policing）。正如傅柯自己所說，policing原先並不是軍事

1995), pp. 305-308, 319-326.

49 關於話語邏輯之感知分享、錯誤計算、命名的偏移與政治的出現，見Jacques Rancière, *La mésentente: Politique et philosophie*, pp. 19-67；洪席耶著，劉紀蕙等譯，《歧義：政治與哲學》，頁17-82。

50 洪席耶與傅柯的關係是根本性的。傅柯所使用的真理機制（regime of truth）、可見性機制（regime of the visible）以及認識型（episteme）等概念，都在洪席耶的書寫中呈現，並且進一步轉化為感知機制，包括了認知和感受的層面。

51 Alain Badiou, "The Lessons of Jacques Rancière: Knowledge and Power after the Storm," pp. 26, 38.

性的管理，而是關於城邦健康的管理。police的概念包含了國家
公民生命的生理機能以及生產力的規範，這就是傅柯所發展的治
理性（governmentality）的概念，也是洪席耶所展開的治安概念
（police）[52]。對於洪席耶而言，治安概念意指穩定而同質的共同體
所依循的共識結構；透過共享的語言、感知結構、倫理習性、社
會組織以及司法結構，這個共識結構事先決定人們參與社會的方
式。在穩定的話語秩序之下，「我們」正是共識結構。「我們」自
然地接受了話語標記的好壞善惡以及正義原則。我們的感受、認
知、情緒、好惡、正義感，以及人際關係的應對進退與倫理原則
或是社會習性（*ethos*, habitus），都受到共享的感知機制牽動，而
自發地運作。特定歷史時期的感知結構與話語理性，塑造了共同
體成員身體性的好壞感受，也構成了利害關係以及善惡美醜的判
斷準則，成為文化政策以及教育體系的基礎，更決定了參與共同
體的資格或是享有權利的辨識門檻。

　　社會習性所形成的「我們」，也自然地排斥不屬於我們的
「他們」；治理結構的穩定秩序，本身便是具有排除性的話語邏
輯，因此也具有壓迫性。這種排除性的共識結構（*le consensus
exclusif*），其中隱藏的理性邏輯如何在特定的治理原則之下，導
向了正義與非正義的區別，形塑身體性的美感原則，並且成為法
律執行的依據，便是必須思考的問題。洪席耶透過對於治理秩序
以及其計算理性的分析，非常犀利地檢討了不同政體之共識結構
與形式平等的內部限制。

　　洪席耶以帶有考量、說法、理由、依據等多重意義的「計

---

52 Todd May, *The Political Thought of Jacques Rancière: Creating Equality*
（Edinburgh: Edinburgh UP., 2008），pp. 41-42.

算」（*compter*; count）一詞，說明成為整體內被計算的「部分」，同時意味著可被接納與可參與的一分子，也是被定義的一分子，並且以此被定義的方式參與整體，而使得共享與分配同時發生[53]。如何計算整體與部分的關係，以什麼觀念或是屬性來定義部分，以及此計算背後可共量性的理性原則，就是關鍵問題。這個觀念或是屬性，例如血源、信仰、語言、階級、傳統等，可以是整體中個體自我認知與建立同一性的範疇，也是共同體作為排除不屬於此共同體計算理性的依據。原本眾多個體所共處的社會，自然融合了不同屬性的個體，每個個體的身上也參雜了多重屬性。但是，當特定屬性被政治理性與權力結構，定義為建立整體的基礎以及構成共同體的原則，那麼不被納入計算理性範疇的屬性，例如不同的語言、血源或是出身，便成為無法參與的分子，而成為洪席耶所謂的「無分之分」。話語邏輯之理性所不計算的，正是「無分之分」無法出現、無法被看見、不具有能力以及無法被理解的原因。

　　對於洪席耶而言，「政治」（*la politique*）恰恰與「治安」（*police*）對立，也與共識結構對立。關於「政治」，洪席耶說：

　　　我提議將政治（*la politique*）這個名詞保留給對立於治安（*police*）的一種極為特定的活動，亦即，此配置中被預設為不占位置者——無分之分——開始打破這個感知配置的行動。政治便是一系列造成斷裂的行動，重構原本分配組成部

---

53 可參考 Jacques Rancière, *The Politics of Aesthetics*, p. 12; *La mésentente: Politique et philosophie*, pp. 20-31, 71-72；洪席耶著，劉紀蕙等譯，《歧義：政治與哲學》，頁19-31、84-86。

分以及其有分無分之別的空間配置。政治活動是挪動任何身
體原先被分配的地方，或改變那個位置之目的。它使原本不
可見者轉變為可見，使那些原本被認為是噪音的，成為可以
被理解的言語。54

在穩定的分配模式以及計算理性之下的「無分者」，是不被計算
為一分子而無法出現的人：無法參與政治的奴隸、只能勞動而無
定產的無產者、沒有公民權的外地人、移民與移工，都是在特定
歷史條件下不被計算而無法參與政治的「無分之分」。「無分者」
透過抵制性行動而出現，使得原本穩定的計算邏輯發生中斷、扭
轉或是「偏差」（*tort*; torsion, twist），這個話語邏輯的中斷，就
是洪席耶所謂的「政治之起點」55。

　　關於既有傷害又有錯誤以及偏差等意思的 *tort*，是很值得進
一步討論的問題。*tort* 的字義帶有「傷害」、「錯誤」、「侵權」等
意思，其字源是拉丁文的 *tortus*、*tortun*，意思是「轉向」、「扭
轉」、「偏轉」（turn, twist, torsion）。洪席耶使用既有「傷害」、
「錯誤」，也有「偏移」、「轉向」之意的 *tort*，說明了幾個層次的
意義：首先，既定話語邏輯所判斷的「傷害」（*tort*）或是「錯
誤」（*tort*），指認對方錯誤，傷害社會秩序，或是侵害我的權

---

54 Jacques Rancière, *La mésentente: Politique et philosophie*, pp. 52-53；洪席耶著，
　　劉紀蕙等譯，《歧義：政治與哲學》，頁61-63。

55 在洪席耶的脈絡下，「偏差」（*le tort*）不僅意指在既有法律契約之下所判
　　定的過錯、過失、侵害、傷害、逾分，也更為根本地揭露了共享感知機制
　　所區分的好壞與善惡，以及此感知機制之理性所辨識的過錯與偏差。見 *La
　　mésentente: Politique et philosophie*, pp. 28, 33-34, 40；洪席耶著，劉紀蕙等
　　譯，《歧義：政治與哲學》，頁30、36-38、45。

利，其實是不同主觀位置以及不同理性的判定，恰好暴露了此話語邏輯對於對立位置的盲識；其次，被認定為「錯誤」的「無分之分」的出現，正好使此話語邏輯發生了「中斷」、「偏移」與「轉向」（tort）。「扭轉就是偏差，是根本的傷害」（cette torsion est le tort, le blaberon fundamental）。洪席耶說明，「傷害」le blaberon 原本的字義便是「流向中斷」：中斷既有的理性計算邏輯；第三，洪席耶指出，一無所有的人們以「偏差之名」認同一個共同體（la communauté au nom du tort），中斷原有的話語秩序，改變分配的秩序，就是政治的「構成性偏差或是扭轉」（le tort ou la torsion constitutifs）[56]。洪席耶說：「政治的起點，就是這個主要的偏差：在算術式秩序與幾何式秩序之間被人民的空洞自由所創造出來的懸置。……這不是要求賠償的傷害，而是在說話者的分配核心引入了不可共量性」[57]。洪席耶以中斷原有秩序作為政治的起點，同時也說明了共同體的共有根基起源之不可能，而必須不斷地被構成與修正。

3. 無分之分與缺口的出現

重新檢視任何話語共識邏輯所支撐的善與惡、權利與非權利，以及正義與否的分配理性，就是政治所面對的問題。「人民」便是「無分之分」透過這個「空的名字」（le nom vide）出現的空間。對於洪席耶而言，重要的問題是思考「無分之分」的出現，以及更新穩定分配秩序的平等前提。但是，這個「空的名字」可

---

56 *La mésentente: Politique et philosophie*, pp. 28, 34；洪席耶著，劉紀蕙等譯，《歧義：政治與哲學》，頁30、38。

57 *La mésentente: Politique et philosophie*, p. 40；洪席耶著，劉紀蕙等譯，《歧義：政治與哲學》，頁45。

能會被挪用而被實體化，成為共識結構的基礎。在歷史過程中，這個「空的名字」如何具有挑戰話語秩序的政治性，如何被實體化，如何又被轉化為權力結構的共識基礎，便是洪席耶所分析的問題。

洪席耶對於「公共」（the common）的思考，涉及了他對於民主以及共產的重新詮釋。不同於傳統馬克思主義以共產主義社會取代資本主義社會的階段式線性歷史發展觀，洪席耶指出，共產主義恰恰不屬於資本主義的邏輯，更不是資本主義社會發展的一個階段。洪席耶不將共產主義社會視為未來將要實現的一套社會計畫，而是既屬於資本主義世界，卻又外在於其邏輯的一種平等化過程。洪席耶所強調的「平等」，不是形式上的平等，不是要達到的最終目的，而是一種原理性的「預設」（presupposition）[58]。

洪席耶也清楚指出，共產主義的原理，正是抵制自身實體化的「分離力量」[59]。無論是共產社會或是自由主義社會，如果僅遵循形式平等，則必然會出現在既定分配結構之內不被分配的不平等。分配邏輯內在於一個社會的語言功能與治理秩序。民主化的過程，則是以不可共量的差距，挑戰共識結構內被分配的位置，中斷原有的法則與計算框架，干預任何獨占性治理邏輯與分配機制，而使不可見者得以出現，並且朝向不被私有化壟斷的「公

---

58 Jacques Rancière, "Democracy against Democracy: An interview with Eric Hazan," in Giorgio Agamben, et al. *Democracy in What State?*（New York: Columbia UP., 2011）, p. 78.

59 Jacques Rancière, "Communism: From Actuality to Inactuality," in *Dissensus: On Politics and Aesthetics*, Steven Corcoran, ed. and trans.（New York: Continuum, 2010）, pp. 82-83.

共」。

　　在洪席耶的脈絡下，命名體系之下的「缺口」（écart; space），無論是話語理性或是感知機制之下的空隙、間隔、差異、距離，這些不可共量的差距，正是這個共享機制得以被挪動的基礎。平等的預設，便是以「缺口」（écart）作為無根基（anarchy）的根基（arkhè）。在洪席耶的文脈中，arkhè 帶有基礎（fondement）、起源（origine）、起點（commencement）以及原則（principe）等不同的意思。洪席耶強調，任何以話語理性作為共同體的奠基起源或是根基，必然會以此根基作為分配秩序的話語邏輯。由於作為政治起點的秩序被中斷，「人民」之名只是「空」名（vide），以此「偏差」（tort）之名作為共同體偶然形成的基礎，則顯示了共同體共有根基或是起源是不可能的[60]。相對於被分配的身體位置，命名體系中的「無分者」，便是話語中的差異、距離與缺口。政治化的行動，便是藉由「缺口」與「空名」擾亂並且翻轉原有秩序，持續透過增加與補充的方式出現，因而得以重組此分配結構[61]。洪席耶也強調，這個擾亂與翻轉並不是自覺意識的解放，因為自覺意識仍舊是被話語理性所事先決定。他所指的擾亂與翻轉，是透過劇場式的演出，展現、翻轉並且重新組織既有的感知分配機制[62]。在洪席耶的脈絡中，這些缺口與空隙，是不被分

60　洪席耶在《歧義》中多處討論共同體的無根基，參見 *La mésentente: Politique et philosophie*, pp. 33, 36, 40；洪席耶著，劉紀蕙等譯，《歧義：政治與哲學》，頁36-37、40、45。

61　Jacques Rancière, "Ten Theses on Politics," p. 33.

62　Jacques Rancière, "The Method of Equality: An Answer to Some Questions," pp. 276-277. 賀瓦德非常有說服力地指出了洪席耶前後期的著作持續凸顯了政治的劇場性，無論是藝術、政治或是文學，都藉由檢驗與顛覆原有被分配的身

配也不占空間的「非場所」（*non-lieu*; non-place）[63]。

　　相對於實際政治的操作，洪席耶強調文學與藝術的政治性，在於話語中所展現的治理性感知分配與自身感受性存在的差距。洪席耶的政治主體性可以在文字秩序與身體秩序的雙重迴路中被捕捉，也會在這種雙重秩序中進行重組。人們透過時代性的敘事模式學習自己參與社會的位置，也學習接受自己被給定的使命。當身體僅以其可見性的價值進入文字秩序，身體便被此秩序界定其功能，劃分社會位置。然而，在這套表面上安置穩當的社會位置之中，不平等必然存在，必然有自身與這套符號秩序之間不可共量的差距，而且只有在個別的感受中被經驗。身體感受性有其超出於可見性機制的不可計算處，文字也有其透露出無法被理性模式所涵納的主體性位置以及感性痕跡。這個不可共量的差距，不同於同時代文學藝術形式的既定邏輯，也不同於同時代習性社群的感受性邏輯。文學與藝術時常便是在呈現不同的感受空間以及不同位置之間的衝突與矛盾；換句話說，只有在身體式的銘刻中，才能夠回溯話語理性的計算方式，以及其所排除的感受性狀態。文學、劇場與藝術都是不同感受位置的銘刻，如同劇場一般，再次展演衝突的場景[64]。

體位置，而展現了自由的平等。Peter Hallward,. "Staging Equality: Rancière's Theatrocracy and the Limits of Anarchic Equality," in Gabriel Rockhill and Philip Watts, eds., *Jacques Rancière: History, Politics, Aesthetics*（Durham and London: Duke University Press, 2009）, pp. 140-57.

63 關於被分配的場所，以及不占空間的「非場所」（*non-lieu*），可見洪席耶在《歧義》中的討論，例如 *La mésentente: Politique et philosophie*, pp. 53-67 或是 144-145, 162；洪席耶著，劉紀蕙等譯，《歧義：政治與哲學》，頁 63-82、194。

64 關於文學、劇場與藝術的政治性，可參考洪席耶的幾個著作：Jacques Rancière, "Aesthetics as Politics," *Aesthetics and Its Discontents*, Steven Corcoran,

　　透過話語所銘刻的對立面，透過話語所標誌的傷害／錯誤（*le tort*）或是刻劃差異缺口（*écart*）的印跡，我們才可能認清話語中不同理性結構與感受性位置的差距。因此，無論是話語中被辨識的錯誤，感受到的傷害，或是主體刻意出現而導致的偏離、扭轉，或是話語中所銘刻的缺口與差異，都同時暴露了理性計算模式之極限，或是認知結構的障礙與盲點，以及此話語理性的排除操作。政治主體性便是各種脫離同一性結構的活動，展現偏離於常態共識的主體性經驗，中斷並挪動既有秩序，使原本無分者得以出現、參與、言說。

　　不過，洪席耶的論點也指出了歷史變化過程的持續辯證運動，以及此辯證運動中止的可能性。翻轉與擾亂秩序的「非場所」，可能是透過書寫以及命名之扭轉而挪出的空隙，也可能會被個人與群體賦予主體意義，打破原有秩序，藉由平等邏輯而製造暴力場景。以「人民之名」出現，指出錯誤計算的邏輯，並不意味著一個理想而平等的社會必然隨之存在。共同體只存在於某些辯證性「一分為二」的「時刻」，而沒有任何永恆或是本質性的共同體。任何歷史脈絡下的話語結構，必然有其計算與不被計算的話語斷裂，以及揭露與抵制錯誤計算的政治性行動。洪席耶謹慎地指出：共同體存在於「牴觸規律的時刻，宣稱平等的時刻，以及建立平等原則並進行體制與義務的分配之時刻。不擁有權利者破壞其法則時，也同時預示了日後被另一個新開始之暴力

---

trans. (Cambridge: Polity 2009), pp. 19-44; Jacques Rancière, "Communism: From Actuality to Inactuality," *Dissensus: On Politics and Aesthetics*, pp. 76-83; Jacques Rancière, "The Future of the Image," *The Future of the Image*, Gregory Elliott, trans.（London: Verso, 2007）, pp. 1-31；Jacques Rancière, *The Flesh of Words: The Politics of Writing*, Charlotte Mandell, trans.（Stanford: Stanford UP., 2004）。

所取代」[65]。這個「新開始的暴力」，使得洪席耶對於任何實際政治都保持著警戒心。他所分析的現代主義藝術、古典到當代的政治哲學、人民革命、民主陣營、人民公社等等，都透露了不斷被替換與重新分配的感知機制以及新建立的穩定治理秩序。洪席耶強調，政治性主體必須總是「暫時性」的，必須脫離利益與共識的綁束，而隨時在事件的運動中「出現與消失」[66]。如果政治性主體以「我們」的共識結構作為人民奠基的基礎，再次區分社群，建立錯誤計算的權力結構，以共識分配身體位置，那就會是另外一種治理秩序的權力部署。

洪席耶從毛時代「一分為二」的思維，發展出了他對於治安與政治的區辨，對於「分／享」既屬於又被劃分排除的敏銳觀察，對於共同體成員的計算與無分之分的掌握，對於話語邏輯內在間隙與缺口的分析，以及強調無分之分出現的政治性介入。這些具有解放性思維的政治思維，起點都在於對於「平等原則」的預設。

第五節　巴里巴爾的「一分為二」：邊界政治批判與公民化過程

1. 切割機制與最終決定

巴里巴爾對於「切割」概念的思考，導致了他對於最終決定

---

65 Jacques Rancière, "The Community of Equals," *On the Shores of Politics* (London: Verso, 1995), p. 91.

66 Jacques Rancière, "Ten Theses on Politics," p. 39.

（determination in the last instance）所展現社會關係的分析，以及邊界拓樸學的發展。

　　在《讀《資本論》》中，巴里巴爾指出，馬克思所指出的「正確的切割方法」（la bonne coupure）牽涉了兩個難以解決的難題：第一個是歷史事件的概念，第二個是歷史分期的劃分問題。馬克思似乎意識到了這兩個困難，而提出了不要從政治、藝術、科學、法等方面切割，而要從經濟科學方面來劃分。所謂經濟科學方面，是指由生產力、生產關係、生產方式所構成的經濟基礎，以及經濟基礎與其他社會結構不同層次（instances）的相互交錯[67]。換句話說，無論是事件的命名，或是歷史斷代的界定，都有以符號限定的切割。然而，事件並不是單一面向可以概括的，歷史更不是以時間點劃定轉變的階段性。事件的多層次與多元因素，或是歷史時期不同經濟結構並存，使得所謂的「切割」，必須以複雜方式理解。「切割」之下未被看見或是未被計算的部分，如何會出現而影響或是改變時代運動的趨勢，便是值得我們思考的問題。更重要的問題是，如果我們並不是在思考一個蘋果一分為二的切割，而在思考一個集合內部各個集合無限可能的一分為二，那麼切割面之下的潛在動能，便是發展趨勢的重要構成因素。歷史時期的多層次並存以及事件複雜構成因素，都是無法簡單切割的原因。

　　巴里巴爾重新閱讀馬克思1852年3月5日給魏德邁（Josepheydemeyer, 1818-1866）的信，指出馬克思明確說明階級的存在

67〔法〕巴里巴爾（Étienne Balibar），〈關於歷史唯物主義的基本概念〉，收入〔法〕路易・阿爾都塞（Louis Althusser）、艾蒂安・巴里巴爾（Étienne Balibar）著，李其慶、馮文光譯，《讀《資本論》》（北京：中央編譯出版社，2011），頁249。

與階級之間的鬥爭，早已經被資產階級的歷史學家所敘述，他自己的貢獻則在於指出「階級的存在僅僅同生產發展的一定歷史階段相聯繫」。巴里巴爾說明，歷史過程中一系列的階級鬥爭以不同形式呈現，包括奴隸與自由民、貴族和平民、農奴和封建主、行會師傅和幫工、地主和資產者、資產者和無產者等。對於生產方式的研究，便是對於社會結構之關係的解剖，同時科學地分析不同歷史時期的階級矛盾。巴里巴爾指出，馬克思對於階級的矛盾區分了兩種形式：第一種形式的矛盾包括鬥爭、戰爭、對立，有時是公開的，有時是隱藏的，基本上是指壓迫者與被壓迫者；第二種形式的矛盾是「對立」，不是指個人意義上的對立，而是指「對立的結構」（antagonistic structure），也就是經濟基礎內在的、一定的生產方式所特有的壓迫性結構，也就是所謂的生產力與生產關係之間的對立。這種結構性對立引起的革命性斷裂，將會決定整個社會型態的轉化與過渡[68]。

巴里巴爾指出，從〈馬克思的政治經濟學批判序言〉中，我們可以得出使歷史成為科學的兩個原則：分期原則以及社會結構中不同實踐的聯繫原則。實踐的聯繫原則，就是社會中「一致性關係」的結構或是機制。在這種結構或機制中，社會型態表現為不同平面所構成的整體，包括經濟基礎，法和政治的上層建築，以及社會意識形態；分期則依照歷史上不同經濟結構的時代來劃分。根據這些原則，我們可以從生產方式非連續性的更替來理解社會的歷史[69]。

---

68 巴里巴爾，〈關於歷史唯物主義的基本概念〉，《讀《資本論》》，頁 245-246；Étienne Balibar, "On the Basic Concepts of Historical Materialism," *Reading Capital*, Ben Brewster, trans.（London & New York: Verso, 2009）, p. 203.

69 巴里巴爾，〈關於歷史唯物主義的基本概念〉，《讀《資本論》》，頁 247-249。

　　巴里巴爾認為，生產關係是被社會關係所最終決定的。針對這個具有拜物教性質的最終決定，需進行的研究是：時代起最後決定作用的層次，在社會結構中是怎樣被規定的？構成生產方式結構的各要素的特殊結合方式，如何決定了社會結構中的最終決定地位？這個核心的生產邏輯如何以動態模組（matrix），決定了這個結構的各層次之間的相互連結？巴里巴爾進一步指出，我們也需要討論社會結構中占決定地位的那個層次的「轉化形式」，也就是結構性的因果關係[70]。

　　巴里巴爾的論點，可以讓我們重新思考冷戰時期兩岸關係，兩岸社會內部的生產關係，以及歷史事件的發生，是如何被具有拜物教性質的社會關係所最終決定的？我們要如何以動態模組的方式，分析這些最終決定的因素，以及背後的動力性質？

　　關於這個社會結構中不同層次之間不平等發展而相互矛盾與相互決定的關係，巴里巴爾以佛洛伊德關於驅力（Trieb, drive）的概念來討論發展與「位移」（décalage, dislocation）的問題。驅力的壓力（drang, pressure）、對象（object, object）、目的（ziel, aim）、起源（quelle, source），有其內在反轉的運動，以及替換位移的對象。只有回溯式地探索，才能夠透過對象，理解經過位移而替換的驅力性質。巴里巴爾認為，馬克思和佛洛伊德一樣，透過對象而建立理論，並且為生產力與勞動力擴展了全新的定義，也使我們必須對於這種複雜而多層次相互影響的結構進行分析[71]。

　　巴里巴爾指出，從馬克思的分析中，我們可以理解生產與再生產的重複，涉及了各個經濟主體，也就是各個資本之間，相互

---

70 巴里巴爾，〈關於歷史唯物主義的基本概念〉，《讀《資本論》》，頁268、273。
71 巴里巴爾，〈關於歷史唯物主義的基本概念〉，《讀《資本論》》，頁299-301。

交錯的統一體之運動。社會結構中經濟與非經濟的不同層次之間的聯繫，透過再生產保證了生產要素的連續性與歷史結構的獨特性。社會關係的再生產，保證了生產關係的延續，而馬克思的分析則將「依次相繼」的再生產放置於一個同時性平面空間，展現了各個環節之間相互依存的關係[72]。

　　巴里巴爾特別探討了生產方式從一種形式到另一種形式的「過渡」，也就是所謂的歷史過程。他指出，生產方式改變了依存關係的秩序，而使結構（理論的對象）中某些要素從統治地位過渡到歷史上的從屬地位。轉換過程的結果取決於歷史環境的性質，也就是現存的生產方式。因此，歷史進程並不是簡單而平面地以垂直切割方式界定階段性進展，而是根據特定歷史時期的複雜生產關係來進行分析。社會關係中的複雜結構內在有其矛盾與對立的關係，這種內在的矛盾運動也促成了要求新組織發生的發展趨勢[73]。

　　如果我們要思考「正確的切割」，便是要避免歷史斷代切割或是階段性直線發展的唯心主義史觀，而要進行特定歷史時期社會結構內部複雜的生產關係以及體系內在矛盾的分析。巴里巴爾說，以馬克思的分析來看，「體系的動態」便是發展與過渡的運動。矛盾正是結構本身，而生產關係的相互矛盾是由同一個原因所產生；也就是說，資本主義邏輯之下，追求利潤是生產發展的唯一動力，而這個動力也正是矛盾的起源，也就是生產力的社會

---

72 巴里巴爾，〈關於歷史唯物主義的基本概念〉，《讀《資本論》》，頁318-332。

73 巴里巴爾，〈關於歷史唯物主義的基本概念〉，《讀《資本論》》，頁249-352。巴里巴爾指出，幾個運動之間的理論等值關係是可以分析的面向：例如資本的積聚，生產力的社會化，資本主義社會關係向所有生產部門的擴展以及世界市場的形成，相對過剩人口的形成，以及平均利潤率的下降。

化以及生產關係之間所形成的矛盾[74]。關於過渡與發展的趨勢，要透過規律的作用所產生的界線來分析。所謂的界線，就是生產關係之間的矛盾，是兩種關係中「一種關係成為另一種關係的界線」[75]。對於複雜矛盾體系的分析，便是要理解各個層次之間是各種干預的複雜整體（a complex set of interventions）[76]。

2. 邊界政治批判

從「一分為二」的切割機制，到邊界政治劃分內外的持續變形，是巴里巴爾長時期的思考問題。他指出，歷史上的邊界一向是不穩定而持續變化的概念，既是區分與防堵的管理，也是接觸與通行之區域。歷史過程中，不斷透過人民的起義與建置，而改變領土空間、歷史敘事、意識形態、國家名號，以及其人民所承認的政治環境。公民身分也因此持續在擺動過程中，不斷重新構成，也持續出現了尚不存在而即將來臨的人民。但是，任何起義，都內部地設置了反共同體的內部等差階序以及排除的機制，因此也造成了自身的去民主化（de-democratization）[77]。

然而，邊界不僅僅是國與國之間所決定的分隔線，也涉及了國內以及國外的政治經濟局勢的多重決定。十分弔詭的情形是，當邊界相對模糊而越是密集的跨國流動發生，也就會形成更多的政治經濟空間，以及不同型態的內部邊界與內部國度。國際性的階級區分，透過不同形式的邊界概念，進入本地社會。權力集

---

74 巴里巴爾，〈關於歷史唯物主義的基本概念〉，《讀《資本論》》，頁353。

75 巴里巴爾，〈關於歷史唯物主義的基本概念〉，《讀《資本論》》，頁262。

76 巴里巴爾，〈關於歷史唯物主義的基本概念〉，《讀《資本論》》，頁378-380。

77 Étienne Balibar, *Equaliberty: Political Essays*, James Ingram, trans.（NC: Duke UP., 2014）, pp. 8-12.

中者一則壟斷資本，維護自身的權力以及合法性，一則執行差別待遇與資源分配。我們所看到的，不再是平面空間的國境邊界劃分，而是垂直空間的內部邊界。這些邊界存在於我們的居住空間，處處以安全為名，執行管理與排除[78]。

　　種族主義正是邊界政治的一種形式。巴里巴爾在〈有一種新種族主義嗎？〉（"Is there a Neo-Racism"）指出，種族主義其實是符號體系透過拜物性質的價值物化以及交換過程，而執行象徵權力的資本擴張。這個符號化的穩定權力與交換過程，可以是知識生產、官僚體系、意識形態霸權、種族論述、民族主義情感，而造成不同型態的納入與排除，以及階級化的社會分割。巴里巴爾指出：種族主義出現於社群中的話語再現模式、感性結構以及實際操作，針對各種他者群體，尤其是根據對方的姓氏、膚色、宗教之差異，透過汙名化，而採取歧視、不容忍、羞辱、剝削的暴力形式，甚至以淨化社會的論述，禁止任何形式的混雜、通婚或是共同居住的隔離措施。巴里巴爾指出，無論是以生理特質或是宗教文化差異作為合理化的說詞，這些論述背後都是同樣的舊有種族主義行為，以及明顯的不平等結構。巴里巴爾強調，這些種族理論所強調的可見性證據以及身體性的印記，結合了這個社群對於社會關係的強烈「求知」欲望以及「誤識」作用（misrecognition）：錯認一個對象，固定一個可見的標記，而將其視為自己所欲求或是反面攻擊的對象。這種知識會在社會中流通與消費，而造成了這些群體如何經驗社會關係，甚至界定自身情

---

78 Étienne Balibar, *Politics and the Other Scene*, Christine Jones, James Swenson, Chris Turner, trans.（London & New York: Verso, 2002）, pp. 77, 81, 83, 92.

感認同的想像結構[79]。

　　種族主義隱藏在任何的民族主義之內，並且包含了文化高下的等級觀念，以及擬生理主義的種族觀。殖民主義者透過種族概念在社會中進行等級化的分類操作，例如人類與非人類，或是文明與野蠻。弔詭的是，去殖民化運動之後，強調文化差異，以反種族主義的立場，保存文化傳統，以免文化滅絕，卻同時以相反的方向，激化了民族情感，使文化成為本質性，文化傳統不變的固定群體，進而展開排外情感。當前雖然不再有亞利安神話的直接話語，這種攻擊性卻可以透過各種對待外來移民或是難民的話語出現，也可以被任何形式的新種族主義所激化。因此，無論是殖民或是帝國的種族主義，或是抵抗殖民而去殖民化之後第三世界的種族主義與民族主義，甚至是去除國境邊界，卻透過對於移民的描述而出現的新種族主義，都同樣具有進化論以及高低等級的合理化論述。除了排外之外，也隱藏了攻擊性[80]。

　　因此，巴里巴爾說，「邊界」是「世界秩序（或非秩序）的投射」，關係了身分、社群、公民以及社會政策等狀態的自我認同以及內外我他的區別，因此也是政治的實踐場域。邊界既是區分我他的社群認同標誌，也是總體結構本身（"global" *per se*）[81]。全球性的總體結構如何造成了地區性的主觀認同，甚至在執行邊界劃分的同時，促成了種族隔離、族群淨化、文化清潔、肅反運動，或是全球化市場政策的經濟暴力，這是值得思考的問題。

---

79 Étienne Balibar, "Is there a Neo-Racism?," *Race, Nation, Class: Ambiguous Identities*, Étienne Balibar and Immanuel Wallerstein, eds.（London: Verso, 1991），pp. 17-28.

80 Étienne Balibar, "Is there a Neo-Racism?," pp. 21-26.

81 Balibar, "Preface," *Politics and the Other Scene*, pp. x-xi.

3. 全球化與超級邊界

　　巴里巴爾指出，「全球化主義」是一種多重決定的「症狀」，牽涉了不同因素。首先，當超越國家的經濟力量以跨國公司的型態出現，這些跨國公司便會進行「去地方化」的程序，將生產活動轉移到低成本的地區。其次，冷戰時期兩大對立陣營的分界線雖然隨著表面上不再存在，但是文明衝突的對立陣營卻透過「全球化的超級邊界」（global superborders），而深入各個在地社會。科技、資訊、能源的高度發展，則使得生態與科技密切扣連，有更為嚴重的後果[82]。

　　巴里巴爾所關注的問題，是當前快速發展的多國金融資本主義之下，不同的國際金融秩序集結重整而造成快速新興的階級矛盾。巴里巴爾說，這個階級矛盾已經不是過去一國之內資本家和中產階級與無產階級之間的矛盾。在全球自由市場以及財政優勢的競爭邏輯之下，極富者脫離了國內的代表性結構，在跨國之間奪取「領土」，重新規劃畛域，而成為了跨國資本主義階級。相對的，大量出現的移動人口，實際上是被資本以及市場所移動，成為比無產階級勞工更為邊緣化的人民，完全無法進入當地社會的代表性體制，毫無平等與自由的權利，更不要說其他的基本生存權利[83]。

　　全球化新自由主義的治理模式在1970年代興起，尤其在雷根與柴契爾夫人推動的各種自由化法案所啟動。新自由主義的基本

82　Étienne Balibar, "World Borders, Political Borders," *We, The People of Europe? Reflections on Transnational Citizenship.* James Swenson, Trans, （Princeton and Oxford: Princeton University Press, 2004）, pp. 102-105.

83　Étienne Balibar, *Equaliberty: Political Essays*, p. 274.

原則是「獲利法則」，將利益最大化作為準則，所有社會領域都進入了這個價值法則，包括教育制度、科學研究、公共服務、行政體系、公共健康與國家安全。巴里巴爾指出，新自由主義不是意識形態，而是政治活動的一種變化型態。新自由主義本身極具悖論形式，在自由化的前提之下，所有衝突性質的元素都被中性化與去政治化，只有經濟功能是唯一的考量。新自由主義導向了全球金融危機，國家建立於債務，因此更為去政治化。當代以自我照料的新倫理（new ethic of self-care），將自身的行為根據最大化的利益或是個性的生產力，進行合理化與道德化。巴里巴爾認為，表面上，新自由主義不透過控制，而透過自發的行動，以便完成理性的治理模式。事實上，新自由主義與國家社會主義國家具有同樣的脅迫性。面對新自由主義帶來的全球不平等發展，只有從內部矛盾出發，進行分析，才能夠找到解決方案。巴里巴爾認為，新自由主義時期的公民身分危機，正是不平等發展的政治模式。如果說移動人口是自由的「遊牧者」（the nomads），甚至以「遊牧公民」（nomadic citizenship）來稱呼全球移動的人口，那就過於浪漫化，而迴避了現實的處境[84]。

　　我們注意到，這些人口的「移動」時常都不是自主的，而是在更大的政治經濟以及資本流動的脈絡之下被決定，有其特定並且被規範的移動路徑。這些移動人口分布於不同的國家，而成為被殖民的人口。當這些移動的人口進入當地的社會，無法在民主體制之內獲得有代表性的位置，並且完全受制於官僚體系的治理技術，甚至被迫脫離司法結構，而成為「非法」移工，一個沒有證件的幽靈人口，無法獲得可以代表他們的機構，只能夠在地下

84　Étienne Balibar, *Equaliberty: Political Essays*, pp. 21-30.

仲介的網絡中尋找縫隙。不僅在歐洲，在當前的台灣、大陸、香港或是其他東亞地區城市，都有同樣的現象。

巴里巴爾提醒我們，自由主義邏輯所謂「任其自為」（*laissez faire*）或是「任其自由通行」（*laissez passer*），實際上有各種嚴格的市場以及邊界的規範與管制，而並無法解釋當前的資本主義全球化的過程。此外，在這個大量移動的時代，不僅是人的移動，還有有更多的貨品、資本、資訊在移動。能夠掌握到資訊或是資本的人，便可以進入這個流動的世紀；反之，則會被排除。更為嚴重的是，這些移動的人口進入了當地社會，卻不被承認，而僅能夠聚居於被隔離的貧民區或是新村，開啟了巴里巴爾所說的新的「種族經濟」（new economy of race），一種在鄰居社會復甦的種族主義，將鄰居視為敵人或是次等人的社會經濟[85]。因此，國境邊界的消除，只會製造更為擴張的「控制社會」，或是全球化的警察治理（globalized police governmentally）；在全球監視體系下，每一個人的指紋，都已經被建立在全球資訊網絡之中[86]。

4. 邊界民主化與共居公民的構想

面對各種切割機制造成的邊界政治，巴里巴爾提出了如何思考邊界的民主化問題。首先，巴里巴爾提出了「公民性」（civility）以及「公民化過程」（civil process）的概念。「公民

85　Étienne Balibar, *Equaliberty: Political Essays*, pp. 267-268. 巴里巴爾指出，現在的大都會其實是分裂的城市，時常有「族群邊界」（ethnic borders）出現，而將移民聚集於城市的角落，如同人民公社或是遣送區。Étienne Balibar, "World Borders, Political Borders," *We, The People of Europe? Reflections on Transnational Citizenship*, p. 111.

86　Étienne Balibar, *Equaliberty: Political Essays*, p. 274.

性」是有別於文明、社會化、警察、規範、禮儀等概念，不牽涉對立與衝突，不牽涉強調共識的政治取向，不採取全球格局的法律或是秩序，而是運用「政治之政治」（politics of politics），朝向創造與再創造，並且打開維護集體參與公共事務之可能性。邊界的民主化，並不是抹除邊界，而是在所有邊界處進行民主化，以介入性的翻譯與溝通，促成多邊的相互承認。這個過程需要不斷的革命，是非國家與非領土宣稱的「人權的世界主義政治」（cosmopolitics of human rights）。這就是漢娜鄂蘭所強調，「權利之整體」（totality of rights）需由全體人民參與，賦予非公民者其應有之人權，使人聚集之社群內有交會、表達與辯證式化解敵意之空間[87]。巴里巴爾提出的理念是：人的群聚是命運造成。我們應該設想永遠有一個地方可以使人群有所歸屬，可以成為公民，可以養家生子，並且與人群發生關係。為了這個理念，我們便應該持續地使我們的社會進行公民化的過程，而不在法定身分的公民或是非公民之間，進行各種切割式的防堵與排除[88]。

　　為了檢討公民與非公民的問題，以及所謂人權與公民權的問題，巴里巴爾重新分析了《人權與公民權》（1789）以及《世界人權宣言》（1948）的論述，說明這些人權宣言所揭櫫的「自由」與「平等」，在不同的條件之下會恰恰背反，而使得「自由」與

---

[87] Étienne Balibar, "Outline of a Topography of Cruelty: Citizenship and Civility in the Era of Global Violence," *We, The People of Europe? Reflections on Transnational Citizenship*, James Swenson, trans.（Princeton and Oxford: Princeton University Press, 2004）, pp. 115-119.

[88] Étienne Balibar, "Outline of a Topography of Cruelty: Citizenship and Civility in the Era of Global Violence," *We, The People of Europe? Reflections on Transnational Citizenship*, p. 132.

「平等」都成為不可能[89]。

　　當前一般論者對於《人權與公民權》的檢討，多半指出了其內部矛盾：人權宣言強調了主權屬於國家，法律是公共意志的表現，人始終是自由平等的。然而，國家與人民之間的矛盾，卻無法消解。把「自然的、不可剝奪的和神聖的人權」，自然地等同於「公民權」，而立即造成了非公民無法享有人權的預設，也造成了極權主義甚至政治的帝國型態的可能發展。在國家之下，立法權與行政權之間的張力，基本上就是國家特權以及個人之間的張力[90]。

　　不過，巴里巴爾指出，上述的論斷並未注意到這個宣言的時代特殊性以及必然的內在矛盾，也就是其所處的革命時刻的特殊性。首先，巴里巴爾說明，法國大革命的人權宣言所強調的主權，在於推翻傳統觀念，而建立人民自我構成的平等主權。但是，從此處開始，公民社會與國家已經建立於依賴性的層級之中。其次，人權宣言所使用詞彙的物質性，開啟了無法逆轉的方向，使得日後女人、工人或是殖民地族群，都在這個宣言的基礎上爭取到公民權利。以歷史角度或是認識論角度來看，19世紀任何一個作者，無論是自由主義、社會主義、保守主義，無論是實證主義或是歷史主義，唯心主義或是政治範式，都參與了這個新的意識形態場域。最後，巴里巴爾提醒我們，從最初就不是中產階級的革命，而是中產階級以及人民或是非資產階級的群眾的聯合，有各種結盟與衝突，是各種對立的集合[91]。

89　Étienne Balibar, *Equaliberty: Political Essays*, pp. 47-51.

90　Étienne Balibar, *Equaliberty: Political Essays*, pp. 39-41.

91　Étienne Balibar, *Equaliberty: Political Essays*, pp. 42-43.

　　巴里巴爾強調，雖然關於1789人權宣言的解讀傾向於區分宣言中的人與公民，但是，在宣言中「人」與「公民」是同一的。人的普世性是構成公民的基礎，因此人權與公民權是相同的。自由、財產、安全以及抵抗壓迫，都是人的自然權利，而宣言中後續的條目便是依照這個前提而設立，並且以此規劃社會制度。但是，人類社會的機制卻使得「平等」是「自由」的屬性，只是傳統、制度或是個人特質的結果，而不是前提。低等的人（例如女人、奴隸、小孩），或是高等的人（智者、領袖、英雄、神），則不屬於政治範疇。此處，在普世價值以及人為限定的矛盾組合之下，「自由」成為了一種身分或是人格，而「平等」則是從屬於這種身分的功能或是權利[92]。

　　巴里巴爾的提議，正是要藉由「平等自由」（equaliberty）這個新造詞，來強調「自由」與「平等」的對等位置。自由與平等的共同本質，是人，或是主體。但是，現實上，平等與自由卻決定於歷史條件。自由與平等的內在矛盾是在同一個歷史脈絡與社會狀況之下發生的。如果自由不是平等的，那麼自由便會將權力轉換為強權（superpower）或是霸權（hegemony）。正因如此，不同階段的革命鬥爭，便是面對這些歷史條件的限制，抗拒既成的權力結構，面對各種權力關係、社會衝突與社會實踐之間的張力，而提出「平等自由」的訴求。巴里巴爾認為，定義平等自由，是將平等自由具體透過實踐而達到效果，並且必須確認革命之後的政治面對了什麼樣的真實矛盾；也就是說，我們必須辨識革命之後的社會處於什麼樣的歷史與社會的環節？處於什麼意識形態場域？而在不同權力關係與意識形態交錯之下，又出現了什

---

92 Étienne Balibar, *Equaliberty: Political Essays*, pp. 44-46.

麼樣的真實矛盾？[93]

巴里巴爾提議的不是「強權陣營」之間的軍事或是經濟的權力平衡，而是非國家與非領土占取的根本平等或是平等自由。然而，要體制性地保障自由與平等，卻是總是受制於社群（共同體）以及貿易（財產）之中介。自由與平等時常是脫鉤的，尤其在司法身分上，只有透過第三項的三項式，共同體或是財產才能夠獲得對等。事實上，這些中介形式彼此衝突，並且必然會分裂，例如分裂為國家共同體或民粹共同體，或是分裂為勞動財產或是資本財產。這些就是最常見的階級鬥爭。然而，消解財產歸屬的主體以及社群主體之間的同一性，卻正是自由與平等的最大危機。共同體的膨脹凌駕於個人，或是個人財富的擴張凌駕於社群，二者都會造成自由與平等的問題。每一種矛盾的背後，卻又有另外一種矛盾，例如社群背後的性別差異，或是勞動與資本背後的知性與身體勞動。此處便是巴里巴爾所指出的二律背反（antinomy）：革命的政治相對於建制的政治，換句話說，這是永遠不間斷的革命政治相對於建制秩序的國家政治[94]。

巴里巴爾認為，我們可以提出一個動態的普世性或是「承認的觀點」：一則是居住與移動的權利的普世化，並且使其有效；再則，關於邊界的契約式民主化，例如國家主權的自我約束，以及在公共權力以及社會反對權利之間維持平衡的組織，例如國際組織，移工組織等等。巴里巴爾提出了「共居公民」（co-citizenship）構想，透過符號以及體制的重置，持續讓共同居住一處的市民，共同建構一個公共空間，並且朝向「世界公民」努力

---

93 Étienne Balibar, *Equaliberty: Political Essays*, pp. 47-51.

94 Étienne Balibar, *Equaliberty: Political Essays*, pp. 52-54.

地持續運動[95]。

巴里巴爾從「一分為二」的切割機制到邊界政治，到新自由主義全球化之下的邊界內部化，進而提出邊界民主化以及公民化過程的問題，以及「共居公民」的概念，便是針對各種意識形態以及體制性的邊界，進行持續革命的運動與實踐。這種革命運動，是一種革命與建制的辯證過程，而思想的革命運動持續進行，不會停留在權力結構的占取與分配之中。

第六節　巴迪烏的「一分為二」：政治介入與邏輯反叛

1. 巴迪烏的紅色年代與政治組織

如同阿圖塞與他的其他學生以及同時代的法國知識分子，巴迪烏也經歷了他的「紅色年代」，甚至被人視為堅定的「毛主義者」。他自己也並不曾否認，不過他的後期「毛主義者」的立場，已經不是從前全面支持毛主席的位置，而是延續斯賓諾莎、黑格爾、拉岡、阿圖塞以及毛澤東的「切割機制」與「一分為二」，展開並且貫穿他前後期思想的唯物辯證與政治實踐：關於分離（unbound），切割（scission），擾亂（rupture），事件（event），與重組（recomposition）的唯物辯證思維與政治介入。

毛澤東對於巴迪烏的深刻影響是顯著的。巴迪烏1972年發表的〈小紅書〉（The Little Red Book），就已經大篇幅地介紹毛澤東1927年的調查研究報告《湖南農民運動考察報告》。波斯提爾斯指出，這個強調實際調查研究的原則，正是巴迪烏自己的毛

---

95 Étienne Balibar, *Equaliberty: Political Essays*, p. 276.

主義組織「法國馬列共產主義者聯盟」（Union of Communists of France Marxist-Lenist, UCFML）所堅守的方法：透過實際調研，參與改變，解決問題。巴迪烏整體著作中承襲毛澤東影響的主要核心，就是真理與知識之間的辯證關係，以及忠實於變化，持續調研的工作[96]。巴迪烏與拉撒路組織的「延安選集」系列，於1978年出版了巴迪烏的《黑格爾辯證法的合理內核》，其中包括白樂桑（Joël Bellassen）和路易士・莫索（Louis Mossot）將張世英1972年的《黑格爾的哲學》中的一章〈論黑格爾哲學的「合理內核」〉翻譯為法文，加上巴迪烏的13條評注，出版成書[97]。巴迪烏在英文版《黑格爾辯證法的合理內核》（2011）收錄的訪談中表示，「一分為二」是黑格爾辯證法的核心問題，也是他自己從早期到晚期哲學發展的關鍵問題。

　　巴迪烏與拉撒路及米歇（Natacha Michel）於1983年一起創立「政治組織」（Organisation Politique, OP），同樣延續了這個政治立場，目的在於以集體的政治行動，進行在地介入，促使政府改變政策，以便爭取無證件外籍移工的平等權利。他們出版了一份期刊《政治距離》（*La Distance Politique*, DP），發表各種政治主張。他們認為公民的概念已經不再適用，因為公民已經成為分裂性的名詞。政府的角色必須納入多樣性的人民及其處境的考量，更應該超越這些多樣性，而讓新的人民範疇得以出現[98]。

96　Bruno Bosteels, "Post-Maoism: Badiou and Politics," *positions* 13:3（2005）, pp. 579-81.

97　見 Tzuchien Tho, "Introduction," *The Rational Kernel of Hegelian Dialectic*, Tzuchien Tho, ed. & trans.（Melbourne: re.press, 2011）, pp. 3-19.

98　DP 14（2）; qtd. in Thomas Nail,"Building Sanctuary City: NOII-Toronto on Nan-Status Migrant Justice Organizing," *Upping the Anti: A Journal of Theory and Action* 11（2010）, pp. 147-160. 可參考 Forum Marxiste-Léniniste, 2007, *AlloForum*.

　　法國自從1980年代密特朗（François Mitterrand）執政以來，政府便趨向保守的作風。冉—馬里・勒朋（Jean-Marie Le Pen）所領導的極右翼政黨民族陣線的訴求，更促使政府對於外籍勞工的政策有越來越多的限制，也出現了1983年兩次強力鎮壓外籍勞工罷工的行動[99]。當時，總統密特朗與總理侯加德（Michel Rocard）先後表示，「我們一定要堅定地抵制非法移民」，「法國不能夠向世界的災難敞開大門」[100]。到了1993年的巴斯卡法案（Pasqua laws），政策的保守性則更為嚴苛。當時的內政部長巴斯卡（Charles Pasqua）頒布的法律，限制無證件者的婚姻，限制非法移民的醫療以及其他福利，導致警察強力驅離子女已經是法國公民而自己卻無法取得證件的外籍父母。1996年3月18日，面對被迫驅逐出境，而必須和出生於法國而成為公民的子女分離的處境，324名非裔移民聚集在巴黎的聖盎博羅削教堂（Église Saint-Ambroise），包括80名婦女以及100名兒童，進行抗議。抗議的聲明要求政府將他們的移民身分常態化。但是，這次的占領運動並不成功，事後政府仍舊把大量的移民驅逐出境。1996年6月28日，300名非裔無證件移民再度占據了巴黎的聖伯爾納鐸教

---

com（2017.12.11）.

99　1983年法國兩次鎮壓罷工，一次在雷諾—弗蘭（Renaut-Flins），另一次在塔波堡（Talbot），但是並沒有擴大。1985年在巴西發動了占領農地運動（Landless Workers Movement, MST），替25萬個無地貧民爭取到了1,500萬畝地。這是1980年代占領運動一次代表性成功的事例。

100　Mitterand, "We must struggle firmly against illegal immigration." *La Distance politique* 7（July 1993）, 6. Michel Rocard, "France cannot open its doors to the misery of the world." *La Distance Politique* 19-20（April 1996）, 2. 以上兩則文字引自 Peter Hallward, ed., *Badiou: A Subject to Truth*（Minneapolis: University of Minnesota Press, 2003）, p. 232.

堂（Église Saint-Bernard），其中十人甚至進行了50天的絕食抗議。這個占領行動從6月28日開始，延續到8月23日警察以斧頭與催淚瓦斯暴力驅離移民為止，前後過程引起了社會大量關注。66位電影導演公開抗議這些不合理的法案，報紙每天刊載願意提供無證件移民住宿的作家、藝術家、科學家、大學教授、新聞記者、醫師、律師的名單。1997年2月，十萬人上街頭抗議，法國各地也先後展開了同樣的抗議行動[101]。1997年2月25日《解放報》（*Libération*）刊登了無證件者的訴求：「我們和任何人一樣。我們要求證件，以便不必成為主管、雇主、房東任意操縱的受害者；我們要求證件，以便不必輕易受到密報者或是敲詐者的恫嚇；我們要求證件，以便我們不再受制於我們的膚色、拘留、驅離、妻離子散、持續恐懼而承受羞辱。」[102]。

前後的過程中，巴迪烏與「政治組織」積極介入，也協助促成幾次主要的抗議集會。他們在《政治距離》中嚴厲批評法國政府的舉動，並且堅持反對法國政府將社會中的成員區分為公民與非法者（*clandestins*）。他們指出：「這次的運動清楚顯示，沒有證件者並不是非法者。他們居住於此處，但是無法取得證件，這是政府與法律的錯誤」[103]。他們的口號是：「每一個住在此地的人，都是當地人」[104]。這個口號強烈地表達了他們的態度：居住在

---

101 Peter Hallward, ed., *Badiou: A Subject to Truth*, pp. 227-234, 395-396; Thomas Nail, "Alain Badiou and the Sans-Papiers," *Angelaki: Journal of the Theoretical Humanities*, 20:4（2015）, pp. 111-113.

102 Thomas Nail, "Alain Badiou and the Sans-Papiers," p. 115.

103 DP 17-18（3）; qtd. in Thomas Nail,"Building Sanctuary City: NOII-Toronto on Nan-Status Migrant Justice Organizing," p. 113.

104 "qui con que vit ici est d'ici"（whoever lives here, is from here）. DP 12（1）.

同一個社區內的每一個人，都是平等的。每一個人都有獲得教育
以及醫療的平等機會。他們要求無證件者應該獲得居留證，不應
該被任意驅離，所有無證件的移民都應該合法化。

　　「政治組織」在《政治距離》上發表的聲明，多半是巴迪烏親
自撰寫的。巴迪烏參與「政治組織」的行動表達了他脫離了早期
毛主義以及革命的時代，也再次確認他反對政黨政治的態度。他
們的政治行動不在於透過革命推翻政府，也不要藉由政黨的代表
性體制提出訴求，更不要透過民粹式的假自發性群眾運動達成訴
求。他們很清楚政黨只在乎選票，因此他們要求讓無證件者代表
自己，而不要中介[105]。波斯提爾斯指出，巴迪烏將毛主義視為一
個尚未完成的任務，針對變化中的狀況以及新的發展，持續進行
調研，提出新的思想。巴迪烏從「法國馬列共產主義者聯盟」
（UCFML）到「政治組織」（OP）的過程，朝向「沒有政黨的政
治」（politics without a party），顯示出了巴迪烏認為政治必須在
新的處境下不斷進行組織，以便回應新出現的狀況[106]。

　　巴迪烏為移工爭取平等空間的行動，也啟發了他的解放政治
思想。這些理念持續出現在巴迪烏後續的哲學書寫中。巴迪烏
與齊傑克（Slavoj Žižek）討論當代哲學問題（*Philosophy in the
Present*）時，他舉占領聖伯爾納鐸教堂的非法移工站出來宣稱
自身存在的事件作為例子，說明了這個事件展現了具有獨異性
的普遍性原則[107]。在《薩科奇的意義》（*The Meaning of Sarkozy*,
2007）中，巴迪烏再次指出移工的問題，並且強調「所有在此地

105　Peter Hallward, ed., *Badiou: A Subject to Truth*, pp. 226-227.

106　Bruno Bosteels, "Post-Maoism: Badiou and Politics," pp. 586, 594.

107　Alain Badiou, "Thinking the Event,"*Philosophy in the Present*, Badiou and Žižek.
　　（Cambridge: Polity, 2009）, pp. 36-38.

工作的人，都屬於此地，必須在平等的基礎上被對待，被尊重，尤其是來自外國的勞工」[108]。巴迪烏在《第二哲學宣言》（*Second Manifesto for Philosophy*）中也指出，「政治組織」的實驗性行動充分展現了與國家保持距離的決心；他們不要讓權力或是國會左右他們的行動，也不要讓黨派主宰他們的意志[109]。在2013年《何謂人民》（*What is A People*）中，巴迪烏再度指出，「人民」或是「公民」正是進行排除的邊界概念，而被合法人民視為不存在的人民，總是那些最為弱勢的群體，包括移民、移工、流放者、失業者、流民等等[110]。這些概念也都是他的主要著作的基礎，包括《主體的理論》（*Theory of Subject*）、《存有與事件》（*Being and Event*）以及《世界邏輯》（*Logics of Worlds*）等書。

2.「一分為二」與解離之力

巴迪烏曾經分析中國文化大革命這場包含內在矛盾而自我解消的政治革命，包括毛澤東啟動文化大革命的《十六條》，文字中同時質疑官僚體系，卻隱藏了預設的對立，誰決定誰是敵人以及誰決定什麼是革命批判對象的主導權問題。巴迪烏說明，這場運動的悖論是：鼓勵年輕學生參與紅衛兵，卻無法遏制超出自身的暴力；上海公社本身反對國家體制，但是仍舊需要國家出面維持其控制權；工人加入學生，加強革命群眾基礎，卻更擴大暴力層面；批鬥大會成為派系輪替奪權之替代形式；毛澤東賦予學生

108　Alain Badiou, *The Meaning of Sarkozy*（London: Verso, 2008）, p. 43.

109　Alain Badiou, *Second Manifesto for Philosophy*, Louise Burchill, trans.（Cambridge: Polity, 2011）, pp. 122-123.

110　Alain Badiou, "Twenty-Four Notes on the Uses of the Word 'People'," *What Is A People?*, Bruno Bosteels, ed.（New York: Columbia UP., 2016）, p. 28.

與工人造反有理之希望，同時默許了個人崇拜，而造就了另一種
狂熱信仰的蒙昧主義。巴迪烏指出，毛澤東自己就是建立以及瓦
解社會主義的悖論本身[111]。

巴迪烏認為，20世紀政治難解之「謎」，就是幾個解放政治
的失敗。無論是透過群眾的直接紐帶，或是透過黨的中介，這
些以政治為名的解放革命，英勇的人民抗爭，以正義與自由為目
的之戰爭動員，最終都進入了國家官僚體制或是意識形態的信仰
結構，而被穩定的國家體制消解了其政治性意義，陷入了所謂的
「去政治化」的狀態[112]。對巴迪烏而言，面對這些政治難題，尤其
是蘇維埃革命後的無產階級專政與契卡（Cheka，全俄肅清反革
命及怠工非常委員會）的恐怖警察國家，或是毛澤東文化大革命
動員的血腥過程與後續形成的黨國體系，並不應該簡單地以國家
機器所犯下的罪行或是集權統治的意識形態來總結。若要思考20
世紀的政治難題，便要先思考解放政治曾經以何種方式出現：透
過檢視20世紀如何思考自身，在「解構它們被指認的國家集權控
訴」之處，同時重新發掘其「最初的政治性意義」[113]。

巴迪烏探討這個「政治─去政治」問題的方式，首先便是針
對關於作為「一」（One）的紐帶（bond）進行檢討。但是，他
採取的方式是以形式邏輯分析，以避免陷入話語表述與歷史細節
的糾纏。根據巴迪烏的論點，群眾只是「存有」出現於「空的邊
緣」（on the edge of the void）的「多」，受到輕易被凝聚於具有

111 Alain Badiou, "The Cultural Revolution," *Polemics*, Steve Corcoran, trans. （London: Verso, 2006), pp. 291-321.

112 Alain Badiou, "Politics Unbound," *Metapolitics*, Jason Barker, trans. （New York & London: Verso, 2005), pp. 69-70.

113 Alain Badiou, "Politics Unbound," *Metapolitics*, p. 70.

群性之想像紐帶所牽動。這些想像符號（imaginary emblem）的紐帶，包括了領袖、國家、黨或是神。無論是「群眾」（masses）或是「政黨」（party），在代表「一」而具有統合性的觀念之下，必然會因為這個觀念束縛而被去政治化。對於巴迪烏而言，政治本身就是鬆動「一」的紐帶，是「從穩定狀態解離」（unbound from the State）的行動。這個解離的行動，必須先揭露符號結構所超出的過多權力，以便使「計算為一」（counting as one）的操作功能被瓦解。巴迪烏強調，政治的前提是人們「可以思考」：無論是行動或是思想，人們不被徹底奴役，而有能力進行解離式的思想革命。巴迪烏也強調，國家管理所處理的，是可被計算的部分，是使各部分符合整體利益之治理技術。政治則永遠進行紐帶的解構，並使「眾」脫離「一」之綁束。真正的政治不會建立任何紐帶。真正的黨或是政治性組織，也不會建立具有幻想成分的信仰束縛。每一個人都必須獨自面對問題與解決問題。在政黨中的政治辯論，也應該如同兩個科學家針對複雜問題的辯論，持續進行，而不會被任何組織教條所制約[114]。

巴迪烏指出，20世紀歷史過程中「一分為二」所導致的美帝國與社會主義的兩大陣營對峙，其實是辯證動力的停滯，其中隱含了「合二而一」的保守主義思維。冷戰時期美帝國與社會主義兩大陣營的主要對立，以及看待此對立的兩種思維：共產主義所看到的階級對立，以及法西斯主義所看到的民族與種族對立，都是對立的絕對化。後者的延伸性對立，更引發了韓戰與越戰。20世紀兩大陣營的對峙，背後持續透露出渴望透過暴力而獲得統一，並且認為這種統一是真理。這種將現實固著於辯證對立的一

---

114 Alain Badiou, "Politics Unbound," *Metapolitics*, pp. 68-77.

端，以表象固定，並且企圖從表象消滅此對立，其實已經否認了「一分為二」的辯證運動之持續發生[115]。

　　巴迪烏所指出的「一」的紐帶問題，並不僅限於20世紀的解放政治，也不只是歷史性的問題。在當前的民主政治與資本主義社會中，主體在全球化的結構之下流動，「一」的總體化效果更為顯著，而其運作則更為隱匿。其顯著的原因在於，民主政黨政治操作選民與公民意識，或是資本主義邏輯鼓勵自主性經濟主體或是利益競爭，都是讓主體以自發與自由的方式，實踐其所認知的利益追求、權利分配或是公民共識。但是，這個運作裝置所隱匿的，則是以貨幣交換原則與形式平等作為「一」的核心邏輯。無論是國家利益或是資本主義利益，驅動交換的隱藏邏輯無法被輕易辨識，而使得在地性的經濟結構不得不改變，也因而失去了經濟體的主權。在資本擴張以及全球供需結構下分工的移動人口，更成為無法擁有公民身分的非公民。這些都是我們當代所無法迴避的問題。

　　巴迪烏指出，使思想逃脫「一」（the One）的局限，並且避免再度建立總體性的模式，首先必須不與任何抽象理念與先驗價值結合，脫離於經驗層面的既定邏輯，而使內部發生變化。這個在局部與整體之間無限的辯證運動，便是思想持續「一分為二」並且發生變化的基礎[116]。

115　Badiou, "One Divides into Two," *The Century*（Cambridge & Malden: Polity, 2007）, pp. 58-67.

116　Alain Badiou, "Eight Theses on the Universal," in *Theoretical Writings*, Ray Brassier, Alberto Toscano, ed. and trans.（London: Continuum, 2004）, pp. 143-144.

3. 拓樸集合論──切割機制與「空」的邊緣

　　巴迪烏的理論貢獻，就在於他以集合概念，說明國家、政黨或是官僚體系作為集合體，在「一」的紐帶之下，如何聚集同質性的組成分子，並計算其部分與子集合（the parts, the subsets），但是，在這個集合中，永遠有空集合的存在，也必然會有不可預期的變化發生的可能性[117]。因此，巴迪烏用拓樸集合論（topology）的概念，從形式邏輯思考存有發生的方式，重新詮釋了毛澤東的「一分為二」與唯物辯證。

　　巴迪烏所討論使「眾」脫離「一」，鬆動「計算為一」的操作功能，他所依據的是集合論中「空集合」的問題。巴迪烏認為，「一分為二」不是現有話語邏輯內的分裂或是差距，而是「一」之內部的不可盡數。任何集合都是多數集合，其中每一個集合都是多數，但是也都包含了一個「空集合」。所有的「點」都是集合，都有自身的無限性與不可盡數的性質，也都在「空」的邊緣（at the edge of the void）。集合因為自身內的空集合，而

---

117 關於巴迪烏的集合論，可參考巴迪烏幾篇關於數學與拓樸集合論（topology）的文章：Alain Badiou, "Philosophy and Mathematics," *Theoretical Writings*, Ray Brassier, Alberto Toscano, ed. and trans.（London: Continuum, 2004）, pp. 21-38; Alain Badiou, "The Question of Being Today," *Theoretical Writings*, Ray Brassier, Alberto Toscano, ed. and trans.（London: Continuum, 2004）, pp. 39-48; Alain Badiou, "Platonism and Mathematical Ontology," *Theoretical Writings*, Ray Brassier, Alberto Toscano, ed. and trans.（London: Continuum, 2004）, pp. 49-58; Alain Badiou, "One, Multiple, Multiplicities," *Theoretical Writings*, Ray Brassier, Alberto Toscano, ed. and trans.（London: Continuum, 2004）, pp. 67-80; Alain Badiou, "Spinoza's Closed Ontology," *Theoretical Writings*, Ray Brassier, Alberto Toscano, ed. and trans.（London: Continuum, 2004）. pp. 81-93.

有內部翻轉並且發生新空間的可能性，也就是所謂的「局部化／在地化」（localaization）：在現有條件中不斷出現新的子集合，擾亂其奠基公理，重組其「場所邏輯」，而從內部翻轉更新。因此，每一個「點」自身「一分為二」的辯證運動，就是使得穩定集合內翻轉出新的集合並重組「集合」的持續「局部化／在地化」[118]。

　　然而，變化無法自然發生，而必須透過政治性的行動。巴迪烏的邏輯翻轉與更新，並不是在現象上的顛覆，而是在邏輯上的重組。他的邏輯重組建立在「主體─思想」，而主體便是翻轉邏輯的行動。某個先存的邏輯決定了原本穩定的狀態，而當某個例外的真相（truth）出現，改變了此情境的集合元素，因此這個情境集合的整體邏輯也被改變。改變邏輯並且造成變化的「行動」（act），便是「邏輯反叛」（logical revolt）：透過從「一」的被給定結構中解離、扣除，以便進行重構的程序[119]。

　　巴迪烏關於切割機制的概念延續自拉岡的主體分裂論點，也是他對於毛澤東「一分為二」的另外一種詮釋。對於拉岡而言，詞語是銘刻於「空」之上的表記、標記、印記或是印跡，永遠是修辭與裝飾襯托性的，銘刻著無意識情感牽動而出現的「站

118　Alain Badiou, "The Event as Trans-Being," *Theoretical Writings*. Ray Brassier & Alberto Toscano, ed. and trans.（London: Continuum, 2004）, p. 100.

119　先行的邏輯所無法計算的例外空間，不屬於此地也不被計算的「非場所」或是「外場所」，也就是巴迪烏稱呼「無產者」時使用的概念：不屬此處但卻又屬於此處，可以透過扭轉之力，翻轉此地的邏輯而揭露新的元素，見 Alain Badiou, *Theory of the Subject*, Bruno Bosteels, trans.（London: Continuum, 2009）, pp. 8-12, 32-36.

出—存有」（affect of ex-isting）的表記[120]。在《講座十一》中，拉岡以莫比斯拓樸環，說明符號界與想像層的交接處（point of intersection），是一個「空」（void）的拓樸空間[121]。拉岡所提出的「空」（vide），並非一無所有的「空」，而是由有限而不可數的系列構成，是充滿表記的「小宇宙」，是生命充滿感受表記的「空」，是不斷生成與滅亡的永恆純粹運動[122]。拉岡的後期著作延續了這個拓樸概念，以緊密而不占空間的（compactness）拓樸面，來說明作為小他者的對象物（objet *petit a*），是透過詞語所銘刻的異質空間的交會處（the heterogeneity of locus），也是介於兩個空間的拓樸面。這個緊密而不占空間的拓樸面，接合了話語的符號秩序以及主體的欲望，並且由於不被符號化的真實之運動，而使得不同質空間的交叉面得以無限延展[123]。

　　巴迪烏指出，拉岡所討論的表記「切割功能」（the function

---

120 Jacque Lacan, "Seminar of 21 January 1975," in Juliet Mitchell and Jacqueline Rose, eds., Jacqueline Rose, trans. *Feminine Sexuality: Jacques Lacan and the école freudienne* （New York: Norton, 1982）, pp. 163-166.

121 Jacque Lacan, *Seminar XI: The Four Fundamental Concepts of Psycho-Analysis*, Alan Sheridan, trans. （New York & London: W. W. Norton & Company, 1978）, p. 156.

122 拉岡以一個如同變形蟲（amoeba）的扁平薄膜（lamella），來描述「力比多」的空無薄膜。拉岡說：「一無所有，或許？——並不是或許一無所有，而是不是一無所有（"*Nothing, perhaps? — not perhaps nothing*, but *not nothing*"）。Jacque Lacan, *Seminar XI: The Four Fundamental Concepts of Psycho-Analysis*, Alan Sheridan, trans. （New York & London: W. W. Norton & Company, 1978）, p. 64.

123 Jacque Lacan, *Seminar XX: Encore: On Feminine Sexuality the Limit of Love and Knowledge (1972-1973)*, Bruce Fink, trans. （New York & London: Norton & Company, 1975）, pp. 9-10.

of the cut），或是缺口的「迴圈拓樸功能」（the topological function of the rim），就是主體藉以出現的操作點。主體功能隨著要求／欲望（demand/desire）的路徑，穿越大他者場域，捕捉「對象物」之替代性表記。雖然主體已經被詞語「切割」而扣除自身，但是無意識的主體同時藉由這個替代物而出現。巴迪烏以拓樸概念的「點」（point），來說明拉岡所說的「切割」以及「對象物」。這個切割之「點」，是連結主體真理以及在此世界出現「決斷」（decision）的拓樸操作點；「點」就是主體在這個世界出現的操作點，是思想的決斷，內含「存有的隱性拓樸空間」（the latent topology of being），也是一個多數集合內的子集合與其自身內部的分離之處，也是政治性的起點[124]。

對巴迪烏而言，正如對拉岡而言，「主體」是形式上的「功能」，每一個主體化的身體，已經是內部分裂的身體，是被語言切割而分裂的身體。「切割機制」扣連的，是「空」的無限可能性。在語言的切割機制之下，主體以不同的模式（modalities），在世界關係結構中，透過行動而出現。巴迪烏參考拉岡而發展出不同主體模式的形式邏輯分析，提醒了我們主體的言論與行動本身，並不足以讓我們理解主體為何如此出現以及其背後的構成邏輯。我們必須透過主體身體所銘刻的「印跡」，以回溯的方式，分析命名之行動。

巴迪烏說，「印跡」指向了「切割機制」：「命名」就是「切割」，介於物質的湧發（*phusis*）與話語邏輯（*logos*）的交界

---

124 "A topological space is given by a distinction, with respect to the subsets of a multiple, between a subset and its interior." Alain Badiou, *Logics of Worlds: Being and Event II*, Alberto Toscano, trans.（London: Continuum, 2009）, pp. 399-411.

處。命名暫時固定意義，也暫時遮蔽運動的整體狀態[125]。分析透過印跡與造成效果的不同底層條件（sub-tract），我們才能夠掌握不同模式的「主體」出現之路徑，進而探討事件變化的強度，事件對主體所帶來的效果，並且從而理解這個狀態為何如此構成。因此，結合拉岡與巴迪烏的論點，以集合論與拓樸概念而說明的「點」，本身便是一個多維空間。對巴迪烏而言，主體化是「主體—思想」所驅動的邏輯行動。這個「主體—思想」之出現，使邏輯反叛成為可能。主體是使身體「印跡—命名」與變化銜接的行動。事件之後，新的身體隨著命名而出現。但是，事件之後出現的身體，並不全然與事件本身等同，而是一種「可能性的標誌」，隨著事件軌跡與其後果，而從「一點」到「另一點」出現。暫時標記，也暫時遮蔽，但卻同時透露出可能性。巴迪烏說，忠實於變化的主體是非常罕見的。「忠實主體」的位置是「軟弱」與「罕見」的，主體必須「日復一日地」地以「戰鬥力」（militant）維持這個軟弱位置，拒絕縫合於任何體制、拒絕合理化自身，也拒絕以全稱的方式定義真理。巴迪烏強調，只有透過敏銳與迂迴的思想，不斷以補遺方式說出真相，才能夠使這個軟弱的位置不被摧毀[126]。

巴迪烏的拓樸集合論，透過拉岡所說明的主體功能，解釋了毛主義以及持續革命的唯物辯證思維。換句話說，唯物辯證法，就是在不斷變化的情境中，根據實際條件的調查研究，分析既定邏輯與存有的矛盾，而思考空集合如何帶出變化。巴迪烏在《主

---

125 Alain Badiou, *Logics of Worlds: Being and Event II*, Alberto Toscano, trans., p. 480.

126 Alain Badiou, *Saint Paul: The Foundation of Universalism*, Ray Brassier, trans. (Stanford: Stanford UP., 2003), p. 52.

體理論》（*Theory of the Subject*）中，曾經以「結構空間」（splace, esplace）說明任何情勢的穩定狀態（state），都具有符號秩序的結構性，也規範了事物出現的法則。若要脫離這個穩定狀態，使內部屬此又不屬於此地的「外空間」（outplace, horlieu）得以出現，而翻轉出新的空間，便必須透過思想的「扭轉之力」（force of torsion）來促成[127]。巴迪烏以集合論的「扣除」（subtraction）概念，來解釋這個主體出現的「點」。主體命名的決斷位置，切斷現有場所邏輯，翻轉出新空間，意味著「主體」從局部位置出現的法則（local laws of appearing）中扣除（subtract）自身的運動，從現有穩定邏輯中撤離，而形成了一個新的身體。在這個辯證過程中，超越現有話語邏輯的勞動，擾亂被規範與給定的出現秩序，而出現了歷史與常規的例外，一個「新」的創造[128]。這個脫離穩定狀態的「扣除」之力，是思想與知性（intellect）的「扭轉之力」，帶來的內部摺層（internal fold），如同盧克萊修（Titus Lucretius Carus）所討論的原子撞擊而產生的「偏移」（*clinamen*），是知性「獨異的局部化」（singular localization）過程，也帶來了知性無限徹底修改模式（radical modification）之可能性[129]。

127　esplace 與 horlieu 都是巴迪烏新創的詞語。Esplace 指符號體系之下被安置的地方，Bruno Bosteels 翻譯為 splace，或許可以對等於拉岡所說的 the symbolic；horlieu 指在此地方而不占位置的場所，類似於「非場所」（non-lieu）的概念，Bosteels 翻譯為 outplace。見 Alain Badiou, *Theory of the Subject*, pp. 8-12, 32-36; Alain Badiou, *Logics of Worlds: Being and Event II*, pp. 45-46，以及 Bruno Bosteels, "Translator's Introduction," in Alain Badiou, *Theory of the Subject*, pp. vii-xxxvii. 的解釋。

128　Alain Badiou, *Logics of Worlds: Being and Event II*, pp. 512-514.

129　巴迪烏藉由對於斯賓諾莎的討論，指出外部世界的無限性構成了知性內部的無限性，而知性內部摺層的每一個「點」，每一個意念，除了透過因果關係

　　在巴迪烏的理論中，從穩定秩序中撤離的行動是重要的，因為狀態（state）或是國家（State）是對於部分（part）與子集合（subset）的穩定符碼化操作（codifies its parts or subsets）。穩定狀態下發展的社會秩序，會以共識之名命名真理，制定法律，定義正義，確立知識體系，更會操作權力與民意，形塑倫理意識形態。這樣的操作，必然只會重複製造同樣的序列，而不可能有任何新的思想，或是新的主體。甚至，這種命名「真理」的操作，否認真理的獨異性，必然會展現於真理的帝國性與擴張性[130]。國家代表的多數性，比在場人民占據更高的權力位置，因此國家的權力永遠高於情勢的權力。只有透過政治事件，才可能暴露並且測量平常不可見的國家權力；也就是說，一個政治事件發生時，也便是國家揭露自身權力之過度膨脹，以及其壓抑之機制的時刻[131]。

　　而表現自己的屬性之外，也透過與外部對象（object）對偶連結（coupling）的關係，而被整體包含（inclusion）之無限性保障了其思想摺層的無限性。Alain Badiou, "Spinoza's Closed Ontology," *Theoretical Writings*, Ray Brassier, Alberto Toscano, ed. and trans.（London: Continuum, 2004）, pp. 81-93.

130　Alain Badiou, "Philosophy and Politics," *Conditions*. Steve Corcoran, trans.（London: Continuum, 2008）, p. 70; Alain Badiou, "On Subtraction," *Theoretical Writings*, Ray Brassier, Alberto Toscano, ed. and trans.（London: Continuum, 2004）, pp. 115-116.

131　Alain Badiou, "Politics as Truth Procedure," *Theoretical Writings*, Ray Brassier, Alberto Toscano, ed. and trans.（London: Continuum, 2004）, pp. 143-145. 這也是巴迪烏在《共產主義假設》（*The Communist Hypothesis*）所再次提出的扣除邏輯與真理程序：事件是從穩定狀態的權力結構撤離，或是辯證性地使其底層（sub-tract）出現，這便是改變穩定狀態的真理程序。Alain Badiou, *The Communist Hypothesis*, David Macey, Steve Corcoran, trans.（London: Verso, 2010）, p. 244.

　　巴迪烏所提出的拓樸式集合空間的多維變化向度，強調集合的內部更新。這個說法可以視為關於任何社會或是任何地方的拓樸空間式的理解。換一種方式解釋，我們可以說，任何具有通則的集合，無論是群體或是個人，都會因為其自身所包含的不確定性，所謂的「空集合」，而會讓既屬於這個集合又不在場的元素出現，而形成了新的空間，更改了這個集合的組成邏輯。一個集合中同屬性的子集合，如同思想一般，可以有無限的分岔。這種拓樸式的集合論，可以協助我們思考任何個體與社會因為內部的出現邏輯而排除的「空集合」，也可以說明集合之內不屬於自身卻可能會翻轉而湧現新的子集合。主體可能在其所屬的集合處境之下，更新集合之組成，而以既屬此又不屬於此地的元素，開啟新的空間以及新的身體，構成新的組合，這就是邏輯的反叛。

4. 扭轉之力與新思想的發生

　　巴迪烏所反覆指出的，是要置疑單一而絕對的普世性真理；相反地，只有無法被總體化或是普遍化，多樣而獨一無二之真相或是真理，才是巴迪烏要指出的普世性。巴迪烏清楚說明文化法則與話語內在的限制與片面性是結構性的，不可能有任何不被文化法則所限制的原始狀態。巴迪烏所著重的普世性與真理過程，不是透過知識描述的結構，而是無法計算與不占空間者的出現，是從可命名、可辨識、可決斷之處撤離[132]。換句話說，巴迪烏所

---

[132] 巴迪烏說明在他早期的著作中，例如《存有與事件》（*Being and Event*）、《哲學宣言》（*Manifesto for Philosophy*）以及《倫理：有關惡的論文》（*Ethics: An Essay on the Understanding of Evil*），他挑戰的是海德格以及德希達脈絡的解構主義，而強調要以抽離感性世界的方式進行哲學思考。Alain Badiou, *Being and Event*, Oliver Feltham, trans.（London: Continuum 2005）；

說的局部與整體之間的無限辯證程序，就是新的思想的發生：不可知、無法計算、不成為結構性知識的真理，正是透過此思想發生的過程才得以出現 [133]。

　　問題是：「新」的思想，要如何發生？變化發生之下，主體是否承認此變化？如何以新的命名推展出新的思想？既定的場所邏輯之「例外」，如何可能從自身發生？底層之外的底層，有可能抗拒已經形塑並且規範著他們存在的邏輯，而站出來，宣稱他們的權利嗎？

　　換一種角度來思考，我們之中或我們之內無法被完全決定的「非空間」，是否可以透過思想而出現新的主體，新的集合？如果我們以社會作為一個集合，那麼在此處工作與生活，但是卻不被計算為社會一分子的外籍移工、移民、無國籍兒童，或是任何被排擠與不被計算與不被承認的隱形居民，正是構成這個社會集合規律之外的空集合，或是無意識機制所形塑的負面空間。這個構成共同體負面空間以及規範這個負面空間的政治範式，有可能被

　　Alain Badiou, *Manifesto for Philosophy*（New York: State University of New York Press, 1999）; Alain Badiou, *Ethics: An Essay on the Understanding of Evil*, Peter Hallward, trans.（London: Verso, 2001）. 20年後，面對不一樣的狀況，他自稱與德希達面對同樣的世界難題，採取更為肯定式的角度重新討論真理與普世性的問題，包括《第二哲學宣言》（*Second Manifesto for Philosophy*）以及《世界邏輯》（*Logics of Worlds*）。Alain Badiou, *Second Manifesto for Philosophy*, pp. 117-130.

133 巴迪烏藉由對斯賓諾莎的討論指出，外部世界的無限性是知性得以脫離片面局限的想像結構、朝向較大脈絡的整體而無限開展的原因。思想內部層層展開的每一個「點」，每一個意念，除了透過因果關係而表現自己的屬性之外，也透過與外部對象連結的關係，而由整體之無限性變化，提供了思想的無限性。Alain Badiou, "Spinoza's Closed Ontology," *Theoretical Writings*, pp. 81-93.

改變嗎？

　　顯然，這個變化無法自然發生，而必須透過政治性的行動，透過解放性批判思想，揭露具有壓迫性的體制與認識論，挑戰以公民政治與共識結構所穩定的「同一」結構中解離，以便以平等原則進行社會的重構。巴迪烏曾經指出，「經濟條件─意識形態／國家操作機制─多重決定之歷史事件環節」的三重環節，或是「客體物質形式─主體想像─真實運動」，是在真實運動中主體性得以出現的節點。主體思想的扭轉之力，取決於在這種三重環節運動之中，如何能夠以辯證運動從國家與資本穩定操作的結構中解離。巴迪烏的集合論以及場所邏輯，便是試圖揭露不同歷史時期社會集合的內部限定性條件，以及被排除者與被壓迫者如何出現的問題。

　　巴迪烏從法國六八學運以及毛主義時期「一分為二」以及調查研究所啟動的政治介入與哲學思考，深刻地回應了他所面對的法國社會以及全球局勢。巴迪烏延續了斯賓諾莎、黑格爾、拉岡、阿圖塞以及毛澤東的「一分為二」的唯物辯證，持續以政治介入的方式，展開他的哲學思考。他的拓樸集合論清晰地說明了集合的空集合以及其既定邏輯可被翻轉與挑戰的可能性。要從穩定秩序中解離，首先便必須辨識其操作穩定秩序的壓迫性邏輯，並且忠實面對變化中的世界，才有可能使得新思想出現，並且重組集合。

　　本章從阿岡本所提出的政治經濟神學中「虛空」的可轉換性以及話語的「切割機制」，到法國1968前後受到毛澤東「一分為二」與唯物辯證影響的阿圖塞、洪席耶、巴里巴爾以及巴迪烏，分別梳理了這幾位當代重要思想家如何持續回應當前社會的難題。他們提出的重要概念，包括歷史過程的複雜系統與多重決

定，理性與歧義，錯誤計算，話語缺口，無分之分，最終決定與位移，邊界內部化，邊界民主化，共居公民，邏輯反叛，拓樸集合論，集合重組，思想扭轉之力等等。這些概念展現了一個時代豐富的思想痕跡，也展現了在1968前後的紅色年代受到毛澤東「一分為二」啟發的思想家們，如何各自發展出他們的唯物辯證路徑，針對當前世界的難題，持續提出具有解放性的批判思想。

反觀冷戰以降的中文脈絡，對照西方思想家的發展，卻不得不注意到現代中國哲學思想無法面對現實社會提出針砭的困境，也恰恰反襯出現代中國批判思想持續至今的停滯。

相反的，晚清思想家章太炎的思想強度，足以揭示中國傳統「讖上變古易常」的解放性批判政治。章太炎的思想承繼了中國批判史學的傳統，也展開了具有唯物辯證的思想契機，更持續針對時局提出針砭。章太炎不僅啟發了毛澤東，他對於康有為以及當時國家主義者的批判，更足以作為批判史觀以及解放性批判思想的代表，也可以作為中國現代思想轉型之刻具有批判力量的代表性人物。

重返中國政治思想

以章太炎的緣起本體論
思考「譏上變古易常」的解放性批判政治

章太炎《齊物論釋》中
的緣起本體論與批判史觀

　　本書的第四部分將重返19世紀末到20世紀初中國重要思想家章太炎（1869-1936）思想中的解放性批判政治概念。

　　相對於當代西方漢學家例如朱利安以及畢來德所討論「空」與「無」的非政治性與退隱忘遊，並參考當代歐陸哲學家由「一分為二」所展開的唯物辯證思維以及面對當代社會的解放性批判思想，本人要探討章太炎思想中「空」與「無」的政治性，他的緣起本體論，尤其是他如何從佛家《攝大乘論》「於一識中，有相有見，二分俱轉」，「一分變異，似所取相，一分變異，似能取（見）」，而發展出「一分為二」的辯證思維。本人認為，章太炎的緣起本體論以及他從《春秋》所擷取「譏上變古易常」的批判史觀，可以對我們提供重要的啟發，並可以從而發展出解放性的批判政治。

　　第十章首先從章太炎對於莊子〈齊物論〉的詮釋，以及他透過莊子以及佛教觀點所擷取的「空」與「無」的概念，諸如諸法平等、諸法無性、本無而生、文言相悖等，討論他所提出的緣起本體論以及批判史觀。本人認為從章太炎共和時期1914年定稿的《齊物論釋》中所展現的緣起本體論與認識論的主觀局限，可以讓我們了解他如何從根本處挑戰了名相的符號法則，如何發展了他的批判史觀，以及他的政治思想如何與他的小學、佛學、子學與史學等工作表面分歧之下的內在連貫，而可以解釋他對於國家概念的批判性分析。從章太炎在1914至1916年間定稿的《齊物論釋》出發的原因，我認為這個作品是彙整了章太炎重要思想而集大成的著作。這個作品並不只是詮釋或是評論莊子的〈齊物論〉，而是章太炎透過與莊子的對話，提出了他的緣起本體論以及批判史觀的思想體系。我也認為，章太炎的這套思想體系呼應了他早年在《訄書》與《檢論》中重估道、易、史與法的概念，

足以作為檢驗國家體制以及國家概念的批判視角，以及此批判視角所揭露的生命與法的根本悖論。

第一節　重返章太炎思想中「空」與「無」的政治性

　　19世紀末到20世紀初期，是中國經歷革命、結束封建帝制、建立共和政體，以及北洋政府軍閥割據的巨變時刻。章太炎在革命前後被迫逃離家鄉、兩次被不同政府囚禁，加上他目睹政黨紛爭、軍閥奪權、大總統與中央政府權力過於膨脹的問題，都讓他清楚看到權力爭奪與組織內部矛盾的問題，因此他反覆分析並且檢討革命黨成為執政黨的問題，以及國家與人民、中央與地方、法與生命之間的根本矛盾。

　　從1897年開始，章太炎開始先後在《時務報》、《經世報》、《實學報》與《清議報》發表一系列文章，包括〈後聖〉、〈儒道〉、〈儒兵〉、〈儒法〉、〈儒墨〉、〈儒俠〉等重估儒家的文章，以及〈商鞅〉、〈弭兵難〉、〈客帝匡謬〉、〈分鎮匡謬〉、〈正仇滿論〉、〈征信論〉、〈駁康有為論革命書〉等，駁斥康梁等人尊清與立孔教的論點，後來編訂為《訄書》。

　　「訄」意指以言相迫，《訄書》中每一篇文章都是針砭議論之文，充滿匡正時局觀念的熱情。章太炎因戊戌變法以及宣揚民族主義革命，被清廷追捕而避居台灣（1898-1899）與日本橫濱（1902），先後與梁啟超、康有為、孫中山等人結識。返國後，章太炎參與愛國學社，在張園發表革命論點，與改良派展開針鋒相對的論辯，替鄒容的《革命軍》作序而因《蘇報》案被捕入獄三年（1903-1906）。出獄後創辦同盟會機關報《民報》，在辛亥革命前繼續發表一系列重要政治理論，包括收錄於《訄書》的〈中

華民國解〉、〈五無論〉、〈國家論〉、〈四惑論〉、〈秦政記〉、
〈秦獻記〉，以及《齊物論釋》、《文始》等文章。革命成功後，
章太炎又因衝撞袁世凱，直指其包藏禍心而被幽禁三年（1914-
1916）。在此期間他大幅修訂了《訄書》，改編訂為《檢論》，也再
次修訂了《齊物論釋》、《國故論衡》、《文始》、《新方言》等重
要論著。1922年，章太炎陸續主講了國學講座，包括國學大概、
治國學方法、經學、哲學、文學等論題，彙編為《國學概要》。

　　一般論者或許認為章太炎不同階段的論點前後不一致，或是
他涉及革命、政黨、國家、政府、憲法以及代議制度的政治論點
與他的國故研究並無關係；他的經學、史學、小學以及佛學的研
究較為保守，不如他的革命思想那般激進；更有論者認為章太炎
早年提出的排滿革命，重華夷之辨與國粹強種說，是晚清民族主
義與種族主義的代表。替章太炎作傳的徐立亭便曾經指出：章太
炎在蘇報案被捕三年出獄後，在《民報》發表之政論49篇，涉及
佛教者11篇，雖然並未改變《民報》方向，但是以佛學作為革命
思想武器，用以反對帝國主義和封建主義，顯然過於「軟弱」，
是民族資產階級知識分子背負了太重的「封建文化包袱」所致[1]。
編撰《章太炎年譜長編》的湯志鈞也指出：章太炎在北京被袁
世凱幽禁時，於1914至1915年間修訂《訄書》，並且重新編輯
為《檢論》，增加了「手改本」所沒有的「儒家經書『故言』」，
使得《檢論》中「『國故』增加了，革命性削弱了」[2]。侯外廬在談

1　徐立亭，《晚清巨人傳：章太炎》（哈爾濱：哈爾濱出版社，1996），頁257。
2　章太炎在北京被袁世凱幽禁時將《訄書》修訂並且重新編輯為《檢論》，增加
　了「手改本」所沒有的〈易論〉、〈尚書故言〉、〈關雎故言〉、〈詩終始說〉、
　〈禮隆殺論〉、〈春秋故言〉。見湯志鈞編，《章太炎年譜長編》（北京：中華書
　局，1979），頁488。

論辛亥革命前的資產階級民主主義思潮時，更指出章太炎在蘇報案之後，接觸了佛教典籍，拋棄早年的唯物論思想，陷入了唯心主義，與他早期《訄書》中的論點完全相反。侯外廬認為章太炎陳義玄遠的「無生主義」，使他顯得是一個「懷疑歷史前景的沙門主義者」，而他接受了佛教唯心論之後，將進化論與命定論等而視之，「這種狂熱其表而軟弱其裡」的極端傾向，顯示章太炎「在思想上存在著難以排解的矛盾」，反映了「當時中國資產階級、小資產階級中的軟弱性和動搖性」[3]。

　　但是，本人認為章太炎關於所謂的華夷之辨或是國粹激勵種性的論點，必須放回到他的歷史脈絡以及前後發展的論述中重新理解。而且，如果更為準確地掌握章太炎思想體系中對於觸相生心與分支復變的認識論批判，對於萬物皆種相互緣起的動態本體論詮釋，以及對於各有時分、與時差異的批判史觀，就不會執泥於早期所謂的華夷與種性之說，也不會固著於所謂的「國粹」的問題。本人也要強調，正是由於章太炎所研究的佛教經典，才使得他得以重新詮釋莊子，也凸顯了莊子的政治性。本人更為關注的問題是，革命成功之後章太炎繼續探討的史學、經學、小學、諸子學、文學與佛學，所謂的「國粹」，看似保守而殊異，實際上這些古典資源卻與革命之前章太炎最為激進的政治理念密切相關。此章太炎的核心觀點前後相互關連，隨著不同階段所面對的不同社會狀況與時局難題，而逐漸深化。這也是為什麼本人認為要從章太炎在1914至1916年修訂的《齊物論釋》來通盤掌握並回溯他前後期的思想體系。

3　侯外廬主編，《中國思想史綱》（北京：中國青年出版社，1981），冊下，頁338-345。

　　章太炎在革命前1897年開始撰寫而後編訂為《訄書》的文章，除了〈變法箴言〉、〈平等難〉、〈商平〉、〈正義〉、〈通法〉、〈刑官〉、〈地治〉、〈明農〉、〈定版籍〉、〈商鞅〉等關於革命與改制的政治論述，也包括重估儒家以及討論詩、書、易、禮、樂、春秋等六經與諸子研究等文章。章太炎1908年在日本講授《莊子》、《楚辭》、《說文》、《爾雅》等課程，發表〈新方言〉、〈原經〉、〈原儒〉、〈原名〉，並且於1910年編定《文始》、《齊物論釋》、《國故論衡》等論著，更說明了他的革命思想與傳統國學研究是同時並進的。

　　章太炎表示，學問「以語言為本質」，並且「以真理為歸宿」，因此他所關注的學問方式是「以音韻訓詁為基，以周、秦諸子為極」[4]。他延續章學誠「六經皆史」的論點，說明「經」並不是萬世不易的道理，而是回應時代的文字。不僅《尚書》與《春秋》是記錄史實的典籍，《詩經》歌頌諷詠各國之事，《禮經》記載典籍制度，也都是「史」；至於《易經》，由於是寫在「殷之末世，周之盛德」，「是故其辭危」，「《易》本『衰世之意』，時亂故得失彰」，因此連《易經》也有其史觀[5]。1922年章太炎講學，

4　章太炎1909年11月2日曾經致書《國粹學報》，說明他當時與學子討論多著重於音韻訓詁以及諸子義理的探究：「近所與學子討論者，以音韻訓詁為基，以周、秦諸子為極，外亦兼講釋典。蓋學問以語言為本質，故音韻訓詁，其管籥也；以真理為歸宿，故周秦諸子，其堂奧也。」章太炎，〈與國粹學報社書〉，收入章炳麟著，湯志鈞編，《章太炎政論選集》（北京：中華書局，1977），冊上，頁497。章太炎的訓詁考據之學有其來自於戴震以及段玉裁的脈絡。戴震所代表的清朝乾嘉學派特色便是質疑宋儒理學對於經學傳統之壟斷，並且以訓詁考據之學重新探討義理。

5　章太炎，《檢論·易論》，收入上海人民出版社編，《章太炎全集》（上海：上海人民出版社，1984），冊3，頁383、385。章太炎在晚年講學中，對於「六

提出諸子之學與小學及經史同樣重要，也同樣困難：「其訓詁恢奇，非深通小學者莫能理也；其言為救時而發，非深明史事者莫能喻也；而又淵源所漸，或相出入，非合六藝諸史以證之，始終不能明其流別。」[6]

如果從章太炎前後治學的軌跡來觀察，史學、經學、諸子學與小學都是不可偏廢而必須互為解釋的治學途徑。本人認為，正是在這些匯流的治學理念中，我們才能夠在看似對立的思想之間尋求其貫穿的理念，而《齊物論釋》恰恰是其思想的集大成。

關於章太炎在《齊物論釋》中透過莊子「滌除名相」與「齊物平等」等論點，進行針對帝國主義假借文明進行蠶食擴張兼併的批判，石井剛曾經提出了精彩的分析。石井剛指出，章太炎透過莊子的「不齊而齊」，對世界上所有事物「各自獨一無二的價值都予以承認」；他認為這種建立在「共時性基礎」的「空間想像」，是一種「價值多樣化的世界觀念」。不過，石井剛以「主體間性的認識範疇」來理解阿賴耶識，認為阿賴耶識的三種「藏」主要作用於語言秩序的「歷史性傳承」，語言的本質建立於「歷史性積澱」，以及為了徹底否定「線性推移的時間觀念」，章太炎的存在論思想描繪出了一種「空無」的世界，萬物在空無世界

經皆史」的概念也有彙整式的說明，可見章太炎，《國學概論》，收入張昭軍編，《章太炎講國學》（北京：東方出版社，2007），第二章〈國學的派別（一）——經學之派別〉，頁76-86。

6 章太炎，〈時學箴言〉，刊於《中華新報》1922年10月10日；轉引自湯志鈞編，《章太炎年譜長編》，頁661。侯外廬也曾經指出，對於章太炎而言，經學與史學是不分的。氏著，〈章太炎基於「分析名相」的經史一元論〉，收入中國社會科學院科研局組織編選，《侯外廬集》（北京：中國社會科學出版社，2001），頁386-409。

中「茫無目的地流轉生滅」，存在的只是「無限的『物化』」等論點，本人卻不盡然同意。雖然石井剛刻意推翻線性史觀，但是他在提出章太炎的語言觀建立於「歷史性積澱」時，卻面對了難以化解的矛盾。石井剛只能夠藉由「無限的物化」或是「茫無目的地流轉生滅」，來處理此矛盾[7]。本人要指出，章太炎的史觀既非機械式與目的性的線性發展，亦非茫無目的之流轉生滅，更不是回到理想三代的烏托邦想像，而是以具有政治性的批判史觀，來持續挑戰執箸為實的名相串習與成文定法。

　　至於章太炎的政治思想，汪暉也曾經藉由幾個層次的否定性關係，透徹地分析了章太炎的獨特思想。汪暉指出章太炎思想中「團體為幻」的多重政治內涵，而他對於時代公理的解構，對於歷史目的論進化觀的拒絕，以及他所批判的晚清新政特定國家主義氛圍下的代議制度、官商對於國家權力的壟斷、學會政黨以及國家權力的擴張、士紳宗法社會對國家的宰制等，都展現了他的否定性批判思想。汪暉認為，章太炎的自由思想對立於秩序與制度，強調「順性自然、無分彼此」以及擺脫制度的「絕對逍遙」之「不齊為齊」，並且提出了「超越於人類中心主義」的宇宙本體視野[8]。

　　本人同意汪暉對於否定性關係的精彩分析，不過，本人不認為章太炎如同汪暉所言，從唯物論世界起源轉向了宗教性本體論，本人也不認為章太炎朝向了「絕對逍遙」的自由。本人將指出，章太炎齊物平等的「自然之公」，並不僅停留於宗教性本體

7　〔日〕石井剛，〈「道之生生不息」的兩種世界觀：章太炎和丸山真男的思想及其困境〉，《中國哲學史》，2001：1（北京，2010），頁106-120。

8　汪暉，〈無我之我與公理的解構〉，《現代中國思想的興起‧下卷‧第一部‧公理與反公理》（北京：生活‧讀書‧新知三聯書店，2004），頁1011-1103。

之領域，而具有更為根本的以百姓心為考量的政治性力量。此外，汪暉將章太炎、康有為、梁啟超等人等同視之，而無法區分他們在政治思想上的南轅北轍。本人在《心之拓樸：1895事件後的倫理重構》一書中，已經指出康有為與梁啟超等人所援用的19世紀政治經濟學脈絡，使他們的思想受制於西方現代國家治理理性的政治神學而不自覺。本書第二部分儒法鬥爭事件中，本人也指出了康有為援用春秋公羊作為儒教政治神學的基礎，讓儒家思想成為20世紀神祕化的規範性治理範式。此處，本人希望進一步討論章太炎「不齊為齊」、「滌除名相」等思想所具有的解放性政治力量與批判性，也要指出章太炎對於「國家」作為組織以及概念的批判，並不僅局限於晚清新政的時代脈絡，而是延續於革命成功之後他針對共和國時期不同階段國家權力擴張的批判，蘊含了解放性政治思想的能量。

第二節　《齊物論釋》中的緣起本體論與批判史觀

　　要說明章太炎所提出的批判史觀，我們必須從章太炎在《齊物論釋》中參照佛教阿賴耶識所提出的緣起本體論，說明他如何以時、空、相、數、作用與因果之六維軸線，來分析認識論主觀局限以及名實不依的表象問題，才能夠討論他所發展出的批判史觀。以下，我將依序討論章太炎在《齊物論釋》中關於本體論與認識論所展開幾個層次的概念：1.心體的藏與執；2.觸相生心與分支復變的主觀局限；3.緣起本體論；4.批判史觀。

1. 萬物皆種的本體論：心體的藏與執

　　章太炎在《齊物論釋》中所說明的本體論，相當複雜。章太

炎以「藏」與「執」的心體，以及觸受生心、分支復變的認識論，說明了無盡緣起的本體狀態。這個「本體」的存有狀態，並不是不變的實體，而是不斷在因緣際會中，相互為種子而互為因果、無盡生發的存有狀態。

　　章太炎以佛教經典說明，心體就是第八識，也就是藏識，名為阿羅邪識（阿賴耶識，ālaya-vijñāna），意指「藏」，亦名為阿陀那識（ādāna-vijñāna），意指「持」。阿賴耶識的概念在章太炎早期著作〈人無我論〉（1907）中已經出現，藉以說明我為幻有，而阿賴耶識為真；阿賴耶識本是無我，是恆常、堅住而不可變壞的我，是情界與器界之本[9]。在《齊物論釋》中，章太炎更具體說明「藏識」以身攝受藏隱，是一切種子識，也就是身體所收攝聚集的所有色聲香味觸等感受，而積集滋長的「心」。

　　章太炎指出，莊子不同篇章中所提及的靈府與靈台，都是指「心」。根據說文解字，府藏同義，莊子在〈德充符〉中所提及的「靈府」就是阿賴耶；〈庚桑楚〉中「靈台者有持，而不知其所持，而不可持者也」的「靈台」，同樣也就是阿陀那。《淮南》注以及《釋名》說明「台」即是「持」。靈台有持，說明了阿陀那識持一切的種子；「不知其所持者」，意思是指其所緣「內執受境」，十分微細而不可知，而「不可持者」，則是指有情執的「自內我」，只是「妄執」，阿陀那識不自見為真我。然而，一切的知與見，由之以發，每發而不當，與心不相應，每每更迭，「恆轉如暴流」。〈齊物論〉言「使其自己」，正如〈庚桑楚〉所揭示，是「以意根執藏識為我」。

9　章太炎，〈人無我論〉，《太炎文錄初編》，收入上海人民出版社編，《章太炎全集》（上海：上海人民出版社，1985），冊4，頁426-428。

　　章太炎以此為基礎，說明莊子〈齊物論〉中子綦所提出天籟與地籟的差別。地籟所吹有別，天籟則所吹不殊。地籟中萬竅怒號，各不相似，原因是各有「相名」、「殊形」，而「分別各異」。天籟中「吹萬不同，使其自己」。「吹萬者」即為「藏識」；「萬」是藏識中的一切種子，是「相」的本質，「使其自己」則是指有意根，可以自執藏識而成為「我」。

　　觸受成心最根本的「一分為二」辯證過程，便是在「識」已經有內在「相」與「見」之二元向度。《攝大乘論》中寫道，「於一識中，有相有見，二分俱轉。相見二分，不即不離」，「所取分名相，能取分名見」，「於一識中，一分變異，似所取相，一分變異，似能取（見）」。

　　根據章太炎的解釋，任何「識」都已經立即有一分為二的變異，然而這個「相」與「見」的二分卻不即不離，相互流轉依存。天籟「咸其自取」的「自取」，說明了自心還取自心，以現量取相，而不執著於在根識以外的「相」；以意識分別的「相」，則是在外的「相」。現量不執相於外，便可以知道所感並不是外界，而是自心現影。既然沒有外界，則「萬竅怒號，別無本體」，因此莊子說「怒者其誰」[10]。這個「吹萬不同，使其自己」的天籟，就是心體的諸般存有本體狀態，而意識的分別，始於最初的「識」一分為二的「相」與「見」。莊子所討論的本體論與認識論，已經充分呈現於此，也在章太炎透過佛教唯識學派充分說明。

　　然而，無論是莊子或是章太炎，都並沒有停留於對於這個

10〔清〕章太炎，《齊物論釋定本》，收入上海人民出版社編，《章太炎全集》（上海：上海人民出版社，1986），冊6，頁66。

相互流轉而相互依存的無盡緣起，而尖銳地指出，正是在這個「相」與「見」一分為二的最初時刻，「名」之迭代便會發生，也衍生出「物」之「際」以及畛域邊界的我執與法執。

章太炎引用莊子〈知北遊〉的說法：「物物者與物無際，而物有際者，所謂物際者也。不際之際，際之不際者也」（〈知北遊〉），繼續說明〈齊物論〉中的「咸其自取」。「物」就是「相分」，「物物者」意指形成「相分」者，亦即是「見分」。物物者與物無際，意指相見二分，不即不離。當相分自現方圓邊角等形象，則是「物有際」。「見分」上的「相分」原本並沒有方隅與邊界；然而，若方隅畛域已分，邊界形成，就是「不際之際」，而相分方隅之界，「如實是無」，則是「際之不際」。〈知北遊〉這些說法，都與〈齊物論〉中天籟的「咸其自取」相同。

章太炎指出，一般人無法辨識「相分」與「見分」原本為一，而執著於已成畛域分際的成心。莊子〈德充符〉的「以其知得其心，以其心得其常心」，〈徐无鬼〉的「以目視目，以耳聽耳，以心復心」，都說明了本體論與認識論的相互交涉，此心如是生時，就會有如是影像出現。「見」在其自見自知的主觀局限之下反覆循環的「不際之際」，雖然是「獨喻之情」，實際上卻是「庸眾共循之則」。這些「以己自己取者」，假設了「我若是」的存在，但是，章太炎指出，最根本的問題則是「何有我」。

從以上章太炎關於「吹萬不同，使其自己」以及「咸其自取」的解釋，說明了他對於莊子〈齊物論〉中藏與執的本體論闡釋，而這些闡釋也都呼應了章太炎所援用的《毗婆沙論》、《攝大乘論》與《解深密經》的論點。然而，一旦「相」「見」二分，畛域既分，以目視目，以耳聽耳，以心復心，則是無盡緣起的本體論與自見自知的認識論相互交涉的歷史本體論。

2. 觸相生心與分支復變的認識論批判

　　章太炎在心體與本體的基礎之上，繼續說明觸相生心與分支復變的認識論主觀局限的問題，值得我們進一步探討。

　　〈齊物論〉中有一段關於主觀觸受感知模式的精彩段落：

> 　　大知閑閑，小知閒閒；大言炎炎，小言詹詹。其寐也魂交，其覺也形開，與接為搆，日以心鬥。縵者，窖者，密者。小恐惴惴，大恐縵縵。其發若機栝，其司是非之謂也；其留如詛盟，其守勝之謂也；其殺若秋冬，以言其日消也；其溺之所為之，不可使復之也；其厭也如緘，以言其老洫也；近死之心，莫使復陽也。喜怒哀樂，慮嘆變熱，姚佚啟態；樂出虛，蒸成菌。日夜相代乎前，而莫知其所萌。已乎，已乎！旦暮得此，其所由以生乎！

章太炎用〈庚桑楚〉解釋「與接為搆，日以心鬥」的問題。「知者，接也；知者謨也」，這是主觀觸受的感知模式：「接」是個人的感官觸受所得，「謨」是「從規摩義」，也就是「想」。感覺與思想，都是起於人對於外界事物的接觸、攝取、感受，進而規摩、謀慮、取像，進而展開思想。在這個觸受感知的過程中，大知與小知的差別，在於廣博與間別。大知兼有藏識與廣思，小知則五識不能相代，意識不能有二想，執著於觸受的主觀性，受到「庸眾共循」的法則所影響，「能取」與「所取」交加相疊，而順違無窮。

　　章太炎指出，藏識流轉不駐，意識時起時滅，觸相生心。有觸、作意、受、想、思，是唯識學的五法。從「有觸」發展的是

非判斷，就是「作意」。這些感受、思慮、取像等程序，所謂的受、想、思，更會以名為代，循環反覆，以至於人們的是非判斷發如機括，如箭在弦上，不得不發。遵守這些準則，又如同下了盟誓，不敢違背，而不知道這些是非善惡判斷是從什麼起點產生的。這些名相與邊界，世人「執箸為實」，已經遠遠脫離了天籟的範疇[11]。章太炎進一步說明，「觸相生心」都是「剎那見」，但是如果堅持「眾同分心，悉有此相」，便會有眾人同心之假相，並以眾人共有的感受為實在，而產生了這個庸眾共循的法則，甚至出現了以「私」為「公」的判斷，宣稱這是順應時代公理的衡量尺度。此處，章太炎已經從無盡緣起的本體論納入了觸相生心而執箸為實的名相分別，甚至以一私之見，作為公眾之法，而造成的謬誤。

章太炎在〈四惑論〉已經指出，「其所謂公，非以眾所同認為公，而以己之學說所趨為公。然則天理之束縛人，甚於法律；而公理之束縛人，又幾甚於天理矣。」[12]在《齊物論釋》中，章太炎進一步以「時」來解釋觸受是非判斷的私人感受之「分」。若要以個人之「私」作為公共之理，庸眾共循，則是明顯的謬誤。章太炎說明：

> 甲乙二人各有時分，如眾吹竽，同度一調，和合似一，其實各各自有竽聲。所以者何？時由心變，甲乙二心界有別。由此可知，時為人人之私器，非眾人之公器。且又時分總相，有情似同，時分別相，彼我各異。[13]

11　章太炎，《齊物論釋定本》，頁67-68。

12　章太炎，〈四惑論〉，收入上海人民出版社編，《章太炎全集》，冊4，頁444。

13　章太炎，《齊物論釋定本》，頁69。

「各有時分」，意思是指每一個人處於不同的時間當下，處境與過程不同，感受也不同。「時」是屬於個人的，當世人宣稱「時」為眾人的公器者，「時」已經被利用。若要以自己的主觀判斷制定衡量標準，便是「強為契約，責其同然」，如同「以尺比物，定其長短」。觀點不同，長短不一，「竟無畢同之法」[14]。

〈齊物論〉所呈現與接為搆、日以心鬥、順違無窮的循環之下，「與物相刃相靡，其行盡如馳，而莫之能止」，就是莊子分析自動循環的名相機制，也是章太炎在莊子的批判性思考之下所發展的認識論主觀局限的分析起點。這正是章太炎批判史觀的基礎。

3. 歷史緣起本體論

從章太炎所分析的「人法大相」以及觸受生心與各有時分的「心量」，我們看到章太炎透過阿賴耶識與阿陀那識所詮釋的「藏」與「持」的本體，恆審思量的意根執阿賴耶識為自我，以及意識分別的主觀認識論。這些觀念可以讓我們進一步說明章太炎所提出的本體論，我稱之為「緣起本體論」，或是無盡緣起的「歷史緣起本體論」。

章太炎以康德的「原型觀念」，來說明蘊含萬法成心種子的第八識，指出這些成心種子使存有依因緣而起。章太炎藉由莊子的〈齊物論〉中以下這一段話，進一步說明這個介於觸受與表象之間，蘊含了萬法成心的種子以及分支復變的心量：

> 夫隨其成心而師之，誰獨且無師乎？奚必知代而心自取有之，愚者與有焉。

---

14 章太炎，《齊物論釋定本》，頁69。

　　　夫言非吹也，言者有言，其所言者特未定也。果有言邪？
　　其未嘗有言邪？其以為異於鷇音，亦有辯乎，其無辯乎？

　　　道隱於小成，言隱於榮華。故有儒墨之是非，以是其所非
　　而非其所是，欲是其所非而非其所是，則莫若以明。物無非
　　彼，物無非是。自彼則不見，自知則知之。故曰彼出於是，
　　是亦因彼。彼是方生之說也，雖然，方生方死，方死方生；
　　方可方不可，方不可方可；因是因非，因非因是。

　　　彼是莫得其偶，謂之道樞。樞始得其環中，以應無窮。是
　　亦一無窮，非亦一無窮也。故曰莫若以明。以指喻指之非
　　指，不若以非指喻指之非指也。[15]

章太炎指出，這段話在討論藏識中的種子，如同康德的「原型觀
念」（*Urbilder*, archetype, original images），也就是指具有導引性
原理的原初意象。不過，對於章太炎而言，康德的12範疇過於繁
碎。他認為佛教更可以說明作為第八識的藏識所包含的世識、處
識、相識、數識、作用識與因果識。
　　世識、處識、相識都可見於《攝大乘論》。「世」與「處」勾
勒出時空的向度。「世」意指現在、過去、未來，也就是時間概
念；「處」意指點、線、面、體、中、邊、方、位，也就是空間
概念。「相」意指色、聲、香、味、觸，也就是五官感受，呈現
了主觀觸受的向度。「數」意指一、二、三之間的關係，說明了
物與物之間的「量」的關係。世、處、相、數這四個因素構成了

---

15 章太炎，《齊物論釋定本》，頁72-73。

感受性世界的相應層面。至於「作用」與「因果」，則揭示了物與物交會時的運動方向與各自的潛勢，以及此交會因緣促成的後續發展：「作用」是事物的運動，也就是「有為」；「因果」則是「彼由於此，由此有彼」的因緣關係。任何事物的差異或是節序的遞遷，都是以名為代，心所自取。成心即是種子。有相分別，也是名言所致。「有相分別，必待名言，諸想方起；無相分別，雖無名言，想亦得成。」[16]

　　從章太炎的分析可以看到，阿賴耶識蘊藏了萬法種子，作為種子與成心之間的迴圈與分歧點，顯示了主觀觸受與庸眾串習的制約力量，以及各種分歧發展的可能性。眼、耳、鼻、舌、身、意等六識未動，則「潛處藏識意根之中」；六識既動，則「應時顯現，不待告教」。第七意根本有我識，也就是人我執，法我執；所有是非有無或是自共合散成壞，都是種子的分支而生，也造成了歷史的流變。

　　章太炎以這個複雜而相互作用的觀念，說明物與物在客觀時空以及主觀經驗交會的同時，彼此皆為相互之種子，互為因果。觸受與成心之間，出現了「有相分別」與「無相分別」的差別。有相分別以「言」而計，則大小長短多寡歷然有分。但是，這只是妄起分別。

　　章太炎強調，莊子雖然在不同篇章中反覆展開了無我、無己的概念，但是，並不意味著原本就無我與無己[17]。章太炎說明莊子

---

16 嬰兒初生，便知如何索乳，老鼠遇到貓，也知道逃避，都是心所自取，並不必等到被教導名言，這就是「無相分別」；人被教導的名言義理，是非封界，則是「有相分別」。章太炎，《齊物論釋定本》，頁73-74。

17 例如「非彼無我，非我無所取」，子綦以「無我」為戶牖（〈齊物論〉），「至人無己」（〈逍遙遊〉），「頌論形軀，合乎大同，大同而無己。無己，惡乎得

所提出的「無」的概念，是物質之「無」，不是心量之「無」。心量是無盡持續的作用。如果原本就沒有「我」，那麼也不會知道有「彼」，也就是「非我無所取」。若是無我，則會是「槁木枯臘」。反之，如果沒有觸受相對關係中的「彼」，則無法自知有我，也就是「非彼無我」。心量的「動」以及相互為種的緣起作用，說明了世、處、相、數、作用以及因果這些交錯軸線之下，心量具有無限能動性的關鍵意義。因此，莊子所提出的，是「彼」與「我」之間互為因果的辯證關係[18]。然而，章太炎所強調的，則是「身」與「心量」之間的「動」與「作」。

　　章太炎指出，人我與法我的二執，就是種子與緣起，也就是原型觀念的作用。我執與法執的背後，觸受成心與名言分支復變的路徑，其因緣難以推理得知。推到最後，無論萬物或是細胞，都只能接受「是」則「動」的理解。背後並沒有第一因[19]。換句話說，有生命，就有「動」，也就有後續的因緣成毀。「動」本身便是生滅成毀之因。「成毀同時，復通於一」，義界、因緣、實質三種解釋事物的三端，一旦成立，也就是其毀破之時。莊子〈寓言〉篇：「巵言日出，和以天倪」、「萬物皆種也，以不同形相禪，始卒若環，莫得其倫，是謂天均。天均者，天倪也。」、「天均自相，性離言說，一語一默」，就是所謂的「兩行」[20]。討論文

　　　有有！」（〈在宥〉），「忘乎物，忘乎天，其名為忘己。」（〈天地〉）。

18 「以觸彼故，方知有我，是使所觸者。為能觸者之符驗也。」、「因業所感，取趣有殊，而因惑所成，結生無異。」章太炎，《齊物論釋》，頁112。另外，章太炎也說明「虛空」與「空界」的差別。「虛空」，就是今日所說的「空間」，不過，「空間」與「虛空」名實不通。「虛空」應名之為「方」或是「處」，而「空」或是「空界」是「色」，「真空」。同前書，頁73-74。

19 章太炎，《齊物論釋》，頁80。

20 同上註，頁79-84。

字的「義界」，頂多都是「以義解義，以字解字」，輾轉推求，更互相訓。但是，文言「以名為代」，如同鳥跡蘗音，而「物」與「指」皆是「非境」。用來解釋字的字詞本身仍未定義，若要追溯因果關係，甚至探索實質，則亦不可得。無論是定義、因果或是實質，都是「成毀同時」，暫時成立而同時已經毀破[21]。

　　章太炎以莊子「萬物皆種以不同形相禪」的觀念，說明了法藏「無盡緣起」的本體觀[22]。章太炎進而以「動」與「行」來解釋「空」與「緣」的關係。正如「無」並不是槁木死灰，「空」也不是一無所有。持續運作的心量，以「身」之觸受，生成不斷的名相迭代，也可以透過「無」的運動，不斷解消物質性的我執與法執。「空」是容納萬物無盡流轉交會的「緣」得以發生的轉圜空間。萬物交會而相互促發，互為種子，以不同型態遞嬗。「結生相續，動無初期，動之前因，還即在動，成之前有，還即是成。」因此，「空」也意味著種種成就皆依於「動」，「動」就是「行」，此生彼滅，成毀同時。

　　這個「空」與「動」的說法，根本地取消了單一本源的假設，並且帶出了歷史持續變化的運動狀態。章太炎更以「前有後有，推蕩相傳」，「展轉相生，有無窮過」，以及「作」與「緣起」的相互關係，說明了歷史過程不會固定依循原初起點而進行線性發展的道理[23]。然而，歷史的無盡緣起，卻會在觸相生心而名相迭

21　同上注，頁83。

22　章太炎指出，「一種一切種，是名心種種」(《大乘入楞伽經》)，或是「此一華葉，理無孤起，必攝無量眷屬，圍繞此一華葉，其必舒己偏入一切，復能攝取彼一切法，令入己內」(《華嚴經指歸》)，都和莊子〈寓言〉篇的萬物皆種也，以不同形相禪意義相同。同上注，頁91。

23　章太炎引《大乘入楞伽經》說明「作」的概念：「佛說緣起，是由作起，非自

代的過程中，形成了各種以「私」為「公」的公理，強為契約，壓抑了各有時分的「心量」。只有認清此「分別」的妄見，是世識與處識的時空因素所造成的分支變復與執箸為實，才有可能脫離主觀觸受與庸眾串習的循環制約。

4. 批判史觀：識上變古易常

我們從章太炎觸受與名言之間分支復變的說明主觀認識局限的分析，以及無盡緣起的歷史本體論出發，可以進一步歸納出章太炎歷史化的批判史觀，以及他指出「與時差異」、「以名為代」，而批判「名教串習」、「舊章制度」的論點。

> 是非所印，宙合不同，悉由人心順違以成串習，雖一人亦猶爾也。然則繫乎他者，曲直與庸眾共之，存乎己者，正謬以當情為主，近人所云主觀客觀矣。
>
> 道本無常，與世變異，執守一時之見，以今非古，以古非今，或以異域非宗國，以宗國非異域者，……世俗有守舊章順進化者，其皆未諭斯旨也。[24]

每個人有不同的時間當下以及不同的主觀觸受，然而主觀衡量卻被當成客觀的標準法則。所謂契約、尺度、是非、判斷，雖然似乎是客觀法則，實際上卻是主觀使然。個人的是非判斷是因其所

體起；外道亦說勝性自在時我，微塵生於諸法。今佛世尊但以異名說緣起，非義有別。外道亦說以作者故，從無生有；世尊亦說以因緣故，一切諸法本無而生，生已歸滅。」同上注，頁110-116。

24 章太炎，《齊物論釋定本》，頁75。

感受的習慣順適或是違逆不適所致，根本上仍舊是庸眾共鑑而成之串習[25]。以每個人所處的不同時分以及殊異觸受而言，並沒有同一的法則可以援用。因此，章太炎說「道本無常，與世變異」，如果執守一時之見，「以今非古，以古非今」，或是「守舊章順進化」，則是「未喻斯旨」、「一孔之見」[26]。

　　章太炎進而指出，昔人所印是非，與今人完全不同。有人以漢律來論斷殷人，或是以唐代的標準來判斷秦朝官吏，是完全不了解史書所記之事都只是昔人是非之印記，代代不同。老子說「道可道，非常道」，常道不可被陳述與規範，更不是不變的法則，然而董仲舒卻宣稱「天不變，道亦不變」，因此章太炎譏嘲董仲舒與老子之間「智愚相懸」甚巨[27]。

　　歷史並不只是無盡的緣起流變，而有其不斷形成的典章制度與庸眾共鑑的串習，更有其抹除各有時分之觸受心量的暴力。正如章太炎所強調，「文之轉化，代無定型」，人與人之間有其主觀觸受順違之別，歷史隔代之間更沒有同樣的準則。章太炎對於主觀觸受各有時分與庸眾串習執著成見的分析，契約尺度並無「常道」之觀點，以及對於「舊章」、「先王」甚至「天」之質疑，都讓我們看到他的批判史觀的立論基礎。

　　不僅是古代與近代的是非印記不同，就連古今語言也差異極大；同一個意思，有十數種不同的「言」，而可以得知「言」不

---

25 「是非所印，宙合不同，悉由人心順違以成串習，雖一人亦猶爾也。然則繫乎他者，曲直與庸眾共之，存乎己者，正謬以當情為主，近人所云主觀客觀矣。」同上注，頁75。

26 同上注，頁75-76。

27 「然則史書往事，昔人所印是非，亦與今人殊致，而多辯論枉直，校計功罪，猶以漢律論殷民，唐格選秦吏，何其不知類哉。」同上注，頁75-76。

是恆常不變，沒有定性[28]。人皆以自己的觀念自證，而並不了解他人的論點。他人論點已經對應了他人觀念中的「我」，然而這個「他人之我」僅只是「計度推之」，並沒有實際審視而證知；我所認知的他心與彼心，也同樣只是計度推之。他所推度的「我」與我所推度的「他」，無法交集，總有「障隔」，是非爭端隨之興起[29]。

　　問題關鍵便在於「名」之迭代與固著。章太炎指出，以「仁義」之「名」為例，儒家與墨家都使用同樣的詞彙，但是，卻各有各的畛域封界。儒家回應的是周朝的問題，而墨家回應的是夏朝的問題，兩代各有自己的發展，但是遵循之是非法則卻正好相反。後世學者不明白歷史脈絡之差別，反而執著於派系立場的對立：「儒家法周，墨家法夏，二代嘗已小成榮華，而其是非相反，由是竟生部執，如負重仇，還以其情明其自謬」[30]。這就是莊子所說的，「言更相彼，言各自是」的問題。這種執著於一時一

---

28 「言得成義，吹非成義，其用固殊，然則古今異語，方土殊音，其義則一，其言乃以十數。是知言本無恆，非有定性，此所以興有言無言之疑，謂與鷇音無別也。」同上注，頁76。章太炎在〈尊荀〉中也指出，「文質之興廢，若晝丹之與墨，若大山之與深壑，雖驟變可矣。」文質興廢可以驟變，至於聲色械用也「不過三代」，因此不必「法先王」。章太炎，〈尊荀〉，《訄書（初刻本）》，收入上海人民出版社編，《章太炎全集》，冊3，頁8。以先王為名，宣稱「秉之天討」者，其實只是以私利出發，「崇飾徽音，辭有枝葉」，排除拂逆己者，令饕餮貪慾者騁志，而無人置疑。「人各有心，拂其教條，雖踐屍喋血，猶曰『秉之天討』也。」章太炎，《齊物論釋定本》，頁61-64。同前書，頁61-64。

29 「人皆自證而莫知彼，豈不亦了他人有我。他人之我，恆依計度推知，非恆審證知故。由此他心及彼心所有法，亦以計度推知。飄忽之間，終有介爾障隔，依是起爭，是非蠡午。」同上注，頁77。

30 同上注，頁76。

地的是非印記，依循舊章常道，作為不可違逆的衡量尺度，甚至在歷代書寫中持續交相攻擊，而形成了無法化解的「黨伐之言」[31]。

面對隔代言文相異而觀念上對立陣營各立黨派的問題，章太炎提出唯一可以突破障隔的思考路線，便是莊子所說的「得其環中以應無窮」的樞紐，「如戶有樞，旋轉寰內，開闔進退，與時宜之，是非無窮，因應亦爾」，如此才可以說明諸法平等以及物物相互緣起的齊物概念。

打破名相障隔，則必須進一步檢討「指」與「物」之間的悖論，也就是回到言文的歷史化脈絡，打破以名為代而「執箸為實」的問題。章太炎在《齊物論釋》開篇總論中便已指出，若要滌除名相，首先還要釐清「指」與「物」的問題，其根本則在於「相」、「名」、「分別」的問題。《瑜伽師地論》指出四種思維模式，第一種是「名尋思」，只執著於名相，第二種是「事尋思」，只執著於事實，第三種是「自性假立尋思」，只局限於自性成心自取而假立之幻相，第四種是「差別假立尋思」，則是在假立的差別之中循環而見差別。如果無法破除名家之執，則封畛已分，無法參透齊物的道理。如果「人各有心，拂其教條，雖踐屍喋血，猶曰『秉之天討』也。」[32]

「彼」與「此」並無定分，「行義無常，語言非定，此皆本乎情感，因乎串習，故不可據理以定是非。」莊子所說的「無相分別」，也是指不應該受到名言而產生辨異，尤其不應該指鹿為

---

31 「仁義之名，傳自古昔，儒墨同其名言，異其封界，斯非比量之所能明，亦非聲量之所能定，更相書戾，惟是黨伐之言，則聖人不獨從也。」同上注，頁77。

32 同上注，頁61。

馬，以素為玄。如果任意變更名言，則必然滋生是非。如果要引用過去的法規作為今日法規，則沒有領悟到「文則鳥跡，言乃鷇音，等無是非，何間彼我。不曉習俗可循，而起是非之見，於是無非而謂非，於彼無是而謂是，木偶行尸，可與言哉！」[33]。

章太炎認為，莊子所提出「不言則齊，齊與言不齊，言與齊不齊」（〈寓言〉）的說法，不僅反省了「指」與「物」以及「文」與「言」的悖論關係，實際上更提出了「物」的根本平等概念。從名出發的「名尋思」，由名見名，由事見事，由自性假立尋思而見自性假立，由差別假立尋思而見差別假立，「以論攝論」，如此迭代，已經無法返回「物」之「齊」的起點。因此，若要思考「心」如何能夠不陷入「名」的畛域劃分的問題，只有承認名相之「成毀同時」，「名實本不相依」，才有可能思考「言」與「義」的問題，也才能夠批判性地反省「道」之常變以及「文之轉化，代無定型」的問題。

「一與言為二，二與一為三」：「一者本名，二者引申名，三者究竟名。」本名其實已經沒有所依，其所孳乳派生的字也無所恃，如同「畫空作絲，織為羅縠」。因此，「言」與「義」不相稱。此外，「一所詮上有多能詮」，人的意念天馬行空，其所攀附取擷的事相「廣博無邊」，並無法掌握其「究竟名」[34]。所以，莊子說「言與齊不齊」，名與言、言與義，都有其無法化解的距離。章太炎指出，如果執著於「名」而稱之為「實」，或是狂人任意

---

33 同上注，頁77。

34「言說之極，唯是為表，以此知能詮之究竟名與所詮之究竟義不能相稱，用此三端，證其不類。」例如道、太極、實在、實際、本體等。道本是「路」，太極本是「大棟」，實在與實際本指占據空間為「在」與有邊界為「際」，本體則指有形質為「體」，這些名詞都無法符合其所詮之義。同上注，頁86。

使用「名」而指其為「實」，兩種態度殊途同歸，都只會造成更大的混淆與障礙[35]。

透過章太炎的緣起本體論，具有藏與執的第八識，也就是心或是靈府、靈台，如何在因緣、動、作、緣起成心而分支復變之下，能夠如戶有樞，以其環中開闔以應無窮，如同聽之以氣、虛而待物的「心齋」，就是重要的問題。章太炎說，莊子〈人間世〉的心齋，聽止於耳，心止於符，氣虛待物，是佛教所說的三輪。心齋指諸法無所罣礙，隨其所宜[36]。聖人「以百姓心為心」，「野者自安其陋，都者得意於嫻，兩不相傷，乃為平等。」[37]打破執箸為實的名教串習與舊章制度，才能夠接納諸法平等的萬物，思考根本的齊物平等，並且了解彼此以及我他都是相互依存與相互構成的關係，也就是唯物辯證的往復運動。這種唯物辯證的運動，正是對於任何固定觀念與僵化體制進行批判的動力起點。

章太炎以華嚴唯識宗以及老莊思想作為延展詮釋，透過六經皆史、是非印記的概念，說明了主觀觸受的局限與時代性的差異。眾人依照人心順違之倫常習俗而執箸為實，進而假私為公、制定法令尺度、判斷是非善惡，而難逃其認識論上的主觀性與片面性。章太炎對於表象的分析，進一步說明「物」與「指」的辯證關係以及名實不符、文言相異，也印證了認識論與名言表象問題之後的悖論。這些論點都展現了章太炎批判史觀的政治性力量。這個「滌除名相」的政治性力量，並不是汪暉所說的「絕對逍遙」的自由，或是石井剛所說的「茫無目的地流轉生滅」，也

---

35 同上注，頁88-89。

36 同上注，頁109。

37 同上注，頁77、120。

不是全然的「空無世界」，更不是「語言秩序的歷史性傳承」與「歷史性積澱」。

章太炎所謂得其環中以應無窮的心量，其實正是能夠不斷運動作用而突破名言障隔的生命之力，也是思想之力。這個持續運動作用以及挑戰認識論局限的思想之力，就是阿岡本對於話語切割機制神聖化的置疑，阿圖塞辨識「認知—誤識」認識論障礙的思想革命，巴里巴爾進行的邊界批判，以及洪席耶與巴迪烏挑戰計算理性的思想「扭轉之力」。章太炎的歷史緣起本體論以及批判史觀，延續了《春秋》的「譏上變古易常」史筆[38]，使他能夠提出代無定型、不循舊章常道的論點，持續質疑語言之「法」的固著傳承與積澱，並且回到歷史脈絡的歷史化工作。

第三節　章太炎重估道、易與史的概念

我們可以從《齊物論釋》所展開的緣起本體論以及批判史觀，回溯章太炎早年在《訄書》中陸續發展，而在1914至1915年間修訂的《檢論》中關於重估道、易與史的概念。

1. 道

在〈原道〉一文中，章太炎引述韓非〈解老〉的幾個說法：

> 道者，萬物之所然也，萬理之所稽也。理者，成物之文也；道者，萬物之所以成也。

---

38 章太炎，〈尊荀〉，《訄書（初刻本）》，收入上海人民出版社編，《章太炎全集》，冊3，頁7。

物有理，不可以相薄。

　　道盡稽萬物之理，故不得不化。不得不化，故無常操；無
　　常操，是以死生氣稟焉，萬智斟酌焉，萬事興廢焉。《韓非
　　子‧解老》）

根據韓非的論點，「道」是萬物之所成的道理。萬物皆有其不同
之理，並沒有高下之別，也沒有不變的「理」；「道」隨著萬物之
理而變化，同樣也並沒有不變的「道」。章太炎解釋，「有差別」
就是所謂的「理」，而所謂的「道」則「無差別」；也就是說，死
生、成敗都是「道」，是眾人皆會面對與經歷的「道」，萬物各有
其理，各有差別。「齊物」的論點也正是由此處開始[39]。

　　但是，章太炎指出，「道」並不是只有君主才遵守的道理
（「非獨君守矣」），「道」的概念，對內而言是「尊生」，對外而
言是「極人事」。章太炎指出，韓非的問題是，他只著重於「國」
的治理，只看到「群」，而不著重於「人」，看不到個人。如此的
政治，只會以「眾」而壓迫有節操獨行之人；如此的法律，只會
以「愚」而排除智者[40]。

　　章太炎解釋，這意味著治理者要能夠「推萬類之異情」，使
其「並行而不害」，其基本原則在於區分「政」與「俗」，「無令
干位」，並且使其各適其欲、以流解說，各修其行、各致其心。

---

39 「有差別此謂理，無差別此謂道。死生、成敗皆道也，雖得之猶無所得，齊物
　　之論由此作矣。」章太炎，《國故論衡》（上海：上海古籍出版社，2003），
　　〈原道〉，頁114。

40 「有見於國，無見於人；有見於群，無見於子。政之弊，以眾暴寡，誅岩穴之
　　士。法之弊，以愚割智。」同前注，頁115。

若能如此，治理之手段也只不過是經常性的指令，而律法所禁止的，只是針對「奸害」而已[41]。此處，從章太炎的角度來看，「聖人」並不是無法逆轉機具勢態的「國」之器，而是能夠體度物情、區分政俗、理解「彼是莫得其偶」，遵循不齊而齊之法，使人各適其欲。

章太炎認為，老子之書的確是關於「南面之術」。但是，韓非雖然「解喻」完備，卻仍「未及於內心」。在〈道本〉中，章太炎說明何謂「及於內心」：一般人由於老子多次論及「無欲」，「患有身」，「寵辱若驚」，以為老子所講求的是「舍身」，並且「期於灰滅」之退隱。但是，章太炎以老子的第 13 章，說明何謂寵辱若驚：「寵為下，得之若驚，失之若驚」，也就是說，處於得寵的狀態不能夠沾沾自喜，反而應該警覺若驚。至於何謂「貴大患若身」？章太炎說明，我之所以有「大患」，是因為我「有身」，並且患得患失，如果「無身」，則何患之有？但是，章太炎指出，並不是不要「身」，而是不以己身而患得患失，要「以身為天下，若可寄天下；愛以身為天下，若可託天下。」[42]

章太炎進而指出，墨翟與宋鈃，以繩墨自矯或是要求人情寡欲，都遠離了真實。章太炎強調，君主如果「無欲」，則無法體覺人民之種種困頓憂戚。人情不能無寵辱，原因是「人之情欲，若谿壑而不可盈」；雖知其道理，其身亦必然「寵辱若驚」，而後

---

41 「推萬類之異情，以為無正味正色，以其相伐，使並行而不害。其道在分異政俗，令無干位。故曰得其環中以應無窮者，各適其欲以流解說，各修其行以為工宰，各致其心以效微妙而矣。政之所具，不過經令；法之所禁，不過奸害。」同前注，頁115。

42 章太炎，〈道本〉，《檢論》，收入上海人民出版社編，《章太炎全集》，冊3，頁428。

超然返於太沖，先前所履涉之經驗則不會忘懷，如此才能夠體度物情，這便是章太炎所分析的「內心」之理。章太炎引述引莊子〈在宥〉篇，補充說明「施身及國」在於以身為天下的道理，以便死生無變、哀樂不動於中。章太炎認為，如果仍舊有各種煩惱障，則無法真正寄託天下。無身而無患，只是小乘佛教怖畏生死而要遠離塵世的說法，大乘佛教則著重「身與患俱」而不會迴避。一般人以為老子講求苟且自全，都是不曾理解老子之道的大體[43]。

在〈訂孔〉中，章太炎更以「道盡稽萬物之理，故不得不化」的基本觀念，強調「道不過三代」；就連三王五帝所依循的，也依循不同的禮與樂。同樣的，章太炎強調，歷代所制定的法律契約，反映出了不同朝代的興衰以及適用狀況，也不應該沿用於後世，後世更不應該盲目遵循古禮古法[44]。章太炎並在〈尊荀〉中引荀子的說法指出，「文質之興廢，若畫丹之與墨，若大山之與深谿，雖驟變可矣。」聲色械用「不過三代」，章太炎反對「法古」或是「法先王」，而強調「法今」與「法後王」，「法先王而足以亂世」，而所謂「法後王」，並不是文武先王，而是法《春秋》：「《春秋》作新法，譏上變古易常」[45]。

從章太炎對於古禮古法以及先王的質疑，我們可以理解他對於禮樂制度與法律契約因時而變的看法。這些論點都與章太炎在

---

43 同前注，頁428-430。

44 「五帝不同禮，三王不沿樂。布六籍者，要以識前事，非謂舊章可永循也。」「法契之變，善敗之數，則多矣。猶言通經致用，則不與知六籍本意。」章太炎，〈訂孔上〉，《檢論》，收入上海人民出版社編，《章太炎全集》，冊3，頁424。

45 章太炎，〈尊荀〉，《訄書》，收入上海人民出版社編，《章太炎全集》，冊3，頁7。

《齊物論釋》中所說明的，「道本無常，與世變異」，如果執守一時之見，「以今非古，以古非今」，或是「守舊章順進化」，則是「未喻斯旨」、「一孔之見」，是前後一致的見解。此外，章太炎強調「各有時分」、「與時差異」、「以名為代」的基本概念，指出「代無定型」，而歷代延續的名教串習與舊章制度，都必須回到當時的歷史脈絡進行檢視。史書所記之事都是昔人是非之印記，代代不同，若以前人律令來論斷後世的官吏法令，則都犯了不知如何判斷的錯誤[46]。

章太炎認為，只有莊子才正確地詮釋了老子的「道」：自然之理與天地之變，吹萬不同，使其自己，才能夠達到不齊而齊的齊物之道。依照莊子的詮釋角度，聖人能夠理解「方生方死，方死方生；方可方不可，方不可方可；因是因非，因非因是」的道理，並且掌握「彼是莫得其偶」的「道樞」，也就是認識各自有其獨一性的樞紐。只有如此，聖人才能夠「得其環中以應無窮」（〈齊物論〉）。

2. 易

章太炎關於「道」的觀念，也呈現了他對於「易」的理解。

在〈易論〉中，章太炎指出，根據《易傳》的論點，《易經》之所以被寫成，是因為作《易》者「有憂患」：「當殷之末世，周之盛德」，易經所寫的便是文王與紂王的事，這是為何易經的文辭充滿危急感。聖人的吉凶雖然與人民同患，但是，《易》的寫

---

[46] 「然則史書往事，昔人所印是非，亦與今人殊致，而多辯論枉直，校計功罪，猶以漢律論殷民，唐格選秦吏，何其不知類哉。」章太炎，《齊物論釋定本》，頁75-76。

作者卻要「鼓萬物而不與聖人同憂」[47]。章太炎指出，《易經》「彰往而察來」，所謂的「易」並無實體，而是以「感」為其載體，也是人情之所至。章太炎更指出，《易》本「衰世之意」，「時亂故得失彰」：

> 若夫時有興廢，事有得失，則爻象之所包絡，可依以取捨也。卦則為時，爻則為位。有時以觀百世變遷，有位以觀一人進退。
>
> 勝不必優，敗不必劣，各當其時。[48]

換句話說，章太炎認為以卦與爻的「時」和「位」，可以獲得觀察百世變遷與進退得失的方法。時勢之變化興衰，各有其時，因人情之「感」而承受。

　　《易》之寫作有其時代脈絡，閱讀《周易》，可以讓我們理解歷史變遷盛衰之理，並且可以藉由「物類相召，勢數相生」，而得以「彰往察來」。不過，章太炎強調，聖人所經歷的憂患以及卦序所呈現的時物變遷，因時因地因人因事而不同，因此典章制度也隨之改變，不能夠「以一型錮鑄」[49]。

　　以此觀之，由「易」所理解的「史」，便是章太炎從「萬物皆種以不同形相禪」的概念所展開的「緣起本體論」的批判史觀。

---

47 語出〈繫辭上傳〉，見朱熹，《周易本義》（台北：大安出版社，1999），頁238。「『易』無體而感為體。」

48 章太炎，〈易論〉，《檢論》，收入上海人民出版社編，《章太炎全集》，冊3，頁380-385。

49 章太炎，〈訂孔下〉，《檢論》，收入上海人民出版社編，《章太炎全集》，冊3，頁426。

3. 史

　　章太炎的緣起本體論與批判史觀根本地否定了第一因的說法，取消本源的假設，「作」與「緣起」的相互關係，說明了歷史過程「依自不依他」以及持續變化的道理[50]。孔子、老子、莊子、韓非子、孫子、鬼谷子等人的文本以及歷代的注釋者，都應該被視為不同時代脈絡面對不同政治局勢而進行的書寫，而不應該視為一以貫之的道理。既然沒有第一因，也沒有必須遵循的道統，歷史變化的動態過程前有後有，輾轉相生，隨著物物相會而改變路線。歷史的進程，正在於其內在的斷裂以及重構。這種動態變化的路徑，不會出現所謂的內部連續性，或是一以貫之的線性史觀。

　　章太炎延續顧炎武的論點，認為六經皆史。不過，他進一步從時代性「印記」觀點提出他的詮釋：他指出，《詩經》、《書經》、《易經》、《禮經》、《樂經》以及《春秋》等經書，都是歷史的「是非印記」。〈尊荀〉中，章太炎寫道，「仲尼有言：夏德不亡，商德不作；商德不亡，周德不作；周德不亡，春秋不作。」[51]從章太炎的角度來看，不同的著作必然都有其歷史印記，也反映其歷史脈絡，並沒有「通經致用」的不變法則，或是一貫

50　章太炎引《大乘入楞伽經》說明「作」的概念：「佛說緣起，是由作起，非自體起；外道亦說勝性自在時我，微塵生於諸法。今佛世尊但以異名說緣起，非義有別。外道亦說以作者故，從無生有；世尊亦說以因緣故，一切諸法本無而生，生已歸滅。」章太炎，《齊物論釋定本》，頁110-116。

51　章太炎，〈尊荀〉，《訄書（初刻本）》，收入上海人民出版社編，《章太炎全集》，冊3，頁8。

解經的法統，更不應作為後世法典[52]。更重要的是，由於「道不過三代」，聲色械用也「不過三代」，章太炎認為足資參考的，只有「譏上變古易常」的《春秋》，也就是孔子作春秋的針砭史筆。章太炎指出，《春秋》褒貶挹損，經傳相依，年事相繫，為「百世史官宗主」，但是，孔子並非制定法制並且更姓改物的素王，其作春秋只因為「國無史則人離本」，「史亡則國性滅」，藉由審世系而知前代興廢的原因，並不是作為後世法典的依據[53]。此外，歷代彝物章典代代不同，一般人以為一器一事者，都是「數者相待以成」。古時候的器物純樸，後代的器物華麗，因此有「名物大同、型範革良者」，禮俗變革，不是一代能夠完成的事，而「道之行至，器亦從之」，也不是固定禮制所能夠規範[54]。

此處，我們看到章太炎最為激進的歷史化詮釋角度：將任何典籍放回到其生產的脈絡，視為依循時代感受、串習以及偶然遭遇相互緣起的機緣，而留下的是非判斷之印記，或是憂患危急的不同感受性位置。歷史進程中的每一個環節都包含著個別變化與運動中的狀況，既是由形勢所導致，也同時具有引導形勢發展的傾向。各種不同潛勢之間的強弱張力以及競爭轉向，使得歷史的

52　章太炎，〈訂孔下〉，《檢論》，收入上海人民出版社編，《章太炎全集》，冊3，頁426-427。章太炎強調，所謂的「道在一貫」，意指以「忠恕」作為保持其一貫的樞紐而已。什麼是忠？什麼是恕？章太炎在《檢論・訂孔下》引孔子的說法解釋：「知忠必知中，知中必知恕，知恕必知外。內思畢心曰知中，中以應實曰知恕，內恕外度曰知外。」，並認為「內思畢心者，由異而觀其同也。」同前書，頁427。

53　章太炎，〈春秋故言〉，《檢論》，收入上海人民出版社編，《章太炎全集》，冊3，頁412。

54　章太炎，〈尊史〉，《檢論》，收入上海人民出版社編，《章太炎全集》，冊3，頁418-420。

進程充滿斷裂。任何新發生的狀況都會有其後續發展的效果。依照這個觀點，歷史推移有諸多偶然性，而歷史環節所匯聚的各種因素則必然包含內部以及外部的不同勢力。

　　歷史過程中的每一個時間點，都是不同軸線的諸多因素的匯聚，激發了各種發展的可能性；如何以回溯的方式，透過具體印記，分析這些相互緣起的歷史條件，則是批判性思考的工作，也靠近了阿圖塞所提出的多重決定的歷史環節（conjuncture）以及虛空（void）之中物物交會之概念。阿圖塞指出，社會原本並不存在，是虛空中原子偶然偏移（clinamen）而相互撞擊的歷史環節中，不同人群交匯而形成了社會。這個以「虛空」為起點的社會，由於為了防衛自身再度墜落於空無的深淵，而建立語言與律法，設定契約，進行無止盡的防衛性戰爭。阿圖塞指出，如何持續檢視並修正占據優勢的社會契約與語言邏輯之不合理形式，才是思考根本平等的問題[55]。

　　從章太炎所提出的史觀來思考，歷史進程中從一點到另一點，每一點都是諸多因素匯聚的時刻，都是含帶變化潛勢之「幾」，也都受到交會的各個「點」之相互緣起，而改變發展的路徑。如何參與路線的改變，讓每一「點」都可能成為不同發展之「幾」，自然便是章太炎會提出的批判性立場。

---

55 Louis Althusser, "The Underground Current of the Materialism of the Encounter," *Philosophy of the Encounter: Later Writings, 1978-87*, G. M. Goshgarian, trans. （London & New York: Verso, 2006）, pp. 163-207, esp. 169-177, 185-187.

第十一章

讞上變古易常

章太炎論「國家」與「法」的
解放性與平等邏輯

　　參考章太炎的緣起本體論與批判史觀，以及他對於道、易、史的重估，我們便更可以了解他如何以《春秋》「譏上變古易常」的自我定位，在革命前後對於國家問題持續思考的批判性，以及他對「法」的解放性與平等邏輯的看法。延續第十章對於章太炎緣起本體論以及批判史觀的討論，本章將展開章太炎在辛亥革命前後對於國家作為組織以及作為概念的思考，對於治理人民的國家機關權力過高之批判，以及對於組織、生命與法之間張力的分析。

第一節　國家作為政府機制權力過高之批判性分析

　　章太炎在1911年提出了「革命軍起，革命黨消」的看法，雖然這只是一個時間點的論斷，卻相當代表性地揭示了他前後期政治論述的核心理念。1911年11月黃興以中華民國軍政府戰時總司令身分在漢陽指揮作戰時，曾經詢問章太炎革命勝利後的方略。章太炎回信表示「革命軍起，革命黨消」。12月初，譚人鳳擔任各省都督府代表大會議長，去電徵詢章太炎關於新政府的方針。章太炎回覆譚人鳳，再次強調：「革命軍起，革命黨消，天下為公，乃克有濟」。當時，湖南與湖北的同盟會黨員之間已有嫌隙，黃興與孫武之間不和。黃興擬擴大同盟會，譚人鳳欲以一黨組織政府，都是章太炎所反對的[1]。章太炎反對「以革命黨人召集革命黨人」的形式來組織政府。他認為如果革命黨打算「以一

---

[1]　武漢的革命軍認為他們比湖北的黨員資深，但是革命成功後卻沒有在軍政府占據重要位置。章太炎也記載：「克強在漢陽，視武昌諸將蔑如也。其義故淺躁者，欲因推克強為都督以代黎公，未果。」見湯志鈞編，《章太炎年譜長編》（北京：中華書局，1979），頁370。

黨組織政府」，則會「人心解體」，因此勸告他們不要以「一黨之見」破壞大局[2]。多年後，1933年10月10日，章太炎在「民國光復」的演講中也明白指出，當年革命初成，同盟會黨員已經逐漸暴露出「步調不齊、人格墮落」的問題，因此他當時會提出這些論點[3]。

孫中山非常反對章太炎的說法，幾度公開批評。1911年12月25日孫中山在同盟會本部會議中通過一份《中國同盟會意見書》，指出「吾黨偏怯者流，乃唱為『革命軍起，革命黨消』之言，公然登諸報紙，至可怪也。此不特不明乎利害之勢，於本會所持之主義而亦菅之，是儒生闒茸之言，無一粲之值。」1920年5月16日，孫中山〈上海中國國民黨本部的演說〉中，再次批評章太炎：「我以為無論何時，革命軍起了，革命黨總萬不可消，必將反對黨完全消滅，使全國的人都化為革命黨，然後始有真中華民國。」[4]

孫中山反對章太炎說法的主要原因是，一經章太炎提出「革命軍起，革命黨消」的論點後，當時的舊官僚與立憲派立刻紛紛起來表示贊成革命，卻也趁勢奪權，因此形成了後來軍閥割據的局勢。雖然章太炎的論點被孫中山批評為書生之言，而且舊官僚與立憲派也的確趁機而起，但是，他所觀察到的革命黨轉變為治理國家的執政黨之間的張力，卻切中問題的核心：也就是說，具

2　〈章炳麟之消弭黨見〉，天津《大公報》1911年12月12日，見湯志鈞編，《章太炎年譜長編》，頁366-367；另見，徐立亭，《晚清巨人傳：章太炎》（哈爾濱：哈爾濱出版社，1996），頁364-366。

3　章太炎，〈民國光復〉演講（1933年10月10日）；見湯志鈞編，《章太炎年譜長編》，頁364。

4　湯志鈞編，《章太炎年譜長編》，頁370-371。

有革命動力而推翻壓迫性政體的建國黨，如何不會在成為執政黨的同時，成為另外一個壓迫性的國家機制與官僚體系？如何能夠避免革命黨在革命過程中逐漸擴大，而在成為執政黨時犯了奪權攬官與晉陞階梯的弊端[5]？同盟會作為革命黨，後來發展為國民黨，成為長期一黨獨大的執政黨，面對的就是這個問題。

　　章太炎所思考的問題，從根本上的性質來說，涉及了政府組成模式以及代表性的問題，也就是政府機制如何能夠代表人民意見的問題。

　　早在辛亥革命之前，目睹革命過程中逐漸暴露的政黨權力集結以及相互傾軋，章太炎就討論過這個黨派與政府的代表性問題。章太炎在《民報》發表〈中華民國解〉（1907），反駁當時楊度在〈金鐵主義論〉中所提出的經濟軍國主義以及五族平等論。章太炎指出，以使用中國語言作為選舉與被選舉的的唯一條件，企圖透過代議制而達到形式平等，這是有問題的。如果代議士不來自百姓，不知稼穡之艱難、鄰里之貧富、買賣之盈虧、貨物之滯留，尤其是作為統治階級的滿人不事生產，也不納稅，實際上並無法掌握中國社會型態以及情偽利病，論道無法切中要領，並不能夠擔任適當的代議士[6]。在〈五無論〉（1907）中，章太炎說明，無論是國家或是政府，都是分割疆域、建設機關、區分等

5　當代思想家阿岡本談論革命的構成力量與執政的立憲權力之間難以界分的問題，以及托洛茨基與毛澤東如何藉由「不斷革命」而保留革命動力的論點，都觸及了革命黨成為國家黨之後，面對官僚體制擴張性與排除性之權力結構的難題。見 Giorgio Agamben, *Homo Sacer: Sovereign Power and Bare Life* (Stanford, California: Stanford University Press, 1998), pp. 41-42.

6　章太炎，〈中華民國解〉，《太炎文錄初編》，收入上海人民出版社編，《章太炎全集》（上海：上海人民出版社，1985），冊4，頁257-258。

級，也都服務於一群與一族。不同民族之間必有強弱，也有征伐而滅族。然而，既然無政府的理想境界不可能立即達成，現實的狀況不得不有國家與政府，那麼「共和政體」是禍害最輕「不得已而取之」的一種體制[7]。章太炎還提出了四個節制政府的法則：第一，「均配土田，使耕者不為佃奴」；第二，「官立工場，使傭人得分贏利」；第三，「限制相續，使富厚不傳子孫」；第四，「公散議員，使政黨不敢納賄」。所謂「公散議員」，也就是如果議員有貪汙或是收受政治獻金之事，則「平民得解散之」[8]。

在〈代議然否論〉（1908）中，章太炎進一步指出代議政體只是「封建之變相」，沿襲了封建體制貴族與黎庶之階級區分。國會議員若以七百人來計算，則是六十萬人選一人，而且必然集中於土豪，最後仍舊是有權勢以及財富者獲得選舉支持，「豪右據其多數，眾寡不當則不勝」，並且「傅其羽翼」藉以擴張勢力，使得「民權不借代議以伸，而反因之掃地」[9]。章太炎在檳榔嶼《光華日報》「論說」欄連續刊登的〈誅政黨〉（1911），同樣批評政黨所宣稱的代議制度：「千夫十年積之異域，黨人一繩輸之朝貴」，「政府立憲，意別有在，輒為露布天下，以為己功，乘此以結政黨，謂中國大權，在其黨徒，他日爵秩之尊卑，是今政進錢之多寡，貪饕罔利，如斯其極」[10]。

7　章太炎，〈五無論〉，同前引書，頁429-443。

8　同前引書，頁430-431。

9　章太炎，〈代議然否論〉，同前引書，頁300-311。

10　章太炎文中批評當時政客，共分七類，第一類便是康有為、梁啟超等人，「掇拾島國賤儒緒說，自命知學，作報海外，騰肆奸言，為人所攻，則更名《國風》，頌天王而媚朝貴，文不足以自華，乃以帖括之聲音節湊，參合倭人文體，而以文界革命自豪。後生好之，競相模仿，致使中夏文學掃地者，則夫

　　革命成功而建立共和政體之後，章太炎提出反對完全仿效美國聯邦體制或是法國共和體制的看法。他認為共和體制的議院如果權力過高，則仍舊容易「受賄鬻言，莫可禁制」，聯邦制則容易有不一致的法令，而地方上的贓吏土豪亦會恣意兼併[11]。章太炎認為行政院、立法院與督察院應該三權分立，使督察院「監督行政、立法二部」，如同處於「骨鯁之人」。此外，考選部應直接設於總理之下，而教育會則獨立於行政體系，使議會議員無法干預置喙。關於大總統的設置，章太炎則認為首先要限制其權限，使其處於「空虛不用之地」，以防專制[12]。

　　1916年，袁世凱過世，章太炎從被袁世凱幽禁北京三年的狀態恢復自由，回到了上海，再次發表演講，強調「今日中國，尤不宜有政黨」，政黨問題在於「黨會偶一發生，官僚即屬之而入」，國會議員「雖曰由民間選舉，其實軍府指揮於上，政黨操縱於下，民間選人，不過為其機械已耳。」[13]

　　今日回顧，章太炎在20世紀初所提出的各種論點與節制之法，以及政黨政治運作的諸多弊端，已經觸及了民主政治可能陷入的僵局。議院受賄，依附於政黨，挾持門戶之見進行派系杯葛，正是當今各地國會被詬病的惡習，也令人質疑民意代表作

己氏為之也。」見湯志鈞編，《章太炎年譜長編》，頁353-354。

11　1912年1月4日，章太炎發表於中華民國聯合會機關報《大共和日報》的發刊詞。湯志鈞編，《章太炎年譜長編》，頁377。

12　1912年1月3日，章太炎在中華民國聯合會第一次大會演說。湯志鈞編，《章太炎年譜長編》，頁375；〈復張季直先生書〉，刊於1912年1月6日《大共和日報》，轉錄自湯志鈞編，《章太炎年譜長編》，頁378。

13　1916年7月3日，章氏在浙江國會議員歡迎會中演講。見湯志鈞編，《章太炎年譜長編》，頁533。

為人民喉舌的代表性。至於章太炎所倡議的均配土田，耕者不為奴，官辦工廠，工人分利，資產不累積於子孫而擴張，公散議員，也是今日仍舊必須思考的社會平等以及「公」的意義。在章太炎的脈絡之下，「公」顯然是屬於平民的。

章太炎在民國成立之初，已經看到國家作為組織的體制性問題。這些不同時間點的階段性政治議論與批判，重點都在於國家作為一個組織，如何不被單一權力所壟斷？如何能夠相互制衡，而使其執行立法、司法與行政之職？如果單一政黨組成議會，透過身為有權有錢者操作選舉機制而獲得支持，占據權力位置，並且繼續透過權力掌握資源分配，那麼所謂的政黨制度或是國家議會，其實正是壓抑人民權益而自我循環的封建權力機制。

章太炎所思考的問題關鍵，不僅在於如何避免權力獨攬於單一政黨、中央議會或是總統一人，也在於中央與地方之間的權力如何制衡。章太炎曾經建議擔任臨時大總統的袁世凱「廢省存道，廢府存縣」，使縣隸屬於道，道隸屬於部，並且將各省的督撫與都督改為軍官，隸屬軍部，而不涉入民事[14]。雖然廢省廢府的提議似乎與後來他所提議的聯省自治以及地方自治似乎相互違背，但是以道與縣作為自治單位，其實是延續了歷代郡縣制度由地方政府拔擢本地人才的任用方式，而不由中央分派。此外，章太炎建議將地方的軍權與民事區分，軍權隸屬於軍部，也與後來他所倡議的自治模式前後呼應。這些考量，關鍵都在於不使中央凌駕地方，以及容許地方擁有自己的人才，以便治理地方事務。

從1917開始，章太炎先後具體提出聯省自治、軍政與民政分

---

14 1912年2月，章太炎致電袁世凱商榷官制，《太炎最近文錄》，轉錄於湯志鈞編，《章太炎年譜長編》，頁390。

治、中央權輕而地方權重、文武官吏由地方上的本省人自治等論點。章太炎與張溥泉於1920年提出的〈聯省自治虛置政府議〉更直接指出，民國以來九年三亂，「所以致亂者，皆有中央政府權借過高，致總統、總理二職為夸者所必爭，而得此者，又率歸於軍閥。攘奪一生，內變旋作，禍始京邑，魚爛及於四方。」雖然預先設置國會，並且三權分立而相互監察，但是中央權力過大，因此地方人民若要抵制中央，則如卵觸石，「徒自碎耳」。因此，章太炎認為應該「虛置中央政府」，軍政分別隸屬於各省督軍，中央不得有軍隊；外交條約由各省督軍省長副署，然後才能生效；幣制銀行則由各省委託中央，但是監督造幣、成色審核以及銀行發券之權仍舊在各省。如此，政府雖存，卻等於虛設，便沒有爭位攘權之事。「聯省各派參事一人，足資監察」，而國會也可以不設，則可以免除內亂。章太炎進而分析，如果對於中央政府沒有任何制衡，而將大權交予中央，則中央便得以遂行販鬻各省鐵路礦山，「以偷一時之利」，而中央遙遠，「人民無自審知；比其覺察，則簽約已成，不可追改」。因此，如果採取地方自治，掌事者是本省之人，則若有不法之交易，則「事易宣露」，「千夫所指，其傾覆可立而期」[15]。

　　除了代議制以及中央地方之間的斷裂關係，章太炎也分析了中央政府所訂定的約法以及憲法的問題。章太炎在1922年的〈大

15　章太炎與張溥泉延續了1917年〈對於西南之言論〉，提議「聯省自治」，以便脫離南北政府的牽制。在1920年11月9日《益世報》〈聯省自治虛置政府議〉中，章太炎提出：「自今以後，各省人民，宜自制省憲法，文武大吏，以及地方軍隊，並以本省人充之；自縣知事以至省長，悉由人民直選；督軍則由營長以上各級軍官會推。令省長處省域，而督軍居要塞，分地而處，則軍民兩政，自不相牽。」見湯志鈞編，《章太炎年譜長編》，頁605。

改革議〉曾經指出，當時約法偏於集權，限制了各省自行訂定省憲之空間。國會傾於勢力，而「參眾兩院八百人，多數人僅能寫票，文義未通」，至於元首則定於一尊，等於帝王。「三大物不變，中國不可一日安也。」[16]章太炎在〈各省自治共保全國領土說〉繼續指出，中國「地本廣漠，非一政府所能獨占」，今日所最痛心者，莫如「中央集權，借款賣國，駐防貪橫，浚民以生」[17]章太炎更嚴詞批判天壇憲法採取集權制，「中央權大，地方權小，國民幾有無可如何之勢。人民納捐於地方，地方補助於中央，中央養兵肇禍，人民何貴有此憲法乎？」[18]

　　從國家政府三權分立、大總統處於「虛位」，到虛置中央政府，以免權力過高，以及章太炎對於臨時約法以及天壇憲法的批判，都顯示出章太炎對於中央樞紐之「空位」與「環中以應無窮」的構想，以及對於構成國家政府之憲法本身過於集權的批判。章太炎所面對的是革命前後，以及民國成立共和政體之後，仍舊動盪不安的政治局勢。雖然歷經不同政府型態，提出了不同的方案，但是章太炎所思考的核心問題，基本上是針對政府作為國家組織的代表性問題，以及國家與人民、中央與地方等不同層次與不同權力之間結構性矛盾的檢討，也就是前文所指出的現代國家的法或是憲法權力過於膨脹的問題。

16　1922〈大改革議〉提出關於約法、國會以及元首的改革方案，「約法偏於集權，國會傾於勢力，元首定於一尊。引發戰爭，此三大物者。三大物不變，中國不可一日安也。」並主張（一）聯省自治；（二）聯省參議院；（三）主委員制。見湯志鈞編，《章太炎年譜長編》，頁637。

17　章太炎，〈各省自治共保全國領土說〉，見湯志鈞編，《章太炎年譜長編》，頁640。

18　1922年9月10日國是會議，見湯志鈞編，《章太炎年譜長編》，頁659。

　　國家由人民所組成，國家主權由全體人民所擁有，國家由代表人民的國會以及政府代理行使行政、立法與司法之功能，同時也是治理人民的政府組織。但是，當這個政府的組成被既有權勢者所獨攬，貪饕罔利，販鬻地方土地、礦業、鐵路等公共產物以為私利，其施為不受地方人民所制衡，其立法機構龐大顢頇，而所立之法又集專權於己身，誰能夠制衡這個政府？支撐國家組織自我擴張的基礎，是這個組織所自行訂定的憲法，而這個憲法卻「浚民以生」。更有甚者，中央政府組織獨斷獨行，而中央與地方不同層次之間則無縱向意見疏通，也沒有橫向權力制衡的管道。這就是章太炎所分析的人民與國家之間結構性的矛盾關係。

　　關於這個矛盾，我們須要進一步梳理章太炎對於國家作為概念的分析之後，才能夠更為深入地討論這個矛盾的問題。

第二節　國家作為概念問題的批判性分析

　　在〈金鐵主義說〉中，楊度指出「中華」不僅不是地域之國名，也不是血統之種名，而是「文化之族名」，是區分文化高下的華夷之別。「中國可以退為夷狄，夷狄可以進為中國，專以禮教為標準，而無有親疏之別。其後經數千年，混雜數千百人種，而其稱中華如故。」「華」意指文化狀態如花之「華美」，以此推之，「華」之所以為「華」，是以文化來決定的，中華民族也是根據其文化來定義[19]。

---

19 楊度的〈金鐵主義說〉發表於他自己在東京創辦的《中國新報》月刊，宣傳君主立憲。金鐵意指經濟與軍事，楊度提出通過經濟與軍事來達到富民與強國的國家主義。收入劉晴波主編，《楊度集》（長沙：湖南人民出版社，1986），頁213-397。

　　章太炎1907年的〈中華民國解〉直接反對〈金鐵主義說〉中楊度以「中華」之抽象文化概念泛稱中華民族的說法，原因是「中華」作為抽象概念的「空模」，一則去歷史化，再則成為可以任意挪用的名詞，而可以被任何種族宣稱擁有治理國家的合法性。章太炎認為楊度的論證試圖去除種族色彩，實際上是去歷史化的觀念。楊度將千百種不同種族同稱中華，強調五族共和，完全扭曲了歷史的過程。他指出楊度說法的三個疑點：首先，以「華」為「華美」或是「文明」，是強以字義附會，而不知「華」原本指「華山」，而日後「託名標識」，怎麼能夠說凡有文化者都是中國人？若以「同有文化，遂可以混成為一」，則是過於「奢闊而遠於事情」。其次，章太炎指出，楊度援引《春秋》，實際上卻對歷史沒有掌握，詮釋錯誤，原因是《春秋》有貶諸夏以同夷狄，而沒有進夷狄以為諸夏。第三，楊度「棄表譜實錄之書，而以意為衡量」，也就是從唯心的主觀意願衡量事態。第四，更為關鍵的問題是，金鐵主義論者沒有顧慮形式平等之下，語言習俗差異以及實質階級不平等的問題[20]。章太炎說明，華、夏、漢不同族，各有不同緣起，在不同的歷史時間點占據了同樣的地理空間，相互轉託，而成為共通詞彙，互攝三義，兼有國名、族名與邦名[21]。章太炎的詮釋角度一則承認歷史的緣起與流變，再則也根

---

20 章太炎強調，滿人若要有擔任代議士的資格，首先必須卸除其貴族身分，盡裁甲米，才能夠以同化之地位參與議事。

21 「華本國名，非種族之號。」民族初至之地稱呼為華國，例如雍州與梁州曾經是帝都，而雍州的土地東南到華陰，梁州的土地東北到華陽，以華山為限，因此稱國土為「華」，後來才擴及九州。至於「夏」，原本是族名，後來因族名而將受封之關東稱為東夏。「漢」則從被封漢中為始。見章太炎，〈中華民國解〉，收入上海人民出版社編，《章太炎全集》，冊4，頁253-256。章太炎

本地解構了單一法統千年一脈相承的論點。

同時閱讀章太炎同年發表的〈國家論〉（1907），便可以清楚看到章太炎在〈中華民國解〉中對於所謂的種族區分，是一種歷史化的認知。他的〈國家論〉，則直接而深刻地分析了國家作為概念的哲學思考。章太炎說明國家並沒有實體，而是由變動的人民所組成的。個體也並不是實體。「凡諸個體，亦皆眾物集成，非是實有」。個體由極細微的原子組成，這些極微而變化不定的物質並不能說是「實有」。人由細胞所組成，也持續處於生滅運動之中，只能夠說是「假有分位」，暫時說是「實有」。不過，「個體為真，團體為幻」，人民的每一個體可以說是「真」，人民所組成的團體則是暫時性的「幻」。人民與國家的關係如同線縷與布帛，線縷經緯相交，在動態關係中組織成布帛，而人民也在動態關係中組織成國家。「一線一縷，此是本真，經緯相交，此為組織。」線縷有自性，布帛則沒有自性。「布帛雖依組織而有，然其組織時，惟有動態，初無實體。」[22]

按照章太炎的說法，以動態相交而存在的組織，本身並沒有自性。人民作為本質，雖可說是「真」，而由人民所組合的任何集合體與組織，無論是村落、軍隊、牧群或是國家，則都沒有實體或是自性。他批評國家學者以國家為主體，以人民為客體，似乎意味著常住為主，暫留為客，以至於國家被認為是千年而無變易，人民則父子迭禪，種族遞更。但是，章太炎指出，國家的制

在〈排滿平議〉一文中，也指出人類在大洪水時代都居於帕米爾或是崑崙山以西的高原，後來往西發展抵達東土，朝北方走依沙漠而居的是匈奴，占據大陸而居的是諸夏，往南走而聚居洲島者是苗族。見氏著，〈排滿平議〉，同前引書，頁265。

22 章太炎，〈國家論〉，同前引書，頁457-465。

度法律也有變更，歷代不同。章太炎進而以河水為比喻，說明雖然河床千百年沒有改變，其所容受的水日日不同，但是所謂河床其實只是「空處」：「以空虛為主體」，國家便是容受日日不同的水之「空處」；主體本身便是「空」，主體也是「非有」。此處，我們更看到了章太炎對於種族遞嬗的國家詮釋：國家只是「空處」，人民日日不同，持續變異，不僅不能夠對於「國家」有執著之念，也不能夠對於「種族」有執著之念。

　　章太炎雖然分析了國家的「非實有」，作為「空處」，由流水一般日日不同的人民組成，只是經緯相交的動態結構，不過，他也說明了「國家」作為一個概念的必然性以及愛國的必要性。章太炎指出，人群聚居，最初不過「從戈守一」，而成一國。原本人群相聚，如同物與物「同處一時，互相容受」，交會之時互如「種子」，引發變化；這些變化「隨眼轉移，非有定量」。但是，政事因緣而起，軍容國容漸有分別。國家所設立的界碑與輿圖，都是不得已而設置的畛域。然而，畛域邊界既然已定，同時也預先劃分了習性社群，構成了主觀觸受熏習的基礎，形塑了庸眾共有的串習，隨著時間過程以及相互衝突而日見強化。章太炎強調，「萬物外延之用，非理本然，實隨感覺翳蒙而有」；愛國之念，強國之民不可有，但是弱國之民不可無。

　　我們必須注意章太炎所說明的「愛國心」，並不是愛其實體，而是愛其「組合」：「器雖是假，其本質是真」。國家作為「器」，本身是虛幻的；但是構成這個「組合」的流動中的人民則是真的本質：

　　　　人心本念念生滅，如長渠水，相續流注，能憶念其已謝滅，而渴望其未萌芽者。以心為量，令百事皆入矩矱之中，

> 故所愛者亦非現在之正有，而在過去，未來之無有。夫愛國
> 者之愛此歷史，亦猶是也。23

此處，章太炎已經將「愛國心」三個字都拆解了。「愛國心」不
是執著於實有或是現有的國家本體，而是持續發生而念念生滅、
渴望其「未萌芽者」的「心量」。愛國者所愛的歷史，也不是自
先王以降萬世不變的歷史，而是持續變化的動態過程。從章太炎
的論點觀之，雖然國家事業並不神聖，但是，在時勢所趨之下，
救國以及自衛都仍舊是必要的。但是，任何政府都必須認清國家
之本質，才不至於將自身過分神聖化而有妄謬之舉24。

念念生滅而持續發生，渴望其「未萌芽者」之將來，這是極
為重要的概念，也是貫穿章太炎前後期政治思想而逐漸深化的基
本哲學。從這個基本概念出發，歷史是動態而持續變化的過程：
「器雖是假，其本質是真」。流動緣起種種相禪的歷史，其本質正
是持續發生變化的真實過程。

在〈四惑論〉（1908）中，章太炎指出，古人將「神聖不可
干」者稱之為「名分」，今人則將神聖不可干者稱之為「公理」、
「進化」、「惟物」或是「自然」。這些論點有的是「如其實而強施
者」，也有的是「非其實而謬託者」。這些神聖化的託辭，都在於
「蠱」。章太炎引用《易傳》：「蠱者，事也。」伏曼容的解釋是：
「蠱，惑亂也。萬事從惑而起，故以蠱為事。」無論是名分或是公
理，都是眾人所「同認之界域」。但是「理」無「自性」，而是依

23　章太炎，〈國家論〉，同前引書，頁463。

24　「救國之義，必不因是障礙。以人之自衛，不論榮辱。」、「人於國家，當其可
　　廢則廢之，其喻正同。勢未可脫，則存之亦宜也。」同上注，頁457-465。

據「原型觀念應於事物」而形成。章太炎強調，就連洛閩諸儒所說的「天理」，也是「眾所同認」，因為沒有「代表之辭」，名言既然已經窮盡其所指，因此「不得不指天為喻」。但是，章太炎提醒，這種說法的瑕疵是讓人以為「本體自在」。宋儒所說的天理走到極端，便會「錮情滅性，尊民常業，幾一切廢棄之」。至於今日的公理，如果以普世性為公理的基礎，那麼公理凌駕於個人之自主，「其束縛人亦與言天理者相若」[25]。

章太炎進而分析，如果依照布魯東或是黑格爾所提出以「力」為萬物之實有，則必然會使「強權」超出於他人；如果要以擴張社會以抑制個人之強權競爭，則百姓相互牽掣而無法自由。所謂社會中相互扶助，實際上是相互牽制，進而「以力酬人」，以「責任相稽」，以律法刑罰規範。如果善惡以「無記」責人，謂之公理，「則束縛人亦甚」。章太炎清楚指出，天理束縛人，並不是終身不能解脫；但是講究公理者，「以社會常存之力抑制個人，則束縛無時而斷。」因此，社會以公理之名抑制個人，則個人「無所逃於宙合」。這種「以眾暴寡」，比起「以強凌弱」，還要「慘烈少恩」[26]。

章太炎主張「法」不過三代，不應該以「先王」為治理原則的說法。在〈尊荀〉一文中，章太炎也指出：「文質之興廢，若畫丹之與墨，若大山之與深壑，雖驟變可矣。」文質興廢可以驟變，至於聲色械用也「不過三代」，因此不必「法先王」[27]。以先

---

25 章太炎，〈四惑論〉，同前引書，頁443-444。

26 章太炎，〈四惑論〉，同前引書，頁446-449。

27 章太炎，〈尊荀〉，《訄書（初刻本）》，收入上海人民出版社編，《章太炎全集》，冊3，頁8。

王為名，宣稱「秉之天討」者，其實只是以私利出發，「崇飾徽
音，辭有枝葉」，排除拂逆己者，令饕餮貪欲者騁志，而無人置
疑[28]。章太炎駁斥日本學者遠藤隆吉所言孔子是中國歷代思想沒
有進取的「禍本」；他指出，只有漢儒才「一意循舊」，甚至援經
論證，「破碎六籍，定以己意，參之天官、曆象、五行、神仙諸
家」，卻假以孔子名義，使得六籍因此都成為了「巫書」。章太炎
指出，任何神化之道，「與時宜之」，因此五帝「不同禮」，三王
「不沿樂」。老聃寫書徵藏，布帛下庶人，為的是要「識前事」，
而不是「舊章可永循」；後來世卿地位降低，九流興起，後起之
君主更改制度，為的是「隨時經變」，不能說是「無進取」。歷代
律法變化之多，如果仍舊堅持「通經致用」，則是完全不了解六
籍的本意[29]。

第三節　「法」的解放性與平等邏輯

　　從章太炎對於國家體制以及國家概念的分析，以及對於神聖
不可干的公理強權的批評，我們更可以理解他對於「法」的解放
性與平等邏輯的看法。

　　章太炎對於「法」寫過多篇文章從不同的角度進行闡釋。
章太炎在《訄書》中的〈通法〉（1900）中，分析了各個朝代的
優秀法制。他指出，中夏一統之政，有四點優秀法制：「仁撫屬

---

28 「人各有心，拂其教條，雖踐屍喋血，猶曰『秉之天討』也。」章太炎，《齊
　　物論釋定本》，收入上海人民出版社編，《章太炎全集》（上海：上海人民出
　　版社，1986），冊6，頁61-64。

29 章太炎，〈訂孔上〉，《檢論》，收入上海人民出版社編，《章太炎全集》，冊
　　3，頁423-424。

國，教不干政，族姓無等，除授有格」[30]。至於其他朝代，綜合而言，則有六點值得參考的制度：秦朝的秦始皇身為天子，子弟為匹夫；漢代的郡縣自治，縣有議舍，「良奧通達之士，以公民參知憲政」；晉魏隋唐的「均田」——「男不盈八，田不得過一井」——使富者不會更富；宋代禁止宦官；明代讓布政使、按察使和都指揮使這三司同位，不分高下[31]。

章太炎說，古代的法家也講求自然。皋陶擔任舜的「理官」，掌理刑法，被稱為中國司法之始祖。他曾經自稱「予未有知，思曰：贊贊襄哉」，章太炎解釋其意思就是輔佐萬物之自然，而「以百姓心為心」。「舉如木禺，動如旋規，謂之未有知。」章太炎說，歷代質文與時更迭，器械服御之體制改變，各種矯飾偽詐隨之出現，而皋陶所說的「贊贊襄哉」，以百姓心為心，則是顛撲不破的道理。慎到、申不害與韓非等人，雖然舉「自然」為說法，卻無法「以大患商度情性」，以至於導致慘酷少恩的治理模式[32]。

章太炎認為近世律法繁苛，其實並沒有遵循法家的原理，而更靠近儒家的體制。章太炎指出，《七略》將管仲列為道家，但是根據韓非〈定法〉的說法，商鞅貴憲令，主權術，其實都是始自管仲。管仲提出了法家區分法、律、令的根本精神：「法者，所以興功懼暴；律者，所以定分止爭；令者，所以令人知事」（管仲〈七臣七主〉篇）。至於近世律法，章太炎指出都是奠基於

---

30 章太炎，〈通法〉，《檢論》，收入上海人民出版社編，《章太炎全集》，頁541。

31 同上注，頁541-543。

32 章太炎，〈道本〉，《檢論》，收入上海人民出版社編，《章太炎全集》，冊3，頁431。

戰國時代魏國儒者李悝的《法經》，而《法經》由漢初丞相蕭何的《九章律》所承襲並傳世[33]。漢朝追隨蕭何者，有叔孫通，魏晉隋唐也仿效此法，並不純粹是法家脈絡。晉書〈刑法志〉陳群說，「篇少則文荒，文荒則事寡，事寡則罪漏」，因此廣為篇章，辨其名實，別其異同[34]。

漢儒以「刑」為「治」，考信舊官，各種禮制文繁不厭，法家也依照名家而展開其制度。因此要探究禮制苛法，仍舊要回到名家禮官的脈絡。晚世名家禮官已經不再執行，而統歸於儒，而規範律則多重在薦舉鄉紳。董仲舒引經附法，以春秋公羊治獄，他的斷獄四百條，比起漢孝文帝蕭何的九章，或是叔孫通的十八章，要繁複數百倍。但是，這種強調「文質」而「興刑措之治」，導致「法律繁苛」，以猜度察探「無徵之事」，只會擾民。章太炎因此認為董仲舒既不依循道家也不依循儒家，只是「佞臣」而已。章太炎強調，「立法之意，止於禁姦，使民有偽行，慚德而已。欲以法令化民，是聞檃括以揉曲木，而責其生梗柟聆風，民未及化，則夭枉者已多矣。」至於董仲舒援附經讖，折獄232事，使得後來之廷尉「利其輕重異比，上者得以重祕其術，下者得以因緣為市」。因此，章太炎批評董仲舒是「經之蟊蟊，法之秕稗」，甚至評斷「仲舒以來，儒者皆為蚩尤矣。」[35]

---

33 李悝是儒者，受業於子夏、曾申，他的重農與法治，影響了商鞅在秦國變法。一般認為李悝的《法經》是法家始祖，其中說明如何維持治安、緝捕盜賊、防止人民反叛以及對犯罪者的判刑，包括〈盜法〉、〈賊法〉、〈囚法〉、〈捕法〉、〈雜法〉和〈具法〉等六篇。李悝撰，黃奭輯，嚴一萍選輯，《法經》（台北：藝文印書館影印本，1972）。

34 章太炎，〈原法〉，《檢論》，收入上海人民出版社編，《章太炎全集》，冊3，頁435。

35 同前注，頁436。

　　章太炎並不反對著書定律的法家，而是反對漢儒捨棄法律明文，甚至「援經誅心以為斷」。無論是繁文縟節，或是自由心證，都顯示出漢儒的問題。章太炎強調，古代為法者，「為治不同，要以法令明符為質。」老子說：「有德司契」，所謂「契」，是指「刻條之在刻杒者也。」

　　「法家」與「法吏」的差別，對於章太炎而言，也是關鍵的問題。所謂法家，就是「著書定律」者；至於法吏，則是「聽事任職」者[36]。章太炎引述桓範《世要》對於不同等級次序之法吏的詳細評論：商鞅、申不害、韓非等人「貴尚譎詐，務行苛克，廢禮義之教，任刑名之數，不師古始，敗俗傷化」，但是他們所強調的「尊君卑臣，富國強兵，守法持術」，仍有可取之處。漢代之甯成、郅都等人不遵循商鞅、韓非之法，專事殺伐殘暴，對於人主，只會順應迎合其旨意，趨利附會，任意行事，而背離了商鞅、韓非的方向。但是，他們貶抑豪強，撫助孤弱，謹守廉節，嚴禁姦行，背私立公，也有可取之處。晚近之世所謂有能力的人，則干犯公家之法，依附私門之勢，廢百姓之務，臨時苟辨，則不僅背離了申、韓等人的法，也背離了甯、郅之法。章太炎指出，一般為政者卻仍舊會選用此類官吏，原因在於其所持之勢力。「聽聲用名者眾，察實審能者寡」，因此各級官吏多有不適任甚至違法者[37]。

　　法家與法吏的差別，或是立法者與執法者之間的斷層，是章太炎重新檢視秦代政治的主要探討關鍵，也顯示出他對於這種斷層的敏銳觀察，更是他據此而分析批評民國初年政體弊端的依

36 同前注，頁436-437。

37 同前注，頁437。

據。章太炎指出，法吏苟且辦事，耽誤百姓事務，是因為其依仗舊有勢力，而藉由公家之法擴張私門之勢。

章太炎指出，古代先民「平其政」者，沒有比秦代更為徹底的。若以法家觀點論之，秦皇「有守」，原因是秦政不僅只是「刑罰依科」，用人也是依法辦事。章太炎認為，唐宋之治雖然尚稱合理有序，法度卻不如漢代與明代之公平。漢代之法，賞賜不會遺漏平民百姓，誅罰則不避親戚，這才是所謂的「直」。但是秦始皇統一天下之時，遵循商鞅之法，不假以虛惠結人，雖然六國的公卿貴族散居於閭巷之間，也不讓公族恢復宗廟，不使其世襲官位爵祿。章太炎指出，「人主獨貴者，其政平，不獨貴，則階級起。」為了不使官吏皆為既有權勢者所把持，秦皇不偏信於黨羽親信，後宮之親屬或是所寵幸的嬪妃，都不會舉薦自己人任官。他的手下都是有能力的庶人，其所任命之將相，例如李斯、蒙恬等，都是功臣良吏。秦皇刻意貶抑其公子與側室，只有天子一人高高在上，用意正是不要犯了韓非在〈八姦〉所指的執政弊病，也就是不要使妻妾、親信、父兄參與議政，以免不同勢力試圖謀求私利而介入，並造成新的階級。此外，秦始皇也不使人民專愛君王。章太炎指出，「人主獨貴者，政亦獨制。雖獨制，必以持法為齊。」章太炎以韓非所舉昭王之例，說明人民買牛為昭王祝禱，昭王說：「夫愛寡人，寡人亦且改法，而心與之相循者，是法不立，法不立，亂亡之道也！」章太炎解釋說，「愛」，反而「徇私」，一切必須依循法律，而不應該依賴人民對於君主之愛：「要其用意，使君民不相愛，塊然循於法律之中。」[38]

---

38 章太炎，〈秦政記〉，《太炎文錄初編》，收入上海人民出版社編，《章太炎全集》，冊4，頁71-72。

　　從章太炎的分析，我們注意到了他所對立的「公」與「私」。愛，反而徇私。愛親族，愛父子，愛君主，都是私情。秦政所任將相都是良吏功臣，他廢除裂土封侯與世卿世祿，不以親族黨羽建立世襲貴族階級，不以親信同床或是父兄內戚之意見參與國政，都是不徇私。章太炎對於秦政的分析，也能夠說明他反對代議制度的原因。代議士以其既有的財力與權勢而被選舉，並不能夠直接代表人民，反而增加了等級制度，正如同沿襲了封建貴族的體系。相對於中央政府的國會代議士，章太炎建議參考秦朝法家所執行的郡縣制，由地方上有能力的人才來擔任職務。地方分權，正意味著不被任何形式的中央世襲貴族官僚所壟斷。我們可以說章太炎的政治思想著重於「法」的概念，以及透過「法」抵制權勢私有壟斷的機制。

　　從章太炎所討論的秦始皇來看，如果「法」是一整套機具，那麼這個機具顯然應該是為公共而設置。從結構面來理解，章太炎所強調的，是「法」所執行的「公」。他所界定的「法」，不應受到任何勢力之「私」所介入與壟斷。章太炎對於秦代政治的重新評估，顯示出君主之獨貴，意義實則在於維繫「法」之為「公」而不徇「私」。秦始皇廢除裂土封侯與世卿世祿，不以親族黨羽建立世襲貴族階級，不以親信同床或是父兄內戚之意見參與國政，都是不徇私。所謂「獨」，是獨尊於「法」，而抵制貴族或是親信子弟形成新的封建階級，不使其將國土國家攬為私有，以便使整套「法」的體制得以運行。無論是黨派勢力或是地方權貴，只要是以私人利益介入「法」之機具，這個機具自然都會被法吏所操縱轉移，而服務於「私」。

　　綜上所述，章太炎反對將孔子神聖化或是以孔教作為國教，反對以天理或是公理為名而進行對於個人的抑制，原因是這種

宗教化的思維具有神祕蠱惑的性質，而堅持「依自不依他」以及「隨時經變」、依時改制的政治立場。章太炎也嚴厲批評漢儒「法律繁苛」，讚賞秦朝政治依法辦事，並且梳理歷代的優秀法制。在章太炎所列舉的良法中，包括不以宗教干預政治，族姓沒有高下貴賤，郡縣自治，土地平均分配，不使富者更富等等，都展現了他對於法內平等的基本要求。

　　從章太炎所析理的「法」的幾個層次，我們可以看到，對章太炎而言，最根本的「法」，是生命之法，是萬物生長之「法」而「諸法平等」。章太炎在《齊物論釋》中所提出的齊物論與平等觀，不是在名相定義下的齊頭平等，而是打破名相規範之下的「每一個」的平等。後文將繼續討論《齊物論釋》的問題。此處，從「法」的觀念來看，「每一個」生命，無論是人或是其他型態的生命，都有其生命權利。如何在國家與社會的範疇內，以這些根本權利的思考，來檢視現行國家法律的局限，則是重要的政治進程。

　　章太炎對於「法」的概念以及平等的原則，使他在民國成立之後，也持續對於袁世凱的天壇憲章、集權的中央政府以及大總統制度嚴厲批判，屢次提出政府三權分立、大總統處於「虛位」、虛置中央政府，並倡議聯省自治[39]。「法」與「吏」之間的斷裂，正在於執行「法」的「吏」不遵循「法」，而以私利擴張勢力。早在1908年，章太炎已經犀利指出，國會議員必然集中於土豪，最後仍舊是有權勢以及財富者獲得選舉支持，「豪右據其多數，眾寡不當則不勝」，並且「傅其羽翼」藉以擴張勢力，使得

---

39 章太炎，〈各省自治共保全國領土說〉，見湯志鈞編，《章太炎年譜長編》，頁640。

「民權不借代議以伸，而反因之掃地。」因此，代議士以其既有的財力與權勢而被選舉，無法直接代表人民，而國會成為「封建之變相」，沿襲了封建體制貴族與黎庶之階級區分[40]。「中央集權，借款賣國，駐防貪橫，浚民以生」，是章太炎對於中央集權的嚴厲批判，也是對於中央被官吏之私欲介入，占據這個以應無窮的「環中」，而成為私器。章太炎在革命成功之際以及民國初年，屢次提出「革命軍起，革命黨消」，政府三權分立、大總統處於「虛位」，以及虛置中央政府，避免中央政府權力過高，販售地方礦產土地而地方政府無法制衡，都顯示出章太炎對於中央樞紐之「空位」與「環中以應無窮」的構想[41]。

　　從章太炎所闡釋的「法」的概念以及他持續提出的政治批判，我們看到他所反對的是外儒內法的權力集中以及理性論述中隱藏的蠱惑性格，而他所堅持的則是以他在《齊物論釋》以及諸多哲學思想與政治論述中所提出的基本平等以及從地方自我組織的政治能力[42]。

---

40 章太炎，〈代議然否論〉，《太炎文錄初編》，收入上海人民出版社編，《章太炎全集》，冊4，頁300-311。

41 章太炎，〈各省自治共保全國領土說〉，見湯志鈞編，《章太炎年譜長編》，頁640。

42 詳見本人在〈勢‧法‧虛空：以章太炎對質朱利安（François Jullien）〉，《中國文哲研究通訊》，25：1（台北，2015），頁1-31，以及〈法與生命的悖論：論章太炎的政治性與批判史觀〉，《杭州師範大學學報》，2015：2（杭州，2015），頁32-45、55中的討論。

第四節　批判史觀的政治性

在結論處，我要歸納幾點章太炎所啟發的批判史觀，以便總結性地說明本書企圖發展出的解放性批判政治，以便讓我們得以思考當前世界的難題，並且不斷針對現實脈絡提出批判性的分析。

1. 各自不同的時間性

章太炎所提出的時間觀並不是線性發展的同質性時間，也不是共時的未來投射的理想空間，而是各自不同的時間之並存。

每個人在不同的時間當下「各有時分」，也有不同的主觀觸受。在畛域已分而以名迭代的庸眾串習之下，主觀衡量會受到一般人的共識所影響，主觀感受也會被當成客觀的標準法則。人與人之間有其主觀觸受順違之別，與時差異，歷史隔代之間更沒有同樣的準則。道之常變與言文隔代差異，不同時代的經學子學回應的是不同時代的問題，儒家回應周朝問題，墨家回應夏朝問題，易傳老莊也各自有其時代性的史筆。

從章太炎的「各有時分」，以及阿岡本異質歷史並存而歷時共時雙軸多重交會的概念，我們可以具體從哲學考掘學的角度，分析時代性不同話語的關係與結構範式如何產生了壓迫性的權力模式，以及歷史事件發生時刻同時存在的分歧與壓抑[43]。

43　阿岡本提出了paradigmatic ontology的概念：範式性本體論。任何考掘學都是範式的揭示，有其歷史性與共時性交錯共構的發生性本質。因此，阿岡本所提議的範式作為方法，不是歷史的史料編撰或是歷史考古學，而是透過考掘學探討歷史範式現象為何如此發生。Giorgio Agamben, *The Signature of All Things: On Method*, Luca D'Isanto & Kevin Attell, trans.（New York: Zone Books, 2009）, pp. 32, 64, 88-89.

2. 歷史化的根本性思考

從各有時分、與時差異以及文之轉化代無定型的觀念出發，便必然會導向檢討「指」與「物」之間名實不依的障隔。

透過字源學，回到言文的歷史脈絡，以小學訓詁的方式，讓文字回到其當時性，打破以名為代的我執與法執的執箸為實，並且探討其所回應的時代性問題。這種歷史化的工作，首先承認了文與言的歷史性與暫時性，也同時解構了任何後世攬權者黨伐之言「言更相彼，言各自是」所遮蔽的歷史過程。

章太炎循著從方以智、戴震以及段玉裁的脈絡指出，不同時地的「言」有必然之轉變，只能另尋字而填入以代替其「聲」，但是後世往往以古籍經典固定下來，而無法重新探討其文字意義發生之緣起與歷史性意義，這就是為什麼要探問「文始」的原因。章太炎指出：「倉頡之初作書，蓋依類象形，其後形聲相益，即謂之字。文者，物象之本；字者，言孳乳而浸多也。」[44]章太炎強調：「凡治小學，非專辨章形體，要於推尋故言，得其經脈，不明音韻，不知一字數義所由生。」[45]章太炎所強調的是，不同歷史時期以及不同地理風土，必然有不同喉牙音韻之別。「然音或有絕異，世不能通，撢鉤元始，喉牙足以衍百音，百音亦終軹復喉牙。」[46]章太炎的「成均圖」拉出了深喉音—淺喉音—舌音—齒音—唇音之間的相互關係，雙聲相轉以及意義孳乳對轉的關連，也說明了語言緣起的身體性經驗以及其地理風土關連[47]。

---

44 章太炎，《文始》（台北：廣文，1970），頁1。

45 章太炎，〈小學略說〉，《國故論衡》（上海：上海古籍出版社，2003），頁9。

46 章太炎，〈古雙聲說〉，《國故論衡》，頁29。

47 章太炎，〈成均圖〉，《國故論衡》，頁11-22。

「文」與「言」就如同事過境遷的「鳥跡」與「嗀音」；由物到名，也有其主觀觸受順違之分別[48]。章太炎在《國故論衡》、《文始》以及《新方言》所反覆討論的「討其類物，比其聲均，音義相讎，謂之變易，義自音衍，謂之孳乳」，除了說明「文」除了「物象」之外的音義相讎、義自音衍，也說明了以名為代而轉注假借的複雜衍繹。章太炎處理《文始》與《新方言》，正是承認漢字的多重來源，以及歷史過程中依遷徙而族群相混所發生語音變化的事實。

阿岡本的考掘學與歷史發生學研究，正如同章太炎透過訓詁的研究，都是讓文字回到其時代的發生意義或是其多義性。從鳥跡嗀音探索曾經發生的事件以及主體經驗的異質性，不被後世黨伐之爭所遮蔽，這是歷史化工作回到歷史脈絡的真正意義。

3.「萬物皆種以不同形相禪」的歷史緣起本體論

歷史是動態而持續發生的緣起過程。「器雖是假，其本質是真」。物物相互為種，持續發生。章太炎在〈人無我論〉中所提及的有因、可生、可滅、輾轉相續以及有變流轉止息等，已經說明了世間流轉相[49]。「萬物皆種，以不同形相禪」，根本取消第一因說法的本源假設，也承認歷史多重決定的緣起論。只有承認歷史的流變與多重決定的偶然性，才可能解構單一法統一脈相承的論點，承認歷史過程的偶然性。

阿岡本透過彌賽亞主義的將來到者，海德格所說的語言成規

---

48 「物之得名，大都由於觸受。」、「言語之分，由觸受順違而起。」章太炎，〈語言緣起說〉，《國故論衡》，頁32-33。

49 章太炎，〈人無我論〉，《太炎文錄初編》，收入上海人民出版社編，《章太炎全集》，冊4，頁423。

的棄絕（abandonment），以及儂曦（Jean-Luc Nancy）與布朗肖（Blanchot）的取消機制運作（desoeuvrement, inoperative），強調的都是抵制眼前強勢驅動的認識論框架與價值體系[50]。這些西方思想設法檢視並且抵制認識論機制的自動化運作，以便歷史的發生不必受制於被決定的自我複製模式，而可以時時刻刻重新開始。這種根本性的思考，與章太炎的「成毀同時」與「相續流注」的史觀類似，都是對於被壓抑遮蔽而可能來臨者的接納，對於歷史流變分歧時刻的洞視，以及對於思想持續運動的信念。

最重要的關鍵問題是，無論是阿岡本等西方思想家的考掘學工作，或是章太炎的歷史緣起論，他們的工作都是拒絕在特定時間點被固定下來的歷史法統與舊制，以便真正面對當下，進行改制，也接納可能即將到來的「未萌芽者」。

4. 國家組織的動態歷史結構

在動態的歷史流變之下，人與人的交會，如同「種子」，影響各自的變化路徑。任何畛域以及界碑，都是依不同因緣而起，而沒有定性定量。國家作為「組織」，是動態的經緯交錯運動，而不是不變的實體結構。國家作為主體，只是「空處」，容受日日不同相續流注的人民，也承載生生滅滅的心量。

無論是阿圖塞晚期關於「無」作為社會起源的論點，或是阿岡本以「寶座空位」解釋在西方經濟神學中透過三位一體建構的神聖化共識結構，洪席耶分析話語計算理性之歧義，巴里巴爾檢討的邊界政治的內化，巴迪烏提出集合之內空集合的無限可能，

---

50 見阿岡本的討論。Giorgio Agamben, *Homo Sacer: Sovereign Power and Bare Life*, pp. 59-61.

都指出了權力表象的虛構性暴力。章太炎透過佛教觀點以及中國古典政治思想所提出的不被權勢占據的「空位」樞紐，以及國家作為「空處」或是中央政府處於環中「以應無窮」，更是避免國家組織被主觀權勢或是利益所壟斷的構想。

　　不同於西方政治神學以無上權威的「一」作為理念基礎，章太炎的「空虛」是以「國家」作為接納往來不同人民的構想，以便使「國家」之河「相續流注」的運動持續不斷。國家作為組織，只能夠是一個容納相續流注之人民的「空處」，而這個組織所設定並且執行的「法」，則必須不斷滌除其違背諸法平等原則的名相障隔，並且讓已經變化不同的人民檢視與重構。此處，「空處」已經具有抵制被主觀壟斷或是私器擁有的積極動態意義與政治性。

5. 緣起本體論所揭示「不齊為齊」的批判史觀與政治性

　　章太炎的「齊物」是以生命本身的「諸法平等」來就性論性，以便抵制形上學理性分殊的形式平等。

　　無論是莊子或是章太炎所詮釋的「喪我」或是「無我」，都不意味著回到湛寂靜止的狀態或是絕對逍遙的自由，而是能夠讓「心齋」保持持續開闔的張力，讓這個主體位置成為相互交會緣起的空間。遭遇他者，讓不同的感受穿越，打斷庸眾隨俗的主觀循環，置疑既有固定之「法」所定義的「名」，首先須要有「無」的運動性。章太炎說，平等的真義，就是「任其不齊，齊之至矣」。他還說，「佛法雖高，不應用於政治社會，此則惟待老莊也。」[51] 因此，對於章太炎而言，老莊的政治性，就在於這個「諸

---

51 章太炎，〈自述學術次第〉，收入湯志鈞編，《章太炎年譜長編》，頁346。

法平等」以及「不齊為齊」的預設。

　　然而，這個能夠開闔的「心齋」，也就是如同畢來德所說的作為「活性虛空」的「身體」，但是，這個身體並不是畢來德所詮釋的靜虛退隱或是「忘」與「游」，而是如同斯賓諾莎所說的充滿感受能力而觸受生心的身體。章太炎以大乘佛教的角度，解釋《老子・13章》以及《莊子・在宥》篇所說明的「寵辱若驚」與「身與患俱」。當章太炎指出，「身與患俱」並不是要放棄「身」，反而是以「身」的感受「體度物情」，不忘懷經驗中的天下物情，而能夠「施身及國」。

　　「身」面對交會中的「物」，以「物」之自在發生狀態彼此理解，預設非一非異、即生即滅、除我相，就是齊物論所解釋的根本平等。章太炎所提出等待其「未萌芽者」，也是置疑並且挑戰任何不平等之法的政治性行動，以便可以開放一個空間，期待尚未發生的思想與生命得以發生。換句話說，只有以「不齊為齊」作為預設，才有可能思考國家之下生命的根本平等，以及容許地方自治、拔擢人才與隨時修法的體制。

　　由此觀之，章太炎的平等思想是建立於具有解放性的批判史觀。在《齊物論釋》中指出，老莊之筆出於史官，其論點足以「韜蠹德於上皇之年，杜嚗言於千載之下」。但是世人眼光褊狹，無法理解，卻僅以當代近見為滿足，只會引介西方著述；然而「近世雖見譯述，然皆鄙生為之」，因此章太炎嘆道：「世無達者，乃令隨珠夜光，永埋塵翳，故伯牙寄弦於鍾生，斯人發嘆於惠墓，信乎臣之質死曠二千年而不一悟也，悲夫。」[52]

　　章太炎重新閱讀莊子，正是要將其史家論點帶回到當代。透

---

52 章太炎，《齊物論釋定本》，頁64、116。

過小學訓詁，回到時代脈絡，指出不同歷史時期的人心順違與是非串習，都會隨俗雅化而約定俗成，形塑了規範性的法則，影響後世。只有面對「文之轉化，代無定型」以及表象結構的分析，才有可能進行批判性的歷史化工作，並且解開以名為代的合法化權力位置。透過字源學的歷史化工作，將文言作為印跡，而不作為無法質疑的法則，並且透過歷史化的閱讀，放回到時代脈絡，才能夠還原其「鳥跡」與「觳音」的歷史性生產狀況。

　　本章的重點在於釐清章太炎所闡釋關於「法」的解放性與平等邏輯的觀點，以便朝向第十二章的結論，回應當前世局的難題。

第十二章

結語
唯物辯證法與「史」的解放性批判政治

第一節　一分為二與緣起本體論的批判史觀

　　巴迪烏對於20世紀中國文化大革命的政治過程提出的思考是：在1966年11月到1968年7月之間，一種集體創造的新的政治型態是如何發生的？這個政治如何出現，為何會失敗，甚至導致全世界唯一以共產主義政黨為國家型態的黨國制度無法延續？

　　巴迪烏認為，如果要思考20世紀的難題，就必須退一步，以20世紀如何以「思想形式」出現，來進行思想研究。換句話說，我們必須分析這些主體如何成為主體、如何思考自身，以及這些思想採取什麼樣的形式邏輯，以便我們能夠思考20世紀向我們呈現的難解之謎（*Century* 3-6）。巴迪烏指出，「理念」（Idea）是一種想像運作：政治行動中曾經發生的共產主義理念，是在真實、符號與個體層次之間持續辯證而「成為自身」的過程。但是，在社會主義國家的共產黨操作之下，以及共產主義國家的共產主義觀念與國家機構中，共產主義理念的辯證運動卻都被中止。（*Communist* 240-242）

　　對我來說，值得探討的不僅只是理念的問題，而是思想革命到思想僵化的過程中，話語轉換為行動的悖論是如何發生的問題。此外，「一分為二」這個在中國與西方自古就存在的辯證概念，從黑格爾、馬克思、列寧而到毛澤東的轉折路徑，如何影響了同時代的歐陸左翼思想，發展出持續辯證運動的複雜矛盾理論，卻也成為冷戰時期「一分為二」僵化立場的歷史運作邏輯。因此，「一分為二」不只是特定理念，不是有待實踐的理想觀念，而是從理念到體制、話語與行動、本體與實踐之間所展現的各種分歧路徑的唯物辯證邏輯。

　　本書以唯物辯證以及哲學考掘學的拓樸方法論，分析楊獻珍

「一分為二」的哲學事件所反映出1950、1960年代冷戰時期多重決定的複雜對抗性結構，以及思想革命轉化為思想鬥爭的絕對化過程，並進而以1970年代儒法鬥爭事件作為思想分歧「一分為二」的典型範例，以此事件作為哲學考掘學的標記與索引，討論中國思想史中「規範性治理範式」與「解放性批判政治」的對立模式。

　　本書指出，研究中國思想史的當代漢學家朱利安與畢來德從「空」與「無」詮釋中國法家與道家的政治位置，卻錯失了法家與道家最為激進的批判政治力量。朱利安認為中國傳統智慧順應時勢，避免正面衝突，沒有懷疑，知所進退，而不可能出現批判性的思想。畢來德以莊子的天人機制所指出忘與游的靜觀退隱美學，反而失去了莊子思想的批判性，而陷入去政治化的困境。相反地，當代歐陸思想家阿岡本、阿圖塞、洪席耶、巴里巴爾與巴迪烏受到從黑格爾、馬克思到毛澤東的唯物辯證啟發，以「空」與「無」的否定性批判力量，對於「空無」作為轉換詞的動態理解，對於話語「一分為二」的切割機制進行分析，反而靠近了章太炎以老莊與佛家唯識宗思想所揭示的「譏上變古易常」的批判政治史觀。

　　唯物辯證，不是僅指物質之優先決定，而是指心靈意念依附身體以及回應物質世界的持續轉化，背後是章太炎所說明的觸受生心的結構與物質世界相互緣起的效果。物質與心靈相依相存：身體是心靈啟動的感受源頭，物質世界是心靈的話語作用與機構體制的實踐場域。感受、思想或是心態結構，都源於身體在特定歷史時空所承受以及依循的符號法則，從而展開層層複疊的觀念、法令、制度，並且受到這種體制性物質現實的反向牽動。正如章太炎所指出，萬物皆種，以不同形相禪。透過唯物辯證法與

拓樸式分析，我們更可以看清楚中國現代歷史中思想革命轉向思想僵化的複雜結構與多重決定因素，以及規範性治理範式如何透過儒教政治神學的修辭轉換而不斷變形復出。

阿圖塞晚期關於「無」作為社會起源的論點，是一個思考歷史發生學的參照點。阿圖塞指出，社會是在空無（void）之中，在某一個特定的歷史環節，原子偶然偏移（clinamen）而相互撞擊，不同人群交匯而形成。這個以「無」為起點的社會，由於為了防衛自身再度墜落於空無的深淵，因此建立語言與律法，設定契約，甚至會引發人民的熱情，進行無止盡的防衛性戰爭。阿圖塞指出，如何持續檢視並修正占據優勢的社會契約與語言邏輯之不合理形式，才是思考根本平等的問題[1]。

章太炎的國家論，也是以「無」作為根基，來思考社會與國家的原理。章太炎透過佛教的無盡緣起論，提出國家作為一個主體，實際上只是一個「空處」，容受如同流水日日不同的人民，而並無實體。人民與國家的關係，如同線縷與布帛，線縷經緯相交，在動態關係中組織成布帛，而人民也在動態關係中組織成國家。「一線一縷，此是本真，經緯相交，此為組織。」人之組合，無論是村落、軍隊、牧群或是國家，都沒有實體，沒有自性。國家作為一個組織，也並無實體，而只是運動中存在的變化狀態[2]。

章太炎在20世紀初期，經歷辛亥革命、軍閥割據、袁世凱稱

---

[1] Louis Althusser, "The Underground Current of the Materialism of the Encounter," *Philosophy of the Encounter: Later Writings, 1978-87*. G. M. Goshgarian, trans. （London & New York: Verso, 2006）, pp. 163-207, esp. 169-177, 185-187.

[2] 章太炎，〈國家論〉，《太炎文錄初編》，收入上海人民出版社編，《章太炎全集》（上海：上海人民出版社，1985），冊4，頁457-465。

帝、南北戰爭，先後對國家、大總統、中央政府、代議制度以及憲法之權力過大而超出人民的現象，持續提出根本性的質問。章太炎的批判力量來自於對於組織體制之虛構性的認識，對於順違串習與庸眾共識背後權力結構的檢討，以及假私心為公器、執箸為實之悖謬的持續揭露[3]。

阿圖塞與章太炎的「無」的否定性辯證觀點，並不會取消社會的制約性格，反而是提供我們批判思想的政治性，質疑任何為了鞏固制約而制定的符號法則，並且檢視歷史發生的動態結構，就如同章太炎從《春秋》所啟發的「譏上變古易常」的批判政治史觀。

從章太炎的歷史緣起本體論的角度重新思考20世紀冷戰年代的複雜歷史過程，可以讓我們分析多重決定因素如何造成了冷戰結構，海峽兩岸強制性的治理機制如何形成，以及各自社會內部為了建立穩定秩序而造成的內在壓迫體制與矛盾關係。更重要的是，章太炎對於國家機制與國家概念的批判，重新界定的道、易、史、法，提出的滌除名相與譏上變古易常，都展現了中國思想解放性批判政治的範式。

第二節　重新思考符號轉換詞的問題

「一分為二」從「思想革命」到「思想僵化」的轉折，也讓我們注意到除了辯證運動的邏輯之外，這些矛盾環節也時常扣連

3　本人在〈莊子、畢來德與章太炎的「無」：去政治化的退隱或是政治性的解放〉，《中國文哲研究通訊》，22：3（台北，2012），頁103-135一文中，曾經分析章太炎以「無」的概念提出關於國家的基進觀點。

在歷史話語的特定詞彙之上。

　　無論是老子的「大成若缺」、「大盈若充」、「上德若谷」、「功成而弗居」，或是莊子的「唯道集虛」、「聽之以氣」、「虛而待物」、「得其環中以應無窮」，這些關於「虛空」的詞彙，如同轉換詞一般，被書寫者以不同的方式使用，也指向不同的對象以及意義脈絡。這些鳥跡與鷇音的時代性轉換，是我們必須仔細分析的問題。

　　法家韓非與鬼谷子不過都是一時一地之人，其書寫所回應的，也是當時當地的歷史時代問題。韓非或是鬼谷子的操縱策略與老莊的思想，相距甚遠；所謂「法家」的思維，也並不被韓非與鬼谷子之流所代表。儒家思想更成為歷代被輕易挪用的政治神學，無論是「天人合一」、「仁」、「禮」，或是「性」、「命」、「身」、「心」、「理」、「氣」，都如同時代性的符號轉換詞，在不同思想家的闡述之下，納入了政治論述的脈絡，也連結了政治與倫理的主體位置，更透露出使用詞彙者的無意識位置。正如章太炎所說，「仁義」之名，自古就被使用了。儒家與墨家使用同樣的名言，他們的定義範疇卻截然不同。不同世代的新儒家，從康有為到杜維明、蔣慶、甘陽、強世功等人，也都展現了這些時代印記。

　　同樣的時代性轉換詞，也出現在朱利安的手中。朱利安引用鬼谷子「開闔」的意象，卻指向了與莊子及章太炎完全相反的意義。鬼谷子以「捭」（分開）與「闔」，說明藉由操縱、配置、部屬，而使他人開顯自己：「開而示之者，同其情也。闔而閉之者，異其誠也。」朱利安解釋說，「打開」（ouvrir）是鼓勵對方自由地說出他的思想，以便了解他的感受是否和我們相同；「封閉」（fermer）則是走相反方向，迫使對方反應，以便確認他是

否說真話[4]。這個虛實有無的探測，「以象動之，以報其心，見其情，隨而牧之」，正是朱利安所分析的內在性治理原則——透過內在的配置（ses dispositions intérieures）而進行引導，如同牧人對待其羊群[5]。鬼谷子與老子、莊子所揭示的道家原理，實際上是南轅北轍，關鍵則在於居於樞紐的「環中」是被誰所占據以及由誰所估量操縱的問題，以朱利安的說法，就是「功效」是屬於「誰的功效」的問題。

　　朱利安延續他對於中國與希臘修辭法發展之不同的分析，指出希臘以邏各斯對邏各斯，以修辭進行相互攻防的辯論駁倒對方或被對方駁倒，但是中國則意識到言說的困難，總是進入對方的邏輯，著重聆聽者，旁敲側擊，基本上不發展針鋒相對的修辭辯論之術。中國甚至會如韓非所說，「陰為厚利而顯為名高者也，而說之以名高，則陽收其身而實疏之，說之以厚利，則陰用其言顯棄其身矣」[6]。從朱利安的角度出發，自然會發展出中國思想不可能出現批判與懷疑的抵抗性，而只有順應時勢的一致性與服從性。

　　但是，本書提出的論點是，中國傳統除了規範性治理範式之外，另外有一條雖然或隱或現，但是仍舊清晰的解放性批判政治的傳統。本書指出，儒法鬥爭研究史所整理出的兩條路線，恰恰好就是威權政治與批判政治的對立譜系。所謂的「儒家」與「法家」的鬥爭，其實並不是兩個學派或是兩個階級的對立，因為歷代的思想家，無論是「儒家」與「法家」，都早已揉合了不同的

4　余蓮，《功效論：中國與西方的思維比較》，頁221；Jullien, p. 192。

5　同前注，頁227；Jullien, p. 197。

6　同前注，頁231；Jullien, p. 201。

思想脈絡而混成了時代性話語。我們從儒法鬥爭研究史中所觀察
到的，實際上是兩種政治範式的譜系：一端是以尊卑等差而儒表
法裡的威權主義政治範式，另一端則是在不同歷史時刻，針對權
力集中以及資本集中土地控制的體制，而進行各種變法改制的解
放性批判政治範式。

　　章太炎的論點恰恰揭示了最為根本的批判思想。對於表象以
及名相的質疑，起源於更為根本的「各有時分」與「諸法平等」
的概念，以及滌除名相以便平等對待的信念。諸法平等，萬物各
有其差別之理。物物皆種，以不同形相禪，而相互緣起。既沒有
第一因，也沒有必然與唯一的發展趨勢。所有相會之物，皆可能
帶來不同的潛勢，也會有不同發展的可能性。然而，只有以不斷
滌除名相以及僵化法制的批判性，才能夠容許國家作為空處的開
放。

第三節　解放性批判政治

　　章太炎所說明從主觀觸受到成心串習的迴圈，解釋了身體的
感受性如何被時代的主觀位置以及庸眾共循的運作模式所局限。
這個詮釋角度除了說明阿岡本的範式概念，也說明了從海德格的
「座架」（Gestell），阿圖塞的「話語機具」（apparatus of discourse），
傅柯的知識型（épistème）、歷史先天（a priori historique）以及真
理機制（régime de vérité）。以這些概念來理解，一個時代有其內
在的符號秩序以及合理化論述的理性內核。這一套話語機制除了
有自我證成、鞏固與擴張的傾向，也有配合同時代政治目的與功
能，而進行內外劃分與排除，背後更有被神聖化而不被置疑的劃
分法則，也牽動了主體認同自居的政治位置。

　　要解除這種名相執著與畛域僵固的歷史詮釋，就章太炎而言，就必須認知歷史的互為緣起與動態生成，也就是「前有後有，推蕩相傳」、「展轉相生，有無窮過」，以及「作」與「緣起」的相互關係，以便理解歷史的發展是萬物互為種子的辯證過程，並不會固定依循原初起點而進行線性發展[7]。認清以名為實的謬誤，承認文言如同鳥跡戲音，只是以名為代，才能夠透過滌除名相的否定性過程，解除被觀念物化的認識模式[8]。更重要的是，只有滌除名相執著，質疑「神聖不可干」的舊章常道，才能夠接受「吹萬不同，使其自己」，而以「物」之「齊」，返回「物」的發生的最初發生起點，接受萬物自己的樣貌。

　　這種從系統的內部關係分析其劃分邏輯的結構，進行挑戰與質疑的立場，與阿岡本「冒犯神聖」（profanation）的概念十分靠近。阿岡本以「冒犯神聖」，挑戰話語法則的神聖性，讓神聖化的對象中斷其運作機制，使其無法再擁有絕對支配的權力，而讓「物」回到公共使用的場域（*Profanations* 77）。章太炎與阿岡本透過質疑「名」的符號性運作，分析系統的遮蔽與壓迫，進而暴露系統背後自我證成的邏輯，挑戰並且置疑這個邏輯的神聖性，如此才有可能提出具有主體性的介入與政治批判，重新展開一個公共的空間。

7　章太炎引《大乘入楞伽經》說明「作」的概念：「佛說緣起，是由作起，非自體起；外道亦說勝性自在時我，微塵生於諸法。今佛世尊但以異名說作緣起，非義有別。外道亦說以作者故，從無生有；世尊亦說以因緣故，一切諸法本無而生，生已歸滅。」章太炎，《齊物論釋定本》，收入上海人民出版社編，《章太炎全集》（上海：上海人民出版社，1986），冊6，頁111。

8　「一所詮上有多能詮」，「能詮之究竟名，與所詮之究竟義，不能相稱」同前注，頁295、296。

　　從老莊到章太炎，我們看到了「虛空」的批判性動能：「聖人」以「公共」為考量，以百姓心為心，讓自身保持為虛位。正如章太炎所討論的「身與患俱」，以「身」的感受「體度物情」，如此便有可能以主體性的位置介入，質疑既定之法，批判占據公器的「私」。這個批判性與政治性的介入位置，正是老莊以降，透過歷代批判思想譜系沉澱，並且再次活化於章太炎的批判思想傳統。

　　生命與法的悖論，在於生命原本各有時分，諸法平等，卻被以私為公的法所箝制。章太炎所提出的「諸法平等」，其實是要消除任何神祕思想的「蠱」，置疑任何形式的神聖化與私有化所進行的劃分。君主之獨貴，意義在於不徇「私」，而維繫「法」之為「公」。無論是黨派勢力或是地方權貴，只要是以私人利益介入「法」之機具，這個機具自然都會被法吏官僚所操縱轉移，而服務於「私」。「法」是為公共而設置的一整套機制，不應受到任何勢力之「私」所介入與壟斷，包括國家理性與國家官僚之「私」，也包括超越國家範疇的跨國資本集團之「私」。馬克思所構想的自由社會或是自由人聯合體，正是指從各種意識形態、僵化觀念以及階級劃分中解放的自由人所聯合構成的共同體，這也是我們必須重新認真思考的方向。

　　就方法論而言，章太炎面對法與生命的悖論，必然會思考語言根本之法的問題，並且展開了具有批判性的史觀。章太炎提出的認識論主觀局限、名實不依的表象結構以及辯證緣起的本體論，使他可以指出「文之轉化，代無定型」，挑戰被執箸為實的名相與法理，揭露順違串習與庸眾共識背後的權力結構，批判以一時之利假私心為公器。從此處出發，章太炎可以進而從根本處分析國家組織的動態本質，質問代議制度、中央政府、大總統甚

至國憲，而提出三權分立以為制衡以及地方自治的治理模式。人民與國家之間的結構性矛盾，或是生命與法之間的悖論，只有透過這種根本性的分析，才能夠在不同的歷史時間點，面對治理人民的不同政府組織與法律運作，提出批判性的質疑。

　　章太炎參與了康有為、梁啟超以及其同時代人的情感結構。不過，有別於當時大多數人的國家觀與倫理政治經濟學，章太炎的思想深入地檢討了作為組織以及作為概念的國家，而重新定義了一個動態國家。我強調這個批判路徑，是為了要提出一個可以持續批判國家之「組織」與「法」的思考基礎，也要提出可以重新思考的國家概念。這個國家概念不是被抽象概念公約化或是法律規範的共同體，而是持續期待「未萌芽者」的動態結構，容納不同時分者的平等共存。章太炎以生命本身的「諸法平等」而「不齊為齊」的前提，檢討「時」與「位」交會處之權勢結構，釐清「法」的成文以及文質的張力。這種批判史觀正可以鬆動被執箸為實的名相以及僵化的組織與觀念。

　　更重要的問題是，如果沒有這種批判立場，如果不以解構的方式重新思考「國家」，或是思考一種「公共」的社群，那麼歷史便會被既存的國家體系片面地詮釋與敘述，人民也會被既存的國家體制所限定與劃分，甚至成為無分之分。這個共同體的各方面也都會更為輕易地被權力占據者縱向與橫向地壟斷，而被壓抑的人們更無法尋得出現的空間。在章太炎緣起本體論的理解之下，以批判性史觀維持國家之作為「空處」，以虛待物，不以主觀意識占據擴張，則成為了政治性的責任——接待他者的責任，等待其「未萌芽者」的責任。本書認為，這就是章太炎為我們提供的政治性思考資源。

　　本書從20世紀一分為二的政治論述與政治過程，分析中國傳

統政治思想所觀察到的規範性治理範式以及批判政治範式。章太炎所揭示的譏上變古易常與批判史觀，便是面對現實社會的物質狀況，針對各種形式的權力體制以及私有化，以批判思想置疑這些私有化之「法」的神聖性，而企圖達到「每一個」生命的平等與自由。

第四節　唯物辯證與歷史緣起本體論的台灣史觀

台灣海峽這個具有象徵意義的地理空間，在1950年代被台海兩岸冷戰局勢「一分為二」定調的幾次海峽危機，以及局部與整體相互牽動的唯物辯證過程，都讓我們看到開啟冷戰結構的關鍵環節所涉及的多重因素與複雜結構，以及最後決定因素與現實條件的絕對化如何形塑了兩岸社會之間以及人民內部的後續矛盾，以及分支復變的各種衝突。

當我們拉長歷史的軸線，我們會注意到歷史中的台灣海峽具有既分隔又連結而不斷變化的空間意義。台灣海峽是連結琉球王國與東南亞諸王國的海上貿易通道。大陸東南沿海的海洋貿易以及商業行為有其生計之所需，也有生活環境之自然條件。沿海人民多半入海從商，遠航至東北亞、東南亞、南亞、非洲以及世界各地，造船業也隨之非常發達。在歐洲航海時代開啟之前，中國的航海技術以及貿易圈已經相當廣泛。根據歷史紀錄，8世紀以降，便已經有大量阿拉伯人與唐代中國通商的紀錄。台灣海峽在海洋貿易時期已經相當重要，是台灣魍港（今日北港）、福建安海、廈門、泉州以及日本平戶之間貿易的重要通道[9]。

9　海上通商港口主要集中在廣州、交州、揚州、泉州等地。北宋開始設置市舶

　　這些海上外交與貿易的流動，並不是罕見的例子。從7世紀到17、18世紀殖民時期，海上貿易時期，透過從日本海、東海、南中國海、麻六甲海峽到孟加拉灣的東亞海上走廊，從海路連結了東北亞、東南亞到南亞的歷代輪替的王朝。吉普魯（François Gipouloux）將這個海域稱呼為《亞洲地中海》（*The Asian Mediterranean*），蘇尼爾・阿姆瑞斯（Sunil S. Amrith）在《橫渡孟加拉灣》（*Crossing the Bay of Bengal*）一書中，則生動地描述在這個豐饒海域周邊的城市，處處可見各色人種，阿拉伯人、印度人、緬甸人、暹羅人、馬來人、印尼人、占婆人、越南人、日本人以及華人。在殖民時期之前，這些不同地方來的商人可以自由移動，落地生根，和當地人共同建立社會。在殖民時期以及獨立建國之後，才開始出現各種不同的邊界與禁令[10]。台灣讀者所熟知的鄭芝龍與王直等人，也是具有多種語言能力，長於外交斡旋以及軍事經略，穿越台灣海峽的海上貿易外交人才，他們來往於日本、越南、印尼、馬來西亞以及印度等地區進行貿易，也同時

司，並徵收關稅。南宋時期各通商港口更為繁華，尤以泉州為盛。可參考：桑原隲藏著，馮攸譯述，《唐宋元時代中西通商史》（原書名：提舉市舶西域人蒲壽庚之事蹟考）（北京：商務印書館，1920）；藍達居，《喧鬧的海市：閩東南港市興衰與海洋人文》（南昌：江西高校出版社，1999）。

10 見〔法〕佛朗索瓦・吉普魯（François Gipouloux），《亞洲的地中海：13-21世紀中國、日本、東南亞商埠與貿易圈》（廣州：新世紀出版社，2012）；蘇尼爾・阿姆瑞斯（Sunil S. Amrith）著，堯嘉寧譯，《橫渡孟加拉灣：浪濤上流轉的移民與財富，南亞・東南亞五百年史》（台北：臉譜文化，2017）。關於東亞海上貿易時期具有代表性的研究還有〔澳〕安東尼・瑞德（Anthony Reid）著，吳小安、孫來臣譯，《東南亞的貿易時代：1450-1680年》（北京：商務印書館，2013）（全兩冊）；濱下武志，《近代中國的國際契機：朝貢貿易體系與近代亞洲經濟圈》（北京：中國社會科學院出版社，1999）。

平衡了海上勢力。

中國歷代衣冠南遷以及幾次向外大遷徙，不同地區的居民從北方移居南方，或是從大陸移居到周邊地區，包括從雲南的陸路到越南、寮國、泰國、緬甸，或是福建、廣東、廣西等地從海路到越南、泰國、馬來西亞、印尼、緬甸與印度。台灣作為不同時期不同人口移入的匯聚地，在歷史偶然發展中持續形成變化中的社會，也不斷透過新移民的加入而重構。這些社會的變化與重構，是長時段歷史下的必然過程，也是不同歷史作用之下偶然發生的遭遇。在這個歷史過程中，原有的社會結構從各個角落不斷內部轉化創生，如同巴迪烏的拓樸集合論所描述的，出現了各種新集合，也重構了集合的邏輯。這些在地性的社會活動以及民間組織，形成了各種體制，發生了各種先後移民搶奪土地或是占取資源的衝突與械鬥，當然也出現了複雜而豐富的思想創作。

國家由不同的異質文化與族群參與，透過文字以及體制化過程，構成了持續變化並且政體不斷更迭的文化場域。我們可以以章太炎所提出的國家作為容受日日不同的人民之空處，或是線縷經緯相交的動態組織，或是借用克莉絲蒂娃（Julia Kristeva）所描述的異質成分構成的符號體（symbolic body）[11]，來理解國家的符號虛構與動態生成。只有承認並且面對國家作為符號場域的虛構性，我們才會觀察到其中發生的各種符號領域如何以抽象概念「一分為二」，劃分內外界線，進行主權爭奪之戰，進而立法鞏固既得利益，排除異己，並以各種體制法令進行統治的符號暴力。

任何建立社會穩定秩序的權力機關，必然會產生這個秩序所

---

11 Julia Kristeva, *Nations without Nationalism*, Leon S. Roudiez. trans.（New York: Columbia University Press, 1993）.

固定的權力結構以及利益分配，也會造成分配之下的壓迫與排除。正如馬克思以分析商品分裂之辯證法補充了黑格爾的「無」之思想運動，章太炎從不同立場提出檢視國家實體以「無」為第一假設的辯證思維，也可以協助我們思考國家機構制定利益分配之名與法的虛構性與箝制性。

　　所謂利益分配，並不僅是指資源與財產的擁有權，更是指獲得與分配資源與財產的能力。這個賦予能力的前提，在某一些社會涉及了語言、階級與性別，在其他社會則涉及了膚色與出身背景、工作類型或是宗教派別。擁有能力以及資源的人，便具有累積並擴張資本的立足點；無法擁有能力與資源的人，則不被計算為一分子，或是成為人民的敵人，人民中的壞分子，次等公民，非公民，甚至非人。因此，針對任何作為符號體的「國家」，都須要持續檢視其體制化的歷史過程以及合理化基礎，以便分析其隱藏的符號暴力。

　　參考馬克思「一分為二」辯證邏輯的嚴格分析，並且參考巴迪烏與章太炎將國家視為可以不斷重構的集合體，以及不斷組織的動態構成，便意味著要不斷進行思想上的邏輯反叛。透過以「無」為前提的歷史緣起本體論與唯物辯證法，檢視不同歷史環節的時空座標如何在多重決定因素下發生了轉變，並且分析穩定治理體制建立之同時，主導性的經濟形式以及生產關係，如何透過符號法則，再次形成了內在的「資產—無產」或是「有分—無分」的階級矛盾，便是批判史觀可以提供的思考空間。「一分為二」的動態辯證邏輯，可以讓我們如同章太炎所提出的「譏上變古易常」，置疑任何既定法則，具體分析運作中的經濟生產範疇，揭露被視為理所當然的價值體系之下遮蔽的無產者位置，並且辨識當今被剝削卻無法命名也不被辨識的新型態的「無產者」。

　　歷史持續在進行與發生之中。進行「一分為二」辯證邏輯的思考，持續檢視社會內造成僵化結構的符號邊界，針對具有箝制與排除作用的宰制性觀念進行批判，使既定的僵化觀念不至於反覆複製自身，也使具有壓迫性的符號邊界得以被打開，這是具有解放性的批判政治。讓思想空間持續以辯證運動的方式進行，不斷針對意識形態的觀念劃分提出質疑，我們才有可能持續打破被神聖化與實體化的符號疆界，開始思考歷史過程中不斷發生變化以及重組的社會，以及如何介入才可能獲得根本平等的公共空間。

引用書目

傳統文獻

〔戰國〕李悝撰，黃奭輯，嚴一萍選輯，《法經》（台北：藝文印書館影印本，1972）。

〔戰國〕莊子著，郭慶藩輯，《莊子集釋》（台北：河洛出版社，1974）。

〔魏〕王弼，《老子道德經注》，收入樓宇烈校釋，《王弼集校釋》（北京：中華書局，1980）。

〔宋〕邵雍著，郭彧、于天寶點校，《邵雍全集》（上海：上海古籍出版社，2016），冊3、冊5。

〔宋〕王安石，〈洪範傳〉，收入中華書局上海編輯所編，《臨川先生文集》（北京：中華書局，1959），頁685-697。

〔宋〕朱熹，《周易本義》（台北：大安出版社，1999）。

〔宋〕朱熹，〈程子易傳〉，收入黎靖德編，王星賢點校，《朱子語類》（北京：中華書局，1986），冊5，頁1649-1654。

〔明〕張介賓撰，〈陰陽類〉，《類經》（北京：中醫古籍出版社，2016），冊上，卷2，頁13-27。

〔明〕方以智著，龐樸注釋，《東西均注釋》（北京：中華書局，2001）。

〔明〕王夫之撰，李一忻點校，《周易外傳》（北京：九州出版社，2004）。

〔清〕譚嗣同，收入蔡尚思、方行編，《仁學》，《譚嗣同全集：增訂本》（北京：中華書局，1998），冊下，頁289-374。

〔清〕譚嗣同著，湯志鈞、湯人澤校注，《仁學》（台北：臺灣學生書局，1998）

〔清〕康有為，〈上清帝第二書〉，收入湯志鈞編，《康有為政論集》（北京：中華書局，1981），冊上，頁132。

〔清〕康有為，〈上清帝第四書〉，收入湯志鈞編，《康有為政論集》（北京：中華書局，1981），冊上，頁149-162。

〔清〕康有為，〈保國會章程〉，收入湯志鈞編，《康有為政論集》（北京：中華書局，1981），冊上，頁233-236。

〔清〕康有為，〈孔教會序二〉，收入湯志鈞編，《康有為政論集》（北京：中華書局，1981），冊下，頁735-741。

〔清〕康有為，〈以孔教為國教配天議〉，收入湯志鈞編，《康有為政論集》（北京：中華書局，1981），冊下，頁842-849。

〔清〕康有為，〈刊布春秋筆削大義微言考題詞〉，收入湯志鈞編，《康有為政論集》（北京：中華書局，1981），冊下，頁807-809。

〔清〕康有為，〈請商定教案法律，釐正科舉文體，聽天下鄉邑增設文廟，並呈〈孔子改制考〉，以尊聖師保大教絕禍萌摺〉，《傑士上書匯錄》，收入黃明同等編著，《康有為早期遺稿述評》（廣州：中山大學出版社，1988），頁287-292。

〔清〕章太炎，〈尊荀〉，《訄書（初刻本）》，收入上海人民出版社編，《章太炎全集》（上海：上海人民出版社，1984），冊3，頁7-8。

〔清〕章太炎，〈客帝〉，《訄書（初刻本）》，收入上海人民出版社編，《章太炎全集》（上海：上海人民出版社，1984），冊3，頁65-69。

〔清〕章太炎，〈客帝匡謬〉，《訄書（重訂本）》，收入上海人民出版社編，《章太炎全集》（上海：上海人民出版社，1984），冊3，頁116-120。

〔清〕章太炎，〈易論〉，《檢論》，收入上海人民出版社編，《章太炎全集》（上海：上海人民出版社，1984），冊3，頁380-387。

〔清〕章太炎，〈尊史〉，《檢論》，收入上海人民出版社編，《章太炎全集》（上海：上海人民出版社，1984），冊3，頁413-420。

〔清〕章太炎，〈訂孔上〉，《檢論》，收入上海人民出版社編，《章太炎全集》（上海：上海人民出版社，1984），冊3，頁423-425。

〔清〕章太炎，〈訂孔下〉，《檢論》，收入上海人民出版社編，《章太炎全集》（上海：上海人民出版社，1984），冊3，頁425-427。

〔清〕章太炎，〈原法〉，《檢論》，收入上海人民出版社編，《章太炎全集》（上海：上海人民出版社，1984），冊3，頁435-438。

〔清〕章太炎，〈通法〉，《檢論》，收入上海人民出版社編，《章太炎全集》
　　（上海：上海人民出版社，1984），冊3，頁541-545。

〔清〕章太炎，〈道本〉，《檢論》，收入上海人民出版社編，《章太炎全集》
　　（上海：上海人民出版社，1984），冊3，頁427-431。

〔清〕章太炎，〈春秋故言〉，《檢論》，收入上海人民出版社編，《章太炎
　　全集》（上海：上海人民出版社，1984），冊3，頁407-412。

〔清〕章太炎，〈秦政記〉，《太炎文錄初編》，收入上海人民出版社編，
　　《章太炎全集》（上海：上海人民出版社，1985），冊4，頁71-73。

〔清〕章太炎，〈中華民國解〉，《太炎文錄初編》，收入上海人民出版社
　　編，《章太炎全集》（上海：上海人民出版社，1985），冊4，頁252-
　　262。

〔清〕章太炎，〈排滿平議〉，《太炎文錄初編》，收入上海人民出版社編，
　　《章太炎全集》（上海：上海人民出版社，1985），冊4，頁262-270。

〔清〕章太炎，〈代議然否論〉，《太炎文錄初編》，收入上海人民出版社
　　編，《章太炎全集》（上海：上海人民出版社，1985），冊4，頁300-
　　311。

〔清〕章太炎，〈人無我論〉，《太炎文錄初編》，收入上海人民出版社編，
　　《章太炎全集》（上海：上海人民出版社，1985），冊4，頁419-429。

〔清〕章太炎，〈五無論〉，《太炎文錄初編》，收入上海人民出版社編，
　　《章太炎全集》（上海：上海人民出版社，1985），冊4，頁429-443。

〔清〕章太炎，〈四惑論〉，《太炎文錄初編》，收入上海人民出版社編，
　　《章太炎全集》（上海：上海人民出版社，1985），冊4，443-457。

〔清〕章太炎，〈國家論〉，《太炎文錄初編》，收入上海人民出版社編，
　　《章太炎全集》（上海：上海人民出版社，1985），冊4，頁457-465。

〔清〕章太炎，《齊物論釋》，收入上海人民出版社編，《章太炎全集》（上
　　海：上海人民出版社，1986），冊6，頁1-58。

〔清〕章太炎，《齊物論釋定本》，收入上海人民出版社編，《章太炎全集》
　　（上海：上海人民出版社，1986），冊6，頁59-121。

〔清〕章太炎，〈與國粹學報社書〉，收入章炳麟著，湯志鈞編，《章太炎
　　政論選集》（北京：中華書局，1977），冊上，頁497-498。

〔清〕章太炎，〈小學略說〉，《國故論衡》（上海：上海古籍出版社，2003），頁7-10。

〔清〕章太炎，〈成均圖〉，《國故論衡》（上海：上海古籍出版社，2003），頁11-22。

〔清〕章太炎，〈古雙聲說〉，《國故論衡》（上海：上海古籍出版社，2003），頁28-31。

〔清〕章太炎，〈語言緣起說〉，《國故論衡》（上海：上海古籍出版社，2003），頁31-35。

〔清〕章太炎，〈原道〉，《國故論衡》（上海：上海古籍出版社，2003），頁107-116。

〔清〕章太炎，《文始》（台北：廣文，1970）。

〔清〕章太炎，〈國學會講學通告〉，收入馬勇編，《章太炎書信集》（石家莊：河北人民出版社，2003），頁580。

〔清〕章太炎，《國學概論》，收入張昭軍編，《章太炎講國學》（北京：東方出版社，2007年），頁55-122。

〔清〕王先慎撰，鍾哲點校，《韓非子集解》（北京：中華書局，1998）。

近人論著

中央黨校編寫小組編著，《機會主義路線頭子尊孔的反動言論摘錄》，（北京：人民出版社，1975）。

中共中央文獻研究室編，逄先知、金沖及主編，《毛澤東傳》（香港：中和，2011），卷6。

中華文化復興運動推行委員會編，《中華文化復興運動的實踐與展望》（台北：中華文化復興運動推行委員會，1977）。

毛澤東，〈同拉丁美洲一些國家共產黨領導人的談話〉，收入中共中央文獻研究室編，《毛澤東文集》（北京：人民出版社，1999），卷8，頁16-25。

毛澤東，〈在中國共產黨全國宣傳工作會議上的講話〉，收入中共中央文獻研究室編，《毛澤東文集》（北京：人民出版社，1999），卷7，頁267-283。

毛澤東，〈在省市自治區黨委書記會議上的講話〉，收入中共中央文獻研究室編，《毛澤東文集》（北京：人民出版社，1999），卷7，頁186-203。

毛澤東，〈在莫斯科共產黨和工人黨代表會議上的講話〉，收入中共中央文獻研究室編，《毛澤東文集》（北京：人民出版社，1999），卷7，頁321-335。

毛澤東，〈在蘇聯最高蘇維埃慶祝十月革命四十週年會上的講話〉，收入中共中央文獻研究室編，《毛澤東文集》（北京：人民出版社，1999年），卷7，頁312-320。

毛澤東，〈抗日游擊戰爭的戰略問題〉，收入中共中央毛澤東選集出版委員會編，《毛澤東選集》（北京：人民出版社，1966），卷2，頁404-438。

毛澤東，〈新民主主義論〉，收入中共中央毛澤東選集出版委員會編，《毛澤東選集》（北京：人民出版社，1966），卷2，頁635-638。

毛澤東，〈論人民民主專政〉，收入中共中央毛澤東選集出版委員會編，《毛澤東選集》（北京：人民出版社，1966），卷4，頁1405-1419。

毛澤東，〈論十大關係〉，收入中共中央文獻研究室編，《毛澤東文集》（北京：人民出版社，1999年），卷7，頁23-49。

毛澤東，〈論持久戰〉，收入中共中央毛澤東選集出版委員會編，《毛澤東選集》（北京：人民出版社，1966），卷2，頁439-518。

毛澤東，〈中國共產黨在民族戰爭中的地位———一九三八年十月在擴大的六中全會的報告（論新階段第七章）〉，收入〔日〕竹內實監修，毛澤東文獻資料研究會編集，《毛澤東集》（東京：北望社，1971），卷6延安期II，頁241-263。

毛澤東，〈關於正確處理人民內部矛盾的問題〉，收入中共中央文獻研究室編，《毛澤東文集》（北京：人民出版社，1999），卷7，頁204-244。

毛澤東，〈關於國際形式問題〉（原〈在第十五次最高國務會議上談國際形式〉），收入中共中央文獻研究室編，《毛澤東文集》（北京：人民出版社，1999），卷7，頁407-419。

毛澤東，〈關於斯大林問題〉，收入鋼二師武漢大學總部、中南民院革委會宣傳部、武漢師院革委會宣傳部合編，《毛澤東思想萬歲（1949.10-1957.12）》（武漢：編者，1968）。

毛澤東，〈關於戰略方針和作戰指揮的基本原則〉，收入中共中央文獻研究
　　室編，《毛澤東文集》（北京：人民出版社，1993），卷1，頁376-382。

毛澤東，〈讀斯大林《蘇聯社會主義經濟問題》談話〉，收入鄧力群編，
　　《毛澤東讀社會主義政治經濟學批注和談話》（簡本）（北京：中華人
　　民共和國國史學會編印，1998），頁7-43。

毛澤東，〈矛盾論〉，收入中共中央毛澤東選集出版委員會編，《毛澤東選
　　集》（北京：人民出版社，1966），卷1，頁274-312。

三三群士，〈三三注〉，收入三三集刊編輯群編，《鐘鼓三年》（台北：三
　　三書坊，1980），頁106-118。

王良卿，〈蔣介石和1958年出版法修正案的審議風潮〉，收入呂芳上主編，
　　《蔣中正日記與民國史研究》（台北：世界大同，2011），頁671-694。

王若水，〈辯證法和毛澤東的「鬥爭哲學」〉，《中國社會科學季刊》，
　　1999：秋季號（總27）（香港，1999），頁43-68。

王壽南編，《中華文化復興運動紀要》（台北：文復會，1981）。

作者不詳，《楊榮國同志關於儒法鬥爭史的報告》（出版地不詳：出版者不
　　詳，1974），頁1-18。

北京大學哲學系中國哲學組，〈歷史唯心主義的標本——評《儒法鬥爭史
　　概況》〉，收入吳江等著，《現代復辟派和古代變革史》（鄭州：河南
　　人民出版社，1977），頁62-78。

北京師範大學外國問題研究所蘇聯哲學研究室編，《沙俄尊孔侵華言論輯
　　錄》（北京：生活・讀書・新知三聯書店，1974）。

北京鐵路分局工人理論組、北京師範學院政教系工農兵學員編，《儒法鬥
　　爭史通俗講話：先秦部分》（北京：人民教育出版社，1974）。

左煒良，《論六十年代「合二而一」與「一分為二」的哲學論爭》（南京：
　　東南大學哲學碩士論文，2005）。

甘陽，《通三統》（北京：生活・讀書・新知三聯書店，2007）。

石侖，〈論尊儒反法〉，收入景池等著，《論尊儒反法——儒家思想批判論
　　文選輯》（香港：香港三聯書店，1973）。

印紅標，《文化大革命期間的青年思潮：失蹤的足跡》（香港：中文大學出
　　版社，2009）。

吉林大學歷史系編寫，《一切反動派都是尊孔派》（北京：人民出版社，1974）。

朱永嘉，《商鞅變法與王莽改制》（北京：中國長安出版社，2013）。

朱維錚，〈晚清漢學：「排荀」與「尊荀」〉，《求索真文明：晚清學術史論》（上海：上海古籍出版社，2001），頁333-350。

朱謙之，《老子校釋》（北京：中華書局，1984）。

江天、洪途著，《研究文藝史上儒法鬥爭的幾個問題》（北京：人民文學出版社，1976）。

江青，〈江青在「天津市儒法鬥爭史報告會」上的講話〉，收入中國人民解放軍國防大學黨史黨建政工教研室，《文化大革命研究資料》（北京：出版社不詳，1988），冊下，頁141-148。

艾思奇，〈對楊獻珍通知的《關於中華人民共和國在過渡時期的基礎與上層建築》一文的意見〉，《艾思奇文集》（北京：人民出版社，1983），卷2，頁295-305。

作者不詳，〈在鬥爭中培養理論隊伍〉，《人民日報》（北京），1974年06月18日，1版。

吳江，〈哲學上兩條戰線的鬥爭〉，《哲學研究》，1978：Z1（北京，1978），頁41-66，引自頁60。

李大釗，〈憲法與思想自由〉，《李大釗文集》（北京：人民出版社，1984），冊上，頁244-250。

李明輝，〈關於「新儒家」的爭論：回應《澎湃新聞》訪問之回應〉，《思想》，29（台北，2015），頁273-283。

李長茂，〈用「一分為二」的武器向反動的「合二而一」論猛烈開火〉，收入浙江人民出版社編，《徹底批判劉少奇、楊獻珍的反動哲學》（杭州：浙江人民出版社，1971），頁29-33。

李銳，《廬山會議實錄》（香港：天地圖書，2009）。

杜維明，〈仁：《論語》中一個充滿活力的隱喻〉，《儒家思想：以創造轉化為自我認同》（台北：東大，1997），頁85-99。

杜維明，〈存有的連續性：中國人的自然觀〉，《儒家思想：以創造轉化為自我認同》（台北：東大，1997），頁33-50。

杜維明，〈從世界思潮的幾個側面看儒學研究的新動向〉，收入岳華編，《儒家傳統的現代轉化：杜維明新儒學論著輯要》（北京：中國廣播電視出版社，1992），頁303-329。

杜維明，〈儒學第三期發展的前景問題〉，收入岳華編，《儒家傳統的現代轉化：杜維明新儒學論著輯要》（北京：中國廣播電視出版社，1992），頁234-277。

杜維明，〈導言〉，《儒家思想：以創造轉化為自我認同》（台北：東大，1997），頁1-14。

杜維明著，高專誠譯，《新加坡的挑戰：新儒家倫理與企業精神》（北京：生活‧讀書‧新知三聯書店，2013）。

汪宏倫，〈理解當代中國民族主義：戰爭之框、情感結構與價值秩序〉，《文化研究》，19（新竹，2014），頁189-250。

汪暉，〈無我之我與公理的解構〉，《現代中國思想的興起‧下卷‧第一部‧公理與反公理》（北京：生活‧讀書‧新知三聯書店，2004），頁1011-1103。

沈克勤，《孫立人傳》（台北：臺灣學生書局，1998）。

沈衛平，《8/23金門大炮戰：1958年台海國共炮戰全解密》（濟南：黃河出版社，2008）。

周予同，〈《孝經》新論〉，收入朱維錚編校，《周予同經學史論》（上海：上海人民出版社，2010），頁335-344。

周予同，〈《春秋》與《春秋》學〉，收入朱維錚編校，《周予同經學史論》（上海：上海人民出版社，2010），頁345-354。

周月琴，《儒教在當代韓國的命運》（北京：知識產權出版社，2014）。

林正義，《一九五八年台海危機期間美國對華政策》（台北：臺灣商務印書館，1985）。

林志宏，《民國乃敵國也：政治文化轉型下的清遺民》（台北：聯經，2009）。

社論（傅正），〈國民黨當局還不懸崖勒馬？〉，《自由中國》，18：12（台北，1958），頁5-6。

金春明，〈批判楊獻珍「合二而一」親歷記〉，《各界》，2009：7（西安，

2009），頁26-28。

金景芳，〈論儒法〉，《古史論集》（濟南：齊魯書社，1981），頁142-155。

侯外廬，〈章太炎基於「分析名相」的經史一元論〉，收入中國社會科學院科研局組織編選，《侯外廬集》（北京：中國社會科學出版社，2001），頁386-409。

侯外廬主編，《中國思想史綱》（北京：中國青年出版社，1981），冊下。

姚中秋，《華夏治理秩序史》（海口：海南出版社，2012），全兩卷。

姜祥福，〈「合二而一論」是宣揚階級投降主義的反動謬論〉，收入浙江人民出版社編，《徹底批判劉少奇、楊獻珍的反動哲學》（杭州：浙江人民出版社，1971），頁37-38。

施關耀，〈「綜合經濟基礎論」是妄圖保存和發展資本主義的反動謬論〉，收入浙江人民出版社編，《徹底批判劉少奇、楊獻珍的反動哲學》（杭州：浙江人民出版社，1971），頁59-61。

泉州市總工會編，《反孔和尊孔鬥爭的故事》（泉州：泉州市總工會，1974）。

胡其柱，〈中國共產黨「提前放棄新民主主義」研究述評〉，《湖湘論壇》，2007：5（長沙，2007），頁21-23。

胡為雄，〈1950年代中國哲學界有關經濟基礎和上層建築的爭論〉，《毛澤東鄧小平理論研究》，2009：1（上海，2009），頁56-64、86。

唐曉文，〈孔子殺少正卯說明了什麼？〉，《人民日報》（北京），1974年01月04日，3版。

夏子賢，〈儒法鬥爭的歷史真相〉，《安徽師範大學學報（人文社會科學版）》，1978：3（蕪湖，1978），頁68-78。

奚景鵬，〈關於毛澤東《辯證法唯物論（講授提綱）》早期版本〉，《黨的文獻》，2007：4（北京，2007），頁72-73。

徐立亭，《晚清巨人傳：章太炎》（哈爾濱：哈爾濱出版社，1996）。

徐志高主編，《文革史稿：文革史料彙編（1）：第一冊：社會主義文化革命》（香港：世界華語出版社，2016）。

徐復觀，《兩漢思想史》卷2，（台北：臺灣學生書局，1974）。

翁台生，《CIA在台活動祕辛：西方公司的故事》（台北：聯合報，1991）。

高文謙，《晚年周恩來》（香港：明鏡出版社，2003五版）。

康立，〈漢代的一場儒法大論戰──讀《鹽鐵論》札記〉，收入湖北財經專科學校圖書館科學研究科編，《法家經濟思想研究資料》（武漢：湖北財經專科學校圖書館科學研究科，1974），頁92-100。

張少書（Gordon H. Chang）著，梅寅生譯，《中美蘇關係探微（1948-1972）──敵乎？友乎？──美國分化中蘇聯盟內幕》（台北：金禾出版社，1992）。

張立文，《中國哲學範疇發展史（天道篇）》（台北：五南圖書，1996）。

張岱年，〈關於中國封建時代哲學思想上的路線鬥爭──批判「儒法鬥爭貫穿兩千多年」的謬論〉，收入劉鶚培主編，《張岱年文集》（北京：清華大學出版社，1994），卷5，頁51-74。

張淑雅，〈擴大衝突、操控美國、放棄反攻？從《蔣介石日記》看八二三砲戰〉，收入呂芳上主編，《蔣中正日記與民國史研究》（台北：世界大同，2011），頁633-658。

張衛波，《民國初期尊孔思潮研究》（北京：人民出版社，2006）。

強世功，《中國香港：政治與文化的視野》（北京：生活・讀書・新知三聯書店，2010）。

扈世綱，〈評「四人幫」的影射史學〉，《人民日報》（北京），1977年12月23日。

盛洪，〈從民族主義到天下主義〉，《戰略與管理》，1996：1（北京，1996），頁14-19。

盛洪，〈儒家的外交原則及其當代意義〉，《文化縱橫》，2012：4（北京，2012），頁37-45。

許雪姬、黃美滋、薛化元，〈滿洲經驗與白色恐怖──「滿洲建大等案」的實與虛〉，收入許雪姬等作，許雪姬等訪問，黃美滋、薛化元紀錄，《「戒嚴時期政治案件」專題研討會論文暨口述歷史紀錄》（台北：戒嚴時期不當叛亂暨匪諜審判案件補償基金會，2003），頁1-40。

陳永發，《中國共產革命七十年》（台北：聯經，2001二版），冊下。

陳伯達，《斯大林與中國革命》（北京：人民出版社，1952）。

陳志讓，《軍紳政權──近代中國的軍閥時期》（香港：三聯書店香港分

店，1979）。

陳定學，〈《矛盾論》是毛澤東的原創嗎？〉，《炎黃春秋》，2011：12（北京，2011），頁71-73。

陳雲，《香港城邦論》（香港：天窗，2012）。

陳雲，《香港城邦論II：光復本土》（香港：天窗，2014）。

陳雲，《香港遺民論：守護香港，復興華夏》（香港：次文化，2013）。

陳煥章，〈孔教會序〉，《孔教論》（上海：商務印書館，1913），頁91-97。

陳獨秀，〈四答常乃惪（孔教）〉，《獨秀文存》（蕪湖：安徽人民出版社，1987），卷3，頁678-680。

陳獨秀，〈復辟與尊孔〉，《獨秀文存》（蕪湖：安徽人民出版社，1987），卷1，頁111-116。

陳獨秀，〈舊思想與國體問題〉，《獨秀文存》（蕪湖：安徽人民出版社，1987），卷1，頁102-105。

彭厚文，〈「批林批孔」運動中的儒法鬥爭史研究〉，《黨史博覽》，2011：12（鄭州，2011），頁15-19。

彭德懷，〈中華人民共和國國防部告台灣同胞書〉，收入中共中央文獻研究室編，《毛澤東文集》（北京：人民出版社，1999），卷7，頁420-422。

湯志鈞編，《章太炎年譜長編》（北京：中華書局，1979）。

新華社，〈天津站工人用馬克思主義觀點研究和宣講儒法鬥爭史〉，《人民日報》（北京），1974年07月05日，1版。

楊奎松，〈毛澤東為什麼放棄新民主主義？——關於俄國模式的影響問題〉，《近代史研究》，1997：4（北京，1997），頁136-151。

楊度，〈金鐵主義說〉，收入劉晴波主編，《楊度集》（長沙：湖南人民出版社，1986），頁213-397。

楊榮國，〈春秋戰國時期思想領域內兩條路線的鬥爭——從儒法論爭看春秋戰國時期的社會變革〉，《紅旗》，1972：12（北京，1972），頁45-55。

楊榮國，《孔墨的思想》（北京：生活・讀書・新知三聯書店，1946）

楊碧川，《臺灣歷史辭典》，（台北：前衛出版社，1997）。

楊獻珍，《我的哲學「罪案」》（北京：人民出版社，1981）。

楊獻珍，《楊獻珍文集 II》（北京：河北人民出版社，2002）。

葉飛，《葉飛回憶錄》（北京：解放軍出版社，1988）。

葛兆光，《何為中國：疆域民族文化與歷史》（香港：牛津大學出版社，2014）。

翟志成，〈反思二十世紀七十年代大陸批孔運動〉，《新亞學報》，30（香港，2012），頁341-403。

趙汀陽，《天下體系：世界制度哲學導論》（南京：江蘇教育出版社，2005）。

趙明，《大變革時代的立法者：商鞅的政治人生》（北京：北京大學出版社，2013）。

趙賡，〈「批林批孔」運動始末〉，《文史精華》，2012：7（石家莊，2012），頁30-35。

劉中民，〈中國中東外交三十年（上）〉，《寧夏社會科學》，2008：5（銀川，2008），頁8-13。

劉金獅等口述，《白色跫音：政治受難者及相關人物口述歷史第一輯》（新北：國家人權博物館籌備處，2011）。

劉紀蕙，〈莊子、畢來德與章太炎的「無」：去政治化的退隱或是政治性的解放〉，《中國文哲研究通訊》，22：3（台北，2012），頁103-135。

劉紀蕙，〈勢·法·虛空：以章太炎對質朱利安（François Jullien）〉，《中國文哲研究通訊》，25：1（台北，2015），頁1-31。

劉紀蕙，《心之拓樸：1895事件後的倫理重構》（台北：行人文化實驗室，2011）。

劉紀蕙，《心的變異：現代性的精神形式》（台北：麥田，2004）

劉紀蕙，《孤兒·女神·負面書寫：文化符號的徵狀式閱讀》（台北：立緒，2000）。

劉紀蕙，〈法與生命的悖論：論章太炎的政治性與批判史觀〉，《杭州師範大學學報》，2015：2（杭州，2015），頁32-45、55。

翦伯贊，〈先秦「法」的思想之發展──從楊朱到韓非〉，《翦伯贊全集·第六卷：中國社會史論戰集》（石家莊：河北教育出版社，2008），頁426-448。

翦伯贊，〈從歷史上看中共的土地改革〉，《翦伯贊全集・第四卷：中國史論集第3輯・歷史問題論叢・增補本》（石家莊：河北教育出版社，2008），頁25-28。

翦伯贊，〈論中國古代的封建社會〉，《翦伯贊全集・第四卷：中國史論集・第3輯・歷史問題論叢・增補本》（石家莊：河北教育出版社，2008），頁493-506。

翦伯贊，〈論中國古代的農民戰爭〉，《翦伯贊全集・第四卷：中國史論集・第3輯・歷史問題論叢・增補本》（石家莊：河北教育出版社，2008），頁515-526。

蔡鍾雄，《剖視台獨》（台北：中央日報，1987）。

蔣慶，《公羊學引論：儒家的政治智慧與歷史信仰》（福州：福建教育出版社，2014修訂本）。

蔣慶，《再論政治儒學》（上海：華東師範大學出版社，2011）。

蔣慶，《政治儒學：當代儒學的轉向、特質與發展》（福州：福建教育出版社，2014修訂本）。

蔣慶，《廣論政治儒學》（北京：東方，2014）。

蔣緯國，〈第三次十字軍運動〉，收入三三集刊編輯群編，《鐘鼓三年》（台北：三三書坊，1980），頁5-35。

鄧元忠，《三民主義力行社史》（台北：實踐，1984）。

黎澍，〈四人幫對中國歷史學的大破壞〉，《新華月報》，1977：6（北京，1977），頁96-99。

蕭公權，《中國政治思想史》（北京：新星出版社，2005）。

蕭甘編文，顧炳鑫、賀友直繪畫，《孔老二罪惡的一生》（上海：上海人民出版社，1974）。

蕭島泉，《一代哲人楊獻珍》（太原：山西人民出版社，2006）。

蕭繼宗主編，中國國民黨中央委員會黨史委員會編輯，《新生活運動史料》（台北：國民黨黨史會，1975）。

薛化元，〈《自由中國》民主憲政史料的歷史意義〉，《臺灣史料研究》，8（台北，1996），頁123-136。

謝天佑、王家範，〈駁法家「長期反復辟」論〉，《歷史研究》，1978：3

（北京，1978），頁35-43。

藍達居，《喧鬧的海市：閩東南港市興衰與海洋人文》（南昌：江西高校出版社，1999）。

顏清湟著，栗明鮮譯，馬寧校，〈1899-1911年新加坡和馬來西亞的孔教復興運動〉，收入中國社會科學院近代史研究所編，《國外中國近代史研究（第8輯）》（北京：中國社會科學出版社，1985），頁215-246。

羅思鼎，〈秦王朝建立過程中復辟與反復辟的鬥爭——兼論儒法論爭的社會基礎〉，收入安徽省革命委員會毛澤東思想學習班編，《秦王朝時期的儒法鬥爭報刊文章選》（出版地不詳：出版社不詳，1974），頁1-17。

羅思鼎，〈論秦漢之際的階級鬥爭〉，《人民日報》，1974年08月06日，2版。

龐明亮等著，〈凡是搞分裂倒退的都沒有好下場——陝西省漢中縣建國大隊貧下中農圍繞「斬韓信」史實研究西漢初期的儒法鬥爭〉，《人民日報》，1974年12月15日，2版。

〔日〕桑原隲藏著，馮攸譯述，《唐宋元時代中西通商史》（北京：商務印書館，1920）。

〔日〕森紀子，〈中國的近代化與孔教運動——孔教運動再思〉，收入中國社會科學院近代史研究所編，《近代中國與世界》（北京：社會科學文獻出版社，2005），卷3，頁535-546。

〔日〕濱下武志，《近代中國的國際契機：朝貢貿易體系與近代亞洲經濟圈》（北京：中國社會科學院出版社，1999）。

〔法〕阿岡本（Giorgio Agamben）著，薛熙平譯，《例外狀態》（台北：麥田，2010）。

〔法〕洪席耶（Jacque Ranciére）著，劉紀蕙等譯，《歧義：政治與哲學》（台北：麥田，2011）。

〔法〕路易・阿爾都塞（Louis Althusser），〈《資本論》的對象〉，收入路易・阿爾都塞（Louis Althusser）、艾蒂安・巴里巴爾（Etienne Balibar）著，李其慶、馮文光譯，《讀《資本論》》（北京：中央編譯出版社，2001），頁77-242。

〔法〕福柯（Michel Foucault）著，莫偉民、趙偉譯，《生命政治的誕生》（上海：上海人民出版社，2011）。

〔法〕鮑若望（Jean Pasqualini）著，田國良等譯，《毛囚徒》（北京：求實出版社，1989）。

〔俄〕亞歷山大・潘佐夫（Alexander V. Pantsov）、梁思文（Steven I. Levine）著，林添貴譯，《毛澤東：真實的故事》（台北：聯經，2015）。

〔美〕易勞逸（Lloyd E. Eastman）著，陳紅民等譯，《1927-1137年國民黨統治下的中國流產的革命》（北京：中國青年出版社，1992）

〔美〕陶涵（Jay Taylor）著，林添貴譯，《蔣介石與現代中國的奮鬥（上、下）》（台北：時報文化，2010）。

〔美〕墨子刻（Thomas A. Metzger）著，顏世安、高華、黃東蘭譯，《擺脫困境：新儒學與中國政治文化的演進》（南京：江蘇人民出版社，1990）。

〔美〕羅斯・特里爾（Ross Terrill）著，胡為雄、鄭玉臣譯，《毛澤東》（台北：博雅書屋，2007）。

〔美〕譚若思（Ross Terrill）著，胡為雄、鄭玉臣譯，《毛澤東》（台北：五南，2011）。

〔美〕蘇尼爾・阿姆瑞斯（Sunil S. Amrith）著，堯嘉寧譯，《橫渡孟加拉灣：浪濤上流轉的移民與財富，南亞・東南亞五百年史》（台北：臉譜文化，2017）。

〔英〕羅德里克・麥克法夸爾（Roderick MacFarquhar）、沈邁克（Michael Schoenhals）著，關心譯，《毛澤東最後的革命》（台北：左岸文化，2009）。

〔瑞士〕畢來德（Jean François Billeter）著，周丹穎譯，《駁于連》（高雄：無境文化，2011）。

〔瑞士〕畢來德（Jean François Billeter）著，宋剛譯，《莊子四講》（北京：中華書局，2009）。

〔德〕何乏筆（Fabian Heubel），〈混雜現代化、跨文化轉向與漢語思想的批判性重構（與朱利安「對─話」）〉，《中國文哲研究通訊》，2014：

12（台北，2014），頁79-136。

〔德〕何乏筆（Fabian Heubel），〈導論：邁向另一種主體的政治經濟學〉，《中國文哲研究通訊》，18：4（台北，2008），頁1-9。

〔德〕施蒂納（Max Stirner）著，金海民譯，《唯一者及其所有物》（北京：商務印書館，1997）。

〔德〕馬克思（Karl Marx），《資本論》（北京：人民出版社，2004二版），卷1。

〔韓〕鄭文吉著，趙莉等譯，《《德意志意識形態》與MEGA文獻研究》（南京：南京大學出版社，2010）。

〔蘇聯〕列寧（Vladimir Ilyich Ulyanov），〈談談辯證法問題〉，收入列寧著，中共中央馬克思恩格斯列寧斯大林著作編譯局編譯，《列寧全集：第55卷》（北京：人民出版社，2017二版），頁305-311。

〔蘇聯〕米丁（Mark B. Mitin）等著，艾思奇、鄭易里譯，《新哲學大綱》（北京：生活・讀書・新知三聯書店，1949）。

〔蘇聯〕米汀（Mark B. Mitin）著，沈志遠譯述，《辯證唯物論與歷史唯物論》（長沙：商務印書館，1938）。

〔蘇聯〕西洛可夫等著，李達、雷仲堅譯，《辯證法唯物論教程》（上海：筆耕堂書店，1935）。

〔日〕石井剛，〈「道之生生不息」的兩種世界觀：章太炎和丸山真男的思想及其困境〉，《中國哲學史》，2001：1（北京，2010），頁106-120。

〔法〕弗朗索瓦・于連（François Jullien）、狄艾里・馬爾薩斯（Thierry Marchaisse）著；張放譯，《〈經由中國〉從外部反思歐洲──遠西對話》（鄭州：大象出版社，2005）。

〔法〕于連（François Jullien）著，卓立譯，《勢：中國的效力觀》（北京：北京大學出版社，2009）。

〔法〕巴里巴爾（Étienne Balibar）〈關於歷史唯物主義的基本概念〉，收入〔法〕路易・阿爾都塞（Louis Althusser）、艾蒂安・巴里巴爾（Étienne Balibar）著，李其慶、馮文光譯，《讀《資本論》》（北京：中央編譯出版社，2011），頁243-383。

〔法〕朱利安（François Jullien）著，卓立、林志明譯，《間距與之間：論

中國與歐洲思想之間的哲學策略》（台北：五南，2013）。

〔法〕余蓮（François Jullien）著，林志明譯，《功效論：中國與西方的思維比較》（台北：五南，2011）。

〔法〕佛朗索瓦·吉普魯（François Gipouloux），《亞洲的地中海：13-21世紀中國、日本、東南亞商埠與貿易圈》（廣州：新世紀出版社，2012）

〔法〕宋灝（Mathias Obert），〈反權威的權威──畢來德的莊子研究〉，《中國文哲研究通訊》，18：4（台北，2008），頁41-57。

〔澳〕尼克·奈特（Nick Knight）著，王桂花譯，〈中國共產主義運動中的哲學家──艾思奇、毛澤東和中國馬克思主義哲學〉，《現代哲學》，2006：3（廣州，2006），頁31-37。

〔澳〕安東尼·瑞德（Anthony Reid）著，吳小安、孫來臣譯，《東南亞的貿易時代：1450-1680年》（北京：商務印書館，2013）（全兩冊）。

〔古希臘〕亞里士多德（Aristotle）著，苗力田譯，《形而上學》（北京：中國人民大學出版社，2003）。

〔蘇聯〕列寧，《國家與革命》，收入列寧著，中共中央馬克思恩格斯列寧斯大林著作編譯局編譯，《列寧全集：第31卷》（北京：人民出版社，2017二版），頁1-116。

Agamben, Giorgio. "Form-of-Life," *Means Without End: Notes on Politics*, Vincenzo Binetti & Cesare Casarino, trans. (Minneapolis: University of Minnesota Press, 2000), pp. 3-11.

Agamben, Giorgio. *Homo Sacer: Sovereign Power and Bare Life* (Stanford, Calif.: Stanford University Press, 1998).

Agamben, Giorgio. *Profanations*, Jeff Fort, trans. (New York: Zone Books, 2007).

Agamben, Giorgio. *State of Exception*, Kevin Attell, trans. (Chicago: University of Chicago Press, 2005).

Agamben, Giorgio. *The Kingdom and the Glory: For a Theological Genealogy of Economy and Government* (Stanford, California: Stanford University Press, 2011).

Agamben, Giorgio. *The Open: Man and Animal*, Kevin Attell, trans. (Stanford,

Calif.: Stanford University Press, 2004).

Agamben, Giorgio. *The Signature of All Things: On Method*, Luca D'Isanto & Kevin Attell, trans. (New York: Zone Books, 2009).

Althusser, Louis. "The Underground Current of the Materialism of the Encounter," *Philosophy of the Encounter: Later Writings, 1978-87*, G. M. Goshgarian, trans. (London & New York: Verso, 2006), pp. 163-207.

Althusser, Louis. "Is it Simple to be a Marxist in Philosophy?," *Essays in Self-Criticism* Grahame Lock, trans. (London: New Left Books, 1976), pp. 165-201.

Althusser, Louis. "On Marx and Freud," *Rethinking Marxism*, 4:1(Spring 1991), pp. 17-30.

Althusser, Louis. "On the Materialist Dialectic," *For Marx*, Ben Brewster, trans. (London & New York: Verso, 1996), pp. 200-204.

Althusser, Louis. "Philosophy and the Spontaneous Philosophy of the Scientists," in *Philosophy and the Spontaneous Philosophy of the Scientists and other essays*, Gregory Elliott, ed., Ben Brewster, James H. Kavanagh, Thomas E. Lewis, Grahame Lock, Warren Montag, trans. (London & New York: Verso, 1990), pp. 69-166.

Althusser, Louis. "The Historical Task of Marxist Philosophy," in *The Humanist Controversy and Other Writings*, Francios Matheron, ed., G. M. Goshgarian, trans. (London & New York: Verso, 2003), pp. 155-220.

Althusser, Louis. *Reading Capital*, Ben Brewster, trans. (London & New York: Verso, 2009).

Attell, Kevin. "An Esoteric Dossier: Agamben and Derrida Read Saussure," *English Literary History*, 76:4(2009), pp. 821-846.

Badiou, Alain. "On Subtraction," *Theoretical Writings*, Ray Brassier, Alberto Toscano, ed. and trans. (London: Continuum, 2004), pp. 103-118.

Badiou, Alain. "One Divides into Two," *The Century* (Cambridge & Malden: Polity, 2007), pp. 58-67.

Badiou, Alain. "One, Multiple, Multiplicities," *Theoretical Writings*, Ray

Brassier, Alberto Toscano, ed. and trans.（London: Continuum, 2004）, pp. 67-80.

Badiou, Alain. "Philosophy and Mathematics," *Theoretical Writings*, Ray Brassier, Alberto Toscano, ed. and trans.（London: Continuum, 2004）, pp. 21-38.

Badiou, Alain. "Philosophy and Politics," *Conditions*. Steve Corcoran, trans.（London: Continuum, 2008）, pp. 147-176.

Badiou, Alain. "Platonism and Mathematical Ontology," *Theoretical Writings*, Ray Brassier, Alberto Toscano, ed. and trans.（London: Continuum, 2004）, pp. 49-58.

Badiou, Alain. "Politics as Truth Procedure," *Theoretical Writings*, Ray Brassier, Alberto Toscano, ed. and trans.（London: Continuum, 2004）, pp. 141-152.

Badiou, Alain. "Politics Unbound," *Metapolitics*, Jason Barker, trans.（New York & London: Verso, 2005）, pp. 68-77.

Badiou, Alain. "Rancière and Apolitics," *Metapolitics*, Jason Barker, trans.（London: Verso, 2005）, pp. 114-123.

Badiou, Alain. "Rancière and the Community of Equals," *Metapolitics*, Jason Barker, trans.（New York & London: Verso, 2005）, pp. 107-113.

Badiou, Alain. "Spinoza's Closed Ontology," *Theoretical Writings*, Ray Brassier, Alberto Toscano, ed. and trans.（London: Continuum, 2004）. pp. 81-93.

Badiou, Alain. "The Adventure of French philosophy," *New Left Review* 35（Sept.-Oct. 2005）, pp. 67-77.

Badiou, Alain. "The Cultural Revolution," *Polemics*, Steve Corcoran, trans.（London: Verso, 2006）, pp. 291-321.

Badiou, Alain. "The Event as Trans-Being," *Theoretical Writings*, Ray Brassier, Alberto Toscano, ed. and trans.（London: Continuum, 2004）, pp. 97-102.

Badiou, Alain. "The Lessons of Jacques Rancière: Knowledge and Power after the Storm," Gabriel Rockhill, Philip Watts, eds., *Jacques Ranciere: History, Politics, Aesthetics*（Durham and London: Duke University Press, 2009）, pp. 30-54.

Badiou, Alain. "The Question of Being Today," *Theoretical Writings*, Ray Brassier, Alberto Toscano, ed. and trans. (London: Continuum, 2004), pp. 39-48.

Badiou, Alain. "Thinking the Event,"*Philosophy in the Present*, Badiou and Žižek (Cambridge: Polity, 2009), pp. 1-48.

Badiou, Alain. "Truth: Forcing and the Unnameable," *Theoretical Writings*, Ray Brassier, Alberto Toscano, ed. and trans. (London: Continuum, 2004), pp. 119-134.

Badiou, Alain. "Twenty-Four Notes on the Uses of the Word 'People'," *What Is A People?*, Bruno Bosteels, ed. (New York: Columbia UP., 2016), pp. 21-31.

Badiou, Alain. *Being and Event*, Oliver Feltham, trans. (London: Continuum 2005).

Badiou, Alain. *Ethics: An Essay on the Understanding of Evil*, Peter Hallward, trans. (London: Verso, 2001).

Badiou, Alain. *Logics of Worlds: Being and Event II*, Alberto Toscano, trans. (London: Continuum, 2009).

Badiou, Alain. *Manifesto for Philosophy* (New York: State University of New York Press, 1999).

Badiou, Alain. *Saint Paul: The Foundation of Universalism*, Ray Brassier, trans. (Stanford: Stanford UP., 2003).

Badiou, Alain. *Second Manifesto for Philosophy*, Louise Burchill, trans. (Cambridge: Polity, 2011).

Badiou, Alain. *The Communist Hypothesis*, David Macey, Steve Corcoran, trans. (London: Verso, 2010).

Badiou, Alain. *The Meaning of Sarkozy* (London: Verso, 2008)

Badiou, Alain. *The Rational Kernel of Hegelian Dialectic*, Tzuchien Tho, ed. & trans. (Melbourne: re.press, 2011).

Badiou, Alain. *Theory of the Subject*, Bruno Bosteels, Trans (London: Continuum, 2009).

Badiou,. Alain. "Eight Theses on the Universal," in *Theoretical Writings*, Ray

Brassier, Alberto Toscano, ed. and trans. (London: Continuum, 2004), pp. 143-152.

Balibar, Étienne. "In Search of the Proletariat: The Notion of Class Politics in Marx," *Masses, Classes, Ideas: Studies on Politics and Philosophy Before and After Marx* (New York: Rouledge, 1994), pp. 125-149.

Balibar, Étienne. "Politics and Truth: The Vacillation of Ideology, II," *Masses, Classes, Ideas: Studies on Politics and Philosophy Before and After Marx* (New York: Rouledge, 1994), pp. 150-174.

Balibar, Étienne. "On the Basic Concepts of Historical Materialism," *Reading Capital*, Ben Brewster, trans. (London & New York: Verso, 2009), pp. 199-308.

Balibar, Étienne. "Outline of a Topography of Cruelty: Citizenship and Civility in the Era of Global Violence," *We, The People of Europe? Reflections on Transnational Citizenship*, James Swenson, trans. (Princeton and Oxford: Princeton University Press, 2004), pp. 115-132.

Balibar, Étienne. "The Borders of Europe," *Politics and the Other Scene*, Christine Jones, James Swenson, Chris Turner, trans. (London & New York: Verso, 2002), pp. 89-93.

Balibar, Étienne. "Violence, Ideality and Cruelty," *Politics and the Other Scene*. Christine Jones, James Swenson, Chris Turner, trans. (London & New York: Verso, 2002), pp. 138-140.

Balibar, Étienne. "What is a border?," *Politics and the Other Scene*, Christine Jones, James Swenson, Chris Turner, trans. (London & New York: Verso, 2002), pp. 79-85.

Balibar, Étienne. "World Borders, Political Borders," *We, The People of Europe? Reflections on Transnational Citizenship*. James Swenson, Trans, (Princeton and Oxford: Princeton University Press, 2004), pp. 101-114.

Balibar, Étienne. *Equaliberty: Political Essays*, James Ingram, trans. (NC: Duke UP., 2014).

Balibar, Étienne. *Politics and the Other Scene*, Christine Jones, James Swenson,

Chris Turner, trans. (London & New York: Verso, 2002).

Billeter, Jean François. *Leçons sur Tchouang-tseu* (Paris: Editions Allia, 2002).

Billeter, Jean-François. *Contre François Jullien* (Paris: Editions Allia, 2006).

Bosteels, Bruno. "Post-Maoism: Badiou and Politics," *positions* 13:3 (2005), pp. 575-634.

Bosteels, Bruno. "Translator's Introduction," in Alain Badiou, *Theory of the Subject*. trans. Bruno Bosteels (London: Continuum, 2009), pp. vii-xxxvii.

Bosteels,. Bruno. "Rancière's Leftism," in Gabriel Rockhill and Philip Watts, eds., *Jacques Rancière: History, Politics, Aesthetics* (Durham and London: Duke University Press, 2009), pp. 158-175.

Chen, Jian. *Mao's China and the Cold War* (Chapel Hill & London: The University of North Carolina Press, 2001).

Dirlik, Arif. "Confucius in the Borderlands: Global Capitalism and the Reinvention of Confucianism," *Boundary* 22:3 (Autumn, 1995), pp. 229-273.

Dosch, Jörn. "Managing Security in ASEAN-China Relations: Liberal Peace of Hegemonic Stability," *Asian Perspective*, 31:1(2007), pp. 209-236.

Eastman, Lloyd E.. "The Blue Shirts and Fascism," *The Abortive Revolution: China under Nationalist Rule, 1927-1937* (Cambridge: Harvard University Press, 1990), pp. 31-84.

Eliades, George C.. "Once More unto the Breach: Eisenhower, Dulles, and Public Opinion during the Offshore Islands Crisis of 1958," *Journal of American-East Asian Relations*, 2:4 (Winter 1993), pp. 343-367.

Fogel, Joshua A.. "Ai Siqi, Establishment Intellectual by Joshua A. Fogel," in Merle Goldman, Timothy Cheek, and Carol Lee Hamrin, eds., *China's Intellectuals and the State: In Search of a New Relationship* (Cambridge: Harvard University Asia Center, 1987).

Foucault, Michel. *The Birth of Biopolitics: Lectures at the Collège de France 1978-1979*, Graham Burchell, trans. (New York: Palgrave Macmillan, 2008)

Friedrich Hegel, G. W.. *Phenomenology of Spirit*. (1807) trans. A. V. Miller. (Oxford: Oxford University Press, 1977).

Fukuyama, Francis. "Confucianism and Democracy," *Journal of Democracy* 6:2(1995), pp. 20-33.

Garver, John W.. *The Sino-American Alliance: Nationalist China and American Cold War Strategy in Asia* (Armonk & London: M.E. Sharpe, 1997).

Goh, Daniel P. S.. "Oriental Purity: Postcolonial Discomfort and Asian Values," *Positions* 20:4 (Fall 2012), pp. 1041-1066.

Goh, Daniel P. S.. "The Rise of Neo-Authoritarianism: Political Economy and Culture in the Trajectory of Singaporean Capitalism," *Center for Research on Social Organization, Working Paper Series*, 2002.

Graebner, Norman ed., *The National Security: Its Theory and Practice, 1945-1960* (New York: Oxford University Press, 1986).

Hallward, Peter. "Staging Equality: Rancière's Theatrocracy and the Limits of Anarchic Equality," in Gabriel Rockhill and Philip Watts, eds., *Jacques Ranciere: History, Politics, Aesthetics* (Durham and London: Duke University Press, 2009), pp. 140-157.

Hallward, Peter. ed., *Badiou: A Subject to Truth* (Minneapolis: University of Minnesota Press, 2003).

He, Dong. "Ontology of the Chinese international relations theory on the international anarchy in the view of stimulus-response," *Journal of Baoji University of Arts and Sciences (Social Sciences)*, 27:1(2007), pp. 16-20.

Heidegger, Martin. *The Fundamental Concepts of Metaphysics: World, Finitude, Solitude*. William McNeill and Nicholas Walker, trans. (Bloomington: Indiana UP., 1995).

Hsiung, James C.. *China into its Second Rise: Myths, Puzzles, Paradoxes and Challenge to Theory* (Singapore: World Scientific Publishing Co., 2012).

Hsiung, James C.. "Pacific Asia in the twenty-first century world order," *Asian Affairs, an American Review*, 29:2 (Summer 2002), pp. 99-115.

Hu, Jian. "China's changing international role and the recognition of it in international society," *Contemporary International Relations*, 8(2006), pp. 21-52.

Johnston, Alastair Iain. *Social States: China in International Institutions, 1980-2000* (Princeton, NJ: Princeton University Press, 2008).

Jullien, François. *L'écart et l'entre, Leçons inaugurale de la Chaire sur l'alterité* (Paris: Éditions Galilée, 2012).

Jullien, François. *Traité de l'efficacité* (Paris: Éditions Grasset & Fasquelle, 1996).

Knight, Nick. "The Role of Philosopher to The Chinese Communist Movement: Ai Siqi, Mao Zedong and Marxist Philosophy in China,"*Asian Studies Review*, 26:4(December 2002), pp. 419-445.

Kristeva, Julia. *Nations without Nationalism.* Leon S. Roudiez, trans. (New York: Columbia University Press, 1993).

Lacan, Jacque. "Seminar of 21 January 1975," in Juliet Mitchell and Jacqueline Rose, eds., Jacqueline Rose, trans. *Feminine Sexuality: Jacques Lacan and the école freudienne* (New York: Norton, 1982), pp. 162-71.

Lacan, Jacque. *Seminar XI: The Four Fundamental Concepts of Psycho-Analysis*, Alan Sheridan, trans. (New York & London: W. W. Norton & Company, 1978).

Lacan, Jacque. *Seminar XVII: The Other Side of Psycho-Analysis 1969-1970*, Russell Grigg, trans. (New York & London: W.W. Norton & Company, 2007).

Lacan, Jacque. *Seminar XX: Encore: On Feminine Sexuality the Limit of Love and Knowledge (1972-1973)*, Bruce Fink, trans. (New York & London: Norton & Company, 1975).

Lacan, Jacques. "On the Subject Who Is Finally in Question," in *Écrits: The First Complete Edition in English*, Bruce Fink, trans. (New York & London: W. W. Norton & Company, 2006), pp. 189-196.

Lacan, Jacques. "Positions of the Unconscious," *Écrits: The First Complete Edition In English*, Bruce Fink, trans. (New York & London: W.W. Norton & Company, 2006), pp. 703-721.

Lacan, Jacques. "The Instance of the Letter in the Unconscious or Reason since

Freud," *Écrits: The First Complete Edition In English*, Bruce Fink, trans. (New York & London: W. W. Norton & Company, 2006), pp. 412-445.

Lei, Jianyong. "Constructing the ontology of Chinese international relation theory," *Journal of Xinyang Agricultural College*, 18:3(2008), pp. 1-3.

Li, Mingming. "On 'cultural misunderstandings' in international relations," *Contemporary International Relations*, 5(2006), pp. 51-62.

Lobkowicz, Nicholas. "*Karl Marx and Max Stirner*," in Frederick J. Adelmann ed., *Demythologising Marxism* (The Hague: Martinus Nijhoff, 1969), pp. 64-95.

Luo, Jianbo. "Constructing rising China's cultural strategy," *Contemporary International Relations*, 3(2006), pp. 33-37.

Marx, Karl. *Capital: A Critique of Political Economic* (German edition 1867; English edition 1887)(Moscow, USSR: Progress Publishers, 1887).

Marxiste-Leniniste, Forum. 2007, *AlloForum.com* (2017.12.11).

May, Todd. *The Political Thought of Jacques Rancière: Creating Equality* (Edinburgh: Edinburgh UP., 2008).

Mignolo, Walter. "Epistemic Disobedience," *Theory, Culture & Society*, 26:7-8(2009), pp. 1-23.

Mignolo, Walter. "The Geopolitics of Knowledge and the Colonial Difference." *The South Atlantic Quarterly*, 101, no. 1 (2002): 57-96.

Nail, Thomas. "Alain Badiou and the Sans-Papiers," *Angelaki: Journal of the Theoretical Humanities*, 20:4(2015), pp. 109-129.

Nail, Thomas. "Building Sanctuary City: NOII-Toronto on Nan-Status Migrant Justice Organizing," *Upping the Anti: A Journal of Theory and Action*, 11(2010), pp. 147-60.

Negri, Antonio. *The Savage Anomaly: the power of Spinoza's metaphysics and politics*. Michael Hardt, trans. (Minneapolis: University of Minnesota Press, 1991).

Ortmann, Stephan & Thompson, Mark R.. "China and the Singapore Model," *Journal of Democracy*, 27:2 (January 2016), pp. 39-48.

Pang, Zhongying. "China's self-defined role in international system," *Contemporary International Relations*, 16:4(2006), pp. 28-40.

Ranciere, Jacque. *Althusser's Lesson*, Emiliano Battista, trans. (London & New York: Continuum, 2011).

Rancière, Jacques. "Aesthetics as Politics," *Aesthetics and Its Discontents*, Steven Corcoran, trans. (Cambridge: Polity 2009), pp. 19-44.

Rancière, Jacques. "Communism: From Actuality to Inactuality," *Dissensus: On Politics and Aesthetics*, Steven Corcoran, ed. and trans. (New York: Continuum, 2010), pp. 76-83.

Rancière, Jacques. "Democracy against Democracy: An interview with Eric Hazan," in Giorgio Agamben, et al. *Democracy in What State?* (New York: Columbia UP., 2011), pp. 76-81.

Rancière, Jacques. "Ten Theses on Politics," in *Dissensus: On Politics and Aesthetics*, Steven Corcoran, ed. and trans. (New York: Continuum, 2010), pp. 27-44.

Rancière, Jacques. "The Community of Equals," *On the Shores of Politics* (London: Verso, 1995), pp. 63-92.

Rancière, Jacques. "The Future of the Image," *The Future of the Image*. Gregory Elliott, trans. (London: Verso, 2007), pp. 1-31.

Rancière, Jacques. "The Method of Equality: An Answer to Some Questions," in Gabriel Rockhill and Philip Watts eds., *Jacques Ranciere: History, Politics, Aesthetics* (Durham and London: Duke University Press, 2009), pp. 273-288.

Rancière, Jacques. *Dissensus: On Politics and Aesthetics*, Steven Corcoran, ed. and trans. (New York: Continuum, 2010).

Rancière, Jacques. *Hatred of Democracy*, Steve Corcoran, trans. (London: Verso, 2006).

Rancière, Jacques. *La mésentente: Politique et philosophie* (Paris: Galilee, 1995).

Rancière, Jacques. *On the Shores of Politics* (London: Verso, 1995).

Rancière, Jacques. *The Flesh of Words: The Politics of Writing*, Charlotte

Mandell, trans. (Stanford: Stanford UP., 2004).

Rancière, Jacques. *The Politics of Aesthetics: The Distribution of the Sensible*, Gabriel Rockhill, trans. (London & New York: Continuum, 2004).

Robcis, Camille. "'China in Our Heads': Althusser, Maoism, and Structuralism," *Social Text*, 30:1(110)(Spring 2012), pp. 51-69.

Schmitt, Carl. *The Nomos of the Earth in the International Law of the Jus Publicum Europaeum*, translated and annotated by G. L. Ulmen (New York: Telos Press, 2003).

Shichor, Yitzhak. *The Middle East in China's Foreign Policy 1949-1977* (London, New York & Melbourne: Cambridge University Press, 1979).

Soman, Appu K.. "'Who's Daddy' in the Taiwan Strait? The Offshore Islands Crisis of 1958," *Journal of of American-East Asian Relations*, 3:4 (Winter 1994), pp. 373-398.

Spinoza, Baruch. *Spinoza: Complete Works*, trans. Samuel Shirley (Indianapolis & Cambridge: Hackett Publishing Company, 2002).

Stirner, Max. *The Ego and Its Own* (London, New York & Melbourne: Cambridge University Press, 1995).

Taylor, Jay. *The Generalissimo: Chiang Kai-shek and the Struggle for Modern China* (Cambridge, Mass.: Belknap Press of Harvard University Press, 2009).

Tho, Tzuchien. "Introduction," Alain Badiou, *The Rational Kernel of Hegelian Dialectic*, Tzuchien Tho, ed. & trans. (Melbourne: re.press, 2011), pp. 3-19.

Thomson Jr., James C.. *While China Faced West – American Reformers in Nationalist China, 1928-1937* (Cambridge, Massachusetts: Harvard University Press, 1969).

Tsou, Tang. *The Embroilment over Quemoy: Mao, Chiang, and Dulles* (Salt Lake City: Institute of International Studies, 1959).

Tu, Weimin. *Confucian Thought: Selfhood As Creative Transformation* (Albany: State University of New York Press, 1997).

Tucker, Nancy Bernkopf. "Strategic Ambiguity Or Strategic Clarity?," in

Dangerous Strait: The U.S.-Taiwan-China Crisis, ed. Nancy Bernkopf Tucker（New York: Columbia University Press, 2005）, pp. 186-211.

Tucker, Nancy Bernkopf. *Taiwan, Hongkong, and the United States: Uncertain Friendships*（New York: Twayne Publishers, 1994）.

Wolin, Richard. *The Wind from the East: French Intellectuals, the Cultural Revolution, and the Legacy of the 1960s*（New Jersey: Princeton University Press, 2010）.

Zhang, Yongjin. *China in International Society since 1949: Alienation and Beyond*（London: MacMillan Press Ltd, 1998）.

網路／電子資源

Akio Kawato, "Pax Sinica: China and the New Russia," *Carnegie*, http://carnegie.ru/eurasiaoutlook/?fa=57228;（2014/11/14）.

Banyan, "Pax Sinica: China is trying to build a new world order, starting in Asia," *The Economist* 2014/09/20 http://www.economist.com/news/asia/21618866-china-trying-build-new-world-order-starting-asia-pax-sinica（2019/12/14）.

David P. Goldman, "A Pax Sinica in the Middle East?," *Middle East Forum* 2013/10/28 https://www.meforum.org/3653/china-middle-east（2019/12/14）.

Richard Javad Heydarian, "Pax Sinica in the South China Sea: End of American Hegemony in Asia?," *The World Post* 2015/05/01, http://www.huffingtonpost.com/richard-javad-heydarian/pax-sinica-in-the-south-c_b_7191300.html（2019.12.14）.

台灣民間真相與和解促進會，https://taiwantrc.org/（2019/12/08）。

李克勤，〈1974讓西漢財政大師桑弘羊名聲大振〉，《烏有之鄉網刊》，發行日期2014/12/23，http://www.wyzxwk.com/e/DoPrint/?classid=27&id=335065（2015/03/03）。

林孝庭，〈美擬借國軍反攻，牽制韓戰〉，《世界新聞網》，發行日期2011/06/12，http://www.worldjournal.com/view/full_news/14123786/

article-%E7%BE%8E%E6%93%AC%E5%80%9F%E5%9C%8B%E8%B
B%8D%E5%8F%8D%E6%94%BB-%E7%89%BD%E5%88%B6%E9%9
F%93%E6%88%B0?instance=news_pics（2012/07/28）。

林孝庭，〈離島突襲，西方公司主導〉，《世界新聞網》，發行日期
2011/06/05，http://www.worldjournal.com/view/aTaiwannews/13822690/
article-%E9%9B%A2%E5%B3%B6%E7%AA%81%E8%A5%B2-%E8%
A5%BF%E6%96%B9%E5%85%AC%E5%8F%B8%E4%B8%BB%E5%B
0%8E?instance=topics（2012/07/28）。

林毅夫，〈臺灣人也要做中國的主人──給表兄李建興的信〉，《愛思
想》，發行日期2010/10/18，http://www.aisixiang.com/data/36667.html
（2012/07/28）。

財團法人戒嚴時期不當叛亂暨匪諜審判案件補償基金會，http://www.
cf.org.tw/news.php（2012/07/28）。

華仲麐，「孔孟學會」，《中華百科全書》，發行日期1981/03，http://ap6.
pccu.edu.tw/Encyclopedia/data.asp?id=8955（2015/03/10）。

台大校友雙月刊網站http://www.alum.ntu.edu.tw/read.php?num=29&sn=
594&check=（2012/07/28）。

蔣慶，〈蔣慶回應李明輝批評：政治儒學並非烏托邦〉，《澎湃新聞》，發行
日期2015/04/07，https://www.thepaper.cn/newsDetail_forward_1318656
（2015/04/07）。

蔣慶文集，http://www.confucius2000.com/scholar/jiangqingwenji.htm
（2015/02/28）。

致謝

本書研究過程獲得國科會／科技部專題計畫以及教育部深耕計畫支持，在此致謝：

1. 「拉岡與巴迪烏：重思政治、美學與倫理」NSC 97-2410-H-009-048-MY3（2008-2011）
2. 「無與主權：疆界政治」NSC 100-2410-H-009-046-MY3（2011-2014）
3. 「共產主義理念重估：唯物辯證法與歷史發生學」MOST 103-2410-H-009-035-MY3（2014-2017）
4. 「一分為二：中國現代政治思想的拓樸學研究」（MOST 106-2410-H-009-004-MY2）（2017-2019）
5. 教育部高教深耕計畫特色領域研究中心計畫國立交通大學「文化研究國際中心」（2018-2023）

全書部分章節從已出版的文章發展改寫並大幅度擴展而成。以下注明文章出處，並在此向原出版刊物致謝：

第三章：〈「一分為二」，或是冷戰結構內部化：重探矛盾論以及歷史發生學的問題〉，《跨文化實踐：現代華文文學文化》。台北市：中央研究院中國文哲所，2013年。

第五章：〈知識型的符號混成與內部殖民：重探儒家的天人合一與自我創造性轉化〉，《東亞觀念史集刊》13期（2017年12月）：209-248。

第七章：〈勢‧法‧虛空：以章太炎對質朱利安（François Jullien）〉，《中國文哲研究通訊》第25卷第1期（2015年3月）：1-31。

第八章：〈莊子、畢來德與章太炎的「無」：去政治化的退隱或是政治性的解放〉，《中國文哲研究通訊》22卷3期（2012年9月）：103-135。

第九章：

1.〈「計算為一」與「一分為二」：論洪席耶與巴迪烏關於「空」與政治性主體之歧義〉，《中外文學》42卷1期（2013年3月）：15-64。

2.〈隱形居民與公民政治：負向政治範式與普遍性命題的難題〉，《中外文學》劉紀蕙主編，《巴迪烏專輯：政治與哲學的位置》，Vol. 47，No. 3（2018.9）：185-230。

第十一章：〈法與生命的悖論：論章太炎的政治性與批判史觀〉，《杭州師範大學學報》，2015年2期（2015年3月）：32-45, 55。

一分為二：現代中國政治思想的哲學考掘學

2020年3月初版　　　　　　　　　　　　　　　　定價：新臺幣680元
有著作權・翻印必究
Printed in Taiwan.

著　　者	劉	紀	蕙
叢書主編	沙	淑	芬
校　　對	潘	貞	仁
封面設計	沈	佳	德

出　版　者	聯經出版事業股份有限公司	副總編輯	陳　逸　華
地　　　址	新北市汐止區大同路一段369號1樓	總經理	陳　芝　宇
叢書主編電話	(02)86925588轉5310	社　長	羅　國　俊
台北聯經書房	台北市新生南路三段94號	發行人	林　載　爵
電　　　話	(02)23620308		
台中分公司	台中市北區崇德路一段198號		
暨門市電話	(04)22312023		
台中電子信箱	e-mail：linking2@ms42.hinet.net		
郵政劃撥帳戶	第0100559-3號		
郵撥電話	(02)23620308		
印　刷　者	世和印製企業有限公司		
總　經　銷	聯合發行股份有限公司		
發　行　所	新北市新店區寶橋路235巷6弄6號2樓		
電　　　話	(02)29178022		

行政院新聞局出版事業登記證局版臺業字第0130號

本書如有缺頁，破損，倒裝請寄回台北聯經書房更換。　ISBN　978-957-08-5476-3 (精裝)
聯經網址：www.linkingbooks.com.tw
電子信箱：linking@udngroup.com

國家圖書館出版品預行編目資料

一分為二：現代中國政治思想的哲學考掘學/劉紀蕙著.
初版．新北市．聯經．2020年3月．464面．14.8×21公分
ISBN　978-957-08-5476-3（精裝）

1.中國政治思想　2.文集

570.9207　　　　　　　　　　　　　　　　　　109000979